Олег Арин

Двадцать первый век: мир без России

SCHOLARICA
2021

Олег Арин

Двадцать первый век: мир без России. Второе расширенное издание. Издательство: SCHOLARICA, 2021. — 504 с.

В данной книге впервые в заостренной форме Олег Арин поставил под сомнение статус России как великой державы. На обширном материале автор доказывает, что Россия вообще утратила качества структурообразующего субъекта международных отношений. Автор вскрывает противоречие между реальным потенциалом современной России и внешнеполитическими задачами, формулируемыми официальной Москвой.

В книге изложены открытые автором законы _полюса, центра силы_, а также введены некоторые новые понятия теории международных отношений: _внешнеполитический потенциал государства_, закон _оптимального соотношения затрат на внутреннюю и внешнюю политику_.

Арин разбирает понятия _роль, интерес, национальная безопасность_ и другие в поле международных и мировых отношений и дает свои четкие определения понятиям _полюс_ и _центр силы_.

Книга рассчитана на преподавателей и студентов международного профиля, а также на всех тех, кто интересуется теориями международных отношений и внешней политикой ведущих держав мира.

ISBN: 978-1-7355989-4-9

Моей жене — вдохновителю и соавтору многих планов и идей в жизни и научном труде

СОДЕРЖАНИЕ

Предисловие ко второму изданию 11

Предисловие 15

**ЧАСТЬ I. США: СТРАТЕГИЯ В XXI ВЕКЕ —
ЛИДЕРСТВО ЧЕРЕЗ ГЕГЕМОНИЮ** 23

Глава I. Понятийный аппарат и исследовательские
подходы 24

Глава II. Место и роль США в XXI веке в исследованиях
американских международников и политологов 38

Ганс Биннендижк: и снова биполярность? 38

Институт национальных стратегических исследований:
Россия — геостратегическое гетто 43

Изменяющаяся оборона. Национальная безопасность
в 21 веке 52

Концепция взаимности Хью де Сантиса 55

Самуэль Хантингтон: концепция одно-многополярного
мира 58

Збигнев Бжезинский: за гегемонию США и статус-кво
России 65

Совет по международным отношениям: Россия
приглашается быть частью Запада 69

Строуб Тэлботт: о России с историческим
оптимизмом 73

Концепция «вовлеченности» как стратегический
принцип внешней политики США 75

*Стратегия «вовлеченности» России по принципу кнута
и пряника (Майкл Макфол)* 75

Стратегия «ограниченной вовлеченности» Крэйга Нэйшна 77

*Концепция «рациональной вовлеченности» (Ли Гамильтон,
Кэй Хатчисон)* 78

Национальная безопасность Соединенных Штатов —
подход реалистов 82

Рональд Стил: «Безопасность есть самый главный
смертельный враг»... 86

Прогнозы и сценарии будущего Рэнд Корпорэйшн
до 2025 г... 93

Фонд наследия — лидерство США с опорой на силу 107

Россия в представлениях Фонда наследия 111

*Россия «представляет угрозу Соединенным Штатам, Западу
и русскому народу»* 114

Центр Никсона: мягко стелет, жестко спать 118

Кондолиза Райс: геостратегия без иллюзий................... 121

Глава III. Официальные стратегические доктрины США: взгляд на мир и на Россию 126

«Стратегия национальной безопасности
в новом веке» 127

«Соединенные Штаты. Стратегический план по
международным делам» 132

«Ежегодный доклад президенту и конгрессу
министерства обороны США» 137

ЦРУ о мире и России.. 141

Глава IV. Национальная безопасность: методологические и терминологические аспекты 149

Общие «стратегии национальной безопасности» США 149

Опыт США в деле обеспечения экономической
безопасности 152

Определения «экономической безопасности» 153

Участники политики экономической безопасности в США 158

Закон об экономической безопасности 1996 г. 160

Выводы 164

Глава V. Финансирование Международной политики США 165

Процедура и термины.. 167

Структура финансирования Международной
политики 169

На какие цели тратятся деньги 173

Финансирование политики в отношении стран
СНГ и России 178

Критика финансовой политики Вашингтона в сфере
международной деятельности 181

**ЧАСТЬ II. СТРАТЕГИЯ РОССИИ — КУРС НА
МНОГОПОЛЯРНОСТЬ** 189

Глава I. **Официальные доктрины и концепции** 190

Концепция национальной безопасности Российской
Федерации, или Очередные задачи партии и правительства.190

Россия в мировом сообществе.. 191

Национальные интересы России.. 192

Угрозы национальной безопасности Российской Федерации...... 194

*Обеспечение национальной безопасности
Российской Федерации*.. 195

Примаков – Иванов – МИД: демагогия – идеализм –
утопия 198

Концепция внешней политики Российской Федерации:
движение — все, цель — ничто, или благие пожелания
о мире и себе 206

Предварительные выводы 210

Глава II. **Российские научные работники: в мире
еслибизма, или как занять «достойное место» в мире** ... 212

Глобализация, кругом глобализация.................................... 214

Однополярный или многополярный мир............................ 219

Горбачев-Фонд: идеал-реалисты 222

В. Кувалдин. Глобализация — светлое будущее
человечества? 230

Россия: туз, шестерка, джокер? 233

Концепция «выборочной вовлеченности» 237

Глава III. В капкане «Евразии» 246

Тавровский — неудачная ставка на Примакова 248

А. Дугин — евразийский чревовещатель 250

Еслибизм по-титаренковски 254

Евразийство по Зб. Бжезинскому и ответ Ю. Батурина
и О. Доброчеева 259

Евразия: фантом или реальность? 260

Является ли Россия Евразией? 261

Будущее России: конфедерация или целостность? 262

Снова биполярность? 264

Глава IV. «Русский путь» Алексея Подберезкина —
путь в никуда 267

Да здравствует общепримиряющая идеология 269

В чем же состоит суть национальных интересов России?..... 272

О безопасности России и международных отношениях 278

Исторические параллели 280

Подберезкин — прогнозист 285

Глава V. Критика биполярной концепции
А.Г. Яковлева 286

**ЧАСТЬ III. ДВАДЦАТЬ ПЕРВЫЙ ВЕК: РЕАЛЬНОСТЬ
БЕЗ ИЛЛЮЗИЙ** 297

РАЗДЕЛ ПЕРВЫЙ. **Теория внешней политики и
международных отношений** 299

Глава I. От интернационализации к глобальной
интеграции: теория и практика 300

Интернационализация и/или глобализация..................... 302

Проявление экономической интернационализации 306

Циклы интернационализации в XX веке..........................308

Предварительные результаты экономической
интернационализации 311
Как сделать интернационализацию справедливой?.............316
Транснациональные и межнациональные корпорации
(ТНК и МНК) 319
ТНК и государство 323
Локализация и глокализация 331
Интеграция 334
Глобализация или Теория глобального капитализма............345

Глобальное накопление капитала: структура и динамика....... 346
Формы управления глобального капитализма............................ 350

Общие выводы 353

**Глава II. Контуры мира в первой половине XXI века
и чуть далее (теория)** 357

Геоэкономическая структура мира.....................................357
Геостратегическая структура международных отношений .. 360
Теория трех миров и их характеристики 363
Фазы развития структуры международных отношений........ 367
От однополярности Первого мира к Мировому
сообществу...372

**Глава III. Национальные интересы, национальная и
международная безопасность** 378

Краткий исторический экскурс определения национальных
интересов во внешней политике 379
Национальные интересы и национальная безопасность 389
Концепция международной безопасности
Советского Союза 396
Фундаментальные внешние интересы России и США:
различия и совпадения 398
Национальная безопасность, внешнеполитический
потенциал страны и международная безопасность................ 402
Эволюция структуры системы международной
безопасности 405

Система коллективной безопасности в Азии и Китай 407

Заключение 410

РАЗДЕЛ ВТОРОЙ. Место и роль России в мире
в XX–XXI веках.. 413

Предварительные замечания 414

Глава IV. Место России в геоэкономическом
пространстве... 416

Место России в мире в начале XX века...................... 419

Годы советской власти: превращение в сверхдержаву 424

Конец XX века: Россия на дне 428

Глава V. Внешнеполитический потенциал России 441

Глава VI. Стратегические перспективы России 451

Концепция рациональной внешней политики России 455

Национальные интересы России 459

Угрозы фундаментальным интересам России 461

Разъяснение и адекватные ответы 463

Приложение 472

Сравнительная модель русского и
американского капитализма 472

Место и роль двух государств в мире 472

Сущность современного капитализма США и РФ.....................475

*Являются ли США и Россия
империалистическими державами?* 482

*Какой тип империализма работает эффективнее в рамках
капиталистической формации?* 484

Библиография.. 488

Список сокращений

АСЕАН	Ассоциация государств Юго-Восточной Азии
«АТР»	Азиатско-Тихоокеанский регион
АТЭС	Азиатско-тихоокеанское экономическое сотрудничество
ВБ	Всемирный банк
ВОЗ	Всемирная организация здравоохранения
ВВП	валовой внутренний продукт
ВНП	валовой национальный продукт
ВПП	внешнеполитический потенциал
ВТО	Всемирная торговая организация
ГМК	государственно-монополистический капитализм
ЕС	Европейское сообщество
ИРЧП	индекс развития человеческого потенциала
МВФ	Международный валютный фонд
МНБ	межнациональные банки
МНК	межнациональные корпорации
МОТ	Международная организация труда
НАФТА	соглашение о свободной торговле в Северной Америке
ОБСЕ	Организация по безопасности и сотрудничеству в Европе
ОМУ	оружие массового уничтожения
ОПР	официальная помощь в целях развития
ОЭСР	Организация экономического сотрудничества и развития
ППС	паритет покупательной способности
ПРООН	Программа развития Организации Объединенных Наций
РДВ	российский Дальний Восток
СВА	Северо-Восточная Азия
СНВ	стратегическое наступательное вооружение
СНГ	Содружество Независимых Государств
ТНБ	транснациональные банки
ТНК	транснациональные корпорации
ЭИБ	Экспортно-импортный банк

ПРЕДИСЛОВИЕ
КО ВТОРОМУ ИЗДАНИЮ

Переиздание этой книги, впервые опубликованной в 2001 г. в России, вызвано несколькими причинами. Прежде всего, издательство Scholarica публикует все мои книги, в том числе и изданные в конце 1990-х и начале 2000-х годов, в соответствии с требованиями и правилами сегодняшнего дня. Более того, все изданные книги, особенно 20-ти летней давности, были изданы, скажу мягко, не очень качественно. Другая причина: бывшие издательства пиратски распространяют мои книги без права на это. Поэтому издательство Scholarica вторым изданием моих книг взяло на себя обязанность по прекращению книжного беспредела.

Еще одна причина. Многие международники и востоковеды со злорадством и особенно после 2014 г. («взятие Крыма») стали укорять меня в том, что, дескать, мои прогнозы не оправдались, поскольку весь мир как раз только и говорит о России. А ты (я) — XXI век — мир без России!

Для этих ученых явно «весь мир» сконцентрирован только в Европе и в государствах, образовавшихся из бывших советских республик. В него очевидно не входит ни Африка, ни Латинская Америка, ни страны Южной и Восточной Азии, ни Австралия. Ни одна из стран, входящая в названные регионы, не почувствовала даже дуновения от действия России на международной арене, хотя бы чуть-чуть повлиявшее на их внутреннюю и внешнюю политику. Правда, после «взятия Крыма» Европа и США вместе с Канадой повозмущались «плохим поведением» РФ; ввели даже кое-какие санкции. Но что это изменило? Структурно все осталось на своих местах: не изменилась ни система мировых отношений, ни даже раскладка сил в самой Европе. От шумливой активности России на Ближнем Востоке тоже ничего особенного не произошло. Когда российские так называемые ученые говорят о том, что «весь мир» только и озабочен действиями России, они не понимают самых простых вещей: как воздействует *место* страны на мировой арене и как действует ее *роль* в международных отношениях. Непонимание качественной разницы между этими двумя понятиями с точки зрения *влияния* на мировую систему ведет их к неверным, ложным выводам.

В принципе любая маленькая страна может на какой-то момент заставить заговорить о себе весь мир и даже стать инициатором событий мирового масштаба. Например, та же Сербия, гражданин которой спровоцировал начало Первой мировой войны. Но когда речь идет об этой войне, упоминают совершенно другие государства, которые обычно обозначаются как великие державы (Англия, Франция, Россия, Германия, США, Австро-Венгрия). Бывает и так, что какая-нибудь крошечная страна повышает «голос» на великую державу, от чего последней ни холодно, ни жарко, но шума вокруг много.

В моей книге — как в первом издании, так и в настоящем — речь идет совсем о другом. Я оговаривал, что *капиталистическая Россия* в отличие от социалистического Советского Союза не сможет оказать воздействия на изменение СТРУКТУРЫ мировой системы. На это способны только сверхдержавы или близкие к ним по силе и мощи великие державы. Именно этот фактор и явился основой для название книги: «Двадцать первый век: мир без России». По прошествии 20 лет после публикации первого издания этой книги все мои прогнозы оправдались. Более того. Россия, несмотря на некоторое восстановление экономического потенциала благодаря высоким ценам на нефть в первом десятилетии XXI века, вновь начала ослабляться, выпав даже из первой десятки государств мира.

Еще одна причина переиздания этой книги: показать читателям, насколько все прогнозы российских ученых-международников, а также российских властей, включая президента и министров иностранных дел, не оправдались, когда желаемое выдавалось и выдается за действительное. Причин много, но среди них не последнее место занимает их полное невежество в сфере науки о мировых и международных отношениях, в частности о значении употребления таких понятий, как *место* и *роль* государства в мире. Не знают они также и законов этих отношений. В этой книге мной как раз и были растолкованы эти важные понятия, а также определены именно как понятия слова *полюс* и *центр силы*. Впервые введено и такое понятие, как *внешнеполитический потенциал страны* (ВПП). О них я много раз писал в других работах уже после публикации этой монографии[1]. Незнание законов и понятий мировых отношений вело и ведет к тому, что все разговоры о будущем миропорядке, роли и месте России в мире остались элементарным пустозвонством.

Пожалуйста ряд примеров.

Где «Азиатско-Тихоокеанский регион» («АТР»), который станет центром мира к началу XXI века, о котором без устали писали и говорили международники и востоковеды в 1990-е годы? Где пресловутый тройственный альянс «Россия – КНР – Индия», идею которого выдвинул Е. Примаков, а позже на каждой конференции озвучивали ребята из его команды. Кстати, они же постоянно болтали и об «АТР» в качестве центре мира. Где он? Где дружеские и конструктивные отношения между США и РФ, о чем также без устали трезвонили ученые из ИМЭМО и Института США и Канады? Где конструктивное сотрудничество между РФ и странами Европы, которое должно было привести к созданию «общеевропейского дома», о чем разглагольствовал М. Горбачев, а затем всерьез «обосновывали» эту утопическую идею ученые-европеисты? Где торжество глобализации, о которой прожужжали все уши ученые со званиями академиков и членкоров? Наконец, где эта пресловутая Евразия, которая уже давно должна была скрепить Запад и Восток в одну семью на благо человечества? С этой идеей носятся несколько сотен ученых до сих пор, даже не смущаясь, что они не могут определить границы этой «Евразии»[2].

Наконец, где эта многополярность, о которой талдычат с начала XXI века все международники, как попугаи повторяя официальные документы РФ по внешней политике, и к которой с момента прихода к власти призывает президент РФ?

Судя по всему, сами эти ученые-еслибисты своих работ 20-летней давности не стыдятся и о своих прогнозах, видимо, не помнят.

Переиздавая эту книгу, я даю возможность читателям вспомнить, какие ученые и какие политики определяли, определяют и осуществляют внешнюю политику страны. Причем, несмотря на

---

1 В частности, детально они были изложены в качестве понятийно-категориального аппарата в двух моих крупных монографиях «Мирология», первый том который называется «Мирология. Прогресс и сила в мировых отношениях. Введение в Мирологию»; второй том — «Мирология. Прогресс и сила в мировых отношениях. Борьба всех против всех».

2 Эта тема подробно разобрана у меня в небольшой книжке: *Алекс Бэттлер. «Евразия»: иллюзии и реальность.*

13

провалы их прогнозов фактически по всем векторам внешней политики РФ, все они удачно делают карьеру. Что неудивительно. Поскольку их работы строятся не на базе научного понимания реальностей в мире, а дисциплинированного следования официальной линии Кремля, обитатели которого являются такими же неграмотными людьми, как и их ученые попугаи.

И неслучайно ни один из них не откликнулся на мою книгу ни 20 лет назад, ни позже. Причина проста: мои прогнозы сбываются, а их нет. Это как раз больше всего их и бесит. Поэтому они стараются игнорировать эту книгу, равно как и все другие мои работы на международные темы. Я не называю здесь конкретных имен, поскольку в этот ряд попали бы все без исключения международники и востоковеды, так сказать, либерального крыла нынешней обществоведческой науки.

Между прочим, аналогичная ситуация у меня сложилась и с моими коллегами на Западе. В начале XXI века они были такими же еслибистами, как и российские небогрёзы. Они очень верили в демократизацию России и установление мирных международных отношений на базе тесного сотрудничества между США с Россией. Помню, как в Канаде на одной из моих лекций ученые Колумбийского университета (Ванкувер) набросились на меня из-за моего крайнего скептицизма относительно как демократии в России, так и сотрудничества России с Западом. Когда я предложил эту книгу для рецензирования в журнал «Экономист» (она была переведена на английский язык), ответственная за рецензии сотрудница журнала объяснила отказ тем, что содержание книги противоречит взглядам международников США и Англии.

В этой книге я представил позиции аналогичных оптимистов и прогнозистов, прогнозы которых провалились с таким же треском, как и предсказания российских еслибистов.

Сейчас они стараются не вспоминать свои прогнозы и вообще избегают темы конструктивной роли России в международных делах. Теперь они впали в другую крайность: постоянно атакуют Россию за агрессию и прочие нехорошие дела в Европе и на Ближнем Востоке. Но хочу еще раз подчеркнуть, Россия не является страной, которая находится, так сказать, на пике американской внешней политики. Место России занял Китай, о чем у меня тоже было сказано в этой книге.

Надо иметь в виду, что почти все эти прогнозисты-еслибисты — либералы, то есть антисоветчики, ненавидящие СССР. Это касается и западных ученых. Так вот, исследователи и ученые из этого либерального лагеря постоянно обвиняют меня в том, что я остаюсь приверженцем устаревшей марксисткой методологии, что я часто ссылаюсь на труды классиков марксизма и поэтому как бы не современен. А они очень даже современны, поскольку опираются на различные методики школ структуралистов, системников или синергетиков, а также на другие аналогичные методики анализа из арсенала буржуазного обществоведения. И вообще, советуют они мне: пора отказываться от Маркса с Лениным.

Они отказались. Результат — их прогнозы не сбываются, а вместо научных трудов — идеологизированное клише в духе социал-патриотизма, или антизападничества, или наоборот прозападничества (это в основном идет от либералов из МГИМО и ИМЭМО). Их теоретические работы на международные темы отдают затхлым запахом позитивизма.

Тем не менее есть одно существенное различие между американскими и российскими еслибистами. Если прогнозы американцев мотивируются прагматическими задачами в интересах американского капитала и при этом они учитывают реальную мощь своей страны, то прогнозы российских политиков и научных работников крайне идеологизированы в духе прозападного подхода, с одной стороны, и национал-патриотизма, с другой, причем последний ныне стал преобладающим. Хотя некоторые векторы внешней политики и определяются интересами прежде всего военно-промышленного комплекса (на региональном уровне, к примеру, в Сирии), но в целом стратеги РФ исходят из еслибизма, то есть желательных целей (типа многополярности). При этом им в голову не приходит рассчитать стоимость выполнения своих желаний. Более того, практически ни один из вовлеченных в процесс формирования внешней политики даже не знает суммы внешнеполитического потенциала страны (ВПП). Естественно, что ни одна из таких инициатив, или целей не реализуется.

Последние 20 лет показали, что страна при сохранении нынешней политико-экономической структуры продолжит свое падение в бездну феодализма с густым замесом теократии, все больше и больше скукоживаясь в государство с ограниченными возможностями. И тем самым не способным влиять на мировые отношения. Конечно, этот сценарий верен до времен, когда и если в стране произойдет Вторая социалистическая революция. Тогда все может кардинально измениться. Россия в очень короткие сроки могла бы восстановить свою былую социалистическую силу и мощь и вернуть себе статус сверхдержавы. Но поскольку к такому развороту Россия на данный исторический момент не готова, то она продолжит свою победную поступь к эпохе Ивана Грозного, которая будет называться эпохой Владимира Крымского, как только сошьют бывшему советскому сотруднику КГБ новую шапку Мономаха.

Почему так произойдет — не тема этой книги. Здесь могу только еще раз подчеркнуть, что одной из причин состояния России является уникальное невежество нынешней власти, которая отражает и невежество российской обществоведческой науки.

* * *

В нынешнем издании я не стал обновлять статистику, поскольку изменение чисто количественных параметров за прошедшие два десятилетия не поменяли общую тенденцию деградации российской экономики. Не стал я анализировать и новые варианты доктрин и концепций национальных интересов и безопасности России и США, поскольку качественно они остались почти без изменения, не считая более обостренной и ужесточенной риторики. Остались в тексте и имена «героев» падения страны. Хотя легко можно переставить имена на нынешние, — картина состояния РФ в принципе не изменилась. Другими словами, стратегически Россия сохранила, так сказать, статус одного из главных врагов США. И тем не менее в Приложении я все-таки поместил статью, показывающую разницу между американским и российским капитализмом и их внешнеполитические потенциалы на 2016 г.

И еще. Хочу предупредить, что в этом издании изменилось форматирование книги, в частности в системе постраничных сносок в соответствии с разумной практикой, которая утвердилась за последние лет 15 — экономии бумаги, а следовательно, и лесов, а следовательно, в целях сохранения экологии.

Сентябрь 2020 г.

Если эти «Мысли» не понравятся никому, значит, они несомненно плохи; но в моих глазах они будут достойны презрения, если понравятся всем.

Дидро

ПРЕДИСЛОВИЕ

Не пугайся, читатель. Я отнюдь не имею в виду, что Россия исчезнет с лица земли. Конечно, это мечта многих врагов России. Но такого не произойдет, по крайней мере в XXI веке. Произойдет другое: Россия перестанет (фактически уже перестала) оказывать влияние на ход мировых событий. На языке геостратегии это означает, что Россия потеряла статус великой державы, перестала быть центром «силы» и мировым полюсом, определяющим структуру международных отношений. Следствием этого является тот факт, что развитие международных отношений, основные мировые тенденции, например, пресловутая глобализация, происходят без участия России. С исторической точки зрения в этом нет ничего особенного, поскольку на ход мирового развития, как свидетельствует история человечества, влияет небольшая горстка государств-империй, борющихся за гегемонию в мире. Остальные государства обычно служат объектом их политики. Государства-гегемоны менялись, но неизменным оставалось одно: борьба за силу, а в конечном счете за гегемонию. Именно эти государства формировали региональную или глобальную структуру международных отношений на геостратегическом мировом пространстве, именно они и определяли ход мирового развития.

С момента возникновения российского государства оно только дважды меняло систему и структуру международных отношений. Первый раз это было связано с рождением Советского Союза после октября 1917 г. Мир раскололся на две части — социализм и капитализм, борьба между которыми после Второй мировой войны сформировала и геостратегическую биполярность с его двумя центрами силы, возглавляемыми США и СССР. Поражение Советского Союза в этой борьбе привело к кончине советской сверхдержавы и, как следствие, к развалу биполярной системы при утверждении моноцентризма, т.е. господству «золотого миллиарда» во главе с США. Возникшая на месте СССР Российская Федерация очень быстро деградировала до маргинального состояния, в каком она и пребывала до 1917 г. Ныне, занимая место во втором десятке по валовому национальному продукту в мире, влияние России ограничено собственной территорией, которую она еле удерживает от дальнейшего распада.

Таким образом, рождение и смерть советской империи дважды в XX веке сотрясали мир.

Казалось бы, все это — очевидные факты, которым я постоянно нахожу подтверждение в Северной Америке, в Западной Европе и в Восточной Азии. Где бы я ни был, о России почти ничего, либо двухсекундная информация.

И тем не менее в наибольшей степени деградацию России я ощущаю и зрю именно в России. Страна гибнет на глазах. Надо быть абсолютно слепым, чтобы не замечать массового обнищания большей части населения, гибели жилья, деревень, поселков и городков, неспособность власти справиться со стихийными бедствиями, с катастрофической преступностью, наркоманией и прочими социальными и физическими болезнями. Сознание большинства упирается только в то, как выжить? В провинциях деградация массового сознания достигла стадии раннего феодализма. Средний уровень доходов упал до стандартов бедных стран Африки. И так далее, и тому подобное.

И на фоне всех этих внутренних трагедий дико слышать, когда российский президент, политические лидеры всех оттенков, а также ученые различных идеологических направлений часто говорят и пишут о том, что Россия — великая держава и ее роль имеет глобальные измерения.

В этой связи я сразу же вспоминаю изречение знаменитого военного мыслителя Китая Сунь Цзу из его «Искусства войны»: «Когда ты знаешь себя и других, ты в безопасности; когда ты знаешь себя, но не знаешь других, у тебя есть полшанса на выигрыш, но, когда ты не знаешь ни себя, ни других, ты в опасности при каждой баталии».

У меня глубокое убеждение, что если не все, то большинство, говорящих о России как о великой державе, относятся к третьей категории людей, т.е. той, которая не знает ни России, ни окружающего мира. Достаточно спросить любого из этих говорунов, какой должна быть критическая масса веса государства, чтобы иметь статус великой державы? Какой объем финансовых ресурсов необходимо тратить, чтобы «величие» страны ощущалось во всем мире? Какая разница между местом и ролью государства в мире, и в каком соотношении эти категории находятся с экономическим потенциалом страны и правительственным бюджетом? Спросите у любого политика, сколько выделяется средств на внешнюю политику в России и сколько, например, в США? Вряд ли великодержавники даже задумывались над этими вопросами. И мне приходилось в этом убеждаться постоянно на всяческих конференциях, из разговоров, а также, естественно, из чтения множества работ российских авторов.

Очень хотелось бы поверить, что Россия — великая держава. Однако факты не подтверждают подобные громогласия. Я вынужден был обратиться к аргументам экономического, политического, военно-стратегического характера, чтобы доказать обратное, а именно: с момента начала капиталистических реформ Россия потеряла статус не только сверхдержавы, но и великой державы, превратившись в региональную страну, влияние которой в мире уступает не только известной «семерке» из «золотого миллиарда», но и ряду других стран с валовым внутренним продуктом, превышающим 500 млрд долл.

Итак, цель данной работы — показать реальное место и роль России в мире в первой половине XXI века. Для полноты картины мне пришлось использовать разные методики и подходы. Один из них — это взгляд на Россию со стороны. То есть выявить место и роль России в стратегических доктринах и концепциях наиболее активных субъектов мировой политики. В качестве таковых для данной книги я выбрал США. (Япония и КНР представлены в другой книге под названием «Стратегические контуры Восточной Азии. Россия: ни шагу вперед».) Западную Европу я «проигнорировал», не потому, что она мало значит в мировой политике, а потому что по стратегическим направлениям в отношении России она близка к США, и, кроме того, даже анализ российской политики четырьмя основными державами (ФРГ, Франция, Великобритания и Италия) слишком увеличил бы объем данной работы.

Другой подход — это взгляд на Россию из самой России, т.е. через официальные доктрины и концепции нынешнего руководства страны, а также через работы российских ученых буржуазного направления. Я сознательно почти не прибегал к политической литературе левого или «патриотического» направления, поскольку рассматриваю их влияние на внешнюю политику как близкую к нулю.

Политологический подход мне пришлось дополнять подходами из теории международных отношений, в которую были введены сформулированные мной три закона (закон экономической массы, или «полюса», закон «центра силы» и закон «силы»), а также закон оптимальных затрат на внешнюю политику. Теоретические разделы — самая трудная часть данной работы для чтения, но без их усвоения или хотя бы ознакомления трудно рассчитывать на понимание развития международных отношений и всего, что с ним связано.

Книга разбита на три части. И хотя каждую из них можно рассматривать как определенную целостность, они связаны между собой одним стержнем: что есть и будет Россия в XXI веке.

Естественно, для такой большой книги мне пришлось перелопатить большое количество литературы и статистического материала, подавляющая ее часть которой взята мной из Интернета. В этой связи хочу предупредить читателя, что в некоторых моих сносках не указаны страницы. Это значит, что текст цитируется по формату HTML. Страницы же проставлены в тех случаях, когда материал опубликован в формате PDF. Сейчас еще окончательно не утвердились правила оформления сносок из Интернета с указанием интернетовского адреса. В этой связи я поступал так: там, где очевиден адресат (например, сайты международных организаций, МИДа Японии, ЦРУ, СНБ, Пентагона или Госдепа США), я не указывал адрес; там, где он не очевиден, адрес указывался.

О языке работы. Меня довольно часто обвиняют в том, что о серьезных вещах я пишу «не научным» языком, под которым, видимо, понимается академический стиль российских ученых. Кроме того, я, дескать, слишком много «якаю» и постоянно всех хулю. Пользуясь случаем, отвечаю всем. Во-первых, хулю я не всех, а только тех, которые «научным» языком пишут тексты, не имеющие никакого отношения к науке. Во-вторых, я «якаю» потому, что работу пишу именно я, а не какие-то «мы». «Мы» — это уход от ответственности за написанное. В-третьих, академический стиль — это форма проявления безличности, выработанная за годы советской власти, особенно в период застойного социализма. И хотя к советской власти я отношусь значительно лучше, чем к нынешней капиталистической, желания сохранять эту обезличенную форму изложения у меня нет, тем более что я убежден: о серьезных вещах надо писать живо и весело.

В работе много иностранных фамилий. Там, где транскрипция неоднозначна, привожу эти фамилии в скобках на языке оригинала. Я также в своих текстах кавычу слово «АТР» («Азиатско-Тихоокеанский регион»), хотя по правилам русского языка аббревиатуры не кавычат. Я это делаю сознательно, т.к. считаю, что никакого «АТР» не существует. Но в текстах других авторов или документах (при цитировании) я вынужден сохранять правописание оригинала. В этой же связи. Я сохраняю арабское написание цифр в сочетание со словом *век* (19 век, 20 век, 21 век) при цитировании западных авторов (у них так принято). В своем же тексте я перехожу на римское написание, как принято в России.

Хочу также отметить, что кое-какие параграфы и главки данной книги были опубликованы в некоторых газетах, журналах и сборниках, а также на моем сайте в Интернете. За них меня никто не критиковал, а, наоборот, многие только соглашались. Однако выход работы в полном объеме и с таким названием неизбежно должен встретить возмущение, особенно со стороны российских еслибистов, и наверняка обвинения в антироссийстве. Меня это не смущает, поскольку я считаю: то, что делают политики и подпевающие им «ученые», наносит больше вреда России, чем правда о ней. Тем не менее, если они найдут и выскажут рациональные контраргументы в печати, то я всегда готов на них среагировать.

Как и предыдущие свои работы, эту книгу я предварительно нигде не обсуждал, в ее написании никто мне не помогал, кроме, естественно, моей жены Валентины. Как всегда, она считывала и редактировала чуждые ей тексты, а я, как всегда, проверял на ней степень доступности для понимания материала, особенно теоретических частей. И если содержание книги было понятно для пианистки, художника и поэта (профессии моей жены), то я рассчитываю на то, что для тех, кто значительно ближе по своим интересам к сфере внешней политики и международным отношениям, эта книга не покажется слишком трудной.

И последнее: о благодарностях. Поскольку при написании этой работы, так же как и предыдущих книг, мне никто не помогал, кроме жены, то благодарить я могу только ее за удивительное трудолюбие в деле доведения моих писаний до состояния книг.

Май 2001 г.

ЧАСТЬ I

США: СТРАТЕГИЯ В XXI ВЕКЕ — ЛИДЕРСТВО ЧЕРЕЗ ГЕГЕМОНИЮ

ГЛАВА I

ПОНЯТИЙНЫЙ АППАРАТ И ИССЛЕДОВАТЕЛЬСКИЕ ПОДХОДЫ

Российских ученых за редким исключением не волнует проблема понятийного аппарата теории международных отношений. Они, к примеру, могут писать о глобализации или интеграции, хотя на самом деле описывают проблемы интернационализации; говорить о силе государства, хотя описывают мощь государства; формулируя концепции национальной безопасности, фактически же излагают проблемы внутренней политики. Мировые отношения для них идентичны международным отношениям и т.д. Такой подход является отражением специфики российского умостроя, отвергающего рациональность и демонстрирующего иррациональность, с помощью которой, как они сами себя убеждают, они «глубже» схватывают суть явлений. Я, естественно, в соответствующей главе покажу это на примерах, а пока представлю варианты исследования проблем американцами.

Большинство американских международников и политологов также не склонны «теоретизировать». Это дает повод авторам монографии «Американская национальная безопасность» констатировать: «Хроническим источником президентских трудностей с Конгрессом, а иногда со всей нацией является тенденция использовать концепцию национальной безопасности в сверхшироком смысле, прибегая к ней как к мантии, которая покрывает противоречивые действия»[1].

Все же следует признать, что над понятийным аппаратом американцы размышляют со времен окончания Второй мировой войны и по многим аспектам они добились впечатляющих результатов.

---

1 *American* National Security, 4.

Тем не менее эта проблема сохраняется и по сей день. Ее актуальность Кэн Бут, к примеру, демонстрирует следующим образом. Многие, пишет он, употребляют слово «мир» в смысле «отсутствия мировой войны». И это несмотря на то, что после Второй мировой войны было уничтожено 20 млн человек[1]. Используют термин «Третий мир» как развивающийся мир, в то время как верхние слои этого «мира» по уровню своего благосостояния ничем не отличаются от богатого населения «Первого мира». Употребляется термин «сила» (power) как синоним военной силы, хотя эти понятия не совпадают. Бут делает вывод: «Если эти и другие ключевые слова в науке о международных отношениях не будут точно обозначать явления, как же можно их концептуализировать?» (336).

Проблемы смешения понятий возникают и при наложении, или пересечении наук. Как известно, в западной науке предмет «Международные отношения» изучается как ответвление политологии. Бут же полагает, что «совершенно очевидно, что политология может серьезно изучаться только как ответвление политики в глобальном масштабе. Мировая политика является домом политической науки, а не наоборот. Кант был прав: политическая теория должна быть международной теорией» (340).

Вот еще одно любопытное рассуждение Бута: «Целью международной политической теории, таким образом, может быть соединение марксовской «науки» с «наукой» Моргентау в искусстве утопического реализма; проблемой международной политической науки должна быть попытка объединить мир через его изменение» (347).

Хотя из этой фразы не понятно, что имеет в виду Бут под «наукой» Маркса и «наукой» Моргентау, но термин *утопический реализм* мне сразу напомнил высказывание андроида Дэйты, одного из ярких героев сериала «Звездный путь», который как-то резонно заметил: невозможно ожидать неожидаемого (to expect unexpected is impossible).

В значительной, если не определяющей степени волна теоретических изысканий была вызвана окончанием холодной войны, разрушившей не только Берлинскую стену, но и устоявшиеся штампы и стереотипы в теории международных отношений. Грубо говоря, раньше было два мощных направления в теории: одно

---

1 *International* Relations. Theory Today, 334.

— сугубо идеологизированное (школа политического идеализма), объясняющее все перипетии международной жизни борьбой между коммунизмом и капитализмом (кстати сказать, доминирующей в СССР), другое — геостратегическое, опирающееся на концепцию силы (школа политического реализма).

Ныне, когда идеология, по мнению американских теоретиков, перестала играть доминирующую роль, а сила стала наполняться иным содержанием, стройные предыдущие конструкции рассыпались. Что появилось взамен? И тут-то начинаются споры, которые в большинстве случаев ведутся по следующим проблемам: какова нынешняя структура международных отношений: *биполярность, однополярность, многополярность*; каково содержание понятия *сила* в современных условиях; какова *роль* государства в эпоху «глобализации»; что такое *национальная безопасность*: искусственная абстракция или нечто объективно реальное.

Все эти темы так или иначе будут затрагиваться на протяжении всей книги. Но сначала хочу представить взгляды довольно известных авторов учебника по «Национальной безопасности США» — А. Джордана, У. Тэйлера, М. Мазара (последний — главный редактор журнала «Вашингтон квортерли»). Об их популярности свидетельствует уже то, что вышло пятое издание их труда, который изучается студентами военно-учебных заведений.

Названные авторы (далее я их всех троих буду обозначать через аббревиатуру ДТМ) полагают, что на смену холодной войне пришел не просто мир, а «горячий мир». Проблема в том, как описать этот мир. В отличие от приверженцев концепции «однополярной гегемонии» США (например, активно отстаиваемой Чарльзом Краутхаммером) ДТМ считают, что на самом деле возникла «комплексная многополярность» международной системы.

Кстати, они напоминают об истоках концепции «однополярности». Дело в том, что в 1992 г. в Пентагоне была подготовлена «бумага», некстати просочившаяся на свет божий, из которой все узнали об установке на «предотвращение в будущем любого потенциального глобального соперника». Причем речь не шла об ослабленной России, а скорее была направлена в адрес союзников США. К тому же она была сформулирована в жестких выражениях: американская оборона должна быть настолько сильной, чтобы потенциальные соперники из Западной Европы или Азии даже думать не могли о «крупной региональной или глобальной роли».

Авторы напоминают, что в отличие от оголтелых «однополярников» есть еще сторонники «сверхдержавной многополярности» (superpower multipolarity), которые выступают за единоличную гегемонию США при «разрешении» другим державам (типа Германии и Японии) формировать многополярный фон. Сами же они, как уже говорилось, отстаивают «комплексную многополярность» (complex multipolarity), отрицающую гегемонистский статус США по ряду причин. Одна из них заключается в том, что фокус национальной стратегии США сдвинулся с глобального на региональный уровень. Подтекст таков: на глобальном уровне отсутствует другая глобальная держава, а значит и не с кем вести глобальную борьбу. На региональном же уровне в структурном плане нет однозначности. В Африке структура отношений формируется на основе баланса сил, а в некоторых местах она определяется биполярностью, в других — многополярностью. Иначе говоря, ни одна из «силовых моделей» не является универсальной и не объясняет реальность.

Другой момент, определяющий «многополярность», связан с тем, что некоторые мощные региональные державы могут самостоятельно обеспечивать свою выживаемость и независимость без помощи союзников. Аргумент на первый взгляд довольно странный, но авторы имеют в виду, что в мире отсутствует враждебная держава, способная поставить под угрозу «выживаемость и независимость», скажем, Германии, Англии или Японии.

Но главная причина многополярности в другом. И это другое — проблема диффузии ключевого термина всех концепций «полярности» — *силы*. «Диффузия некоторых элементов силы (power), в частности экономической силы и ее эффекта в международной системе, отвергает однополярную концепцию».

В связи с силой хочу обратить внимание на следующий очень важный момент. *Сила* (power) — это ключевая категория теории международных отношений, вокруг которой не одно поколение теоретиков ведет дискуссию, так до сих пор не определив, что же это такое. Это признают и сами авторы, добавляя, правда, что при этом отсутствует и методика вычисления силы. Это вполне естественно: если нет определения, значит и нечего подсчитывать. Поскольку *сила* — очень важная категория, то необходимо посмотреть, как эти авторы высказывались на этот счет.

Загадка силы, считают ДТМ, заключается в том, что «сила есть динамика». Они пишут: «В наипростейшем варианте (сила) — это способность заставить других делать нечто, что они не сделали бы по собственной воле». Способность заставить, поясняют авторы, не обязательно означает только «физическое насилие над противником», хотя это является важным аргументом силы. К таким способностям они относят «переговорные способности», а также убеждения, основанные на общих интересах и ценностях. Такая формулировка силы им показалась достаточной, чтобы перейти к ее оценке.

> Сила, — пишут они, — может рассматриваться и оцениваться различными способами. Поскольку она базируется на возможностях (capabilities), сила имеет определенные объективные характеристики. Но она *также имеет весьма высокий элемент субъективности* (курс. авторов), т.к. слава обладания ею и намерение ее использовать являются достаточными, чтобы достичь результатов во многих случаях без реального обращения к ней. Гоббс правильно писал: «Люди вспоминают о силе только тогда, пока они ее не почувствуют» (9).

Здесь авторы впадают в элементарное логическое противоречие. Сила, — если это категория объективная, — не может иметь «высокий элемент субъективности», поскольку субъективна может быть оценка силы, а не сама сила. Задача наблюдателя (аналитика) как раз и заключается в том, чтобы его субъективная оценка совпала с содержанием силы (по Гегелю, — слияние объекта и субъекта). Множественность трактовок одного явления говорит только о том, что явление не познано. Попав в логический и философский капкан на этом этапе, они уже не могут выбраться из него в дальнейшем. Они пишут:

> *Естественно также, что сила относительна по своим характеристикам*, т.к. ее свойства частично зависят от сравнения с тем, что ей противостоит; когда это сравнение очевидно, результирующий подсчет часто называют *чистой силой*.

Далее.

> *Сила есть весьма ситуативная вещь*: что может сгенерировать силу в одних обстоятельствах, не может при других. Такие неуловимые вещи, как политическое и техническое мастерство ключе-

вых акторов, национальная воля и солидарность по проблемам, суть проблем, выраженных в вопросах и целях, которых добиваются, т.е. все компоненты силы могут быть использованы государством при определенных ситуациях (курс. авторов) (ibid.).

Если невозможно объективно оценить силу как таковую, значит невозможно оценить и противостоящую силу, и никакое сравнение здесь не поможет, поскольку в этом случае происходит сравнение двух неопределенных величин. Авторы, однако, оптимисты.

Если сила динамична, субъективна, относительна и ситуативна, а также объективна по сути, можно ли ее определить в принципе? Несмотря на предостережения и трудности, ответ — «да». В частности, если сфокусируемся на объективных характеристиках (которые, правильнее сказать, являются измерением «strength»[1] и могут или не могут осуществлять влияние, о чем уже говорилось) и квалифицировать их правильно по времени и обстоятельствам, то мы сможем по крайней мере сказать несколько полезных вещей о силе (9).

Они действительно кое-что сказали, но совсем не о силе. Они, как и все до них, смешали понятие *мощь* с категорией *сила*, к чему я вернусь в соответствующей главе.

Авторы, правда, справедливо раскритиковали представления на категорию *сила* супругов Гарольда и Маргарет Спраут, поскольку «они предложили грубое уравнение: сила равна человеческим ресурсам, плюс физическая среда обитания, плюс питание и сырье, плюс инструменты и умение, плюс организация, плюс моральное и политическое поведение, плюс внешние условия и обстоятельства» (p. 9). В том же ключе писал Клиффорд Герман, а Рэй Клейн к количественным характеристикам добавил «национальную волю и стратегические цели». Между прочим, у самих авторов понимание силы очень сильно совпадает с формулировками Клейна.

Далее ДТМ пытаются определить современное состояние национальной силы, которая, естественно, претерпела изменения.

Это связано не только с тем, что она стала более фрагментарной, но в то же время и более взаимозависимой. Фрагментация возникла не только вследствие исчезновения основных биполярных

---

1 И здесь начинаются проблемы перевода, поскольку авторы не определили слово *strength*.

блоков холодной войны, но также и в результате выхода наружу ранее подавляемого этнического и племенного национализма во многих государствах земного шара (548).

Это привело к тому, что национальная сила стала более распыленной и потому осложнился эффект влияния одного государства на другое.

Мягкие» (soft) формы силы, такие, как способность манипулировать взаимозависимостями, становятся более важными, как это делает долгосрочная экономическая сила (strength), которая является базой и мягкой, и твердой (hard) формы силы (ibid.).

Обращаю внимание на то, что авторы, сами того не подозревая, стали обращаться с терминами *power* и *strength* как синонимами. На этом «сгорели» все теоретики, бившиеся над определением категории *сила*. В результате, заходя то с одной стороны, то с другой, к силе, они так и не дали четкого определения данной категории. И повторили известную банальность о том, что

сила и воля ее использовать становятся условием успеха, даже выживаемости. В этом суть силовой политики. ...Цель силы заключается в преодолении сопротивления в борьбе, которая явилась ее причиной, или в обеспечении безопасности предпочтительного порядка вещей (13).

Результат: вместо определения силы авторы выделили две ее функции (весьма небесспорные): победу в борьбе и обеспечение порядка. Сама же сила опять ускользнула от них. Другими словами, авторы, понимая коварство силы, так и не вышли за рамки представлений всех без исключения теоретиков, которые бьются над этой категорией со времен Ганса Моргентау[1].

Еще более широкий круг теоретиков вовлечен в дискуссии по категории *национальная безопасность*. Ожесточенным атакам в основном подвергаются неореалисты, представляющие два направления или, как принято говорить, две парадигмы: структурный неореализм и неолиберальный институционализм. Атакующие

---

1   К примеру, см.: *Maruyama*. Thought and Behaviour in Modern Japanese Politics, 268–89; *Weltpolitik*. Strukturen—Akteure—Perspektiven; *Ward*. Structural Power—A Contradiction in Terms? // Political Studies, (XXXV), no. 4 (1987), 593–610.

— ученые-социологи, которым предписывается «инновационное объединение исследований в области социологии и национальной безопасности». Их взгляды изложены в монографии «Культура национальной безопасности: нормы и самоопределение в мировой политике» под редакцией Питера Каценстейна, одного из главных идеологов социологического подхода[1]. Чтобы понять, в чем их претензии к неореалистам, несколько слов о позициях последних.

Один из них — Кенет Уолц, принадлежащий к «структурным реалистам» второй волны (после Г. Моргентау, Дж. Кеннана, А. Вольферса и др.), в международной системе государств выделяет три характеристики:

- она (система) децентрализована;
- наиболее важный актор — государство — унитарно и функционально не дифференцировано;
- различие в распределении возможностей наиболее весомых государств отличает биполярную систему государств от многополярной.

Известного теоретика, можно сказать тоже классика, Роберта Кеохане относят к неолиберальным институционалистам. Он считает, что международная политика после краха гегемонии не обязательно коллапсируется в неконтролируемую силовую политику, которая приведет к анархии. Созданный в период гегемонии международный порядок имеет возможность исправлять проблемы, провоцирующие международную анархию. «Институциональная инфраструктура постгегемонистской системы, — уверяет классик, — в состоянии обеспечить координацию конфликтных политик путем снижения затрат на сотрудничество» (13).

Социологи обвиняют Кеохане в том, что его теория не объясняет категорию *интерес*, хотя и не отрицает ее как внешний феномен. Категория *интерес* — главный конек социологов. В определенной степени это признает и Кеохане: «Без теории интересов, которая требует анализа внутренней политики, никакая теория международных отношений не может быть полностью адекватна (реальности). Слабость наших нынешних теорий увела нас очень далеко от понимания поведения США и европейских держав в конце холодной войны. ...Необходимо осуществить еще немало иссле-

---

1 *The Culture* of National Security: Norms and Identity in World Politics.

дований в области теории государства. Может быть, даже больше, чем на уровне международной системы» (14).

Исследовательская парадигма социологов состоит, по П. Каценстейну, из трех ступеней. «Первая. Существует спецификация группы ограничений. Затем оговаривается группа акторов, которые, предполагается, имеют определенные интересы. Наконец, изучается поведение акторов и их поведение в условиях ограничений, в рамках которых эти акторы со своими предполагаемыми интересами проявляют себя» (ibid.).

Вся эта ничего не значащая для непосвященных словесная белиберда на самом деле означает изложение некоторых элементов теории бихевиоризма, которая обращена на анализ проблем безопасности. Социологи утверждают, что только на этой основе можно уловить такие важные вещи, как «престиж и репутация», которые неореалисты рассматривают «скорее как эффект силы (force), чем социальных атрибутов». В этой связи они вспоминают известного политэконома Роберта Гилпина. Каценстейн пишет, что хотя Гилпин, будучи реалистом, признает социологические подходы, однако все время скатывается к экономическим объяснениям. Для Гилпина «престиж» — «функциональный эквивалент власти во внутренней политике и имеет функциональные и моральные основания». «Он, — иронизирует Каценстейн, — может только утверждать, но не доказать, что "в конечном счете" престиж опирается на военную или экономическую силу (power). Но в то же время (Гилпин) пишет, что "скорее престиж, чем сила (power), является распространенным явлением в международных отношениях"» (15).

Если бы американские теоретики знали русский язык (я лично не встречал ни одного), они бы с удивлением обнаружили, что категория *престиж* и *авторитет* как функция ряда переменных была описана советским экономистом-системником А.В. Сергиевым еще в 70-е годы, а мной повторена в одной из книг, опубликованной в 1986 г.[1] Точно так же выглядят наивными новации американских социологов в том, что государство они рассматривают как «социальный организм» и что его самоопределение (идентичность) и нормы влияют на национальные интересы, — темы, ши-

---

1 *Алиев [Бэттлер]*. Внешняя политика Японии в 70-е – начале 80-х годов (Теория и практика), 284–5.

роко обсуждавшиеся в советской политологии 70-х – 80-х годов[1].

Как бы то ни было, социологический подход к проблеме национальной безопасности путем анализа категории *национальные интересы* государства как социального организма получает широкое распространение, свидетельством чему служит и монография группы английских социологов[2]. Практические же творцы американской политики безопасности пока предпочитают опираться на подходы неореалистов, в том числе Джордана, Тэйлера и Мазара (ДТМ).

Суть их подхода не очень сложная и заключается в следующем. ДТМ, признавая эластичность термина *национальная безопасность*, все-таки различают объем его содержания до и после Второй мировой войны. Сам термин в узком смысле имеет значение «обороны». Но до Второй мировой войны политика национальной безопасности как бы только соприкасалась с внешней политикой и политикой в области экономики, торговли и окружающей среды. После Второй мировой войны части всех этих трех блоков «наехали» друг на друга, т.е. как бы взаимосвязались или переплелись, образовав некую целостность, хотя другие сегменты блоков остались автономными (см. рис.).

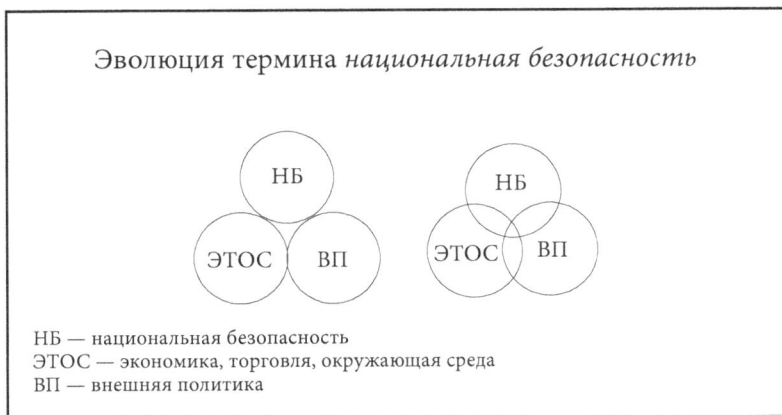

Эволюция термина *национальная безопасность*

НБ

ЭТОС ВП

НБ

ЭТОС ВП

НБ — национальная безопасность
ЭТОС — экономика, торговля, окружающая среда
ВП — внешняя политика

---

1 См.: *Международные* отношения, политика и личность; *Политические* системы современности (Очерки); *Национальные* интересы: теория и практика (Сборник статей).

2 *The Origins* of National Interests.

Совмещенные части имеют свое название — комплексная национальная безопасность, — которая однажды была сформулирована японцами в виде официальность доктрины в конце 70-х – начале 80-х годов[1]. Она состоит из трех компонентов: военной безопасности, экономической безопасности и политической безопасности.

В принципе мало кто спорит с такой постановкой вопроса (хотя все-таки спорят; и об этом — в соответствующем разделе). Более серьезные споры начинаются с темы увязывания национальной и международной безопасности. Речь идет о том, как совместить первое со вторым, т.е. как сделать так, чтобы национальная безопасность, защищающая национальные интересы, не противоречила международной безопасности, призванной удовлетворить интересы международного сообщества. Некоторые полагают, что выходом из этого противоречия может стать коллективная безопасность. Авторы напоминают: «В рамках такого подхода нападение на одного из членов (сообщества) рассматривается как нападение на всех, и потому все рассчитывают, что такая объединенная оппозиция предотвратит нападение со стороны любого потенциального агрессора». На практике же таких прецедентов не было, нет их и сейчас, полагают ДТМ. И посему «коллективная безопасность в ее универсальном виде не существует и вряд ли будет существовать при нынешней системе суверенных государств и неравенствах между ними» (14).

С большим доверием авторы относятся к альянсам и коалициям, поскольку такого типа системы строятся на взаимных выгодах. Однако большие надежды авторы возлагают на международное право, к которому, как известно, немало международников относятся весьма скептически. Но авторы полагают, что такой скептический взгляд ошибочен. Они пишут: «Закон существует не только для того, чтобы улучшить распределение справедливости, но также и для того, чтобы сделать жизнь предсказуемой, предоставляя всем, кто живет в рамках закона, свод правил в отношении поведения других в системе» (16). К тому же есть «зрелые законы», а есть «примитивные законы». Понятно, что авторы уповают на «зрелые законы» в международных делах. Проблема только в том, как определить их «зрелость». Историческая практика подсказывает, что определяют степень их «зрелости» господствующие государства в мире. Как в

---

1 См.: *Алиев [Бэттлер]*. Внешняя политика Японии, 148–64.

свое время писал и поныне актуальный К. Маркс, когда встречаются два равных права, решает сила. И опять все скатывается к этой злополучной силе. И сами авторы косвенно подтверждают правоту марксовской формулировки, когда они пишут о России и Китае.

Для начала констатируются некоторые параметры российского государства: имперская история, обильные ресурсы, мощная индустриальная база, хорошо образованное население и очевидное желание играть значительную роль на мировой арене. Проблема же состоит в следующем:

> Каким образом поведет себя Россия во взаимоотношениях со своими соседями и остальным миром, то ли в виде восстановления своей бывшей империи, то ли в благоприятном стратегическом варианте, все это в значительной степени зависит от эффективной способности Запада привлечь Москву на свою сторону. ...Запад не может позволить себе, чтобы такой грандиозный эксперимент завершился коллапсом (556–7).

— Вполне естественные намерения американцев: осчастливить Россию на базе «зрелых законов» демократии и рынка, вне зависимости от того, насколько эти законы соответствуют природе российского государства.

То же самое и с Китаем. Авторы не видят серьезных противоречий между США и КНР, их не очень волнует модернизация военных сил Китая, поскольку они все равно значительно уступают американским; не вызывает излишнего беспокойства на данный момент и отношения Пекина с Тайванем. Но если вдруг повторятся события типа Тяньаньмыньских или обострится военная конфронтация в районе Тайваньского пролива, тогда ход нынешних позитивных отношений может измениться. Фиксируют авторы и другой очень важный момент:

> Несоответствие между китайским экономическим развитием и его отсталой авторитарной политической системой делает будущие двусторонние взаимоотношения в высшей степени проблематичными (558).

То есть те способы, какими китайское руководство решает свои внутренние проблемы (кстати сказать, тайваньская проблема для Пекина также считается внутренней), не совпадают со стандартами «зрелых законов» Запада. И для того, чтобы их приблизить к «цивилизационным нормам», авторы предлагают проводить политику «вовлеченности» в отношении Китая, так же как и в отношении России. Имеется в виду вовлеченность в западный мир, в его стандарты, которые, естественно, по представлению западных идеологов, являются универсальными.

Убежденность в универсальности стандартов «зрелых законов» подводила и не раз будет подводить всех ученых, которые вбили себе в голову подобные иллюзии. Некоторые из них, как будет показано ниже, начинают избавляться от таких штампов. И поможет им в этом не только Китай со своей китаизированной спецификой, но и Россия, своей практикой, посрамляя все преимущества капитализма.

И все же следует признать, что часть американских ученых, в том числе и упомянутые в данной главе авторы, всерьез взялась за понятийный аппарат, осознавая, что без выработки такого аппарата все рассуждения о внешней политике или международных отношениях будут означать не что иное, как болтовню ни о чем. И в этом я вполне солидарен с Рональдо Роговски, который пишет:

> Теорию постигает фундаментальная неудача, когда она производит неопределенные понятия, а неопределенные понятия в свою очередь воспроизводят неопределенность для выработки стратегии и способы ее реализации; и поскольку способы остаются неопределенными, то невозможно осуществить убедительную проверку теории. Проблема — в теории. Ее возможно исправить, но трудно понять как[1].

Продолжая его мысль, Майкл Дэш пишет:

> Без системных переменных нет предсказаний. Предсказания, однако, являются центральными в общественных науках не только по теоретическим причинам (нам нужны прогностические теории, чтобы с помощью прогнозов проверять те же теории), но и для политического анализа (теории, которые не делают ясных прогнозов, мало используются политиками) (153).

Проблема коренится в отсутствии целостной науки о внешней политике и международных отношениях. Существуют отдельные ис-

---

1 Цит. по: *Desch*. Culture Clash. Assessing the Importance of Ideas in Security Studies // International Security, vol. 23, no. 1 (Summer 1998), 151.

следовательские направления в изучении тех или иных сегментов мировой политики. Причем каждое из этих направлений оперирует собственным набором терминов, которые только в редких случаях определены в виде понятий, но фактически никогда на уровне категорий.

Так, *геостратегический подход* использует термины *биполярность, многополярность, центры силы, национальная безопасность, национальные интересы*, в основе которых лежит сила (но никто так и не определил, какая сила — Force? Power? Might? Strength?).

Геоэкономический подход эксплуатирует термины *интеграция, глобализация, интернационализация* и т.д.

В свою очередь *идеологический или классовый анализ* предполагает иной набор терминов: *демократия, диктатура, авторитаризм*.

Своим терминологическим аппаратом обладает *геополитика*, цивилизационные, системные и другие подходы. При этом надо иметь в виду, что нередко одни и те же термины в различных подходах могут иметь и различное содержание. Например, термины *полюс, сила, интеграция* и т.д.

Если автор заранее не оговаривает поле своего исследования, то становится непонятным, что он анализирует и что он прогнозирует: всю систему международных отношений или какую-то ее часть. Неопределенность усиливается, когда автор не объясняет содержание термина, которым он пользуется в своем анализе.

И если американские ученые, по крайней мере многие из них, стремятся к понятийной четкости, то российские научные работники в своей массе обходятся без таких «мелочей».

ГЛАВА II

МЕСТО И РОЛЬ США В XXI ВЕКЕ В ИССЛЕДОВАНИЯХ АМЕРИКАНСКИХ МЕЖДУНАРОДНИКОВ И ПОЛИТОЛОГОВ

В этой главе я намерен показать взгляды некоторых американских ученых на структуру международных отношений в XXI веке, место и роль США в системе международных отношений, а также их представления относительно места и роли России в мире, в том числе и с точки зрения внешней политики Вашингтона. У меня нет намерений критиковать американцев, хотя не избегу некоторых комментариев. Главное же — дать возможность им высказаться с тем, чтобы сами читатели оценили их взгляды и подходы. Пусть никого не пугает обилие цитат, поскольку мне хотелось сохранить стиль авторов, не искажая их сглаживаниями и упрощенным пересказом.

Ганс Биннендижк: и снова биполярность?

Есть смысл начать с работы авторов, которые предваряют анализ текущих событий и будущего некоторым историческим экскурсом в описании структур и систем международных отношений.

Среди американских международников заметное место занимает Ганс Биннендижк — директор Института национальных стратегических исследований при Университете национальной обороны, а также главный редактор «Стратегических оценок», к которым я вернусь сразу же после анализа его работы. В одной из своих статей в соавторстве с Аланом Хенриксоном[1], он выделяет шесть исторических систем международных отношений.

Первая система функционировала в период между Утрехтским договором (1713 г.) и битвой при Ватерлоо (1815 г.), которую он обозначает как «свободный баланс сил» (loose balance of power) в рамках многополярности.

Вторая система действовала в период между Венским конгрессом (1815 г.) до Крымской войны (1853–55 г.), которая также основывалась на балансе сил, но уже с обозначенным балансиром — Великобританией, а также с намечающейся неоформленной биполярностью (на Западе — Франция, Великобритания; на Востоке — Россия, Пруссия, Австрия).

Третья система возникла в период между Крымской и Первой мировой войной. Началась она с многополярности, а закончилась к началу 1900-х годов жесткой биполярной блоковой системой (страны Антанты, с одной стороны, державы Альянса — с другой).

Четвертая система — период между двумя мировыми войнами.

Авторы не дают четких характеристик системе данного периода, что естественно, т.к. его сложно определить со структурных позиций. Этот период не был ни многополярным (в середине этого периода сформировалась ось-полюс — Германия, Италия и Япония), ни биполярным (не была четко оформлена до 1941 г. другая «ось»), ни однополярным, т.к. ни одна из «осей» или держава не доминировала в мире.

Пятая система — период холодной войны, которая поначалу проявила себя как «ранняя многополярность», вскоре превратившись в «фундаментальную биполярность».

(В реальности никакой даже «ранней многополярности» не было, а были фактически две державы-победительницы, с самого начала рассматривавшие друг друга с позиции идеологического геостратегического соперничества.)

---

1 *Binnendijk with Alan Henrikson.* Back to Bipolarity? // Strategic Forum, no. 161 (May 1999).

Авторы обращают внимание на одну важную вещь: все пять систем поначалу возникали как многополярные, а по мере своего развития структурировались в биполярную. Они подчеркивают также, что «биполярность не является единственным фактором, ведущим к основному конфликту, но она создает структуру для этого и делает конфликт наиболее вероятным». На самом деле здесь причины перепутаны со следствием: биполярность как раз и является следствием причины конфликта, вызреваемого вследствие глубинных противоречий между сторонами.

Шестая система возникла после окончания холодной войны. Эту систему, по мнению авторов, трудно охарактеризовать, поскольку еще не определены долговременные тенденции этой системы. Как писал в этой связи другой крупный американский теоретик-международник Стэнли Хоффман, если не знаешь, как назвать систему, ее называют «после» — «post»: Post Cold War Era, Post Industrialized Era, Post Communist Era и т.д.

Шестая система имеет пять категорий акторов и четыре доминирующие тенденции, которые по-разному влияют на поведение акторов.

Демократические акторы — страны рыночной демократии. Их идеология стала глобальной (авторы напоминают, что из 191 государства 117 присуща демократия). США являются их лидером, и в настоящее время международная система характеризуется однополярностью, т.к. американское влияние носит глобальный характер.

Вторая группа акторов — государства переходного периода от авторитаризма к демократии. Среди них называются, прежде всего, Китай, Россия и Индия.

Третью категорию образуют преступные государства или, как их чаще называют в русскоязычной литературе, государства-изгои (rogue states). Это — Ирак, Иран, Северная Корея, Ливия, Судан, Куба и Сербия. Авторы полагают: «Сдерживание их активности стало главной задачей оборонной политики США в первой декаде возникновения шестой системы».

Четвертая категория состоит из «несостоявшихся государств» (failing states), среди которых упоминаются Босния, Руанда, Камбоджа, Алжир, Сомали и Гаити.

Пятая категория — негосударственные акторы, которые представляют из себя разношерстные субъекты с различными структурами и целями. Например, глобальные компании (ТНК и ТНБ) ратуют за глобализацию мировой экономики; эти же цели отстаивают международные преступные синдикаты, в то время как террористические организации, наоборот, выступают против рыночных демократий.

Основные тенденции в мире: 1) быстрая глобализация; 2) демократизация; 3) фрагментация (имеется в виду процесс обособления государств или группы государств); 4) распространение оружия массового уничтожения (ОМУ). Что касается третьей тенденции, то ирония состоит в том, что она стимулируется глобализацией, в рамках которой группы государств ищут свое место в глобализирующемся мире и увеличивают свою мощь на региональном уровне, т.е. фрагментируются. (Авторы здесь не видят противоречивого процесса взаимосвязи между глобализацией и интеграцией /=фрагментацией/).

По мнению авторов, эти четыре мировые тенденции дают основание говорить о направлении в сторону неизбежной биполярности: «Взгляд на отношения между основными державами подтверждает тенденцию такой возможности».

Они полагают, что стимулирующими факторами в этом процессе являются Россия и КНР. В первом случае имеются в виду противоречия США с Россией в сфере подхода к НАТО, ПРО, распространению ОМУ, связке проблем вокруг Каспийского региона, а также в связи с политикой НАТО по отношению к Сербии. Во втором случае отмечаются противоположные позиции Китая и США по вопросам Тайваня, Тибета, тех же ПРО, прав человека, шпионажа и экономической политики. «Результатом является то, что Китай и Россия усиливают свои взаимоотношения в сфере безопасности, преодолеваются противоречия, которые в ином случае могли бы препятствовать тесному сближению», — пишут авторы.

Общие подозрения в отношении Запада, по их мнению, дали основания Е. Примакову выдвинуть идею более широкого русско-китайско-индийского альянса против западной демократии, который на практике должен проявлять себя в сотрудничестве с государствами-изгоями.

Если произойдет новая поляризация в шестой системе, могут возникнуть формы общения, похожие на те, что были в годы холодной войны, но «на этот раз основанные не на идеологии, а на общих интересах».

Биннендижк и Хенриксон прогнозируют: «Может создаться схема между технологически развитыми и богатыми странами и бедными. США и их союзники могут оказаться перед лицом неформальной коалиции России, Китая и государств-изгоев. ...С этой коалицией более сложно иметь дело и противодействовать ей, чем с нашими врагами времен холодной войны. Такое будущее мало вдохновляет».

И как резюме: «Новая биполярность — не неизбежна! Истории не нужно повторять себя, но современные тенденции ведут нас именно в этом направлении». И авторы призывают своих политиков принять в расчет этот сценарий.

Институт национальных стратегических исследований: Россия — геостратегическое гетто

Теперь изложу взгляды авторов сборников «Стратегические оценки», публикуемых ежегодно с 1995 г. под эгидой упоминавшегося Университета национальной обороны и примыкающего к нему Института национальных стратегических исследований (ИНСИ). Главным редактором сборников является, как уже говорилось, Ганс Биннендижк, а основными авторами — сотрудники ИНСИ. Нередко в качестве авторов привлекаются и именитые ученые других университетов и институтов. Участвуют в написании тех или иных глав также действующие политики, например, из госдепартамента или министерства обороны.

Считается, что идеи, излагаемые в «Стратегических оценках», оказывают серьезное влияние на формулирование официальных доктрин. Это неудивительно, имея в виду, что их авторы сами являлись или являются сотрудниками государственных учреждений, так сказать, «стратегического профиля» (Пентагон, Госдепартамент, различные президентские структуры).

Для данного раздела я использую три последних сборника, это ежегодники за 1997 г., 1998 г. и 1999 г.[1]

В ежегоднике за 1997 г.[2] видение авторов мировой системы после окончания холодной войны выглядит следующим образом.

Прежде всего, мировая система испытывает на себе три новых качественных явления, которые авторы обозначают как «революции».

Первая революция — геостратегическая. Для нее характерна «мировая асимметричная многополярность», в рамках которой одна держава — США — является наиболее сильной. Остальные вели-

---

1   Анализ «Стратегических оценок» за 1996 г. сделан в моей книге: *Арин.* «АТР: мифы, иллюзии и реальность», 220–2.

2   *Strategic* Assessment 1997. Flashpoints and Force Structure. Wash., NDU, 1997.

кие державы обладают влиянием регионального масштаба. Авторы подчеркивают, что «мир не стал однополярным, как казалось многим в первое время после холодной войны».

Другим аспектом глобальной геостратегии является «триумф идей рыночной демократии». И с этой точки зрения мир делится на три категории: а) государства, успешно внедрившие идеи рыночной демократии; б) государства, находящиеся в переходном периоде от авторитарной системы к рыночной демократии, но еще рискующие заморозить этот процесс политизированной экономикой и частично свободной политической системой; в) проблемные государства (troubled states), которые отстают от остального мира, во многих случаях сражаясь с этническим и религиозным экстремизмом.

Вторая революция — информационная, которая вносит новые параметры в определение национального могущества.

Третья революция — изменение роли правительства, которое демонстрирует «отступление» перед лицом как региональной власти во многих странах (США, ЕС, Россия, Китай), так и перед мощью международного бизнеса. (Эта революция имеет прямое отношение к теории и практике интернационализации, которая будет рассмотрена отдельно.)

Прежде чем дать оценку месту России в мире, авторы оговаривают свое понимание «великой державы». Они считают, что это «такие страны, которые обладают достаточным весом, чтобы быть великим игроком в различных аспектах мировых дел». С точки зрения подобного определения, только США являются великим игроком одновременно в политике, экономике и военных сферах. «Россия не входит в десятку мировых экономик, однако, она квалифицируется как великая держава из-за ее военной мощи и образа, унаследованного со времен советской сверхдержавности» (Chapter 1. Context).

Авторы обращают при этом внимание на то, что и военная мощь России постепенно разрушается. В качестве примера они приводят данные о том, что «не более 20% военного персонала боеспособны; в сухопутных войсках только восемь маневренных дивизий способны выполнять свои задачи; 70–75% танков нуждаются в замене, а современные танки составляют только 2–5% вооруженных сил. Причем, по их оценкам, эта пропорция повысится только до 30% к 2005 г.; только 60% штурмовой авиации боеспособно; в ВМФ между 1990–1995 гг. персонал был сокращен на 50% (в морской авиации — на 60%), корабли — на 50%, а морская авиация — на 66% и т.д. в том же духе (Chapter 2. Russia).

Имея в виду интересы США, авторы пишут, что поскольку «будущее политических реформ в России остается под вопросом», то и «надежды на новое стратегическое партнерство между США и Россией исчезли».

В то же время отмечается: «В обозримом будущем Россия сохранит способность нанести неприемлемый ущерб США благодаря своему ядерному арсеналу. Сокращение угрозы от этого ядерного арсенала остается принципиальной задачей США в отношении России» (ibid.).

Вместе с тем подход США должен строиться на том, чтобы «побуждать Россию следовать демократическим реформам и поддерживать ее в попытках установления рыночной экономики на основе программ двусторонних и международных займов и технической помощи». США также являются главным стимулятором МВФ в деле предоставления займов России.

В следующем сборнике «Стратегических оценок» за 1998 г.[1] были сделаны добавления и уточнения в общее видение международной обстановки в мире. Главное из них: именно идеология, а не сила (power) структурирует мир. В соответствии с этим мир делится на четыре группы государств.

Первая группа состоит из ядра-партнеров, процветающих демократий, которые могут присоединиться к Соединенным Штатам в несении бремени по безопасности ядра и его расширения. Эта группа составляет одну пятую часть мирового населения, но обладает четырьмя пятыми экономической мощи мира.

Вторая группа государств находится в переходном состоянии (это, прежде всего, КНР, Индия, Россия). От судьбы этой группы будет зависеть, насколько вырастет ядро и, таким образом, будет ли будущее более или менее безопасным. В эту группу входит большая часть населения мира.

---

1 *Strategic* Assessment 1998. Engaging Power for Peace. Wash., NDU, March 1998.

Третья группа состоит из государств-изгоев, которые отвергают идеалы, общепризнанные средства и возможности. Они могут нанести ущерб интересам США и их партнерам по ядру. Государства-изгои стремятся заполучить оружие массового уничтожения (ОМУ) и другие опасные технологии. К ним обычно относят Северную Корею, Иран, Ирак, Сирию и Ливию, а также всевозможные террористические организации.

Четвертая группа стран, которых называют несостоявшиеся (failing states) или беспокойными (troubled states), обычно подвержены переворотам и войнам (например, Босния, Судан, Ангола, Руанда, Сомали, Афганистан).

Однако в целом общее состояние глобальных отношений вызывает удовлетворение у авторов ежегодника, т.к. «врагов Соединенных Штатов мало, они изолированы и относительно слабы... Нет ни одного глобального соперника или враждебного альянса на горизонте» (Chapter one. The Global Environment).

При этом авторы подчеркивают, что, несмотря на свою силу (strength), Соединенные Штаты добиваются уважения других стран к себе, а не гегемонии над ними. Обладая уникальными возможностями, Соединенные Штаты не стремятся к превосходству над ними. «Сила (power) — не их цель, достижение первенства — не их стратегия» (Chapter one. The Global Environment).

Главный интерес США — укрепить демократическое ядро, в том числе и за счет более равномерного распределения ответственности между его членами, расширить это ядро за счет переходных государств и нейтрализовать «преступные» государства, в том числе и путем привлечения переходных государств на свою сторону по этому вопросу.

Вместе с тем США добиваются не только « осязаемых интересов», но и идеальных, т.е. утверждения системы международных норм. При этом подчеркивается, что внедрение этих норм не означает навязывания «западных ценностей» другим государствам и культурам, а скорее предполагает растущее признание благочестивого поведения законными правительствами базовых стандартов.

Нормы ядра — это:

а) те, которые «содействуют международному образу»: воздержание от агрессии, право на коллективную оборону, законы войны, контроль над оружием, мирное разрешение споров, приверженность антитерроризму, уважение авторитета Совета Безопасности ООН, уважение других инструментов и институтов, которые прямо воздействуют на те или иные конфликты;

б) те, которые «управляют функционированием международной экономики»: свобода торговли, морское право, доступ к ресурсам, невмешательство в потоки информации, защита окружающей среды, правила открытой многосторонней торговли и сотрудничество в отношении транснациональных проблем;

в) те, которые «базируются на управлении населением государства»: права человека, законы, представительское и подотчетное правительство, индивидуальные свободы, свобода прессы и другие атрибуты гражданских обществ и государств.

Авторы верят, что в результате уничтожения коммунизма, расширения ядра и демократизации многих развивающихся государств открываются большие возможности «для принятия этих норм почти всеми».

Большое значение ученые придают КНР, России и Индии. При этом подчеркивают, что

> Китай является наиболее важным переходным государством благодаря его размерам, надеждам, громадному человеческому потенциалу, процветающим общинам экспатриотов (имеются в виду хуацяо, где-то около 150 млн человек по всему миру) и местоположению в наиболее динамичном регионе мира.

Что касается России, то ее нынешние проблемы объясняются отсутствием экономических и политических свобод у населения в его истории.

> Россия вряд ли возникнет как главная угроза ядру: свободное падение промышленного производства, отсутствие внутренних инвестиций, неблагоприятные условия для предпринимательства с добавленной стоимостью и разрушение человеческого капитала страны указывают на продолжающееся сокращение, а не на увеличение русской силы.

Россия, однако, может не только представлять угрозу своему «ближнему зарубежью», но и создавать громадные проблемы для США и их партнеров тем, что она может стать источником распространения опасных технологий для стран-изгоев.

В сценариях на будущее до 2008 г. наихудшим является тот, когда расширение демократии приостанавливается. Это может произойти из-за усиления враждебности Китая, чьи энергетические потребности будут толкать его на тесные отношения с Ираном и другими преступными государствами. Кроме того, из-за неудавшихся реформ и разочарований Россия также может начать распространение технологий ОМУ.

В главе шестой (Chapter six. The New Independent States), где России уделяется большее внимание, общий вывод сводится к тому, что ее развитие невозможно предсказать. Хотя и отмечается, что Россия вряд ли вернется к советской модели, но проблема в том, «какой тип капитализма будет создан в России». На данный момент авторы сборника видят формирование криминального капитализма, в котором бизнес, правительство и организованная преступность оказались сращенными. В этой связи хотя и предлагается в последующие десять лет оказывать помощь России в ее экономических реформах, однако в большей степени рекомендуется обратить внимание на страны прикаспийского региона, который имеет потенциал занять четвертое или пятое место в мире по энергетическому производству.

Следующий сборник «Оценок» за 1999 г.[1] отличается менее оптимистичным взглядом на будущее, чем предыдущие сборники, о чем говорит и его подзаголовок — «Приоритеты в неспокойном мире». В качестве причин, негативно сказавшихся на международных отношениях, называется ряд событий, среди них: азиатский экономический кризис, усиление воинственности Ирака и Северной Кореи, трения с Китаем, провалы реформ в России, ядерные и ракетные испытания в Южной Азии, усиление страха перед распространением ОМУ, война на Балканах. Таким образом, надежды на утверждение демократизации и стабилизации мира, выраженные в «Оценках» 1995 г., явно не оправдались.

---

1 *Strategic* Assessment 1999. Priorities for a Turbulent World. Wash., NDU, 1999.

Ключевыми акторами авторы называют те же четыре группы государств в уже знакомых терминах, но придают им несколько иные характеристики с точки зрения их поведения и роли в системе международных отношений.

Акторы рыночной демократии сохраняют свое наибольшее влияние, хотя распространение демократии уже не столь очевидно, как в предыдущие годы.

«Переходные» государства — те же (Россия, КНР, Индия), но на этот раз им приписываются другие цели. «Они проводят внешнюю политику в соответствии со своими государственными интересами и стремятся утвердиться как *лидирующие державы на мировой арене*. Каждая из них пытается ревизовать свой статус-кво, чтобы усилить свое влияние *за счет Соединенных Штатов* (курс. — *О.А.*). Только Китай имеет потенциал стать глобальной державой, а Россия и Индия останутся влиятельными на региональных уровнях».

Наиболее конфликтными государствами остаются государства-изгои, к вышеприведенному списку которых здесь прибавили Сербию.

В отношении «беспокойных» государств сказано в том смысле, что они вытягивают из США и их союзников неоправданно большие ресурсы ради внутренней стабильности. (Дескать, сколько же можно тянуть?) Но делать нечего, поскольку эти страны являются источником транснациональных акторов, таких, как террористы, наркодельцы, организованная преступность и беженцы.

Несмотря на все это, США остаются единственной сверхдержавой, хотя даже они не в состоянии справиться с международными проблемами в одиночку. На этот раз список потенциальных угроз и опасностей выглядит следующим образом (далее перевод):

- агрессия со стороны нынешних государств-изгоев и возникновение новых аналогичных государств;
- увеличение этнических войн и возрастание насилия в несостоявшихся государствах;
- ускорение распространения ОМУ и ракет;
- распространение терроризма, организованной преступности и торговля наркотиками;
- военные разработки, которые уменьшают превосходство США и вдохновляют региональную агрессию;

- авторитарное правление в России или в других крупных странах, вкупе с милитаризмом и империализмом;

- антизападная глобальная коалиция государств-изгоев и мятежников;

- столкновения из-за ресурсов или глобальный экономический крах, которые спровоцируют широкое распространение чувства обреченности и меньшее желание к политическому сотрудничеству;

- геополитическое соперничество с Россией и/или с Китаем;

- возникновение сильного исламского союза на Великом Среднем Востоке, который серьезно бросает вызов западным интересам;

- дезинтеграция системы западного альянса и возрождение национализма.

Упомянутые проблемы в списке «риски», связанные с Россией и КНР, в более подробном варианте означают следующее. Авторы пишут: «Наибольшим риском является то, что возможно возникновение глобальной коалиции региональных государств-изгоев и локальных возмутителей спокойствия под эгидой России или Китая, которая бросит вызов Соединенным Штатам».

На региональном уровне та же Россия и ее евразийские соседи не дают покоя американским аналитикам.

> В России, — сокрушаются они, — реформы, имевшие целью институционализировать рыночную демократию, провалились. Россия адаптировала некоторые важные атрибуты демократии, но их трансформация весьма далека от завершения. Ее экономика в руинах, организованная преступность — на коне, ее правительство неэффективно, ее общество потеряло уже все иллюзии, а региональный распад продолжает усиливаться.

Хотя авторы данного сборника, так же как и предыдущих, не ожидают возврата к «коммунизму» или утверждения различного вида экстремистских идеологий, но предсказывают, что «весь регион может превратиться в нестабильное геополитическое гетто, создающий антизападный подход и таящий внутренние опасности для себя самого». Ричард Куглер, видимо, автор термина «геополитическое гетто», предостерегает: «Такой региональный хаос может стать новой угрозой Европе, т.к. он может явиться естественной питательной средой для авторитаризма и даже фашизма».

И все же наибольшую неопределенность представляет для США Азия.

> В долгосрочной перспективе возникновение Китая как мировой державы и реакция на это Японии и других стран будут ключевым фактором. Если Китай интегрируется в западное сообщество, региональная стабильность усилится. Если нет, Китай может стать главной проблемой в сфере безопасности и постоянной военной угрозой для всех в регионе, а также для отношений США с их ключевыми союзниками.

Столь сложная и неопределенная ситуация на мировой арене требует обновления в политике безопасности, которая вытекает из стратегии вовлеченности, опирающейся на утвержденные три блока военной политики: формирование, ответ и подготовка (shape, respond and prepare). Суть этих видоизменений можно выразить известным постулатом о кнуте и прянике, другими словами, возобновить функцию кнута. Вот как это преломляется в отношении России и КНР.

В качестве пряника остается стремление США, по выражению авторов, «интегрировать» Россию и КНР в западное сообщество. А вот «кнут»:

> Но если это окажется невозможным, Соединенные Штаты должны сотрудничать с ними в тех случаях, когда это соответствует взаимным интересам, и в то же время твердо реагировать, когда они действуют против американских законных интересов.

Например, в районе Тихого океана подходить к Китаю в комбинации твердости и сдерживания, т.е. выступать против попыток дестабилизировать обстановку.

> Новая стратегия может понадобиться, если сильный Китай начнет претендовать на гегемонию в Азии.

А это, как известно, разрешено только США и немножко… Японии.

Изменяющаяся оборона.
Национальная безопасность в 21 веке[1]

Вынесенное в подзаголовок название принадлежит одному из важнейших документов, подготовленных по заказу Пентагона влиятельными военными и учеными (9 человек) для корректировки официальной политики в области обороны на период до 2020 г.[2]

Авторы доклада обозначают динамику четырех ключевых тенденций, которые параллельно и во взаимосвязи будут определять структуру международных отношений в первой четверти 21 века.

Первую тенденцию они определяют как геополитическую революцию и связывают ее с распадом Советского Союза и появлением Китая в качестве великой державы регионального и глобального масштаба.

Вторая тенденция определяется давлением демографических и социальных факторов на общественные системы.

Третья тенденция вызывается появлением глобального, взаимосвязанного рынка, который будет оказывать эффект на благосостояние фактически всех государств и обществ.

И наконец, *четвертая тенденция* имеет отношение к технологической революции, которая трансформирует развитие индустриальной экономики в информационные экономики и окажет эффект на революцию в военных областях.

В рамках геополитической тенденции предполагается дальнейшее изменение геополитического ландшафта в Европе, Азии и Африке вследствие конфликтов в сфере расовых, религиозных и политических столкновений. Одновременно возрастает роль негосударственных акторов — МНК, криминальных групп и поставщиков наркотиков.

---

1   *Transforming* Defense. National Security in the 21st Century.

2   Фактически этот документ является уточнением и дополнением к пентагоновскому "Обзору по национальной обороне" (the Report of Quadrennial Defense Review /QDR/).

Среди региональных новообразований указывается нефтеносный регион Каспийского моря.

Вторая тенденция, связанная с демографией и социальными факторами, привнесет с собой ускорение роста населения, миграции и иммиграции, хроническую безработицу и неполную занятость, обострение соперничества за ресурсы, в частности, за энергетику и воду.

Экономические тенденции переплетаются с демографическими и социальными.

Деятельность МНК будет оказывать большое воздействие на международные отношения, что усложнит проведение политики национальных государств.

Под угрозой находится и глобальная экономическая стабильность в зоне Персидского залива и в районе Каспийского моря. Наконец, разрыв в благосостоянии, где сверхбогатые ресурсами районы контролируются относительно небольшим количеством государств, может создать напряжение и представляет политические и моральные вызовы для правительств.

Технологическая революция будет вести к созданию более разрушительного оружия, которое в руках враждебных государств, террористических и криминальных групп будет угрожать странам.

Все эти тенденции (даже если не учитывать непредвиденные ситуации /wild cards/) могут привести к четырем следующим возможным вариантам в системе международных отношений в рамках периода 2010—2020 гг.:

Первый мир — устойчивая стабильность. Хотя в этом состоянии также не исключаются определенные проблемы и трения, однако в целом мировое благосостояние увеличивается, а распределение становится более равномерным.

Во *Втором мире*, если экстраполировать сегодняшнюю ситуацию, нынешняя неопределенность переходит в усиливающееся соперничество и политическое разнообразие мира. Хотя глобализация экономики продолжится, некоторые страны окажутся в неблагоприятном положении. Китай становится ключевым экономическим и политическим государством в районе Тихоокеанского кольца. Приобретает значение Индия. Враждебные государства, а также негосударственные акторы приобретают средства для распространения ОМУ. «Хотя Соединенные Штаты все еще остаются лидирующей мировой державой, ее устойчивое политико-экономическо-военное доминирование неопределенно».

В *Третьем мире* соперничество за лидерство сохраняет свою силу в виде традиционного баланса сил, в котором возникают враждебные региональные альянсы (или, возможно, отдельные государства) для того, чтобы бросить вызов Соединенным Штатам. На Дальнем Востоке формируется общеазиатский торговый блок. Новый альянс из государств Южной и Юго-Западной Азии формируется, концентрируясь на противодействии политического, экономического и культурного влияния Запада.

Четвертый мир, хронический кризис, означает развал глобальных экономических условий, сопровождающийся сломом международных институтов. Ослабленные государства, негосударственные организации и коалиции ведут борьбу за уменьшающиеся ресурсы. Альянсы ненадежны, непредсказуемы и оппортунистичны. Национализм и этническая ненависть ведут к силовым движениям за независимость Азии, Южной Америки и Среднего Востока. Основные государства в кризисе. Наркогосударства существуют в Южной Азии и ЮВА. ОМУ доступно везде. Массовая миграция ускоряет хаос в городах.

Исходя из подобных вариантов-сценариев, авторы предлагают план реорганизации военного потенциала США, который потребует в последующие годы дополнительно 10 млрд долл., вдобавок к плану, предусмотренному Пентагоном. Отмечу, что администрация Клинтона пошла еще дальше, увеличив расходы на оборону уже в 2000 г. на сумму до 282 млрд долл. против 272 млрд долл. в 1998 г.

Концепция взаимности Хью де Сантиса[1]

Хью де Сантис, бывший высокопоставленный чиновник госдепартамента, ныне профессор политики по международной безопасности Национального военного колледжа, входящего в Университет национальной обороны, сотрудники которого работают в тесном сотрудничестве с Пентагоном. Свое отличительное видение американской стратегии безопасности он начинает с критики ряда школ в американской политологии.

Школы. Хью де Сантис выделяет несколько школ, которые, по его мнению, неадекватно отражают существующие реальности. Среди них он выделяет школу нео-вильсонизма, уповающую на то, что рациональный и образованный мир впитает ценности либеральной демократии. Школа реалистов утверждает, что превосходящая сила (power) США так или иначе вынуждает признать лидерство этой страны в мире как «американского шерифа», стоящего на страже интересов Америки в мире. Группа американских националистов образует так называемую школу неорейганистов. Их позиция — Америке предназначена особая миссия в создании мирного и морального международного порядка. Есть еще неоизоляционисты, некоторые из которых являются приверженцами идеи «Америка превыше всего», другая часть — пацифисты — выступает против политических и экономических затрат на содержание американской империи.

На поверхности все названные школы или течения вроде бы различаются, по крайней мере по форме. На самом же деле все они перепевают вариации американской исключительности, и все исходят из одинакового убеждения относительно нынешней международной ситуации.

Мифология однополярности. Она исходит из двух посылок:

- 1) несмотря на распространение либеральной демократии, мир

---

1 *Santis.* Mutualism: An American Strategy for the Next Century // Strategic Forum, no. 162 (May 1999).

оказался более сложным, непредсказуемым и опасным по сравнению с периодом холодной войны;

- 2) «Установление мирной и стабильной международной системы соответственно зависит от морального и политического лидерства, если не гегемонии США».

Первая посылка совершенно верна. Вторая, что США — мировая «сверхдержава», устанавливающая мир и порядок, — весьма сомнительна.

На самом деле, полагает Сантис, это не так. Мир не может рассматриваться как процесс *американизации*, и вот почему.

Во-первых, в отличие от экономического доминирования после второй мировой войны Соединенные Штаты ныне больше не обладают ресурсами, чтобы решить мировые проблемы. Сейчас доля мирового производства США составляет около 20%. Хотя это и немало, но надо учитывать громадный торговый дефицит, наличие золотого запаса где-то на уровне половины Европейского союза, а также то, что США являются «крупнейшим мировым должником».

Во-вторых, образ глобального шерифа не соответствует настроениям американской общественности из-за увеличивающихся различий между социальными группами и их интересами. Хотя существует широкая поддержка в распространении либерально-демократических ценностей, НАТО и, как было отражено в опросах населения в 1998 г. в связи с иракским кризисом, выборочных военных ударов, в целом общественность выступает против американских интервенций решать споры в отдаленных местах, что воспринимается как отвлечение от ежедневных забот американцев.

В-третьих, из-за отсутствия глобальной угрозы миру США, скорее всего, столкнутся с трудностями в деле международной поддержки их политики. Пример: ООН и ключевые европейские союзники были против использования военной силы против Ирака в 1998 г. и первоначально отнеслись равнодушно к использованию силы против Сербии в связи с событиями в Косово.

Концепция взаимности (*The Concept of Mutualism*). В этой связи Сантис выдвигает концепцию взаимности, которая формулируется им как «концепция международных отношений, скорее базирующаяся на интересе, чем на нормах. Она делает упор в большей степени на региональные, чем на глобальные подходы в деле международного сотрудничества, признает сохраняющуюся важность государства и по своей сути является не-гегемонистским подходом к международной безопасности». Ее привлекательность для политиков становится очевидной при ее применимости к нарождающимся тенденциям в экономике, социальных, культурных и политико-военных областях.

Взаимозависимость экономик различных регионов и стран требует более активного участия государства в установлении «дорожных правил», которые уменьшают частотность финансовых обвалов и сдерживают алчность и излишества необузданного рынка.

Евродоллар ведет еще к одной денежной системе. «Появление евро как альтернативной резервной валюты не только поможет странам, которые ведут торговлю с Европой, стабилизировать их обменные курсы, но также уменьшит американское бремя быть банкиром всего мира».

Сантис обращает внимание на такой важный элемент своей концепции, как *культурная терпимость*. «Социальная и экономическая интеграция, — пишет он, — не может быть прочной без конструктивного участия различных культур, из которых она состоит. Национальные и международные связи требуют бережного отношения к различным культурным традициям и ценностям».

«Кроме того, могут ли американцы быть уверенными, что наше — это единственный путь к свободному и гармоничному обществу? В мире «плюрализма ценностей», если использовать термин Исаака Берлина, мы должны быть терпимы к политическим выборам других — и это, что должно быть подчеркнуто, не дается богом, а является продуктом различных культурных традиций и опыта».

Концепция взаимности предполагает решение региональных проблем на основе безопасности и сотрудничества без привлечения США или ООН. Только если невозможно решить эти проблемы с помощью региональных институтов безопасности, следует обращаться к внерегиональным силам. Но и в этом случае США не стоит торопиться вовлекаться во все горячие точки планеты.

Таким образом, концепция взаимности Хью де Сантиса фактически является разновидностью концепции выборочной вовлеченности, которую отстаивают в основном ученые, работавшие в госдепартаменте.

Самуэль Хантингтон: концепция одно-многополярного мира[1]

Известный американский профессор Гарвардского университета Самуэль Хантингтон представляет оригинальное видение мира, а также место и роль США в этом мире. Во многих работах он доказывал неизбежное столкновение цивилизаций[2]. Позднее он, судя по всему, пришел к выводу, что чисто цивилизационные отличия недостаточны для столкновения, и поэтому он обратился к анализу геостратегической структуры международных отношений, неравновесность которой является, как минимум, дополнительным источником конфликта. Он полагает, что глобальная политика всегда вертелась вокруг силы (power) и борьбой за силу. В нынешней же ситуации произошли изменения, поскольку появляющаяся структура весьма отличается от периода биполярности.

Он утверждает: ныне существует одна сверхдержава, что, однако, не означает однополярного мира. Он напоминает, что веками существовали сверхдержавы, например в эпоху Римской империи. В районе Восточной Азии гегемоном был Китай. Биполярная система строилась на соперничестве двух сверхдержав, возглавлявших свои коалиции и боровшихся за влияние среди неприсоединившихся государств.

Многополярная система всегда конструировалась из нескольких великих держав, сравнимых по силе (strength), которые сотрудничали и соперничали друг с другом, как это было веками в Европе.

Нынешняя система не соответствует ни одной из предыдущих систем.

Вместо этого она представляет странный гибрид — *одно-многополярную* (*uni-multipolar*) систему с одной сверхдержавой и несколькими великими державами». «США, конечно, является

---

1 *Huntington*. The Lonely Superpower // Foreign Affairs, vol.78, no. 2 (1999).

2 *Huntington*. The Clash of Civilizations and the Remaking of World Order.

единственной сверхдержавой с преимуществами в любой сфере силы — экономической, военной, дипломатической, идеологической, технологической и культурной — с возможностями отстаивать свои интересы практически в любой части мира.

Это *первый уровень.*

На *втором уровне*, по его мнению, — это главные региональные державы, которые имеют превосходство в районах мира, но неспособны распространить свои интересы и возможности на глобальном уровне как США. Это — германо-французский кондоминиум в Европе, Россия в Евразии, Китай и потенциально Япония в ВА, Индия — в Южной Азии, Иран — в Юго-Западной Азии, Бразилия — в Латинской Америке, и ЮАР и Нигерия — в Африке.

Хочу обратить внимание на то, что сфера влияния России по сути ограничивается ее собственной территорией.

Третий уровень. Это вторичные региональные государства, чьи интересы часто конфликтуют с интересами более мощных региональных государств. К ним относятся: Британия в отношениях с германо-французской комбинацией, Украина в отношении к России, Япония — Китаю, Пакистан — Индии, Саудовская Аравия — Ирану и Аргентина — Бразилии.

Сверхдержава и гегемон (для Хантингтона это слова-синонимы) в однополярной системе, без крупных держав, способных дать ей вызов, обычно сохраняют свое доминирование долгий период времени, пока не ослабнут из-за внутренних проблем или внешних сил. По мнению Хантингтона, нынешние великие державы стремятся к многополярности, поскольку их собственные интересы идут зачастую вразрез с интересами США. Поэтому глобальная политика движется от биполярности периода холодной войны через однополярный мир, пиком которого была война в Персидском заливе, и одно-многополярную систему, которая будет длиться одно-два десятилетия, к длительному действительно многополярному миру 21 века. Как заявил однажды Зб. Бжезинский, Соединенные Штаты будут первыми и последними в качестве единственной глобальной сверхдержавы.

Хантингтон видит эволюцию структуры отношений таким образом: биполярность – одно-многополярность – многополярность. По его раскладке биполярность длилась около 40 лет, одно-многополярность — около 20 лет, многополярность — оставшуюся часть века. Запомним эти периоды времени.

Необходимо обратить внимание, что подход Хантингтона отличается от официального подхода Вашингтона, который исходит фактически из однополярного мира. Именно в этой связи Хантингтон подвергает весьма резкой и саркастической критике официальную линию США, прежде всего концепцию «благосклонной гегемонии» (benevolent hegemon). Он напоминает выражение замминистра финансов Лоуренса Х. Саммерса, назвавшего Соединенные Штаты «первой неимпериалистической сверхдержавой», которая укладывается в три определения: американская уникальность, американская добродетель и американская сила. Хантингтон саркастически «подтверждает» все это следующими аргументами. За последние несколько лет США в одностороннем порядке оказывали давление на другие страны, чтобы они приняли американские ценности и их понимание прав человека.

- США пытались предотвратить военное усиление других стран, чтобы они не могли противодействовать американскому превосходству;

- заставляли принять американские условия экстерриториальности в других обществах;

- сортировали страны в соответствии с их приверженностью к американским стандартам по правам человека, наркотикам, терроризму, распространению ядерного оружия, а сегодня — в связи со свободами в области религии;

- предпринимали санкции против стран, которые не соответствовали американским стандартам по этим проблемам; продвигали американские корпоративные интересы под лозунгами свободы торговли и открытия рынков;

- вынуждали МБ и МВФ проводить политику, служащую этим самым корпоративным интересам;

- вторгались в регионы конфликтов, которые имели небольшое значение для США;

- давили на другие страны, чтобы они принимали экономическую и социальную политику, которая была бы выгодна американским экономическим интересам; проталкивали продажу американского оружия за рубежом, в то же время стараясь предотвратить продажу оружия другими странами;

- выдавили одного генсекретаря ООН и в диктаторской манере назначили другого; расширили НАТО, включив туда Польшу, Венгрию и Чехию и никого больше; предприняли военные акции против Ирака; позже установили экономические санкции против режима;

- определили страны как «страны-изгои», исключив их из глобальных институтов из-за того, что они отказались подчиняться американским желаниям.

Все эти вещи можно было делать до поры до времени; ныне же ситуация изменилась и времена вседозволенности для США прошли, считает американский профессор.

Инструментами такой политики являются экономические санкции и военная интервенция. Они практически перестали срабатывать. Более того, как справедливо отмечает Хантингтон, чем больше Соединенные Штаты пытаются наказать «страны-изгои», тем большей популярностью пользуются лидеры этих стран у себя на родине (например, Ф. Кастро, Саддам Хусейн и даже Слободан Милошевич[1]).

Такая политика глобального лидерства не встречает понимания у американцев. В соответствии с приведенными данными Хантингтона, по опросам 1997 г., только 13% высказались за превосходящую роль США в мировой политике, в то время как 74% заявили, что они хотят, чтобы США делили ответственность за мировые проблемы с другими странами. От 55 до 66% заявили, что события в Европе, Азии, Мексике и в Канаде не оказывают воздействия на их жизнь. Однако внешнеполитическая элита игнорирует такие настроения. Отсюда внешняя политика приобретает растущую репутацию «показной гегемонии».

Считается, что США выступают от имени «международного сообщества». На самом деле в лучшем случае от имени англосаксонских братьев (Британия, Канада, Австралия, Новая Зеландия) по большинству проблем; Германии и некоторых маленьких европейских демократий — по многим вопросам; Израиля — по неко-

---

1 С Милошевичем, правда, получилась промашка.

торым вопросам Среднего Востока; Японии — по внедрению резолюций ООН.

Хантингтон напоминает, что между 1993 и 1996 гг. были приняты решения по осуществлению множества экономических санкций. И только в редких случаях США находили поддержку у своих партнеров, а чаще всего были вынуждены действовать в одиночку. И хотя Соединенные Штаты постоянно навешивают ярлыки «изгоев» различным странам, в глазах многих государств они сами стали сверхдержавой-изгоем».

В подтверждение своей позиции Хантингтон приводит слова японского посла Хисаси Овада, который высказался таким образом: США после второй мировой войны проводили политику «одностороннего глобализма», теперь — «глобальной односторонности» (global unilaterlism), преследуя собственные интересы, уделяя формальное внимание интересам других.

Хантингтон, ссылаясь на одну из конференций в Гарварде (1997 г.), указывает, что ученые, представляющие две трети человечества (Россию, Китай, Индию, Африку, арабов и мусульман), говорили, что именно США представляют собой внешнюю угрозу их обществам. Не с военной точки зрения, а с точки зрения их целостности, автономии, процветания и свободы действий. В их речах звучали слова: США — интервенционистское государство, эксплуататорское, гегемонистское, лицемерное, с двойными стандартами и т.д., осуществляющее политику «финансового империализма» и «интеллектуального колониализма».

Американские лидеры убеждены, что мировые дела — это их дела. Но, полагает ученый, в одно-многополярном мире при господстве только одной сверхдержавы именно она автоматически являет собой угрозу другим главным державам.

«Соединенные Штаты награждают страны, которые подчиняются американскому лидерству, доступом на американский рынок, оказывают внешнюю помощь, включая военную, исключают их из санкций, помалкивают в связи с отступлением от американских норм (например, в отношении нарушения прав человека в Саудовской Аравии и наличия ядерного оружия в Израиле), поддерживают членство в международных организациях, дают взятки и устраивают визиты в Белый дом для политических лидеров» (45).

И все же, несмотря на критику внешней политики Вашингтона, в мире отсутствует согласованное противодействие США. По мнению Хантингтона, причина заключается в том, что «глобальная политика сейчас многоцивилизационная. Франция, Россия и Китай могли бы иметь много общих интересов, чтобы бросить вызов гегемонии Соединенных Штатов. Но существенное различие в культурах, вероятно, делает трудной возможность сорганизоваться в эффективную коалицию» (46). Кроме того, у них у самих возникает проблема лидерства: кто может стать номером первым, кто вторым в такой коалиции. Когда-то это было одной из причин советско-китайского раздора. «Точно так же, препятствием к антиамериканской коалиции между Китаем и Россией сейчас является российское нежелание быть младшим партнером более населенного и экономически динамичного Китая». В результате в будущем «решающую роль в альянсах и антагонизмах среди государств будет играть сочетание силы и культуры» (ibid.).

Тактика США, по мнению Хантингтона, заключается в том, чтобы поддерживать вторичную региональную державу против первичных региональных держав. В Европе это означает поддержку Великобритании, в ВА — Японии (против Китая), Украины против России. В Латинской Америке — Аргентины, на Ближнем Востоке — Саудовской Аравии, в Южной Азии — Пакистана.

Какая должна быть американская политика в одно-многополярном мире? — задается вопросом Хантингтон. Отвечает следующим образом:

1. Прежде всего, во внешней политике следует отказаться от ложной посылки о существовании однополярного мира.

2. Американские лидеры должны изжить иллюзии, что существует естественное совпадение между их интересами и ценностями остального мира. Это не так.

3. Поскольку США не могут создать однополярный мир, то в интересах США, используя свою сверхдержавность, организовать международный порядок на основе сотрудничества с другими странами в решении глобальных проблем.

4. Взаимодействие силы и культуры имеет специальный момент в европейско-американских отношениях. Сила ведет к соперничеству, сходство культур — к сотрудничеству. Достижение целей зависит от того, чтобы культура преобладала над силой. Европа — центральное звено в американской политике.

Если учесть приведенные рекомендации, тогда, по мнению Хантингтона, может получиться мир, удовлетворяющий как все мировое сообщество, так и США. Он пишет:

> В многополярном мире 21 века, главные государства будут неизбежно конфликтовать, сталкиваться и соединяться друг с другом в различных сочетаниях и комбинациях. В таком мире, однако, будут отсутствовать трения и конфликты между сверхдержавой и главными региональными державами, которые являются характерными для одно-многополярного мира. По этой причине Соединенные Штаты могут найти себе место как одной из главных держав в многополярном мире с меньшими претензиями, с меньшим соперничеством и с большей отдачей, чем если бы они остались единственной сверхдержавой (49).

Хочется добавить: и тогда наступит царство мира на земле, и все люди объединятся в мировое братство, и лев перестанет драть ягненка... далее см. Библию о рае. Это — мечта всех утопистов, совершенно не разбирающихся в законах мирового развития. Хантингтон, видимо, не выдержал критики своей предыдущей концепции о столкновении цивилизаций, решив исправить ее концепцией всемирного братства. В результате оставил поле науки, скатившись на уровень «здравого смысла». Видимо, вскоре надо ожидать его перехода в сан священника.

Збигнев Бжезинский: за гегемонию США и статус-кво России

Поскольку Зб. Бжезинскому российские политологи уделяют повышенное внимание, есть смысл остановиться на некоторых его взглядах. Его мировидение кардинально отличается от представлений Хантингтона. В одной из статей, помещенной в сборнике, посвященном теории сложности, он анализирует американскую внешнюю политику в привычной для себя традиционной манере, оговаривая, что к теории сложности его подход не имеет никакого отношения[1].

Он сразу же атакует тезис, отстаиваемый частью американских международников в отношении Америки, коротко выраженный во фразе: «Лидерство есть глупость» (It's leadership, stupid). Бжезинский обозначает этот подход как концепцию «стратегии выхода» (exit strategy), т.е. стратегию отстранения от вовлеченности во все международные дела. Он фиксирует шесть проблем, которые невозможно решить путем названной концепции. Они формулируются в виде шести вопросов: 1) появляется ли на мировой арене более мощная и безопасная Европа; 2) будет ли Россия придерживаться статус-кво; 3) каково будущее Персидского залива и Ближнего Востока; 4) какова перспектива ситуации на Дальнем Востоке; 5) какова перспектива распространения ядерного оружия; 6) могут ли возникнуть в будущем крупномасштабные социальные взрывы.

Ответ американского международника на все эти вопросы совершенно очевиден: конечно же, без вовлечения США во все названные проблемы они решены не будут, а если и будут, то не так, как это соответствовало бы национальным интересам США. Каков же российский сюжет в его ответах? Бжезинский считает, что России помогать надо, но весь вопрос в том, как и по каким направления это нужно осуществлять. Он пишет:

---

1 *Brzezinski*. America in the World Today // *Complexity*, Global Politics, and National Security.

Это означает создание таких обстоятельств, в которых Россия не имела бы выбора, кроме как оставаться в рамках статус-кво. Это в свою очередь означает, с одной стороны, расширение НАТО, поскольку это сокращает любые геополитические соблазны, на которые в какой-то момент Россия может вдохновиться и может быть способна к действиям даже в состоянии слабости. С другой стороны, это также означает создание условий на пространстве бывшего Советского Союза, на котором статус-кво становится постоянным. Это означает продуманную политику оказания помощи России с одновременной помощью новообразовавшимся странам бывшего Советского Союза. Только если они останутся суверенными и независимыми, Россия будет склоняться к восприятию общества статус-кво.

Вот еще одно уточнение Бжезинского после рассуждений о повышенном внимании к Украине:

К Украине я бы добавил еще Азербайджан и Узбекистан по причинам, для многих известным. Узбекистан из-за того, что он является ядром Центральной Азии. А в наших интересах сохранить независимую Центральную Азию, т.к. это поможет России сохранить общественное статус-кво. Азербайджан, т.к. он является пробкой в бутылке. Если же Азербайджан будет прихвачен Россией, или это может произойти на основе сговора между Россией и Ираном, тогда не будет доступа в Центральную Азию. Центральная Азия станет стратегически уязвимой.

Многие полагают, что это просто досужие рассуждения некогда влиятельного политика. На самом деле Бжезинский просто рассказывает о реальной политике США в зоне бывшего Советского Союза.

В другой своей статье[1] на базе концепции «евразийской целостности» (ЕС, Россия, Китай и Япония) Бжезинский предлагает сформировать два треугольника: один состоит из США, ЕС и России; другой — из США, Японии и Китая. Подобная конструкция представляется ему весьма эффективной для «конструктивного вовлечения России». В чем же суть такого предложения?

---

1 *Brzezinski*. Living With Russia // The National Interest, no. 61 (Fall 2000).

Суть же довольно проста. Для начала Бжезинский приводит много цифр, свидетельствующих о плачевном состоянии российской экономики, социальной ситуации, слабых внешних связях и т.д. Он также обратил внимание, что нынешняя правящая политическая элита во главе с Путиным — это третье поколение аппаратчиков, большей частью состоящее из бывших кэгэбистов. Такой состав элиты породил антиамериканские настроения, еще больший негативизм в отношении процесса расширения НАТО, попытки вызвать соперничество между европейскими государствами и США. Одновременно у российского руководства утвердилось убеждение о необходимости восстановить Россию как мощное государство и на этой основе вновь подчинить себе пространство СНГ. По мнению Бжезинского, в Кремле возобладали настроения ленинистов о политической игре с нулевой суммой. Это проявляется в том, что там стали полагать, что будто бы нероссийским регионам лучше вообще не развивать экономику, чем попадать в сферу влияния Запада. В качестве примера он приводит подход Москвы в отношении стран Каспийского региона и его (В. Путина) враждебному отношению к флирту Украины с НАТО. Другими словами, три направления российской политики: на Кавказе, в отношении Украины и Белоруссии (с идеей о «соединении в братской славянской солидарности») и стремление помешать балтийским странам войти в НАТО — не соответствуют представлениям Бжезинского о конструктивной структуре международных отношений. Хотя Бжезинский уверен, что нынешние цели Москвы в принципе не реализуемы. К примеру, альянс с Китаем может только подчинить Россию Китаю «без решения ее проблем». Если Россия продолжит нынешнюю политику, то может получиться не «Европа до Урала», а разоренная и осажденная «Россия до Урала».

Такой результат не устраивает Запад, и Бжезинский предлагает Западу, точнее США, придерживаться в отношении России политики, которую Запад проводил в отношении Турции после распада Оттоманской империи во времена Кемаля Ататюрка. Хотя Путин, считает Бжезинский, не Ататюрк (т.к. его мышление отражает мышление руководства последнего советского поколения, а не первой постсоветской генерации), поэтому на него полагаться смысла нет. Но придет следующее поколение с другим мышлением, получившее образование на Западе и рассматривающее себя как часть Запада. И в этом направлении надо активнее действовать, т.е. увеличить в десятки раз приглашения для учебы в Америке, где молодые люди усвоят плоды американской демократии. Именно это новое поколение можно будет убедить во всяких благостях для России, которые ей принесут расширение НАТО и вовлечение в НАТО не только сопредельных с Россией государств, но и саму Россию. В какой-то момент можно будет даже создать Совместный Совет НАТО – Россия. И уже на постоянной основе можно было бы реализовывать идею двух больших треугольников, упомянутых выше.

Бжезинский прав, когда пишет о том, что нынешняя внешняя политика России обречена на провал. Но он абсолютно не прав, когда видит выход из этого провала на пути вовлечения России в один из треугольников, поскольку не может существовать равновесная конструкция, если одна из ее опор — Россия, как минимум, на порядок слабее двух других опор. И это только на уровне экономической массы. Я уж не говорю об уровне самой «силовой» политики. И западная «ментальность» следующего поколения руководителей не только не укрепит российский «угол», а, наоборот, еще больше ослабит, поскольку интересы такой элиты могут быть только про-западными, а не про-российскими.

Кроме того, было бы наивным ожидать от русских, чтобы они смирились с тем, что расширение НАТО за счет балтийских государств несло какие-то стратегические выгоды. Совершенно очевидно, что НАТО расширяется не для того, чтобы работать на интересы России. Кстати, на эту статью Бжезинского среагировал Стефан Сестанович, который убедительно опроверг вероятность «благостного восприятия» Россией как расширения НАТО, так и «турецкого подхода» к ней[1].

Я бы добавил еще один момент. Предложение Бжезинского «разводит» Россию и Китай по разным треугольникам, хотя и руководимым одним патроном. Конечно, с точки зрения Вашингтона реализация такого предложения идеально отвечала бы стратегическим интересам США. Все «полюса» под колпаком. Но на его формирование не хватило бы даже ресурсов США. Поэтому нынешний подход президента Буша представляется мне более оптимальным с точки зрения интересов США, поскольку он «точечно» ориентирован и хорошо структурирован по приоритетам. Хотя как стратегический идеал предложения Бжезинского также не лишены смысла.

---

1 Sestanovich. Where Does Russia Belong // The National Interest, no. 62 (Winter 2000/2001).

Совет по международным отношениям: Россия приглашается быть частью Запада

Среди участников формирования внешней политики США заметное место занимает Совет по международным отношениям (COUNCIL ON FOREIGN RELATIONS), в проектах которого участвуют специалисты различных научных учреждений. Результатом одного из таких проектов явилась работа «Новая российская внешняя политика», написанная группой авторов к началу 1998 г. (Майкл Мандельбаум, Леон Арон, Шерман Гарнет, Раджан Мэнон и Койт Блэккер)[1].

С самого начала М. Мандельбаум оговаривает:

> Русскую внешнюю политику трудно определить. Ее даже трудно обнаружить. Каковы международные цели российского государства? Где и каким образом они намереваются достичь их?

На эти вопросы как раз и собирались ответить авторы данной работы.

Сам Мандельбаум главную причину последующих проблем России и ее внешней политики видит в наследии советской империи, которая сложилась и разрушилась качественно иным образом, чем предыдущие империи Британии, Франции, Габсбургов и Оттомании. Ее распад произошел не в результате мировых войн, а в результате горбачевской перестройки и нового политического мышления почти в одночасье. И поэтому он был неожидан даже для самих руководителей СССР, особенно после того, когда они столкнулись с взрывом националистических настроений в Центральной Азии и на Кавказе, а в последующем с войной в Чечне. Став жертвой собственной политики внутри страны, российские руководители рассчитывали на помощь Запада, особенно США, и были крайне обескуражены расширением НАТО на Восток за счет стран Центральной Европы. Среди населения подобное действо НАТО было воспринято как кампания исключения, изоляции и

---

1 *The New* Russian Foreign Policy.

унижения новой России. В результате внешняя политика России потеряла четкие ориентиры, оказавшись в состоянии прострации.

Вместе с тем, как реакция на подобное коварство, у некоторой части русских в Москве, по мнению Леона Арона, сложилось убеждение, что Россия должна стать региональной сверхдержавой, международной великой державой и ядерной сверхдержавой. Это — русский вариант голлизма, который психологически может удовлетворить какую-то часть политической элиты. На самом же деле хотя «Россия и унаследовала советский ядерный арсенал, который, конечно, является источником влияния, однако, с другой стороны, присутствие России вряд ли ощущается за пределами ее ближайших соседей». Если же говорить не об элите, а о простых людях, то они искренне переживают выпадение Украины, — государства, с которым они вместе были в течение трех веков. Что же касается Центральной Азии и Кавказа, то здесь они испытывают не столько чувство потери, сколько чувство страха.

Арон прав относительно настроения большей части населения страны. Но не прав в отношении политической «элиты». Терять Кавказ она не собирается, чему свидетельством является вторая чеченская война.

Одну из глав разбираемой книги написал Койт Денис Блэккер, профессор Стэнфордского университета, давно специализирующийся на исследованиях по России. По его мнению, для большинства русских «мир» все еще означает прежде всего Запад. Блэккер доказывает, что «политическая и экономическая интеграция с Западом — цель реальной внешней политики перестройки — является не только наиболее желаемой целью постсоветской внешней политики, но также и единственно возможной».

Поэтому «голлизм» в период после 1993 г. при таком подходе может быть понятным не только как политическая необходимость, но скорее всего как риторический ответ на внутренние давления, а также как тактика, более удобно обрамляющая сроки интеграции России с Западом. В этом плане прецедентом для новой России являются Япония и Западная Германия.

Это в идеале. Реальность же делает Блэккера менее оптимистичным. В его сценариях будущего Россия выглядит следующим образом:

Западный экономический и политический порядок с Японией, Северной Америкой и Западной Европой, образующих ядро, может метафорически рассматриваться как магнитное поле, втягивающее остальные страны в себя. Поскольку это сообщество свободных рыночных демократий весьма мощно и успешно развивается, другие страны стремятся присоединиться к его организациям, соглашаясь с его нормами и воссоздавая его институты.

Это в принципе. Но Россия не обязательно может присоединиться к этому ядру.

Одна из причин того, что у России не будет эффективной внешней политики, заключается в том, что Россия не в состоянии сформировать эффективное национальное правительство. Нынешние тенденции, если они будут усилены, могут привести к дезинтеграции России как единого государства — гиперинфляция, ведущая к коллапсу, распад военных сил, возвышение политически независимых региональных властей — все это уже видимо, хотя далеко еще от дезинтеграции центральной власти. «Историческим прецедентом такого типа для России является хаос в Китае в 1920-х и 1930-х годах, когда в различных частях страны доминировали военные лидеры, известные как милитаристы, которые контролировали независимые военные силы».

Очевидно, что реализация подобного сценария весьма нежелательна из-за вероятности потери контроля за ядерным оружием и вообще за распылением военных сил по неконтролируемым территориям. Если отвлечься от подобных крайностей, то не исключена другая вероятность. В международной деятельности это проявится в том, что Россия будет проводить разную внешнюю политику, которая определится фактом трех глобальных соседств: Запад, Средний Восток и Дальний Восток. «Поэтому не удивительно, что российская политика в отношении этих направлений будет отличаться друг от друга».

Причем особую роль может сыграть соседство с Китаем, которое может сформировать и третий вариант внешней политики. Ее содержание антизападное. «Русский неоголлизм имеет элементы такой политики. Россия проявляет более дружеские отношения к странам, которые Соединенные Штаты рассматривают как государства-изгои». Это опять же в теории. Зафиксировав подобную возможность, Блэккер тут же ее «блокирует», указывая на противоположную тенденцию: «Но в реальности и та, и другая страна скорее ищут пути присоединения к западному порядку, чем его противодействию или бойкоту». К тому же Россия и Китай — «потенциальные соперники в отношении новых независимых стран Центральной Азии». Отношения могут усугубиться проблемой недонаселения российского Дальнего Востока и перенаселением Северо-Восточных провинций Китая, т.е. нелегальной миграцией китайцев. И поэтому «из всех возможных сценариев для российской внешней политики наиболее желательным остается интеграция с Западом». Россия хотя и принадлежала Европе на протяжении столетий, но одновременно была наименее европейской страной. Сейчас есть возможность стать более европейской страной внутренне и внешне. На это работает, по мнению Блэккера, и то, что теперь Россия перестала быть империей, что облегчает ее вхождение в цивилизованный мир.

Койт Блэккер искренне озабочен тем, чтобы Россия стала частью Европы.

Когда-то я разделял подобные взгляды американского профессора, наивно полагая, что русские по духу и культуре ближе к Европе, чем к Азии. Но, изъездив всю Европу и всю Северо-Восточную Азию, я, по крайней мере для себя, сделал вывод: Россия никогда не будет ни Европой, ни Азией, а как была, так и останется... Россией.

Строуб Тэлботт: о России с историческим оптимизмом

В администрации Б. Клинтона Россию курировал помощник госсекретаря Строуб Тэлботт. В отличие от многих специалистов по России, разочарованных в демократических реформах и в перспективах американо-российских отношений, Тэлботт сохранял и сохраняет устойчивый исторический оптимизм даже в периоды обострения отношений с Россией[1].

Все очевидные неудачи в построении капиталистического общества в стране Тэлботт объясняет наследием советской диктатуры, так сказать, пережитками социалистического прошлого, которые, по его мнению, постепенно, но преодолеваются. В любом случае, как бы Россия худо-бедно ни вползала в капитализм, все произошедшее и происходящее отвечает национальным интересам и безопасности США. По крайней мере две «базовые цели» реализуются удовлетворительно. На первую цель работают: усиление безопасности, сокращение арсеналов холодной войны, предотвращение распространения ОМУ, укрепление стабильности интеграции в Европе. Вторая цель ориентирует США на оказание помощи России в деле трансформации ее политических, экономических и социальных институтов в соответствии со стандартами рыночной демократии[2].

Тэлботта особенно вдохновляют успехи в реализации второй цели, т.е. превращение России в капиталистическую страну. В связи с чем он приводит список достижений: слом аппарата советской системы, свобода выборов, замена централизованного планирования на институты рыночной экономики и т.д.

Тэлботт не без гордости докладывает сенатскому Комитету по внешней политике о вкладе США в эти достижения, в том чис-

---

1 *Strobe*. Russia: Its Current Troubles and Its On-Going Transformation (Testimony before the Senate Foreign Relations Committee).

2 Подр. на эту тему см.: Strobe. Dealing with Russia in a time of troubles // The Economist. November 21st (1998), 50–2.

ле и через программу президентского Акта о поддержке свободы. Он предостерегает сенаторов от сокращения бюджета этого Акта на 25–30%, — инициатива, появившаяся в связи со скандалами об отмывании денег через нью-йоркские банки. По его мнению, это было бы близорукостью с их стороны, поскольку эта помощь распространяется на множество направлений деятельности США в России: от финансирования СМИ до поддержки малого бизнеса, что соответствует интересам США.

Главная суть выступлений и писаний Тэлботта о России заключается в том, что правительственные круги не должны поддаваться панике в связи с очередными неурядицами: будь то финансовый кризис, скандал вокруг взяток высокопоставленным чиновникам, очередная внутренняя война или всплеск антизападных настроений. Все это — издержки перехода от тоталитарного коммунизма к демократическому капитализму, который наступит всенепременнейше.

Подобный оптимизм Тэлботта имеет основания, как минимум, по двум причинам. Одна связана со спецификой его должности: он отвечал за Россию в американской администрации, и было бы нелогичным расписываться в провале политики, в которой он принимал самое деятельное участие. Другая причина более важная. Действительно, в России создана капиталистическая структура, в рамках которой действует руководство страны. И хотя тот же Тэлботт хорошо понимает, что Россия никогда не станет похожей ни на одно государство западного мира, но шанс стать хотя бы «Бразилией» или «Мексикой» не исключается. А такими странами Америка очень хорошо научилась управлять. На данный момент этого более чем достаточно с точки зрения интересов США. Так что Строуб Тэлботт справлялся со своими обязанностям, и оптимизм его относительно России можно считать обоснованным. ...Пока.

Концепция «вовлеченности» как стратегический принцип внешней политики США

Стратегия «вовлеченности» России по принципу кнута и пряника (Майкл Макфол)

Одним из авторитетных специалистов по России в США не без основания считается Майкл Макфол, который провел немало лет в Москве как до «перестройки», так и после начала капиталистических реформ. Так что ему есть что с чем сравнивать.

В отличие от всех американских русологов, толкующих об «экономической реформе» или «третьей волне» демократизации после распада Советского Союза, Макфол прямо говорит о том, что в России произошла революция, по масштабам сопоставимая с Французской (1789 г.) и большевистской революциями[1]. Исходя из классических определений революции, он показывает весьма убедительно, что при Ельцине были сломаны старая структура власти и экономическая организация общества, которые были заменены на капиталистическую систему. Ее отличием от предыдущих революций, по его мнению, является то, что она была осуществлена мирными средствами, если не считать такой «мелочи», как расстрел парламента в 1993 г. Еще одним отличием, которое Макфол называет «фундаментальным», является то, что идеологии предыдущих упомянутых революций бросали вызов устоявшимся порядкам тогдашней международной системы. Идеология же и цели нынешней русской революции не были обращены против статус-кво современной международной системы. Наоборот, идеология, проповедуемая Ельциным и его приверженцами, полностью совпадала с экономикой и политикой ядра. Более того, российские «революционеры» пытались сделать все, чтобы войти в это ядро[2].

---

1 *Nation and Michael McFaul.* The United States and Russia into the 21st Century // Strategic Studies Institute. (October 1, 1997), 49.

2 Любопытно, что Макфол всю международную систему рассматривает

В этом, однако, нет ничего удивительного, поскольку произошла именно капиталистическая революция, т.е. стало формироваться общество, по содержанию совпадающему с другими капиталистическими государствами. Пока, правда, не ясно и для самого Макфола, какой тип капитализма утвердится в России. Ответа нет.

Несмотря на это, профессор убежден в том, что «в долгосрочной перспективе масштабы России, природные ресурсы, образованное население и стратегическое расположение в Европе и в Азии предопределят ее будущее как державы в международной системе» (66). (Хочу заметить: сказано не «великой державы», а просто «державы».) Проблема заключается только в том, станет ли эта держава частью западного ядра или она превратится в страну-изгой, угрожающую мировому сообществу. В немалой степени это зависит от политики, которую будут проводить США в отношении России.

Макфол напоминает, что в политико-академических кругах Америки существуют различные подходы относительно роли США в мире после окончания холодной войны. Среди них упомянуты изоляционизм, неосдерживание и вовлеченность/расширение. По его мнению, наилучшим вариантом политики Вашингтона в отношении России является стратегия вовлеченности. В его понимании такая политика должна строиться на ряде базовых принципов. Во-первых, США своим примером успешного развития рыночной экономики и демократии являются аргументом в пользу капитализма и демократии. Во-вторых, вовлеченность или расширение предусматривает устойчивую приверженность принципам свободного рынка и демократии. В-третьих, политика вовлеченности должна исходить из долгосрочных перспектив с возможными потерями в краткосрочные периоды времени. «Следовательно, этот принцип означает, что вовлеченность требует использования кнута и пряника» (55). В-четвертых, американские лидеры должны прилагать усилия не только для того, чтобы «плохих ребят» заставлять делать хорошие дела, но и поощрять «хороших ребят» делать хорошие вещи, «даже если такая вовлеченность усложнит отношения с главами государств» (ibid.).

через призму идеологии "ядра", не замечая, что внутри этой международной системы существуют и другие идеологии, например, социалистическая идеология Китая.

Макфол при этом имел в виду политику, направленную на стимулирование изменения поведения авторитарных лидеров («плохие ребята»), одновременно спонсируя и поддерживая новых демократических лидеров («хорошие ребята») в деле продвижения к власти. Эти общие принципы полностью применимы и в России.

По мнению профессора, американская тактика в отношении России не всегда соответствует стратегическим целям США. Так, расширение НАТО на Восток противоречит политике вовлеченности, поскольку изолирует Россию от ядра и вызывает ответную антизападную реакцию. А это не соответствует долгосрочным интересам США. Вместо этого, наоборот, необходимо вовлекать Россию в натовские структуры, например, через Основополагающий акт НАТО – Россия, программы партнерства за мир и т.д. В таком же ключе необходимо вовлекать Россию в различные международные организации типа Парижского клуба, Мирового банка, в «семерку».

Особый упор необходимо сделать на формировании рыночных и демократических институтов, отдавая приоритет при этом демократическим институтам, которые на данном этапе важнее, чем рыночные структуры. И в этой связи, по мнению Макфола, необходимо усилить работу с людьми типа Чубайса, Немцова, Гайдара и Дм. Васильева, не оставляя их, так сказать, в беде, когда они не занимают правительственных постов.

Другими словами, если США хотят видеть Россию в составе ядра, надо осуществлять широкомасштабную работу на всех уровнях политической и экономической власти. Макфол искренне убежден, что только капиталистический путь развития России принесет ей прогресс и процветание.

Такой наивности от специалиста по России, честно говоря, я не ожидал.

Стратегия «ограниченной вовлеченности» Крэйга Нэйшна

Другой специалист по России — Р. Крэйг Нэйшн, написавший немало работ о советской и российской внешней политике, а также о политике безопасности, высказывает несколько иные взгляды на Россию через призму интересов США. Он пишет, что в США существуют три подхода в отношении России. Первый отражает надежды на стратегическое партнерство с Россией и предполагает ассоциацию с Западом. Второй связан с политикой нео-сдерживания, о чем говорил и Макфол. Третий характеризуется политикой ограниченной вовлеченности, которую как раз и проводит нынешняя клинтоновская администрация.

Последний вариант наиболее реалистичен, поскольку в отношениях между Россией и США существуют как совпадения, так и различия. Кроме того, стратегическое партнерство предполагает равенство или приблизительное равенство сил. Россия же находится в упадке, следовательно, ни о каком равном партнерстве речи быть не может. Поэтому: «У России нет выбора, кроме приспособления своих желаний к реальностям соподчиненного статуса» (34). И поведение России отражает именно такой статус. Призывы к многополярности, риторика с претензией на статус великой державы, балансирование, игры в альянсы — типичное проявление слабости страны. Поэтому США необходимо освободиться от иллюзий специальных отношений, не скатываться к каким-то преувеличенным представлениям об угрозе и работать с Россией на базе прагматизма, концентрируясь на проблемах, представляющих взаимный интерес.

Это — подход типичного прагматика, хорошо разбирающегося в категориях соотношения сил и сравнительной мощи государств.

Концепция «рациональной вовлеченности» (Ли Гамильтон, Кэй Хатчисон)

В качестве примера целесообразно представить взгляды конгрессмена *Ли Гамильтона* (демократ), одного из членов Комитета по международным делам в палате представителей[1].

Гамильтон считает, что лидерство США в мире исторически неизбежно в силу двух причин: США слишком великая страна, она слишком представительна, чтобы не быть вовлеченной в мировые дела; без выполнения международной роли США как сверхдержавы мир станет более нестабильным и опасным.

---

1 *Hamilton*. Changes in American Foreign Policy Over the Past 30 Years.

Он подчеркивает, что в годы холодной войны национальные интересы США сводились к сдерживанию коммунизма, а в нынешние времена — к расширению и усилению мирового сообщества, базирующегося на рыночной демократии. Несмотря на то, что США являются единственной сверхдержавой, эта задача не может быть выполнена в одиночку, а только в сотрудничестве с союзниками.

Внешняя политика должна исходить из долгосрочных перспектив, а не являть собой реакцию на текущие проблемы и кризисы.

Гамильтон из тех политиков, которые выступают против изоляционистского подхода, поддерживая официальный курс «вовлеченности». А раз так, то бюджет по «международной политике», составляющий 1% от расходной части федерального бюджета, явно недостаточен для выполнения международных обязательств, например, в деле финансирования ООН (у США большие долги перед этой организацией), МВФ и Мирового банка. Гамильтон убежден, что нельзя претендовать на роль лидерства без соответствующей финансовой базы.

Естественно, увеличение расходов на международную политику предполагает сильную экономику, которая в немалой степени зависит от внешнеэкономической деятельности американского бизнеса.

Лидерство США обеспечивается и сильным военным потенциалом. Дипломатия с опорой на военную силу «работает» лучше, чем без силы. Или, по словам Гамильтона, «дипломатия и угроза силой должны слиться, чтобы добиваться внешнеполитических целей США».

Тема военной интервенции остается актуальной и в настоящее время. Когда речь идет о жизненных интересах США, то ответ очевиден: интервенцию как инструмент политики необходимо использовать.

> Мы должны осуществлять интервенцию, опираясь на силу, если необходимо защищать наши границы, предотвращать контроль любой державы над Европой, Японией, Кореей (имеется в виду Южной. — *О.А.*) или Персидским заливом.

Если же речь идет не о жизненных, а о важных интересах, то в этих случаях ответ не столь очевиден и зависит от конкретной ситуации. В таких случаях лучше действовать на базе коллективной безопасности со своими друзьями и союзниками.

Наконец, внешняя политика должна строиться с учетом ее понимания со стороны американского народа.

Гамильтон являет собой типичный пример сторонника коллективистской гегемонии западного мира во главе с США на базе «рациональной вовлеченности», которую обычно отстаивают представители демократической партии и американские ТНК.

Сенатор от республиканской партии *Кэй Бэйли Хатчисон* с неожиданной стороны критикует администрацию Клинтона[1]. Она пишет, что в 80-е годы жесткую военную политику Рейгана в отношении Советского Союза называли *дипломатией канонерок*. «Но клинтоновская доктрина «пушечной демократии» («gunpoint democracy») намного хуже», — считает сенатор. Говоря постоянно о мире, президент направляет американские войска для разборки в политических ситуациях, которые не угрожают ни нам, ни нашим союзникам. Начиналось с Сомали, затем Гаити, сейчас Босния и Косово.

> Во имя восстановления демократии и предотвращения гуманитарного хаоса (в Косово) мы бомбим суверенное государство, которое не нападало ни на нас, ни на наших союзников. Это беспрецедентный случай. НАТО превратился в альянс, который начинает войны.

Кроме того, вспоминает Хатчисон, одни Балканы, не имеющие отношения к безопасности США, съели 25 млрд долл. с весьма сомнительным результатом.

> Все это значит, что США могут оказаться втянутыми в гражданские войны по всему земному шару в попытках создать с помощью пушек утопическую многопартийную демократию американского типа.

Главную причину столь нерациональной политики сенатор усматривает в том, что Америка *реагирует* на события вместо того, чтобы эти события *формировать*.

---

1 *Hutchison*. A Foreign Policy Vision for the Next American Century // Heritage Lectures, no. 639 (July 9, 1999).

По мнению Кэй Хатчисон, политика США как единственной сверхдержавы в мире должна учитывать два важных момента. Во-первых, лидерство означает понимание того, что война является последним словом в политике, а не первым.

> Мы не должны позволять ни нашим союзникам, ни нашим врагам втягивать нас в региональные пертурбации». Это означает иметь мужество «не действовать» (not to act). Во-вторых, «мы не должны вовлекаться в гражданские конфликты, которые превращают нас в часть этих конфликтов. ...Да, в Сербии ужасный лидер и он искушает нас наказать его военной силой. Но мы не можем объявлять войну каждому сумасшедшему диктатору в мире.

Сенатор не против использования военной силы в принципе, но только в случаях, когда это «естественно». Такими случаями являются для нее война в Персидском заливе или возможное вторжение Северной Кореи в Южную Корею.

Общая идея Хатчисон заключается в том, чтобы не распылять ресурсы на периферийные интересы, чтобы не потерять ядро, как это произошло в свое время с Британией и Германией. (Я бы добавил: особенно с Советским Союзом.) Такой подход сближает консервативного сенатора со сторонниками политики «рациональной вовлеченности». Но от демократов ее отличает то, что первые ратуют за коллективную вовлеченность, т.е. вместе с союзниками, а консерваторы предпочитают обходиться без союзников, так сказать, опираясь на мощь только США.

Национальная безопасность Соединенных Штатов — подход реалистов

Институт стратегических исследований (ИСИ) и Центр Кларка организовали серию лекций по национальной безопасности Соединенных Штатов в период после холодной войны, для чтения которых были приглашены международники и бывшие дипломаты, достаточно известные в своей стране. Эти лекции были опубликованы в 1997 г. под эгидой ИСИ[1]. Они представляют интерес прежде всего тем, что хотя названные Институт и Центр являются частью структуры Министерства обороны, в них высказываются идеи и выражаются взгляды, существенно отличающиеся от официальных, особенно пентагоновских позиций, относительно национальной безопасности Соединенных Штатов. В качестве примера я выбрал лекцию бывшего посла Роберта Элсворта, занимавшего высокие посты в госдепартаменте и других организациях, имеющих отношение к внешней политике Соединенных Штатов, а также лекцию профессора Рональда Стила, преподавателя Университета Джорджа Вашингтона и Университета Южной Калифорнии, автора пяти книг о внешней и внутренней политике Соединенных Штатов.

Начну с *Р. Элсворта*[2]. Он выделяет две «транснациональные силы», которые существенно изменят международные отношения в XXI веке. К первой силе он относит демографический взрыв в бедных регионах и миграцию в богатые регионы, а также глобализацию экономических отношений. Частью этой силы является также соперничество между религиями и новое самоутверждение государств на почве этноса, которое, по его мнению, парадоксально симулируется государствами-нациями. Китай, как ему кажется, как раз и является одной из таких движущих сил, вызывающих этнический «азианизм».

---

1 *U.S.* National Security: Beyond the Cold War.

2 *Ellsworth*. American National Security in the Early XXIst Century // *U.S.* National Security: Beyond the Cold War.

Вторая сила формируется под воздействием технологических изменений в компьютерных системах и биотехнологиях, рождающих новые отрасли и новые инструменты, которые используются в военных операциях по всему миру.

Взаимодействие этих двух транснациональных сил на выходе теоретически может дать три результата в системе международных отношений: хаос, процветание и нечто смешанное.

Чтобы во всеоружии встретить любой вариант, национальная безопасность Соединенных Штатов в начале XXI века должна базироваться на пяти жизненных национальных интересах. К ним относятся:

1. предотвращение, сдерживание и сокращение угроз ядерных, биологических и химических атак на Соединенные Штаты;

2. предотвращение появления враждебного гегемона в Европе и Азии;

3. предотвращение появления враждебной великой державы на границах Соединенных Штатов или контролирующего моря или космос;

4. предотвращение катастрофического коллапса основных глобальных систем (торговли, финансовых рынков, энергетики и окружающей среды);

5. обеспечение выживания союзников Соединенных Штатов.

Шестой жизненный интерес всецело относится к Соединенным Штатам и является инструментом обеспечения первых пяти интересов. Это: *содействие уникальному американскому лидерству, военным возможностям и репутации приверженца ясных американских обязательств и справедливости в делах с другими государствами и народами.*

Кроме жизненных интересов существуют еще, по терминологии Элсворта, 12 «чрезвычайно важных» интересов (среди них предотвращение и завершение основных конфликтов в важных географических регионах, прекращение неконтролируемой миграции через границы Соединенных Штатов), 11 «просто важных» (например, связанных с нарушением прав человека) и 5 «менее важных» (решение проблем дисбаланса в торговле, расширение демократии повсюду ради самих государств).

В понимании посла разница между жизненными и важными интересами заключается в том, что первые необходимо защищать всеми силами, включая возможность использования и военной силы, причем, если надо, и в одиночку. Вторые интересы, если встает вопрос об использовании военной силы, необходимо защищать «только в коалиции с союзниками, чьи жизненные интересы сами находятся под угрозой».

А вот оценка России и вариант поведения Соединенных Штатов в отношении этой страны. Элсворт полагает, что нельзя сравнивать нынешнюю Россию с прежним Советским Союзом, как это делают некоторые исследователи. Он пишет:

> Правительство России обладает ограниченной политической властью даже у себя дома и, несмотря на риторику блестящего министра иностранных дел Е. Примакова, лишено способности распространить политическую, экономическую или военную силу за пределы своего собственного «ближнего зарубежья». Даже в «ближнем зарубежье» московские предписания не работают. …Распространение российского оружия среди криминальных структур, повстанцев и террористов и дальнейший быстрый распад военного потенциала представляют значительно большую непосредственную международную опасность, чем воображаемая русская военная агрессия где бы то ни был».

Элсворт подчеркивает, что российский военный потенциал вкупе с военно-промышленным комплексом продолжают разрушаться, находясь в деморализованном состоянии с 1991 г. «Российские политические лидеры рассматривают выживание как национальный интерес России, и это, очевидно, будет служить в пользу выбора Соединенных Штатов для сотрудничества». «Хотя, — добавляет Элсворт, — мышление многих людей из внешнеполитической элиты Соединенных Штатов подвязано под ностальгию о хорошей старой советской угрозе».

С другой стороны, не теряет оптимизма посол, Россия активно вовлекается в мировую экономику не только через свои обычные виды энергетического сырья и минеральных ресурсов, но и через экспорт стали, оружия, космическое сотрудничество и т.д. Элсворт напоминает, что Россия обладает на своей территории громадными энергетическими ресурсами, превосходящими запасы Каспийского региона, которые, так или иначе, затрагивают проблемы безопасности в XXI веке.

По мнению посла, необходимо стимулировать сближение России с Западом, например, через укрепление российско-натовских отношений, предоставляя ей «реальный голос» в вопросах европейской безопасности. В общем же плане необходимо вовлечь Россию в реализацию «трех *наших* национальных интересов»: в сильную и действительно глобальную энергетическую систему, в которой Россия сама по себе, а также Каспийский регион, могли бы стать обильным источником нефти и газа; в сдерживание исламского милитаризма и в предотвращение возникновения враждебного гегемона в Европе.

Хочу обратить внимание на выделенное мной слово «наших». Посол размышляет над тем, как Россию сделать соучастником реализации американских интересов. Отвечают ли эти интересы интересам России — такая глупая мысль даже не приходит послу в голову. На то он и американец. Это только русских волнует, а как там у них в… Эфиопии? Помочь не надо?

Р. Элсворт решительно настаивает на лидирующей роли Соединенных Штатов в XXI веке, стремящихся решать все международные проблемы в сотрудничестве со своими союзниками и нахождении общего языка с Россией и Китаем. Такой подход характерен для представителей течения коллективной гегемонии Запада во главе с Соединенными Штатами. Для Элсворта эта позиция необычна, учитывая, что он был советником по внешнеполитическим вопросам у сенатора Р. Доула во время президентской кампании 1996 г. Как известно, Доул настаивал на единоличной гегемонии США в мире без оглядки на союзников. Времена, видимо, изменились, а с ними изменился и Р. Элсворт.

Рональд Стил: «Безопасность есть самый главный смертельный враг»

Как удачно заметил Рональд Стил, «наиболее сомнительными концепциями являются те, которые мы воспринимаем как само собой разумеющееся. …Мы их берем как устоявшиеся истины, подобно библейским предписаниям»[1].

Одной из таких концепций является «национальная безопасность». Сама концепция появилась в связи с Актом по национальной безопасности в 1947 г., на основе которого был учрежден Совет национальной безопасности. Несколько позже в докладе Эберстадта появилась фраза «национальная безопасность в терминах мировой безопасности». Что последнее означает, не расшифровывалось в силу якобы «очевидности». Но предполагалось, что «национальная безопасность» включает в себя и «оборону». Следуя книге У. Липмана (1943 г.), где впервые была упомянута «идея национальной безопасности», термин *оборона* подразумевал отпор «вторгающейся силе», а *национальная безопасность* трактовалась не только как сопротивление агрессии, но и как политика, учитывающая опасность, которая потенциально еще только может возникнуть. Такое понимание термина связало «безопасность» с «национальной силой» (power), из чего, по мнению Стила, следует, что региональная держава будет иметь региональный периметр безопасности, глобальная, — соответственно, глобальный.

> По этой причине безопасность была оторвана от ее географического якоря. Она стала функцией силы (power) и аспектом психологии. Это не специфическая реальность, ее нет в пространстве. Она — функция определения и может быть определена широко или узко. Малые и слабые государства определяют безопасность в узком смысле, большие и мощные государства — в широком смысле. Тогда безопасность есть отражение национального чувства ее силы (или чувства национальной элиты). Это мощный операционный механизм и в то же время абстракция (41).

---

1 *Steel*. The New Meaning of Security // U.S. National Security: Beyond the Cold War, 40.

Для американцев чувство безопасности быстро трансформировалось в чувство опасности глобального свойства в виде угрозы коммунистической идеологии Советского Союза во всем мире. В результате на земном шаре не было места, где существовала бы реальная безопасность. Даже там, где отсутствовало влияние Советского Союза, были коммунисты или им симпатизирующие. Это чувство и питало доктрину Трумэна.

Стил показывает, как концепция национальной безопасности наполнялась размытыми терминами типа *жизненными, желательными, критическими* и *периферийными* интересами или термином *международный мир*. Их интерпретация вела к тому, что все интересы становились «жизненными», а потом оказывалось, что они не очень «жизненны», как, например, в Южном Вьетнаме.

Несмотря на это, все эти многозначные термины вели к формированию концепции «национальной безопасности», отделяя ее от концепции «обороны».

> Оборона — точный термин, национальная безопасность — размытый; оборона — конкретное состояние, национальная безопасность — чувство. Оборона сопряжена с государством как монополистом военной силы; национальная безопасность увязывается не просто с государством, а с «национальным государством».

Чтобы читателю была понятна эта казуистика, я напомню, что в советские времена ученые-международники критиковали американскую доктрину национальной безопасности за то, что она не отражает интересов всей нации, а отвечает интересам буржуазного *государства*, поскольку нация (т.е. американский народ) не могла быть заинтересована, например, в агрессии США против Вьетнама. Другими словами, тогдашние советские ученые четко отличали национальные интересы от государственных интересов применительно к «империалистическим государствам». Удивительно, что критика Стила строится в той же плоскости. Стоит посмотреть, как он это делает на современном материале.

Для начала он выделяет два момента. Один связан с тем, что после окончания войны военный фактор в международной политике относительно понизился, а значит снизилась и роль государства, прямо отвечающего за «оборону». Второй фактор, уменьшающий значение государства, — это экономические процессы, связанные с интернационализацией мировой экономики.

В годы холодной войны, напоминает Стил, общепризнанной парадигмой международных отношений была теория реализма, или теория силовой политики, основным субъектом которой было государство, обеспечивающее безопасность своим гражданам[1]. Но, как резонно напоминает Стил, в некоторых частях мира государства разваливались (например, в Центральной Африке), или становились инструментом «нарколордов» и местных олигархов (например, в части Латинской Америки), или они управлялись «семьей или кланом» (как во многих странах Среднего Востока и Третьего мира). Таким образом, вместо обеспечения своим гражданам условий безопасности они фактически несли им угрозу. В таком случае, задает вопрос Стил, какие обязательства имеет государство? И этот вопрос, подчеркивает профессор, не является абстрактным.

> В последние годы мы видели дезинтеграцию государств, таких, как Югославия и Советский Союз, и государства, контролируемые другими, которые существуют только ради удобства внешних сил и которые поддерживают правящие режимы, как в бывших африканских колониях Франции. Даже в индустриальном мире государства нередко не могут обеспечить безопасность для некоторой части своих граждан. Достаточно посмотреть на трущобы наших больших городов для подтверждения этого печального факта или на наши богатые районы с их охраняемыми воротами и частной полицией (44).

Стил пишет, что это не означает, будто бы государство не способно обеспечить безопасность. Просто данная функция становится вторичной с точки зрения экономической жизни людей. На первый план выходят частные экономические акторы, отвечающие за инвестиции, работу, зарплату и производство. «В русле экономической реальности мы приближаемся к условиям, описанным К. Марксом (хотя и при других обстоятельствах), когда государства исчезают» (45).

Стил в духе некоторых теоретиков глобализма углубляет свой тезис о снижении роли государства.

---

1 Напомню, что основателями этой теории были Г. Моргентау, А. Вольферс и др. Тем не менее Стил не совсем прав: в годы холодной войны парадигмы менялись: в период правления Л. Джонсона и Р. Рейгана, например, доминировала школа "идеалистов".

Роль правительств начинает сводиться к роли дорожного полицейского, требующего следования правилам, которые, конечно, написаны наиболее мощными корпорациями (ibid.).

В некоторых же местах этот процесс зашел настолько далеко, что государство вряд ли можно считать существующим. Я не имею в виду такие наркогосударства, как Колумбия, Мексика, Бирма и Пакистан, где нарколорды правят независимыми феодальными княжествами. Скорее я имею в виду Россию, где новые гигантские корпорации (сами по себе бывшие государственные предприятия, уворованные у народа их бывшими управляющими и новыми мафиозными предпринимателями) контролируют правительство и не хотят платить налоги государству, которое, по их мнению, что совершенно понятно, является служанкой их амбиций. В результате роль такого типа государств — держать в повиновении население, свернуть критику в адрес их коммерческих операций путем вовлечения в военные авантюры, такие, как война в Чечне, и держаться подальше от соперников (46).

Хотя Россия и является показательным примером, но она не уникальна. В той или иной степени это присуще и индустриальному миру. Главное же — национальная безопасность в традиционном понимании потеряла свое значение.

В подтверждение этого тезиса Стил добавляет сюжеты из религии и культурологии. Идея в том, что люди определяют себя не только как граждане той или иной страны, но также как часть некой религии или цивилизации, которые выходят за государственные границы. Иногда это может вести к тому, что граждане именно «собственное государство могут рассматривать в качестве своего врага». Для примера он приводит ситуацию в Алжире, а также напоминает о событиях в г. Оклахоме, где американские полицейские и солдаты с вертолетов разбомбили несколько бедных кварталов с восставшим населением.

Стил обращает также внимание на то, что внутри современных обществ идет война между традиционалистами и модернистами, между теми, кто воспринимает технологические и социальные изменения и кто боится их и сопротивляется этим новшествам и т.д. Он, правда, не дошел до классового деления общества, но очень близко подошел к тому, чтобы понять, насколько интересы тех или иных слоев общества могут отличаться от государственных интересов, — тема, которая совершенно игнорируется современной политической элитой России.

В свете всего сказанного встает вопрос: перед какими традиционными угрозами безопасности стоят Соединенные Штаты? (Под традиционными понимаются угрозы, исходящие от государств.) Другими словами, какие государства могут угрожать Америке? Таких государств ни в индустриальном, ни в Третьем мире Стил не находит. «Россия является глубоко раненным государством, которое всегда было слабее, чем мы предполагали, и ей понадобятся десятилетия, чтобы выздороветь до некоторого подобия ее бывшей силы. В течение долгого времени она останется больным человеком на окраине Европы, т.е. проблемой, а не угрозой» (48).

С Китаем не совсем понятно: будет ли он безграничным рынком или бесконечной проблемой. И все же, учитывая баланс проблем и достижений, а также нынешний вектор развития Китая, он вряд ли станет на путь агрессии, если не провоцировать его на это.

На самом деле ныне у Соединенных Штатов «мало угроз», исходящих от других государств. На территорию США никто не посягает. Они не зависят слишком сильно от внешней торговли. У Вашингтона много союзников, которые на самом деле «нам не нужны». Пентагон настроил баз за рубежом, которые не предназначены для самообороны. «Благодаря нашей экономической и военной силе, нашим физическим резервам, лояльности нашего населения и благоприятному географическому расположению Соединенные Штаты могут проигнорировать большую часть треволнений в мире» (49).

Несмотря на это, политики выстраивают длинный список потенциальных угроз безопасности Соединенных Штатов. И в этом нет ничего удивительного, поскольку «это то, за что им платят». Существует класс специалистов, которых мы называем «менеджерами по национальной безопасности». Именно они выстраивают для себя задачи глобального управления. Это проявляется в большом количестве политических выступлений, стратегических сценариев и в пентагоновских документах. Но наиболее потрясающим является документ министерства обороны 1992 г, в котором говорилось, что Соединенные Штаты должны «отбить охоту у развитых индустриальных государств от намерений бросить вызов нашему лидерству и даже домогаться большей региональной или глобальной роли» (ibid.).

Но как раз именно с этим согласятся и европейцы, и японцы, т.к. такой подход позволяет им избегать излишних затрат на собственную оборону. К примеру, европейцы охотно согласились на расширение НАТО, раз этого хотят Соединенные Штаты.

> Но стратегическое лидерство — дорогое удовольствие. Только одно расширение НАТО потребует 100 млрд долл. для модернизации армий восточноевропейских стран. Конечно, Уолл-стриту это нравится, поскольку мы продолжаем сохранять военные расходы почти на уровне периода холодной войны. В настоящее время это стоит нам около 100 млрд долл. в год для «успокоения» европейцев (от возможных угроз. — *О.А.*) и другие 45 млрд долл. или около того для японцев и корейцев. Более 50% предложенных федеральных расходов все еще зациклено на национальную безопасность даже в отсутствие врага (50).

Настало время сбалансировать национальную внешнюю политику и национальную безопасность, привести наши ресурсы в соответствие с нашими обязательствами. «Американский народ хочет, чтобы государство было сильным и соответствовало своим идеалам. Но он не заинтересован в грандиозных планах по глобальному управлению» (ibid.). Политика же национальной безопасности, которая не принимает в расчет эти соображения, является неадекватной, нереалистичной и не соответствующей реальности. Она явно обречена на неудачу, делает вывод Р. Стил.

Сам же он считает, что у США есть «критические» интересы, но их не так много. Они заключаются в том, чтобы защитить американскую страну от разрушения и сохранить общественные институты и форму правления. Вторичные интересы лежат в сфере расширения ядра рыночной экономики, доступа к природным ресурсам, защиты окружающей среды и мирного процесса в регионах, где американцы связаны культурными отношениями и политикой. Третий уровень интересов — содействие распространению демократии не потому, что это вносит вклад в безопасность в любом поверхностном смысле, а потому, что это отражает наши ценности.

Общий рефрен выводов Стила: не надо истощать себя грандиозными планами, а надо ко всем проблемам подходить реалистично, т.е. исходя из реальных, а не выдуманных потребностей.

Безопасность, в конце концов, не условие, а чувство и процесс. Это также абстракция. Мы можем чувствовать себя безопасными, но находиться в опасности и можем быть в безопасности, но не чувствовать это. Давайте, призывает Стил словами Макбета, не вести дело к тому, чтобы «безопасность стала самым главным смертельным врагом».

По американской классификации Стил попадает в разряд «реалистов-изоляционистов» леволиберального толка.

Прогнозы и сценарии будущего Рэнд Корпорэйшн до 2025 г.[1]

Книга «Источники конфликта в 21 веке. Региональное будущее и стратегия США» написана сотрудниками Рэнд Корпорэйшн, одной из организаций, оказывающей влияние на формирование внешней и внутренней политики США. Данная книга — прогностического характера на период до 2025 г. и сделана по заказу ВВС США. Я выбрал одну из важных глав этой книги, в которой разбираются интересующие здесь проблемы. Она написана весьма известными американскими международниками Залмеем Хализадом и Дэвидом Шлипаком в соавторстве с Анной Фланаген[2].

Авторы выдвигают девять предположений относительно мира на последующие 25 лет. Они сводятся к таким утверждениям:

1. Соединенные Штаты остаются глобальным актором.
2. Глобальное распределение силы (power) изменится.
3. Отношения между великими державами будут постоянно меняться.
4. Региональное разделение быстро будет терять свое значение.
5. Территория США будет более уязвима для атак.
6. Усиление «глобального соперничества» неопределенно.
7. Технологии, включая военные, будут быстро распространяться.
8. Распространение ядерного, химического и биологического оружия (ЯХБ) останется главной проблемой.
9. Военный потенциал США будет призван отвечать не только на основные региональные войны, но также и на кризисы и играть ключевую роль в формировании будущей безопасности.

---

1 *Sources* of Conflict in the 21st Century. Regional Futures and U.S. Strategy.

2 Chapter two. Zalmay Khalilzad, David Shlapak with Ann Flanagan. Overview of the Future Securuty Environment) // *Sources* of Conflict in the 21st Century.

По прогнозам авторов, мир в 2025 г. может рассматриваться в трех ипостасях:

1. Такой же, как и нынешний.
2. Благоприятный (benign).
3. Неблагоприятный, разрушительный (malign).

Авторы исходят из того, что Россия как Российская Конфедерация соответствует первому варианту, как «динамичная Россия» — второму и как «больной человек Евразии» — третьему. Образу Китая по трем позициям даются следующие формулировки: решительный, либерализованный и гегемонистский.

В соответствии с американской прогностической традицией они оговаривают варианты «дикой карты»: непредсказуемые, случайные события. Среди них: смертоносные вирусы, космические объекты, приход к власти неофашистов в ядерных державах, новая холодная война, вызванная «цивилизационными» причинами (например, исламский фундаментализм против Запада) и т.д.

Геостратегический контекст. По *первому пункту* — США остаются глобальной державой. Авторы убеждены, что в начале 21 века этот статус будет сохранен, поскольку совокупность факторов (экономических, политических, военных, культурных и т.д.) делает Соединенные Штаты глобальной 500-фунтовой гориллой, «нравится это нам или нет». В этой связи, кстати, они обращают внимание на культурное проникновение США в мире, которое даже более глубокое и важное, чем политические связи. В скобках они напоминают: «Вспомните, что джинсы ливайс были символическим статусом в предперестройке в СССР».

В контексте глобального перераспределения сил (*пункт второй*) авторы со ссылкой на Мировой банк предполагают, что Китай, который и сейчас является второй крупной экономической державой (если считать по ППС), к 2020 г. станет самой крупной экономической державой. В то же время они считают, что относительно России, Украины и других бывших советских государств (т.е. республик) ничего определенного сказать нельзя в силу неясности их нынешнего развития.

Несмотря на это, они не исключают два варианта развития России: «русское чудо» по германскому и японскому образцу после Второй мировой войны. Авторы напоминают в этой связи о том, как быстро Советский Союз сумел нарастить свою мощь и выиграть войну с Германией, точно так же неожиданно, как Германия и США поднялись за период 1870–1910 гг. Однако возможен и второй вариант: это превращение России в нового «больного человека Евразии». Поскольку и первый и второй варианты теоретически возможны, США необходимо быть готовыми к любому из названных вариантов.

В связи с 6-м пунктом (неопределенность усиления «глобального соперничества») авторы пишут, что КНР может скачкообразно усилить свой стратегический вес и военный потенциал в течение следующих 25 лет. «Китай может даже попытаться бросить вызов Соединенным Штатам и его интересам по всему миру».

В первом сценарии «мир 1 — эволюция» авторы предполагают становление России в виде конфедерации из России, Белоруссии, Украины и русско-населенных частей Молдавии и Казахстана. При этом центральноазиатские и транскаспийские государства будут дальше отходить от России в сторону азиатских и средневосточных держав.

Второй сценарий «мир 2 — благоприятный» описывает мирный и процветающий мир, структурно взаимосвязанный и взаимопереплетенный (convergent world). Естественно, в таком мире демократические институты и рыночные механизмы являются нормой.

В этом мире Россия выступает как динамичное, демократическое и рыночно ориентированное государство, строящее свои отношения с соседями на базе торговли и инвестиций, но не через военные механизмы.

То есть для США самым идеальным вариантом является такой, когда Россия становится узкорегиональной державой, влияние которой распространяется на… часть границ бывшего СССР.

Третий сценарий «мир 3 — разрушительный» — плохой мир силового соперничества и частых конфликтов.

В Европе такому сценарию соответствуют неудачи в интеграционных процессах, вакуум силы и влияния. Западная Европа не в состоянии утвердить стабильность в Восточной Европе и на Балканах. Вакуум заполняется мощной Германией и межгосударственными конфликтами, а также конфликтами на этнической почве. НАТО или парализовано, или расколото.

> Хотя Россия в «мире 3» является «авторитарной, но слабой» из-за неудач в политике и в сфере экономических реформ, но депрессивное состояние Европы может позволить Москве вновь возродиться в качестве потенциального гегемона, по крайней мере в восточной части континента. Китай донимает Россию на востоке, Иран и Пакистан — на юге. И внутри этой напряженности — катастрофическое разрушение страны, которая все еще обладает тысячами единиц ядерного оружия, — все это никогда не было слишком отдаленной возможностью (30).

Учитывая возвышение КНР, может возникнуть его альянс с Россией.

> В любом случае даже слабая Россия, полагающаяся на свой ядерный арсенал, предназначенный для самозащиты, может представлять настоящую угрозу важным американским интересам во всем мире (32).

Авторы, разбирая один из официальных документов правительства, обратили внимание на одну «любопытную» деталь, а именно: в разделе, где говорится об «АТР» и о воздействии тех или иных стран на США, упоминаются Китай, Япония и Индия, но ни слова не сказано о России. То же самое касается и района Среднего Востока. В европейской же части документа констатируется:

> Поскольку военный потенциал России чрезвычайно ослабевает, США и их союзники будут испытывать удовлетворение от своего решающего технологического превосходства над потенциалом врагов в Европе (41).

Конфликты, связанные с Россией. В данной работе есть специальная глава, посвященная источникам конфликта в Европе и в бывшем Советском Союзе. Она написана голландцем Джоном ван Уденареном[1].

Автор исходит из того, что фундаментальным интересом США в области безопасности в Европе является недопущение появления

---

1 *John Van Oudenaren*. Chapter Five // *Sources* of Conflict in Europe and the Former Soviet Union.

враждебного гегемона или страны, претендующей на статус гегемона. В качестве потенциального претендента на такую гегемонию автор указывает на Россию. Несмотря на нынешнее ослабление России, ее восстановление в виде серьезного «адекватного соперника» исключать нельзя. По крайней мере такая угроза может возникнуть в случае укрепления отношений в рамках СНГ или «другой группировки», ведущей к воссозданию бывшего Советского Союза. Напугав таким образом читателей, автор тут же оговаривается:

> Тем не менее, как будет показано ниже, ни одно государство, возглавляемое Россией или коалицией, вряд ли вновь достигнет глобальной позиции, которую имел Советский Союз в 1945–1990 гг. (233).

Автор подчеркивает, что в рамках экономических и геополитических подвижек по всему миру, а также с учетом глобализации проблем безопасности в многополярном мире с точки зрения долгосрочной перспективы интересы европейской безопасности для США представляют все же часть их всеобщей безопасности. Так, он напоминает, что в первой половине XX века США, дескать, были озабочены поддержкой слабой России на Дальнем Востоке против амбициозной Японии.

Автор явно не знает истории: США в геостратегической игре на Дальнем Востоке фактически провоцировали Японию против как царской России, так и Советской России, кульминацией чего явилась совместная агрессия Японии и США в 1918 г. против советской Дальневосточной республики. Это незнание позволяет автору делать предположение о возможности поддержки уже современной России против «агрессивного Китая или другой азиатской державы, поскольку в интересах США не дать появиться доминирующей или враждебной державе, будь то в Европе или Азии» (ibid.).

Одной из военных опасностей, исходящей из России, голландец рассматривает ее отношения со странами Балтии. Она может вызываться спорами вокруг территорий с Эстонией и Латвией, а также какими-либо подвижками в статусе Калининграда или изменением позиций Белоруссии в отношении Литвы. На это их может спровоцировать и расширение НАТО.

Не менее сложные отношения у России могут возникнуть и с Турцией, являющейся членом НАТО. Конфликт может возникнуть по любому поводу в связи с экономическими, политическими или геостратегическими проблемами.

> Россия могла бы использовать рычаги военного вмешательства, чтобы дестабилизировать и расширять свое влияние в некоторых странах Центральной и Восточной Европы. Эти рычаги могли включать экономическую зависимость, шпионаж, эксплуатацию контактов и связей, сохранившихся с советского периода, и военное запугивание через развертывание военных сил и учений. Русские усилия подобного типа не обязательно могут вести к открытому конфликту, но могли бы усилить давление на Соединенные Штаты и их союзников, чтобы расширить сферу безопасности и гарантии в странах, среди которых традиционные союзники были в российской сфере влияния (238).

Даже и без военного конфликта русский политический и экономический вес в зоне СНГ содержит скрытую угрозу независимости и гибкой свободе других государств бывшего Советского Союза. Воссоединение Белоруссии в управляемый Россией союз, особенно объединение военных сил, может представить опасность для Польши.

Существует опасность и для окружающей среды. Особое беспокойство вызывают 45 коммерческих ядерных реакторов, построенных в советское время и все еще действующих в России, на Украине и в Армении.

Модифицированный порядок холодной войны. Этот мир предполагает наличие сильной России/СНГ и сравнительно слабую Западную Европу, опирающуюся на Соединенные Штаты. Другими словами, европейская структура воспроизводит структуру периода холодной войны.

Ожидается, что относительный экономический потенциал некоторых стран, например Германии и Италии, несколько уменьшится в абсолютных размерах, в то время как у других государств произойдет скромный прирост. Предполагается, что население Германии понизится с 81,1 млн в 1995 г. — до 77,7 млн человек в 2015 г. (и до 73,4 млн в 2030 г.). Ряд факторов (известные политические ограничения для Германии, стареющее население и уменьшение рекрутов призывного возраста) должны снизить представление о Германии как угрозе стабильности на континенте. Необходимо учитывать и новое соотношение населения между Россией и ее «ближним зарубежьем». Российское население, по предположению некоторых экспертов, увеличится с нынешних 149 млн до 153 млн в 2015 г (прирост на четыре миллиона). Но за это же время восемь стран Средней Азии и Кавказа увеличат свое население с 72 млн до 96 млн (прироста на 24 млн).

В отношении России существует довольно широкий разброс мнений. Часть политических аналитиков постоянно подчеркивает разницу культурных и политических традиций России, делая из этого заключение, что она «представляет постоянный геополитический вызов своим западным соседям и что «расширение» Западного общества неизбежно остановится на российской западной границе (или, по выражению Самуэля Хантингтона, на западном крае ортодоксального мира» (262).

Другие эксперты полагают, что Россия так или иначе будет приспосабливаться к миру с учетом резкого понижения своего статуса. Несмотря на это, у слабой России есть больше шансов интегрироваться в глобальную систему, чем в свое время у более мощного Советского Союза

Военный потенциал России. С военной точки зрения Россия остается слабой и вряд ли в кратко- или среднесрочной перспективе будет представлять наступательную угрозу для других европейских стран, за исключением стран Балтии. Ее Вооруженные силы к настоящему времени страдают нехваткой финансирования, и они недоукомплектованы. Уклонение от службы — повсеместное явление, а офицеры всех рангов покидают Вооруженные силы в большом количестве. Те же, кто остаются, страдают от серьезного падения их статуса и жизненного уровня. Поставки для большинства категорий оружия упали до нуля или близки к нулевому уровню, а технологический разрыв между Россией и развитыми странами Запада, прежде всего Соединенными Штатами, несомненно, расширится.

Русские военно-воздушные силы стоят перед блоком проблем, связанным с устаревшим оружием, хотя они имеют различные новые модели самолетов, находящихся в разработке, включая MiG-33 и Su-35. Несмотря на постоянное подчеркивание в модернизации качества и технологии, вряд ли стоит предполагать, что Россия продвинется с разработкой истребителей пятого поколения. Руководители ВВС неоднократно заявляли, что они хотят приобрести новый истребитель, и подчеркивали растущую важность «хитрых» технологий и их внедрение в ВВС. Но конкурирующие приоритеты в оборонном руководстве плюс общая нехватка денег в оборонном бюджете, вероятно, приведут к тому, что русские силы не получат в скором будущем новое поколение авиации.

> В обороне, как и во внешней политике, Россия проводит различие между тем, что она называет своим «ближним зарубежьем» и «дальним зарубежьем» и, по крайней мере, сейчас фокусируется на первом. Российская политика национальной безопасности особенно подчеркивает интеграцию обороны в СНГ, даже если, как это постоянно можно наблюдать, различные ключевые члены Содружества не участвуют в военной деятельности СНГ. Значительную часть того, что решается на встречах СНГ по обороне, можно фактически рассматривать как риторику (279).

Вопреки официальной доктрине, российские военные стратеги и политические лидеры не исключают возможности конфликта со странами «дальнего зарубежья». Пограничные столкновения между Россией и Турцией или Китаем не могут быть исключены, а русские вооруженные силы, действующие в Таджикистане, могут вступить в конфликт с партизанами из Афганистана, поддерживающими таджикскую оппозицию. «В долгосрочной перспективе, — подчеркивает голландец, — Россия могла бы быть особенно уязвимой к давлению из Китая» (280).

Россия и СНГ. Для России и СНГ, в зависимости от того, какие различные направления, обсужденные выше, станут доминирующими, четыре альтернативных порядка также возможны:

1. Воссоздание Союза;
2. Путь хаоса (беспорядка);
3. Динамичная Россия;
4. Больной человек Евразии.

Альтернативы развития ситуации в Европе. Будущее стратегического порядка в Европе зависит от того, в каком направлении будет развиваться каждый из его субрегионов и как эти субрегионы будут взаимодействовать друг с другом и со всем остальным миром.

Шесть таких альтернативных стратегических миров могут возникнуть в результате:

1. Модифицированный порядок холодной войны;
2. Атлантическое партнерство;
3. Европейская биполярность;
4. Западное европейское доминирование;
5. Соперничество и распад;
6. Панъевропейский порядок.

Важно иметь в виду, что настоящий стратегический порядок является смесью Модифицированного порядка холодной войны (следовательно, намерения центральных и восточноевропейских стран на вхождение в НАТО воспринимаются как барьер против России) и Панъевропейского порядка (о чем свидетельствуют усилия НАТО включить Россию в европейские структуры безопасности, даже расширяясь против желания России).

Вероятности и временные рамки. Современный стратегический порядок в Европе может быть охарактеризован как приближение к Модифицированному порядку холодной войны, хотя с низким уровнем угрозы и тенденциями в сторону Панъевропейского порядка. Движение по отношению к другому стратегическому порядку или различным типам порядка через последующие временные периоды, вероятно, произойдет, как только завершится процесс посткоммунистического перехода, и в ответ на долгосрочные тенденции, очерченные раньше в этой главе.

Обострение соперничества в Европе и ее распад наименее вероятная альтернатива, хотя даже такой вариант не может исключаться на более длительный период времени — до 2025 г. и далее. В краткосрочной и среднесрочной перспективе трудно представить Западную Европу в таком состоянии экономического и политического кризиса, который вел бы к полному распаду интеграции, начавшейся в 1950-е годы.

Панъевропейский порядок — наиболее желательная тенденция, которая могла бы реализоваться хотя бы в самой долгосрочной перспективе. В определенной степени политические разговоры, а также многие новые и традиционные институты — ОБСЕ,

Основополагающий акт Россия — НАТО и др. — представляют собой некоторые звенья Панъевропейского порядка. В краткосрочной и среднесрочной перспективе тем не менее эффективная реализация этого порядка вряд ли возможна, поскольку расширение НАТО и Европейского сообщества, а также объективные условия «на земле» расширяют, а не сужают брешь между Россией (Украиной и другими членами СНГ) и значительной частью Центральной и Восточной Европы.

Все же наиболее вероятным сценарием в средне-и долгосрочной перспективе для Европы окажется Европейская биполярность, Западное европейское доминирование или продолжение Модифицированного порядка холодной войны в сочетании с Атлантическим партнерством.

Благодаря экономическому превосходству Западной Европы над Россией, впавшей в глубокий экономический кризис, Западное европейское доминирование, на первый взгляд, должно казаться наиболее вероятным результатом. Однако существует ряд факторов, которые ставят под сомнение утверждение данного сценария. К ним относятся неторопливость ряда стран Западной Европы к объединению; трудности, которые возникают в связи с принятием государств Центральной и Восточной Европы в ЕС; проблемы внедрения евровалюты. Однако более важными проблемами являются бремя военных расходов и формулирование общей концепции политики обороны и безопасности. Этот клубок проблем предполагает, что биполярные отношения с ослабленной Россией окажутся наиболее вероятным сценарием. Если же иметь в виду фактор вовлеченности Соединенных Штатов в противодействие скрытой или реальной угрозы России Западной Европе, то этот порядок стал бы похож на Модифицированный порядок холодной войны. Принимая же во внимание другую группу факторов, а именно: что части Центральной, Восточной или Юго-Восточной Европы остаются неустойчивой серой зоной, полностью не проинтегрированной в Западную Европу, хотя и свободную от русского доминирования, то этот порядок вписывается в систему сценария соперничества и распада.

Панъевропейский порядок. Такой порядок представляется наиболее благоприятным для Соединенных Штатов. Он освобождал бы США от вовлечения во внутриевропейские конфликты, в том числе связанные с политикой сдерживания против возрожденной российской ядерной угрозы для других частей Европы. Стабильность утвердилась бы по всей Европе, а основные европейские государства, ЕС и Россия были бы сами в состоянии осуществлять политику поддержания мира на континенте.

Джон Уденарен обращает внимание на один важный аспект желательности Панъевропейского порядка для США, о котором сами американцы не любят распространяться. Он связан с КНР. Автор рассуждает, что было бы весьма важным для США и Западной Европы поддержать дружественную Россию (возможно, Казахстан и другие государства Центральной Азии) в ответ на возрождение Китая. Более того, «такая поддержка впоследствии могла бы принять форму военной помощи России со стороны Запада и, возможно, даже в форме расширения НАТО или других гарантий безопасности для России (и/или для Казахстана) в будущем» (298).

Война между Россией и Китаем. Вероятность вышеприведенных событий объясняется фактором возвышения Китая и превращения его в экономическую и геостратегическую величину мирового масштаба, находящуюся на границе России.

> Война между Россией и Китаем взорвала бы параметры альтернативного стратегического мира, очерченного выше (базировавшегося на существующих региональных тенденциях). Она означала бы перспективу появления совершенно другого стратегического мира, возможно, построенного на базе цивилизационных отношений с Россией, объединенной с Западом против Китая. Позиция Японии в таком мире должна была бы быть критически важной (300).

Причина возникновения войны России с КНР автором ничем не обосновывается, но антикитайский фронт уже заранее очерчивается.

В целом же, полагает Уденарен, Россия обладает потенциалом превратиться в военную угрозу для Западной Европы к периоду между 2015–2025 гг. Но это только в том случае, если русская экономика заработает и/или России удастся восстановить де-факто или де-юре гегемонию над частями прежнего Советского Союза. Менее вероятно, что она добьется роли, адекватной роли Соединенных Штатов.

На самом деле, имея в виду воссоединение Германии, потерю влияния в Восточной Европе и возвышение Китая на своей восточной границе, отныне Россия вряд ли когда-нибудь сможет сыграть роль глобальной и даже европейской державы — статуса, которым она обладала в течение 45 лет после второй мировой войны (302).

В данной книге, в Приложении, приведен сценарий вероятной войны между Россией и Украиной. (Напоминаю, книга опубликована в 1998 г.)

Условия такие: в России восторжествовало полуавторитарное правление во главе с сильным президентом, сторонником капитализма, в котором доминирует множество квазимонополистических фирм в ключевых сферах. Плюс следует добавить — страх перед враждебными государствами, подогреваемый расширением НАТО за счет включения Польши, Чехии, Венгрии и Словакии в 1999 г. и продолжающимися разговорами Запада о включении в организацию стран Балтии и Украины.

Украина в 2005 г. хотя и прогрессирует в сторону правового государства и в развитии национальной экономики, но остается бедной по европейским стандартам и крайне чувствительной к зависимости от русских, включая критическую зависимость от энергетических поставок; Россия внедряется в ключевые экономические сектора, в результате чего Украина усиливает свою зависимость от русских поставок вооружения и его частей.

НАТО ослаблено своим расширением и спорами между его членами по различным вопросам, включая проблемы китайской экспансии в Азии и предотвращения деятельности Ирана в Персидском заливе. Западная Европа установила энергетическое сообщество с Россией, откуда она черпает увеличивающуюся долю нефти и природного газа.

В 2005 г. выигрывает антизападный президент в России, на Украине — циклический эффект от спада и т.д. Западная Украина настроена против России и тесно переплетена с Польшей, Венгрией и Словакией. Восточные части страны сохраняют тесные культурные и экономические связи с Россией. Многие считают, что их интересы ущемляются за счет развития западной части Украины. Обостряется проблема Крыма. В этой ситуации Москва полагает, что Украина идет на союз с Турцией против России. Следуют демонстрации прорусской части населения, масса убитых…

У России нет выбора, как только оккупировать восточную часть Украины и Крым с использованием сил быстрого реагирования. Российские ВВС нейтрализуют ВВС Украины на земле и начинают атаку на ключевые военные объекты Украины.

Украина формально обращается к НАТО, США и Европейскому сообществу за помощью.

Реакция США: приказ американским ВВС подготовиться к операции, имеющей целью: предотвратить дальнейшую агрессию России; восстановить территориальный статус-кво и, когда это будет сделано, предотвратить гражданскую войну на Украине (328).

Ограничители: ответ ЕС и НАТО на кризис в лучшем случае холодно-нейтральный. Германское правительство обвиняет Украину за развязывание конфликта. Остальные западноевропейские государства склоняются последовать за Германией. Внутри НАТО до 1999 г. только США, Великобритания и Турция склонны к военному ответу.

Польша, Чехия и Венгрия также взывают к сильному западному сообществу защитить Украину против русской агрессии. Однако Варшава, в частности, ясно заявляет, что ее поддержка возможна только в контексте широкого альянса с включением Германии и других европейских союзников, а также США. Польша не хочет стоять в одиночку в качестве форпоста американской базы в российско-американской войне. В то же время не исключается, что сильный и военный ответ США может вдохновить Польшу.

* * *

Этот прогностический сценарий нельзя оставить без хотя бы краткого комментария. Для начала хочу обратить внимание на то, что книга о возможных конфликтах была опубликована в 1998 г., а материал для нее скорее всего был сдан в 1997 г. Последний сценарий — война между Россией и Украиной — разворачивается в 2005 г. Однозначно можно утверждать, что эти прогнозы не оправдаются[1]. В этом нет ничего удивительного. Это просто свидетельство

---

1   Хотя Крым действительно был возвращен России, но не в соответствии со сценарием, описанным Рэнд Корпорэйшн // Примечание сентября 2020 г.

научного уровня и качества прогнозистов. Если они не в состоянии предвидеть ситуацию на несколько лет вперед в отношении такого важного события, как война между Россией и Украиной, то грош цена таким прогнозистам. Авторы не представляют реальную ситуацию ни в России, ни на Украине. Не знают они и закономерностей международных отношений. Именно поэтому они вынуждены давать широкий спектр вероятностей в надежде на то, что какая-нибудь из них станет действительностью. На таком уровне «прогнозы» может делать любой человек, даже не обладающий знаниями в сфере международных отношений.

Изложил же я выдержки из этой книги для того, чтобы некоторые российские любители «цивилизованной Америки» знали, что, если Россия будет себя «плохо вести», т.е. ее поведение не будет укладываться в рамки национальных интересов США, куда попала и Украина, Америка не остановится и перед войной. По крайней мере к этому на всякий случай ее подталкивают непрофессиональные прогнозисты, отражающие настроения части академических кругов США. Правда, Пентагон и без этих подталкиваний готов к таким сценариям. И в этом нет ничего удивительного, поскольку Россия как была, так и осталась для всего Запада стратегическим противником. И эта мысль весьма активно и настойчиво внушается и доказывается сотрудниками Фонда наследия.

Фонд наследия — лидерство США с опорой на силу

Сотрудники Фонда наследия являются приверженцами консервативных взглядов, близких по духу членам республиканской партии, для которой представляют свои научные изыскания в сфере внутренней и внешней политики. Свои концепции они аккумулируют в ежегодных изданиях, в которых излагаются их рекомендации для политиков и государственных чиновников.

Обычно все их материалы начинались с жесткой критики политики Клинтона, причем по любому вопросу, поскольку у администрации Клинтона нет стратегии, а есть «бессмысленный набор лозунгов, удовлетворяющих текущую политику»[1]. Особенно американскому президенту доставалось за его политику в отношении России. Например, один из главных редакторов ежегодника «Проблемы 1998 г.» Ким Холмс пишет: «Возьмите его (Клинтона) заявление о том, что русские перенацелили свои ракеты. Это, конечно, нельзя проверить. Но в любом случае, даже если это и правда, это не имеет стратегического значения. Ракеты могут быть перенацелены в течение минут. Следовательно, ядерная угроза вовсе не уменьшилась» (361).

Столь же энергично критикуются и военные программы США, поскольку они недостаточно профинансированы. Их идеалом является Р. Рейган, точнее, рейгановская политика мира через силу, политика, поставившая на колени Советский Союз без единого выстрела.

В представлении Холмса внешняя политика США должна разворачиваться по следующей схеме.

Целью внешней и оборонной политики США являются безопасность и процветание Америки. (Читатель, обрати внимание: не процветание и безопасность всего мира, а именно Америки.) В достижении этой цели США должны быть способны:

---

1 *Issues '98: The Candidate's Briefing Book*, 364.

- защитить население и территорию США;
- сохранить и защитить свободу американцев и Конституцию США,
- содействовать долгосрочному материальному процветанию американского народа.

Далее Холмс формулирует принципы (три кита), из которых должна исходить консервативная внешняя политика США после периода холодной войны. К ним относятся:

1. Сила (strength) (имеется в виду военная сила).
2. Свобода: свобода от тирании и внешнего доминирования; свобода от чрезвычайных ограничений, затрагивающих американские ценности, политику и экономику, исходящих от ООН; свобода торговать и заниматься коммерцией; свобода народов мира создавать демократические институты, следовать законным правилам и содействовать свободным рынкам.
3. Лидерство.

Американское лидерство, уточняет Холмс, должно базироваться на твердой убежденности и защите американских интересов. Эти интересы никогда не должны подчиняться национальным интересам других государств, некоторые из которых не разделяют западные ценности и прячут свой эгоизм за фасадом многополярности.

Действовать в связке с союзниками, если это возможно; в одностороннем порядке, если необходимо.

Быть решительным, твердым, четким и постоянным. Путаные сигналы, шараханья, нерешительность размывают доверие к американскому лидерству дома и за рубежом.

Рекомендации для политиков в 1999 г.

Прежде всего, еще раз возвестить об Америке как глобальном лидере и не обращать внимание на ООН. Ниже следуют конкретные рекомендации:

1. Восстановить военную силу, не тратить время на миротворческие и невоенные операции.

2. Защитить американские семьи от ядерного, химического и биологического оружия. В этой связи «консерваторы должны объявить Договор по ПРО (1972 г.) недействительным и предотвратить его возрождение через новый международный договор администрацией Клинтона».

3. Освободить внешнюю политику США от контроля ООН. Объяснение: Соединенные Штаты имеют право действовать, не оглядываясь на то, что скажет Совет безопасности ООН; Соединенные Штаты должны придерживаться твердой позиции в отношении реформ ООН, прежде чем выплачивать в какие-то фонды спорные долги по задолженностям; все выплаты ООН и ее подразделениям должны быть отложены, если ООН отклонит или ограничит привилегии Соединенных Штатов в голосованиях.

4. Развить стратегию, чтобы свергнуть иракского диктатора Саддама Хусейна. Не сдерживать, а именно свергнуть Саддама.

5. Защитить интересы американской безопасности и содействовать свободе и демократии в Китае. «Соединенные Штаты должны быть готовы сдерживать Китай, если он станет экспансионистским, но в то же время содействовать свободе и демократии с помощью торговли и развития контактов с китайским народом».

6. Сдерживать Северную Корею и открыть ее провалившуюся экономику для реформ.

7. Поддержать усилия азиатских стран в преодолении недавнего экономического кризиса.

8. Оказать давление на администрацию, чтобы сынициировать поэтапный уход американских сухопутных сил из Боснии.

9. Остановить распространение ОМУ Россией и другими новыми независимыми странами. «Соединенные Штаты должны предотвратить поставки продукции ВПК России, Белоруссии и Украине, а также технологии для развития и производства ядерного, химического и биологического оружия Ирану, Ираку, Сирии и Ливии».

10. На Среднем Востоке содействовать стабильности, сдерживая и наказывая терроризм.

11. Восстановить американское лидерство в международной торговле.

12. Восстановить американское лидерство и доверие в западном полушарии.

13. Отклонить все требования для дополнительного финансирования МВФ.

14. Реформировать внешнюю программу помощи.

15. Уничтожить истоки международного терроризма и организованной преступности.

16. Поддерживать распространение демократии и американских ценностей за рубежом (367–9).

Чтобы выполнить все эти рекомендации, «Америка должна осуществлять внешнюю политику, опираясь на силу, свободу и лидерство —ключевые принципы великой победы Рональда Рейгана в холодной войне» (371).

На страницах периодических изданий Фонда наследия можно обнаружить еще более острую критику предыдущей внешней политики США со стороны видных деятелей республиканской партии. К примеру, бывший вице-президент Дэн Куэйл обрушивается на администрацию Клинтона за то, что она растратила все преимущества во внутренней и внешней политике, унаследованные от предыдущей администрации[1]. И главное — ввергла в критическую ситуацию само лидерство США. Список обвинений охватывает практически весь спектр внешней политики, в том числе касающейся России и Китая. Имея в виду финансовый кризис в России (август 1998 г.) и проблемы с демократией, он жестко ставит вопрос: «Кто потерял Россию?» Ясно, что Клинтон. Почему США спокойно взирают на развертывание Китаем программы развития «Голубых вод» ВМС КНР?

Естественно, Куэйл выступал против «сохранения договора по ПРО с Россией, который был подписан в совершенно другую эру и со страной, которой в буквальном смысле не существует».

Особенно его возмущает состояние военной мощи США. По его мнению, «Клинтон предлагает оборонительную политику, а не политику в области обороны». Конечной целью нормальной политики обороны является сдерживание будущих врагов. «Средством ее достижения, если говорить откровенно, является не простое

---

1 *Quayle.* The Duty to Lead: America's National Security Imperative // Heritage Lectures, no. 630, January 21, 1999.

опережение наших соперников. Мы должны поставить себе задачу доминировать настолько, чтобы ни один (потенциальный соперник) не смог конкурировать с нами». При этом он предостерегает против ошибок во внешней политике, поскольку на их исправления уходит время целых поколений.

Долгом США является лидерство. Именно в этом суть национальной безопасности Америки, считает Куэйл, а вместе с ним и большинство лидеров республиканской партии.

Россия в представлениях Фонда наследия

В январе 1998 г. Фондом наследия была организована конференция на тему «Состояние российской внешней политики и политика США в отношении России»[1], в которой приняли участие специалисты по России.

Хотя все участники, за исключением С. Сестановича, весьма критически оценивали внешнюю политику России, равно как и политику США в отношении России, однако аргументация их критики может представить интерес. Так, Стефан Блэнк, профессор Института стратегических исследований Колледжа сухопутных сил США, основной упор делал на несоответствие внешнеполитических задач Москвы реальному статусу России в мире. По его мнению, Россия все еще рассматривает проблемы безопасности в терминах военных возможностей и игры с нулевой суммой, которые как бы ставят Россию на равную доску с Соединенными Штатами. Все военные программы ориентируются на сохранение традиционных вооруженных структур, соответствующих стратегической роли и миссий, которые уже не отвечают новым реальностям. И поскольку Москва все еще сохраняет «неоимпериалистические и гегемонистские цели», то расширение НАТО на Восток вполне оправдано, тем более что, как говорил бывший министр иностранных дел А. Козырев, «ослабление НАТО служит только тем, кто жаждет империи и автаркии»[2].

---

1 *The State* of Russian Foreign Policy and U.S. Policy Toward Russia //Heritage Lectures, no. 607, April 6, 1998.

2 *Kozyrev*. NATO Is Not Our Enemy // Newsweek, February 10 (1997), 31.

С. Блэнк приводит выдержку из статьи С. Рогова (директор Института США и Канады), в которой пишется: «Вашингтон должен признать исключительный статус Российской Федерации в формировании новой системы международных отношений, роль, отличающаяся от той роли, которую играют Германия, Япония или Китай, или другие центры силы на мировой арене». Это требование на исключительный статус, иронизирует Блэнк, полностью совпадает с мистикой «державности».

> Такие требования, исходящие от правительства, которое фактически находится под опекой МВФ и МБ и которое проиграло холодную войну, являются не только не заслуженными, не приемлемыми для Европы и фантастичны сами по себе, но они просто не реализуемы. ...Это хуже, чем преступление, это грубейшая ошибка.

«Сегодняшняя политика (США) базируется на предпосылке, что Россия должна рассматриваться как великая держава, равная Соединенным Штатам. При этом в расчет берется ее потенциал, а не реальная сила, которая постоянно уменьшается как в абсолютных, так и относительных измерениях». Блэнк продолжает:

«Российская мощь уменьшается по всем направлениям и все более становится неадекватной для решения международных проблем. Прокламирование Россией многополярности служит только приобретению «статуса», а не предполагает ответственности в позитивных деяниях за рубежом». «Трагедия же состоит в том, что Россия все еще преследует такие цели и проводит такую политику в Европе, которая не соответствует ее мощи, которая не стабильна и которая в конечном счете опасна для ее собственной безопасности». И может ли такое государство заслуживать доверие?

Другие участники конференции отвечают на этот вопрос доказательным «нет».

Анжела Стэнт, профессор Джорджтаунского университета, обращает внимание на одно явление, которое она называет «приватизацией внешней политики». Об этом она пишет с некоторым удивлением, поскольку речь идет о России. Однако удивляться здесь нечему, т.к. Россия за последние десять лет превратилась в капиталистическое государство, по своей внутренней организации адекватное государственно-монополистическому капитализму, только российского типа. А в любом ГМК параллельно сосуществуют две внешние политики: государственная политика и политика монополий, о чем мне уже приходилось писать на примере Японии[1].

А. Стэнт подтверждает эту банальную истину на примере сегодняшней России. Она пишет:

> Российская внешняя политика все в большей степени стала «приватизированной», т.е. энергетические компании и индустриально-финансовые круги преследуют свои собственные коммерческие интересы, которые не всегда совпадают с задачами министерств иностранных дел и обороны и даже Кремля.

Она, правда, указывает на «специфичность российского варианта», имея в виду, что эти компании (Газпром, «Лукойл» и т.д.) тесно переплетены с правительственными чиновниками. В качестве примера она называет имена Б. Немцова и А. Чубайса, чьи интересы «в большей степени ориентированы на экономическую интеграцию с Западом, чем на геостратегическое влияние».

Все это немножко смешно, поскольку такого типа «переплетения» интересов можно обнаружить в любой стране капитализма и даже не обязательно государственно-монополистического типа. Но американская исследовательница, привыкшая ожидать от России однозначно огосударствленной внешней политики по старым советским стандартам, искренне поражена описанными ею «отклонениями» в нынешней внешней политике России. Что значит не знать работ Ленина о капитализме. Всегда есть шанс «открыть Америку». Как бы то ни было, в выступлениях участников конференции — а среди них был и Марк Гейдж, член Комитета по международным отношениям палаты представителей США, Роберт Фридман, президент Балтиморского еврейского университета, Пола Добрянски из Совета по международным отношениям — звучал настоятельный призыв в адрес администрации Клинтона пересмотреть внешнюю политику Вашингтона в отношении России, поскольку российская внешняя политика противоречит национальным интересам США. Единственным диссонансом в этом контексте было выступление С. Сестановича, помощника госсекретаря, отвечающего за Новые независимые государства. Не отрицая наличия множества проблем в американо-российских отношениях, он тем не менее выразил

---

1 См.: *Алиев [Бэттлер]. Внешняя политика Японии*, 23–35.

оптимизм в возможности их решения. Его оценки в этом плане близки оценкам С. Тэлботта. И в этом нет ничего удивительного, поскольку любой правительственный чиновник в любой стране всегда оптимист.

Россия «представляет угрозу Соединенным Штатам, Западу и русскому народу»

Слова, вынесенные в подзаголовок, принадлежат еще одному участнику конференции — Ариэлю Коэну, главному эксперту по России. Он, как и положено представителю Фонда, постоянно критиковал администрацию Клинтона за неадекватный подход к России, сопровождая свою критику рекомендациями, что надо делать в отношении Москвы. Его взгляды — это отражение подхода тех кругов США, которые рассматривают Россию в категориях «не друг, не враг», но в любом случае как государство, которое необходимо подчинить интересам США.

Призыв к реальности выглядит следующим образом. «Клинтоновская администрация и конгресс, — пишет А. Коэн, — должны осознать, что сегодняшняя Россия с ее ВВП только чуть выше, чем у Индонезии, и ниже, чем у Мексики, а жизненные стандарты подобны бразильским — не является глобальной державой, как ее когда-то представлял Советский Союз»[1]. В то же время, считает А. Коэн, под руководством Примакова (речь идет о 1997 г., когда Примаков был министром иностранных дел. — *О.А.*) формируется стратегический альянс с Пекином и Тегераном. Идея «мультиполярного мира» и «коалиции» равных может потенциально трансформироваться в антиамериканскую и евразийскую коалицию. Это привносит серьезную угрозу интересам безопасности США и их союзникам в Европе, на Ближнем Востоке и в районе Тихоокеанского кольца. По его информации, в течение 1996 г. более 3 тыс. российских ядерщиков переехали в Китай работать над модернизацией стратегических ядерных программ КНР. Россия подписала договор о передаче Китаю технологии газовой центрифуги, используемой для обогащения урана, и ядерно-ракетную технологию для

---

1 *Cohen.* A New Paradigm for U.S.-Russia Relations: Facing The Post-Cold War Reality // The Heritage Foundation. Backgrounder No. 1105 March 6, 1997.

создания MIRV, которые могут вооружить одну ракету 12 боеголовками. Россия также согласилась продать технологию для строительства истребителя Сухой-27, а также миноносцы, вооруженные современными ракетами, китайскому ВМФ. Передача этого массива технологий позволяет Китаю перепрыгнуть через поколения военных НИОКР, экономя Пекину миллиарды долларов. Это также даст Китаю возможность угрожать территории США и американским союзникам на Тихом океане. Кроме того, эти технологии, после отработки в Китае, могут найти путь в Иран, Сирию и другие враждебные США государства.

Коэн при этом полагает, что России в таком «стратегическом партнерстве» уготовлена только роль младшего партнера. К тому же Россия не сможет получить адекватную отдачу от КНР. Единственное, что его успокаивает, что не все в России разделяют подобную (примаковскую) политику в отношении КНР.

Что же касается США, то они «должны надавить на Россию, чтобы заставить ее сократить передачу ядерной техники Китаю» и даже остановить этот процесс («US must stop it»). В других работах он постоянно подчеркивает, что партнерство между Россией, Китаем и Ираном «представляет опасность для США и их союзников»[1].

В одной из глав очередного ежегодника «Проблемы 2000 г. Краткое пособие для кандидата»[2] Ариэль Коэн в обычном своем стиле продолжает критиковать администрацию Клинтона за неадекватный подход к России. В частности, он приводит цифру в 27 млрд долл., переданных России через МВФ с 1992 г., которые не были использованы по назначению, т.е. на реконструкцию экономики. Частично они были разворованы в недрах ЦБ России и министерства финансов, частично, «возможно», использованы для финансирования войны в Чечне. В целом же, по мнению Коэна, с 1992 г. администрации Буша и Клинтона предоставили России финансовой помощи на сумму 4 млрд долл., а также оказали поддержку в предоставлении еще 48 млрд долл. на базе многосторонней помощи в виде кредитов МВФ, Мировым банком и Семеркой индустриальных государств (Г-7).

---

1 *Cohen*. The "Primakov Doctrine": Russia's Zero-Sum Game with the United States // The Heritage Foundation. FYI No. 167. December 15, 1997.

2 *Issues 2000*. The Candidate's Briefing Book.

Оказание подобной помощи на фоне антизападной риторики, характерной для Ельцина в последний год правления, представляется Коэну нелепой. В списке антизападных деяний России вновь упоминается военно-технологическое сотрудничество с Китаем, идея Е. Примакова о формировании «тройственного блока» (Россия, Китай и Индия), продажа ракетной технологии и ядерных реакторов Ирану, ущемление свобод в религиозных вопросах, уничтожение мирных граждан в Чечне.

Главной ошибкой администрации Клинтона, считает Коэн, является иллюзия, будто бы Россия станет страной демократии и рыночной экономики западного типа. На самом деле этого не произошло, и поэтому такой результат требует иного подхода и политики.

Вот варианты, предлагаемые Коэном, т.е. Фондом наследия.

- Во-первых, МВФ необходимо предоставлять займы на условиях полного контроля за их использованием. Россия же, если намеревается получать эти займы, должна… И приводится очень длинный список того, что Россия должна делать. Среди прочего: демонополизировать газовую, электрические, топливные и транспортные сектора экономики, либерализовать сельское хозяйство (т.е. принять закон о частной собственности на землю. — *О.А.*), сократить расходы на оборону и т.д.

- Во-вторых, США необходимо отказаться от ПРО 1972 г.

- В-третьих, заставить Россию отказаться от предоставления технологической помощи Ирану и Ираку.

- В-четвертых, США должны содействовать более эффективно рыночным реформам в России.

- В-пятых, необходимо поддерживать суверенитет, независимость, а также гражданские общества в Новых независимых государствах, среди которых упоминаются Украина, Южный Кавказ, страны Балтии и государства Центральной Азии.

На вопрос о том, является ли Россия «угрозой Америке», Коэн отвечает так:

> Россия была опасна, будучи сильной, и может быть опасной в своей слабости. Ее арсенал ОМУ и технология, производящая это оружие, растекается по странам, которые враждебны Амери-

ке: Россия все еще обладает наибольшим ядерным арсеналом вне США, и она является единственной страной, способной уничтожить Соединенные Штаты» (719).

В другом месте он пишет:

Россия превращается в потенциально дестабилизирующий актор мировой политики» (703).

Весьма симптоматично, что в отличие от многих западных обозревателей и ученых, возлагающих надежды на Путина как президента, способного справиться с коррупцией и стабилизировать российскую экономику, Коэн уверенно предсказывает обратное.

Наоборот, люди, которых Путин собрал в правительство, могут только усложнить проблемы, созданные при Ельцине. ...И президент Клинтон не должен питать иллюзии, что он встретится за столом саммита с русским президентом-реформатором[1].

И еще:

Имея в виду решения Путина и его назначения, новый человек в Кремле вряд ли сойдет с пути, проложенного режимом Ельцина. Это значит, что клинтоновская администрация не должна ставить под удар свои интересы, устанавливая рабочие отношения с Путиным в желании помочь России развивать демократические институты и свободу рынк» (ibid.).

Следует подчеркнуть одну вещь. Хотя в США есть немало скептиков как в отношении России в целом, так и в отношении Путина в частности, но Коэн один из немногих, кто говорит об этом прямо. И, что особенно важно, он прав в своих оценках. И они непременно будут подтверждены дальнейшим ходом событий.

---

1 *Cohen.* Summit Rhetoric Aside, Putin's New Cabinet Makes Russian Reforms Less Likely // Executive Memorandum. June 1, 2000.

Центр Никсона: мягко стелет, жестко спать

Уже перед отправкой рукописи в издательство я наткнулся на ряд работ Центра Никсона, который начинает приобретать определенный вес в научно-политических кругах Америки. Хотя по своей идеологии Центр ближе к республиканцам, однако он более взвешен в своих оценках относительно Китая и России, в отличие, скажем, от Фонда наследия. Например, Дэвид Лэмптон и Грегори Мэй обоснованно утверждают, что в СВА на самом деле происходит не «гонка вооружений», а «гонка модернизации» вооружений. Достаточно рассмотреть динамику роста военных расходов относительно ВВП в 90-е годы[1]. Точно так же они советуют не преувеличивать военный потенциал КНР, который хотя в количественном отношении является самым крупным в мире, но по качеству далеко уступает японским ССО, не говоря уже об американских вооруженных силах.

Тем не менее обоснования для беспокойства они находят, но в отличие от многих авторов, обычно в этой связи упоминающих ситуацию в Тайваньском проливе и усиление ядерного потенциала КНР, данные авторы добавляют «глубокую и затяжную китайско-японскую враждебность». Последняя подогревается намерениями Токио стать «нормальной державой» в области обороны, против чего выступает Пекин. С другой стороны, Япония проявляет беспокойство в связи с возможностями Китая превратиться в крупнейшую военно-политическую державу мира. Следовательно, налицо объективные причины для взаимных подозрений и враждебности.

В разделе рекомендаций авторы предлагают втянуть Китай в двусторонние и многосторонние переговоры по контролю над вооружениями: на глобальном уровне в рамках США – Китай – Россия, на региональном — США – Китай – Япония. Причем региональный уровень необходимо институционализировать в виде форума в СВА. Авторы также советуют сократить количество американских войск передового базирования в ВА (около 100 тыс. человек).

---

1 *Lampton, May.* A Big Power Agenda for East Asia: America, China, and Japan, iii.

Любопытны оценки российской военной мощи на Дальнем Востоке. Авторы пишут:

> Российское военное присутствие на Дальнем Востоке являет собой остатки от того, что было. В конце холодной войны Советский Союз содержал здесь 56 дивизий, 1420 боевых самолетов, 73 единицы наземных систем и 112 подлодок на Дальнем Востоке и Тихом океане. Сейчас российское присутствие упало до 17 дивизий, 425 боевых самолетов, 10 единиц наземных систем и 17 подлодок (28).

В отношении 17 дивизий, замечают авторы, нормой является невыдача зарплаты и невыполнение других условий. Впрочем, добавляют они, это касается всей армии России.

Экономическая ситуация на Дальнем Востоке выглядит не лучше. 800 тыс. жителей покинули район ДВ. Оставшиеся жители чувствуют себя очень неуютно. Как заявил один пограничник в интервью журналу «Тайм», «находясь между переселенным Китаем и богатой Японией, наши дни сочтены. Единственный вопрос, кому мы сдадимся» (ibid.).

Авторы полагают, что, несмотря на провозглашение «стратегического партнерства», Китай и Россия вряд ли могут существенно помочь друг другу в связи, с одной стороны, с расширением НАТО, с другой — в связи с ситуацией в Тайваньском проливе. Не стоит преувеличивать и военную помощь России Китаю. Более серьезное беспокойство должна вызывать готовность русских ученых работать на предприятиях и в лабораториях военного назначения.

Вместе с тем было бы глупостью вообще списывать Россию в ВА. В случае возрождения российской экономики природный потенциал Сибири и Дальнего Востока может сыграть важную роль в развитии экономики региона. Такая перспектива требует «более продуктивных отношений с Россией и Китаем, чем даже тех, которые они имеют между собой».

В другой коллективной работе пишется: чтобы Россия не стала «вредителем» (a spoiler), Америка по возможности должна избегать действий, провоцирующих подталкивание России к тесным отношениям с Китаем и другими странами (Индия, Иран, Северная Корея, Ирак), которые стремятся ограничить ядерную мощь США[1].

---

1 *What* Is to Be Undone? A Russia Policy Agenda for the New Administration, 3, 7.

В районе Каспийского бассейна должна осуществляться двух-слойная политика: с одной стороны, признавать законные интересы России, ограничивая ее экспансионистское поведение, с другой — устанавливать дружеские отношения с другими постсоветскими государствами без обещаний поддержки, которую мы вряд ли сможем предоставить. Тем более, что этот регион хотя и важный для США, но все-таки не входит в сферу «жизненных интересов».

Вообще-то говоря, эти рекомендации мало отличаются от рекомендаций Фонда наследия за исключением тональности и иерархической выверенности. Суть же одна — более рентабельно, более эффективно утверждать лидерство США в мире, которые как единственная сверхдержава в состоянии обеспечить как собственную, так и международную безопасность. — Вполне объяснимое стремление, когда обладаешь превосходством над всеми чуть ли не на порядок. Весь вопрос: как долго сохранится это превосходство?

Кондолиза Райс: геостратегия без иллюзий

Я считаю, что американцам повезло: на посту помощника президента по национальной безопасности оказалась старший научный сотрудник Гуверовского института и профессор политических наук Стэнфордского университета Конди Райс. На мой взгляд, именно она сформулировала наиболее оптимальный вариант внешней политики Вашингтона, соответствующий национальным интересам США. Подчеркиваю: именно США, а не, скажем, России или Китая. В развернутой форме ее взгляд был изложен в одном из авторитетных журналов («Форин Аферс») еще до занятия ею ответственного поста[1].

На первый взгляд, она перечисляет те же самые «интересы» США, которые были в «листе интересов» официальных документов Вашингтона при Клинтоне. Но при внимательном сопоставлении обнаруживается, что у Райс отсутствует «гуманитарный блок» (права человека, демократия и т.д.). Кроме того, заметно усилен военный аспект при реализации национальных интересов. Наконец, упор сделан на взаимодействие, прежде всего, с крупными державами (big powers) типа России и Китая, а не со всем «мировым сообществом».

Такой подход, теоретически берущий свои основы из различных концепций силы, базируется на реальностях геостратегической ситуации в мире, нежели на идеологических различиях между государствами. Райс справедливо считает, что прежде всего надо отстаивать именно национальные интересы США, а не «гуманитарные интересы» или интересы «международного сообщества», к чему весьма часто взывала клинтоновская администрация. Райс оговаривает, что их, конечно же, нельзя абсолютно сбрасывать со счетов. Она просто подчеркивает, что они реализуются в процессе достижения национальных интересов в рамках геостратегического (силового) подхода. В этой связи она приводит красноречивый пример с Россией. Вся эта демократия (о чем в свое время шумел Дж. Картер) была реализована в отношении Советского Союза

---

1 *Rice*. Compaign 2000: Promoting the National Interests // Foreign Affairs. (January/February 2001).

благодаря геостратегическому давлению Рейгана на СССР. Советы проиграли силовую борьбу, и после этого там возникла демократия и прочие свободы. То есть это результат прежде всего жесткой игры на геостратегическом поле.

Столь же справедливо она критикует администрацию Клинтона за подписание различных многосторонних договоров, от которых нет прока, как минимум, по двум причинам: если в них, несмотря на многосторонность, не участвуют те государства, от которых зависит результат действия договора, или если нельзя проконтролировать выполнение условий договора. К первому типу относится Киотский договор об окружающей среде (в связи с потеплением климата). В нем все равно не участвуют Китай и множество развивающихся стран, которые наносят заметный ущерб мировой окружающей среде. Ко второму типу относится, например, Договор о запрещении испытаний ядерного оружия.

Вообще Райс весьма скептически (и я с ней в этом полностью солидарен) относится к всевозможным «нормам» международного поведения. Все это иллюзии. «Нормы» определяются интересами великих держав, а не интересами абстрактной справедливости и прочими гуманитарностями. Она совершенно права, когда пишет: «Реальность такова, что несколько крупных держав могут радикально повлиять на международный мир, безопасность и процветание». А все эти рассуждения о нормах, ценностях, демократии и прочем, может быть, хорошо обсуждать в академической среде, но не в реальной политике. Исходя из такой посылки, Райс подчеркнуто выпячивает идею о необходимости США быть сильным государством, прежде всего в военном смысле. Но эту военную мощь необходимо использовать именно для решения геостратегических задач, а не для «реализации наших ценностей», например, в рамках «гуманитарной интервенции», хотя и они априори не исключаются (в этой связи она критикует вмешательство США на Гаити и в Сомали).

Райс не одобряет действия клинтоновской администрации за излишнее внимание к «гуманитарным» аспектам в политике по отношению к Китаю. Она полагает, что эта сфера должна решаться другими, так сказать, ненавязчивыми методами (обменами студентов, поддержкой частного предпринимательства и т.д.). Но не это главное. Главное в другом:

Китай не является державой «статус-кво», а такой, которая стремится изменить баланс сил в Азии в свою пользу. Уже это одно делает его стратегическим соперником, а не «стратегическим партнером», как однажды было названо клинтоновской администрацией.

Райс предлагает:

Политика Соединенных Штатов в отношении Китая требует нюансов и баланса. Важно содействовать процессу внутреннего изменения Китая через экономическое взаимодействие, одновременно сдерживая китайскую силу и амбиции в области безопасности. Необходимо сотрудничество, но мы никогда не должны бояться идти и на конфронтацию с Пекином, когда это соответствует нашим интересам.

Можно не соглашаться с такой жесткостью, но этот подход вытекает из законов международных отношений, в которых правит сила, а не благие пожелания и намерения.

Обращаю внимание читателей на то, как четко Райс связывает реальные национальные интересы США с политикой безопасности. Политика — это деньги, и тратить их необходимо на реальные интересы, а не на реализацию аморфных «интересов». И коль сделана заявка на реализацию реальных интересов, то надо идти до конца, используя, если надо, и военные средства, а не ограничиваться пустой болтовней о «мире во всем мире». — Таков лейтмотив политической реалистки Конди Райс.

Райс считается специалисткой по России. Действительно, она долгое время изучала военную политику СССР/России. Но этого оказалось недостаточно, чтобы оценить перспективы внутриполитической и экономической ситуации в России. По этому вопросу она делает ту же ошибку, как практически все политологи США. Она в критических тонах оценивает нынешнюю ситуацию, называя, например, экономику России «мутантом» с «остатками средневековья». Она критична и в отношении займов по линии МВФ России, качеством руководства в стране и прочими негативными вещами. В этом плане ее оценки дословно совпадают с оценками Фонда наследия. Но для того, чтобы все эти негативы преодолеть, ей кажется, что необходимо время, необходимо появление нового поколения. И тогда все будет ОК, по-западному. На самом деле все русологи и специалисты по России не понимают одной вещи: Россия никогда не «проглотит» капитализм западного образца, в России никогда не будет ни демократии, ни рынка опять же в западном понимании. И вот это «никогда» все американские спецы никогда не поймут. И в этом коренится их стратегический просчет в отношении России.

Тем не менее Райс полагает, что на все эти вещи нет необходимости обращать большого внимания, а надо исходить из того, что Россия «все еще обладает многими атрибутами великой державы: большим населением, обширной территорией и военным потенциалом». Здесь, правда, ей логика изменила, потому что страницей раньше она написала, что «Индия не является еще великой державой, хотя обладает потенциалом стать таковой». Но она должна знать, что население Индии превосходит население России почти в семь раз, да и территория немалая. Следовательно, у России есть только один атрибут великой державы — ее ядерная мощь.

Что же делать с такой Россией? Райс предлагает, прежде всего, сконцентрироваться на проблемах безопасности. Она считает: «Во-первых, должно быть осознано, что американской безопасности меньше угрожает сильная Россия, чем слабая и непоследовательная». Подтекст таков: слабая Россия может оказаться не в состоянии проконтролировать распространение ядерного оружия или военных технологий. В этой связи она призывает в полном объеме реализовать программу конгрессменов Нанна-Лугара (финансирование реализации выполнения Договора СНВ-2). Во-вторых, необходимо сконцентрироваться на переговорах о ядерных угрозах. По ее мнению, русские военные начали слишком большое внимание уделять ядерному оружию из-за уменьшения обычного арсенала. «Русское сдерживание более чем адекватно против американского ядерного арсенала, и наоборот». Идея: все это надо сокращать. Далее примечательное «но»: «Но этот факт больше не должен быть увязан с договором, которому почти 30 лет и который является реликтом враждебных отношений между Соединенными Штатами и СССР». Имеется в виду Договор 1972 г. об ограничении систем противоракетной обороны. От него следует отказаться, поскольку существуют принципиальные ядерные угрозы, например со стороны Северной Кореи или Ирана, а также возможность расползания ядерных технологий из России и попадания их в нехорошие руки. И в этом вопросе «было бы глупостью сотрудничать с Москвой, когда ядерные технологии передаются тем самым государствам, от которых американцы защищаются». Другими словами, США должны полагаться на себя и не связывать руки Договором ПРО, поскольку Россия продолжает сотрудничать со «странами-изгоями».

«Наконец, Соединенным Штатам необходимо осознать, что Россия великая держава и что мы будем всегда иметь интересы, которые могут конфронтировать точно так же, как и совпадать».

На мой взгляд, Райс справедливо предлагает отказаться от Договора 1972 г., который был подписан в иной исторической обстановке, при иной раскладке геостратегических сил. Все поменялось, значит должны меняться или обновляться договоры. Тем более, что любая международная бумага фиксирует, подчеркиваю, только фиксирует, реальное соотношение сил в мире, но не меняет этот мир. Думаю, что российские власти вынуждены будут смириться с отказом США от Договора по ПРО точно так же, как советские власти смирились с нарушением Ялтинской системы, провозглашавшей незыблемость границ в Европе. Но события конца 80-х – начала 90-х годов показали, что даже границы оказались очень даже «зыблемы».

В целом следует признать, что Конди Райс, несмотря на свое женское происхождение, весьма логично сформулировала некоторые принципы и основы внешней политики нынешней республиканской администрации, предложив более оптимальный вариант реализации национальных интересов, чем администрация Клинтона.

ГЛАВА III

ОФИЦИАЛЬНЫЕ СТРАТЕГИЧЕСКИЕ ДОКТРИНЫ США: ВЗГЛЯД НА МИР И НА РОССИЮ

Все аспекты международной деятельности США обычно аккумулируются в ряде официальных документов, подготовленных СНБ, госдепартаментом, министерством обороны, ЦРУ. Наиболее обобщающие из них, предназначенные для широкой общественности, публикуются в виде ежегодных докладов или программных стратегических документов. В СНБ таким документом является «Стратегия национальной безопасности в новом веке»; в министерстве обороны — «Ежегодное послание министра обороны к президенту и конгрессу»; для госдепартамента — «Соединенные Штаты. Стратегический план по международным делам»; для ЦРУ — «Ежегодный доклад директора ЦРУ для разведывательного сообщества Соединенных Штатов».

Я буду пользоваться всеми этими документами последних изданий, при необходимости обращаясь и к предыдущим. Причем в данной части я буду сознательно избегать подробных комментариев, ограничиваясь некоторыми ремарками, чтобы читатель сам делал соответствующие выводы. Поэтому я не скупился на цитаты с целью представить оригиналы, а не купюры. Обращаю внимание также на то, что все материалы были «изъяты» через Интернет — информационную сеть, позволяющую входить «без стука» в любые министерства США.

Есть смысл начать со «Стратегии» как наиважнейшего документа, поскольку он считается президентским и, кроме того, самым обобщающим документом, отражающим официальные взгляды Вашингтона на мир.

«Стратегия национальной безопасности в новом веке»[1]

В предисловии, которое, считается, принадлежит перу президента, сразу же фиксируется статус США: «Соединенные Штаты остаются наиболее мощной мировой силой в деле мира, процветания и универсальных ценностей демократии и свободы».

Стратегия США включает три *основные цели*:

- усиление американской безопасности,
- стимулирование американского экономического процветания,
- распространение демократии и прав человека за рубежом.

В «Стратегии» указывается, что главной характеристикой XXI века будет глобализация, которая формируется как «процесс, ускоряющий экономическую, технологическую, культурную и политическую интеграцию». В то же время оговаривается, что глобализация одновременно будет сопровождаться различного рода «вызовами» и рисками, которые будут воздействовать на безопасность США. Среди них выделяются такие: распространение оружия массового уничтожения (ОМУ), терроризм, распространение наркотиков, международная преступность, истощение ресурсов, быстрый рост населения, угрозы окружающей среде, новые виды болезней, коррупция и неконтролируемая миграция.

Документ четко определяет *национальные интересы* США, которые делятся на три категории:

- жизненные интересы,
- важные национальные интересы
- гуманитарные и другие интересы.

---

1 *A National* Strategy For a New Century (December 1999).

К жизненным интересам относятся те интересы, которые касаются выживания, безопасности и жизнеспособности государства. Среди них указываются

> физическая безопасность нашей территории и территории наших союзников, безопасность наших граждан, экономическое благосостояние нашего общества и защита нашей центральной инфраструктуры, включая энергетику, банки и финансы, телекоммуникации, транспорт, водные системы и службы по чрезвычайным ситуациям.

Прямо утверждается:

> Мы будем делать все, чтобы защитить эти интересы, причем, когда это необходимо и уместно, с использованием нашей военной мощи в одностороннем порядке и решительно.

К важным национальным интересам относятся те, которые не связаны с выживаемостью нации, но касаются национального благосостояния и определяются характером международной обстановки. Эти *интересы* включают, например, регионы, в которых США имеют масштабные экономические интересы и обязательства перед союзниками; защиту глобальной окружающей среды, проблемы беженцев, проблемы типа конфликтов в Боснии и Косово и т.п.

Гуманитарные интересы — это распространение идей демократии и прав человека по всему земному шару.

Любопытно, что среди угроз интересам США указываются угрозы, исходящие от так называемых стран-неудачников (failed states). Это в том числе и те страны, которые

> хотя обладают способностью к управлению, однако могут стать жертвой повышенной риторики и демагогии и которые, преследуя специфические религиозные, культурные, расовые и племенные группы, все беды сваливают на болезни своей нации. Государства, которые попирают права своих собственных жителей и равнодушны или, наоборот, активно вовлечены в ущемление прав человека, этнические чистки и в осуществление геноцида, не только наносят вред своему народу, но могут послужить причиной гражданской войны и спровоцировать кризис, порождающий беженцев и их просачивание через национальные границы, что вызовет дестабилизацию региона.

Все, кто осведомлен о ситуации в России, понимает, что этот «кусок» документа специально посвящен России.

Итак, зафиксирую несколько положений. Главными характеристиками XXI века являются:

1. глобализация,

2. множество «вызовов» и рисков,

3. лидерство США как самой мощной державы мира.

Три стратегические задачи (безопасность, процветание и демократия) практически совпадают с тремя категориями интересов (жизненные, важные и гуманитарные). А теперь перейду к России.

Россия. Интересно посмотреть, в каком же контексте в этом документе упоминается или не упоминается Россия.

Как и следовало ожидать, Россия представлена в разделе контроля над вооружением, в котором фиксируются американо-российский договор СНВ-2 и договоренность между президентами двух стран в Хельсинки (март 1997 г.) о возможности переговоров по СНВ-3.

В разделе об инициативах по нераспространению оружия массового уничтожения есть упоминание о том, что США

> покупают тонны высокообогащенного урана от демонтированного российского ядерного оружия для переработки его в коммерческое топливо для реакторов и работают с Россией, чтобы изъять 34 т плутония …перерабатывают его таким образом, чтобы оно никогда не было бы использовано для ядерного оружия. Мы (американцы. — *О.А.*) продолжаем переориентировать десятки бывших советских сооружений с ОМУ и десятки тысяч бывших советских ученых в Восточной Европе и Евразии, работавших в сфере ОМУ, с военной деятельности на выгодные гражданские исследования (9).

Важно зафиксировать, какая роль выпадает России на региональных направлениях политики США.

На европейском участке о России речь идет не как об отдельной державе, а наряду с Украиной и другими странами СНГ. В документе выражено удовлетворение процессом развития НАТО и сотрудничества НАТО с Россией (так же, как и с Украиной) на основе Основополагающего акта Россия – НАТО 1997 г. Цель США — содействовать процессу «конструктивного участия России в европейской системе безопасности» (30).

В отдельном подразделе о СНГ указывается, что для США жизненным интересам безопасности отвечает эволюция России, Украины и других стран СНГ в демократические рыночные экономики, интегрированные в мировое сообщество. Правда, при этом сделано много оговорок, суть которых сводится к тому, что путь к демократии, так сказать, тернист и непрост. Короче, далек от завершения. Но в национальных интересах США «помочь им (всем странам СНГ. — *О.А.*) создать законы, институты и научить мастерству, необходимому для рыночной демократии, бороться с преступностью и коррупцией и развить права человека и верховенство законов» (32). Естественно, как только упоминаются права человека, тут им в голову приходит сразу же Чечня, в связи с которой авторы «Стратегии» вынуждены огорчиться, так как «средства, которые Россия использует в Чечне, подрывают ее законные цели сохранения территориальной целостности и защиты граждан от терроризма и беззакония» (ibid.).

В «Стратегии» указывается также:

> Мы энергично работаем над тем, чтобы усилить контроль над экспортом (имеется в виду оружие. — *О.А.*) в России и других странах СНГ и предотвратить распространение военных ракет и ядерных технологий в страны типа Ирана, которые вызывают у нас беспокойство (ibid.).

«Стратегия» выражает удовлетворение тем, что, несмотря на то, что Россия была недовольна расширением НАТО и косовским конфликтом, русские подразделения плечом к плечу служили с натовскими войсками в Косово и Боснии. В этой связи «Соединенные Штаты останутся приверженцами дальнейшего развития российско-натовских *отношений* и украинско-натовского *особого партнерства*» (ibid.). Обращаю внимание на выделенные мной слова: с Украиной — особое партнерство, с Россией — просто отношения.

Авторы «Стратегии» ничуть не сомневаются, что России все равно некуда деваться, как бы ее руководители ни громыхали по поводу расширения НАТО на Восток.

В других подрегионах: в Восточной Азии и на Тихом океане, в ЮВА, в Западном полушарии, на Ближнем Востоке, Южной Азии и в Африке — *Россия вообще не упоминается ни в каком качестве.*

* * *

Из сказанного следует такой вывод. В стратегической политике США Россия учитывается в двух случаях: с позиции сокращения ядерного оружия и на европейском участке через навязывание концепции НАТО на безопасность в Европе. Причем откровенно оговаривается, что позитивное отношение США к России зависит от следования курсу капиталистических реформ, т.е. демократии и рыночной экономики, что отвечает национальным интересам США.

И второй крайне важный момент: во всех остальных регионах Россия для США перестала быть субъектом, с которым стоит считаться.

«Соединенные Штаты. Стратегический план по международным делам»[1]

Теперь рассмотрим госдеповский документ. Не только российский, но нередко и американский читатель может не сообразить, какая разница между данным и предыдущим документом. На первый взгляд и тот, и другой разбирают вроде бы один и тот же круг вопросов. Госдеповский документ отвечает на этот вопрос следующим образом.

«Стратегия национальной безопасности» выделяет приоритеты администрации в терминах политики и ее инструментов, применяемых для реализации принципиальных угроз международной безопасности США. Они в большей степени отвечают функциям министерства обороны и разведывательных органов под руководством президента. Документ же МИДа (=госдепартамент) вырабатывает комплексное и системное видение национальных интересов Соединенных Штатов. Кроме того, «План» формулирует цели (goals) США на международной арене и деятельность правительственных органов за рубежом. Этот «План» не является стратегическим планом внешней политики. Разница в следующем:

> Международная политика является своего рода тентом, который покрывает полностью национальные интересы Соединенных Штатов. Международная политика распространяется на сферы от традиционных проблем высокой политики, относящейся к обеспечению национальной безопасности и поддержанию международной стабильности, до защиты американских граждан за рубежом и, кроме того, имеет непосредственное отношение к проблемам окружающей среды, здоровья своих граждан и всем глобальным вопросам. В контрасте с этим внешняя политика как термин, употребляемый в данном документе, является интеграль-

---

1 *United* States. Strategic Plan for International Affairs. First Revision-February 1999. В следующем году появился очередной Стратегический план госдепартамента (Strategic Plan. September 2000), но с содержательной точки зрения он почти ничем не отличается от предыдущего, за исключением некоторых новых моментов организационного характера.

ной частью международной политики, которая концентрируется на отношениях с другими государствами и международными организациями в реализации этих национальных интересов (4).

В «Плане» также раскрывается разница между национальными интересами и стратегическими целями. *Стратегические цели отражают намерения*, которые достигаются через стратегию, программы и деятельность, в то время как *национальные интересы формулируются для того, чтобы объяснить, для чего это делается.*

Например, США тратят около 900 млн долл. каждый год на программы поддержки демократии по всему миру. Хотя эта цель одна и та же, однако интересы в различных странах в реализации данной цели могут отличаться. Так, инвестиции в демократизацию России имеют отношение к интересам национальной безопасности США (первая категория интересов), в то время как в Гаити они касаются озабоченности в связи с иммиграцией (вторая категория), а в Шри-Ланка наши ценности вынуждают нас, США, поддерживать демократию ради них самих (третья категория). Правда, в некоторых случаях происходит взаимное переплетение целей и интересов. Так в России поддержка демократии отвечает не только интересам национальной безопасности США, но и интересам прав человека и утверждению законности.

Поскольку в английском языке существует много слов, которые на русский переводятся как «цель», необходимо знать нюансы, или специфику различных «целей». В «Стратегическом плане» Госдепа за 1997 г. четко оговаривается разница, в частности, между словами *goal* и *objective* на одном из примеров. Так, стратегическая цель (Strategic Goal) означает уменьшение угрозы Соединенным Штатам и их союзникам, проистекающим от оружия массового уничтожения или дестабилизирующего обычного оружия. Под операционной целью (Operational Goal) понимается усиление многостороннего режима в поддержку нераспространения ядерного оружия, контроль над его экспортом и ядерная самозащита на международной арене. Цель — Objective или Performance Goal — предполагает многосторонние переговоры по Договору о сокращении расщепленных материалов в первом квартале 1999 г. Иначе говоря, *objective — это конкретная цель с обозначением сроков ее выполнения*, в то время как *goal — это принципиальная цель с нефиксированным временем ее достижения.*

Нижеизложенный «План» внешней политики США нужно воспринимать именно с точки зрения вышеизложенных нюансов.

В соответствии с «Планом» национальные интересы США состоят из 7 пунктов, а стратегические цели (goals) в международных делах — из 16 пунктов.

Национальные интересы США:

1. Защитить жизненные интересы, обеспечить мир; предотвратить агрессию; устранить и разрядить кризисы; сдержать распространение оружия массового уничтожения, продвинуться в деле контроля над вооружением и разоружением;

2. расширить экспорт, открыть рынки, обеспечить глобальный рост и стабильность и содействовать экономическому развитию;

3. защитить американских граждан за рубежом, организовать въезд визитеров и иммигрантов и обеспечить безопасность границ США;

4. вести борьбу с международным терроризмом, преступностью и распространением наркотиков;

5. поддерживать установление и укрепление демократии и прав человека;

6. оказывать гуманитарную помощь жертвам кризисов и бедствий;

7. улучшать глобальную окружающую среду, стабилизировать рост мирового населения и защищать здоровье людей.

Реализация названных интересов должна привести «к созданию более безопасного, процветающего и демократического мира для выгод американского народа».

Стратегические цели в международных делах:

1. Региональная стабильность: усилить безопасность Соединенных Штатов и предотвратить нестабильность, вытекающую от угроз жизненным и важным интересам Соединенных Штатов и их союзников.

2. Оружие массового уничтожения: сократить угрозу Соединен-

ным Штатам и их союзникам от оружия массового уничтожения (ОМУ).

3. Открытие рынков: открыть мировые рынки, чтобы увеличить торговлю и свободное перемещение товаров, услуг и капитала.

4. Экспорт США: расширить экспорт США до 1,2 трлн долл. к началу XXI века.

5. Глобальный рост и стабильность: увеличить глобальный экономический рост и укрепить стабильность.

6. Экономическое развитие: содействовать экономическому росту в развивающихся странах и странах с переходной экономикой, чтобы поднять уровень жизни и уменьшить диспропорции в богатстве внутри и среди стран.

7. Американские граждане: защитить безопасность американских граждан, которые путешествуют и живут за границей.

8. Путешествия и миграция: управлять справедливо и эффективно процессом въезда иммигрантов и иностранных посетителей в Соединенные Штаты.

9. Международные преступления: уменьшить воздействие международной преступности на Соединенные Штаты и их граждан.

10. Нелегальный ввоз наркотиков: сократить нелегальный ввоз наркотиков.

11. Контртерроризм: сократить число и влияние международных террористических нападений, особенно в Соединенных Штатах и на их граждан.

12. Демократия и права человека: открыть политические системы и общества для демократической практики, верховенства закона, хорошего управления и уважения к правам человека.

13. Гуманитарная помощь: предоставлять гуманитарную помощь жертвам кризиса и бедствия.

14. Окружающая среда: обеспечить устойчивость глобальной среды и защитить Соединенные Штаты и их граждан от эффектов международной деградации окружающей среды.

15. Народонаселение: достичь устойчивого роста мирового населения.

16. Здоровье: защитить здоровье людей и уменьшить распространение инфекционных болезней.

Россия. Интересно то, где и по какому поводу упоминается Россия в данном документе.

В разделе «Стратегическая цель: региональная стабильность» говорится: «**Россия и Китай представляют вызов долгосрочной безопасности. Однако вероятность прямой военной угрозы жизненным интересам США ограничена**» (12). Примечательно также, что в разделе стратегических целей — экспорт США, который указывает на необходимость сфокусироваться на ключевых странах с нарождающимися рынками, а это — Аргентина, Мексика, Бразилия, Польша, Турция, Южная Африка, Индия, Китай, Тайвань, Корея (Южная), Индонезия, Таиланд, Малайзия и другие страны АСЕАН — Россия не упоминается.

В то же время в разделе «Стратегическая цель: международные преступления» среди стран и регионов, на которых в этой связи надо сконцентрироваться, на первые места вынесены бывший Советский Союз, Нигерия и Восточная Азия.

Наряду с другими странами Россия еще раз упоминается в разделе окружающей среды.

«Ежегодный доклад президенту и конгрессу министерства обороны США»[1]

Перейду теперь к рассмотрению «Ежегодного доклада президенту и конгрессу», который направляется от имени министра обороны США, в данном случае У. Коэном. Здесь интересны общие положения и оценки о мире и военной политике Пентагона, изложенные в первой части «Доклада» (The Defense Strategy).

Документ фиксирует: хотя в приближающемся XXI веке глобальной войны не предвидится, однако сохранятся и даже умножатся «вызовы» безопасности США. Среди этих вызовов на первое место выносится вероятность агрессии или угрозы со стороны Ирака, Северной Кореи. Напоминается, что «в Восточной Азии, например, проблемы суверенитета и различные территориальные споры являют собой источник для конфликта». По крайней мере до 2015 г. та или иная «региональная держава будет иметь мотивы, а также средства представлять военную угрозу Соединенным Штатам». И вообще: «Даже если важные интересы США не подвергаются угрозе, Соединенные Штаты могут иметь гуманитарные интересы в деле защиты безопасности, благосостояния и свободы людей, подвергающихся различным напастям». Так что любой российский гражданин, чью безопасность и благосостояние местная власть не может защитить, имеет возможность обратиться к США за помощью.

К «вызовам», кроме того, относят распространение потенциально опасных технологий, международный терроризм, организованную преступность, информационные войны и т.д., которые могут угрожать непосредственно Соединенным Штатам.

Среди источников угроз упоминаются государства-неудачники (failed states) в силу неспособности решать внутренние проблемы.

Далее в «Докладе» повторяются положения президентской «Стратегии национальной безопасности», касающиеся националь-

---

1 *Annual* Report to the President and the Congress. Wiiliam S. Cohen, Secretary of Defense. 2000.

ных интересов США на международной арене. Любопытно, что в переформулировке этих жизненных интересов Пентагоном в них появилась одна очень важная строка, которая отсутствует в «Стратегии», а именно: «Предотвратить появление враждебных региональных коалиций или гегемонов».

Следует напомнить, что оборонная политика США до 2015 г. исходит не только из положений «Стратегий», но и из «Доклада» 1997 г., известного под названием «1997 Report of the Quadrennial Review»[1], который был также подготовлен от имени министра обороны.

Оборонная стратегия до 2015 г. состоит из трех элементов: формирование, ответ и готовность, каждый из которых подробно описывает деятельность Пентагона по обеспечению военной безопасности США. В задачу данной работы не входит разбор чисто военных аспектов политики Вашингтона, поэтому сразу перейду к освещению места и роли России в военной стратегии США.

Россия. В разделе о государствах, которые потенциально могут нести вызов безопасности США, в подразделе «Равные глобальные соперники» о России в связке с Китаем говорится следующее:

> Соединенные Штаты на сегодня не имеют глобального противника и вряд ли с ним столкнутся, по крайней мере до 2015 г. В период за пределами 2015 г. существует вероятность возникновения региональной великой державы или глобального равновеликого соперника. Китай и Россия, видимо, имеют наибольший потенциал стать такими соперниками, хотя их будущее весьма неопределенно. Китайская экономика развивается очень быстро, и Народная армия освобождения продолжает модернизироваться и усиливать свои возможности. Китай уже имеет стратегический ядерный арсенал, который, хотя и небольшой, мог бы достигнуть континентальных Соединенных Штатов. Китай, вероятно, продолжает сталкиваться со многими внутренними вызовами в политических и экономических областях, что может замедлить темпы военной модернизации.

> Россия в ближайшие годы могла бы восстановить свои возможности спланировать оборонные военные силы на периферии, но это

---

1   Один из обзоров по национальной обороне, публикуемых от имени министра обороны каждые четыре года под разными названиями.

должно потребовать значительных приготовлений, которые были бы видимы для Соединенных Штатов. Пока Россия продолжает сохранять большой ядерный арсенал как тактического, так и стратегического оружия, но ее обычные военные возможности... значительно ослабли. Российское будущее в большей степени будет определяться способностью развивать свою экономику, которая в свою очередь зависит от стабильной политической обстановки. Если российская политическая система не сможет стабилизироваться в течение длительного времени, дезинтеграция России как единого государства может стать главным вызовом в деле безопасности для Соединенных Штатов и международного сообщества (2–3).

Таким образом, Россия отнесена в разряд факторов, составляющих «неопределенное будущее».

В разделе «Региональные составляющие стратегию США в европейской части» Россия упоминается в контексте отношений с НАТО, а также более подробно в разделе отношений со странами СНГ. В связи с оборонными целями США в этом разделе написано следующее:

Соединенные Штаты рассчитывают на то, что развитие России, Украины и других Новых независимых государств приведет их к стабильным рыночным демократиям, полностью интегрированным в международное сообщество и кооперативное партнерство в обеспечение региональной безопасности и стабильности, контроля над вооружениями и нераспространением оружия. Составной частью этой цели является поддержка США усилий в деле обеспечения безопасности и избежания риска распространения ядерного, биологического и химического (ЯБХ) оружия бывшего Советского Союза. Соединенные Штаты хотят, чтобы Россия играла конструктивную роль в европейских делах, как это было продемонстрировано в миротворческих операциях в Боснии и Косово. Соединенные Штаты хотят дальнейшего развития российско-натовского партнерства, так же как и натовско-украинского партнерства, предоставляющего возможности для интеграции Украины в европейские и евроатлантические организации (10).

Теперь есть смысл обратить внимание на некоторые нюансы аналогичного «Доклада» 2001 г.[1]. Во-первых, в разделе о распространении опасных технологий появилась такая строка:

> Более того, сохраняется обеспокоенность в связи с возможностью случайного или несанкционированного запуска ракет из России и Китая, хотя она и маловероятна (2).

Во-вторых, если в предыдущем «Докладе» говорилось о том, что вряд ли некий мировой соперник США появится до 2015 г., то в «Докладе» 2001 г. указанная дата заменена словосочетанием «обозримое будущее». То есть авторы решили не рисковать «сроками». В подтексте же это означает, что они такого соперника ожидают раньше 2015 г. В этом же разделе неслучайно и добавление: «Неясно, однако, будет ли Китай проводить политику, враждебную национальным интересам США». В российской же части добавлена фраза о том, что безопасности США может угрожать и «неспособность центральной власти удерживать государство в соответствующем порядке». В-третьих, в разделе отношений с Новыми независимыми государствами добавлено упоминание о Кавказе и Центральной Азии, где США также «ищут мирных решений в сфере этнических и региональных проблем».

Самое примечательное то, что в остальных регионах — Восточная Азия и Тихий океан, Ближний Восток и Южная Азия, Латинская Америка и Сахарская Африка — Россия не упоминается ни в каких контекстах. Это касается всех докладов, по крайней мере начиная с 1995 г. Из чего можно сделать вывод о том, что *Россия в официальных военных документах рассматривается как региональное государство только в европейском контексте.*

---

1 *Annual* Report to the President and the Congress. Cohen William S., Secretary of Defense. 2001.

ЦРУ о мире и России

Ежегодные доклады ЦРУ [1] отличаются от всех предыдущих аналогичных документов, во-первых, своей краткостью, во-вторых, четкостью, в-третьих, откровенностью. По крайней мере та ее часть, которая предназначена для общественности. В силу своей специфики ЦРУ не оперирует понятием *вызовы*, а использует понятие *угрозы*.

В докладе за 1999 г. сразу же, без излишней «философии», указывается:

> Существует две категории угроз, которые будут находиться в поле внимания Разведывательного сообщества[2] в обозримом будущем: угрозы от стратегических противников — Китая и России, а также от региональных источников беспокойств, таких, как Северная Корея, Иран и Ирак; и транснациональных угроз — организованной преступности, торговли наркотиками, распространения (оружия), информационных войн и терроризма. ...Соответственно, стратегические приоритеты для США должны выстраиваться следующим образом: Китай, Куба, Иран, Северная Корея, Россия.

Это значит, что по классификации предыдущих документов Россия и Китай попали в разряд «стран-изгоев», т.е. в ту группу стран, которые на официальном уровне рассматриваются в США как наиболее опасные страны для безопасности США и всего мира. Любопытно, что в предыдущем «Докладе» за 1998 г., в котором делался обзор за 1997 г., названная группа стран находилась в подразделении под названием «Hard Targets Countries», т.е. страны, которые попадали под повышенное внимание американской разведки. В этом контексте Россия характеризовалась как страна, испытываю-

---

1 *Annual* Report for the United States Intelligence Community. May 1999. Director of Central Intelligence.

2 Разведывательное сообщество (The Intelligence Community — IC) — широко разветвленная неформальная разведывательная организация, состоящая из множества правительственных и неправительственных ведомств, агентств и объединений. К первым, например, помимо ЦРУ относятся ФБР, различные подразделения Госдепа, Минобороны, Министерства энергетики и т.д.

щая серьезные социальные и экономические трудности, включая разнузданную преступность и коррупцию, а Китай как государство, намеревающееся стать сверхдержавой в следующем веке.

В докладе ЦРУ за 1999 г. были отмечены следующие виды деятельности в отношении России: анализ ЦРУ о воздействии финансового кризиса в России на программы по ОМУ, выявлена увеличивающаяся зависимость от западной финансовой помощи в деле демонтажа ядерного и химического оружия. Эта информация, по мнению директора ЦРУ, давала возможность для правительства продолжить финансирование программ по ОМУ и может быть использована высшими чиновниками США для оценки последующих просьб России о финансовой помощи. ЦРУ также представило дополнительную информацию во время смен двух российских правительств и в связи со встречей Клинтона и Ельцина.

В докладе указывается, что ЦРУ утвердило программу улучшения качества и сокращения времени для переводов русской прессы. Оно также реализовало Программу исследований и подготовки (студентов) в Восточной Европе и в странах СНГ в сумме 4,6 млн долл., предоставив помощь 1200 студентам и «научным работникам» ежегодно.

Здесь представлена часть «работы» ЦРУ по России.

В выступлении директора ЦРУ Дж. Тенета в Сенате (2 февраля 2000 г.)[1] с докладом «Всемирные угрозы в 2000-е годы: глобальная реальность и наша национальная безопасность» России было уделено внимание в различных контекстах «угроз». Во-первых, Россия, наряду с Китаем и Северной Кореей, была упомянута в контексте поставок основных компонентов баллистических ракет и соответствующей технологии для Ирана. Во-вторых, со ссылкой на российские официальные лица (без указания имен) Россия признается как один из очагов международной организованной преступности, которая в самой России заняла важные позиции в экономике, включая стратегические ресурсы типа нефти, угля и алюминиевой промышленности.

---

1 *Tenet*. Statement by Director of Central Intelligence before the Senate Select Committee on Intelligence on the Worldwide Threat in 2000: Global Realities of Our National Security. 2 February 2000.

В разделе региональных проблем директор ЦРУ начал с России. Обрисовав возможные варианты «движений» в России, Тенет избежал определенности, какой из них наиболее вероятен, сославшись на неопределенность поведения Путина в качестве президента. В то же время он «подсказал» Москве «более позитивные направления», которые сопрягаются: а) с поддержкой окончательного решения Договора по СНВ-2 и перехода к дальнейшему сокращению вооружений через Договор СНВ-3.; б) с желанием, чтобы официальные лица России выразили намерение к более глубокой интеграции своей страны в мировую экономику, будь то через продолжающееся сотрудничество в рамках Группы-8 или через перспективу членства в ВТО.

В то же время вне зависимости от этого США больше всего волнует безопасность хранения ядерного оружия и его компонентов в России. По утверждению Тенета,

> трудности российской экономики продолжают ослаблять надежность ядерного персонала и российской системы безопасности расщепляющихся материалов». Это беспокойство мотивировано «слабой дисциплиной, рабочими забастовками, слабой моралью и криминальной деятельностью в местах хранения ядерных арсеналов.

А вот как видятся международные отношения и место России председателю Совета по национальной разведке (NIC) Дж. Гэннону[1].

Он полагает, что ныне единственной сверхдержавой являются США, но они не будут гегемоном, т.к. другие государства попытаются изменить будущее мира. Под «другими» имеются в виду Европейский союз (ЕС), Япония, Россия и Китай.

Изменения в силовых альянсах происходят под воздействием, прежде всего, усиления экономической и политической силы ЕС и Восточной Азии, а также вследствие возможного через некоторое время сокращения сферы американской интернационализации (т.е. сужения сфер международного влияния США). Как будет реализовываться этот процесс неясно из-за неопределенности развития ряда ключевых государств. По мнению Дж. Гэннона, нет оснований для беспокойства в связи с ЕС, которое через НАТО, так или иначе,

---

1   Remarks by John C. Gannon (Chairman, National Intelligence Council). The CIA in the New World Order: Intelligence Challenges Through 2015. 1 February 2000.

сохранит тесные связи с США. То же самое относится к Японии и Южной Корее.

Что же касается России, то ее претензии на удержание статуса великой державы базируются исключительно на владении ядерным оружием. В последующие 15 лет Россия, по его мнению, скорее всего сконцентрируется на восстановлении своей экономики. Вместе с тем ее будет волновать проблема противоречия между сокращающимися возможностями и страстным желанием среди некоторых элит сохранить статус великой державы.

Китай же модернизируется и усиливается, хотя направления развития Китая будут зависеть от внутренней политики и экономической эволюции.

Главное же, что «риск конфликта между великими державами остается низким». Поэтому наибольшая опасность возврата к многополярности в случае сокращения влияния США в мире заключается в межнациональных конфликтах внутри Восточной Азии и даже в Европе.

Вывод: до 2015 г. ни страны, ни идеологии, ни движения не станут угрозой интересам США на глобальном уровне. Однако на региональном политика некоторых стран может войти в противоречие с интересами США, к чему следует добавить международные угрозы типа терроризма. Могут быть реализованы и некоторые «если». К примеру, если Россия во внутренней политике повернет к авторитаризму или, наоборот, если двинется к анархии и даже к распаду. Если Китай не сможет мирными путями решить проблему Тайваня. Между прочим, в отношении России у Гэннона есть одно предсказание: «Население России, скорее всего, сократится — возможно, существенно — в результате сокращения продолжительности жизни, которое в свою очередь связано со слабой социальной медициной и сокращением рождаемости».

Подобные идеи о России более подробно развиты в его докладе, специально посвященном России[1].

В нем он утверждает, что в России созданы «элементы рыночной системы», но в целом же на данный момент «в ней не сформирована ни рыночная, ни командная экономика». Политическая же трансформация в России, возможно, идет в сторону «обновленного авторитаризма».

---

[1] *Gannon*. Russia in the Next Millennium. 9 December 1999.

Его не очень волнуют отношения между Россией и КНР, поскольку «мы не видим становления полномасштабного альянса с координированными позициями и действиями по всем вопросам». Большее беспокойство со стратегических точек зрения может вызвать продажа оружия и технологий Китаю. Но это делается не из-за стратегических соображений, а вызвано чисто меркантильными мотивами.

Главный его вывод: будущее России настолько неопределенно, что его невозможно прогнозировать. Сам он настроен весьма скептически в отношении этого будущего, свидетельством чему служит повторенная в двух упомянутых докладах «российская шутка». Какая разница между русским оптимистом и русским пессимистом? Пессимист говорит: «Хуже уже дела идти не могут». Оптимист отвечает: «Могут, еще как могут».

В России обратили внимание на жесткие оценки директора ЦРУ Дж. Тенета, данные им в докладе «Всемирная угроза 2001: национальная безопасность в меняющемся мире». Российская часть была даже переведена «Независимой газетой» (9 февраля 2001 г.). На самом деле Дж. Тенет повторил в более мягкой форме действительно нелицеприятные для России оценки, обобщенные в материале, подготовленном под руководством дирекции Совета национальной разведки (декабрь 2000 г.). Материал называется «Глобальные тенденции до 2015: диалог о будущем с неправительственными экспертами»[1].

Для начала я хочу представить китайскую часть.

Все специалисты отмечают трудности прогнозирования места и роли Китая на период более 15 лет из-за множества неясных переменных. Одни полагают, что китайская мощь за это время увеличится благодаря росту экономики и усилению военного потенциала, что даст возможность ему претендовать на лидерство в регионе. Другие, скептики, исходят из того, что множество политических, социальных и экономических причин поставят под угрозу стабильность и законность режима. Некоторые утверждают, что Китай будет избегать конфликтов ради сохранения стабильного экономического роста и обеспечения внутренней стабильности. В

---

1 *Global* Trends 2015: A Dialogue About the Future With Nongovernment Experts // NIC 2000-02, December 2000.

то же время сильный Китай будет стремиться к действиям, направленным на приобретение преимуществ, а также будет готов идти на риск конфликта с соседями и некоторыми внерегиональными державами. В то же время слабый Китай усиливает перспективы криминальности, распространение наркобизнеса, нелегальной миграции, распространение ОМУ и социальной нестабильности.

НОАК останется самой большой армией в мире, но не успеет полностью модернизироваться к 2015 г. Китай может сократить технологический разрыв от Запада в тех или иных системах оружия. К 2015 г. резко возрастут возможности Китая в региональных военных операциях. К этому же времени Китай разместит от десятка до нескольких десятков ракет с ядерными боеголовками, нацеленными на Соединенные Штаты. Скорее всего, это будут мобильные ракеты наземного и морского базирования. Он также будет иметь сотни баллистических ракет близкого радиуса действия и крылатые ракеты для использования их в региональных конфликтах. Некоторые из этих ракет будут иметь ядерные боеголовки, большая же их часть — обычные боеголовки.

Следует подчеркнуть, что если относительно военного потенциала эксперты обнаружили совпадение взглядов, то относительно усиления Китая как великой державы в целом их мнения разошлись. Одни считают, что Китай добьется этого статуса, другие — нет из-за множества проблем внутреннего характера.

А теперь о России.

Сразу же хочу подчеркнуть, что в отличие от прогнозов по Китаю по России эксперты оказались более единодушны. Прогноз приводит их к таким выводам:

> Россия останется наиболее важным актором на пространстве бывшего Советского Союза. Однако ее мощь относительно других в регионе и соседних пространствах будет сокращаться, и у нее не хватит ресурсов навязывать свою волю. Советское экономическое наследство будет изматывать Россию. Кроме того, разрушенная физическая инфраструктура, годами пренебрежительное отношение к окружающей среде будут бить по населению. Все это происходит на фоне таких социальных издержек переходного периода, как алкоголизм, сердечные болезни, наркотики и ухудшающаяся система здравоохранения. Российское население не только умень-

шится (прогнозируется уменьшение со 146 млн человек в настоящее время до 130–135 млн к 2015 г.), но и станет все менее и менее здоровым и, таким образом, менее способным, чтобы служить мотором для экономического выздоровления. В макроэкономических терминах ВВП России, возможно, и достиг дна. И поэтому России вряд ли удастся полностью интегрироваться в глобальную финансовую и торговую систему к 2015 г. Даже при самых лучших сценариях пятипроцентного экономического роста в год Россия может достигнуть уровня экономики, равной менее одной пятой экономики США.

Центризм России будет уменьшаться к 2015 г. Евразия станет географическим термином, в котором будет отсутствовать объединяющая политическая, экономическая и культурная реальность. Россия и западные евразийские государства сами будут ориентироваться на Европу, но останутся фактически за ее пределами. Из-за географической близости и культурной предрасположенности Кавказ будет политически ближе к своим соседям на юге и западе, а Центральная Азия ближе к Южной Азии и Китаю. Несмотря на это, важные элементы взаимозависимости сохранятся, главным образом, в энергетической сфере.

Россия сфокусирует свои внешнеполитические цели на восстановление потерянного влияния в бывших советских республиках на юге, укрепляя свои связи в Европе и в Азии и представляя себя как значимый игрок в отношении Соединенных Штатов. Ее энергетические ресурсы будут важным рычагом для подобных попыток. Однако ее внутренние болезни сведут на нет попытки восстановить свой великодержавный статус. Россия будет удерживать второй по величине ядерный арсенал в мире как последний признак своего старого статуса. Но в результате таких тенденций получится Россия, которая останется слабой внутри и институционально подвязанной под международную систему, прежде всего, через свое постоянное место в Совете Безопасности ООН.

Как ни прискорбно, но именно этот прогноз имеет наибольшие шансы воплотиться в реальность, если не случится чуда или революции.

* * *

Краткое резюме. В основных официальных документах США утверждается, что, во-первых, США является единственной сверхдержавой мира и этот статус они сохранят, как минимум, до 2015 г.; во-вторых, несмотря на это, Соединенные Штаты столкнутся с множеством «вызовов» и угроз международного плана (терроризм, наркотики, коррупция и т.д.); в-третьих, Россия не рассматривается как великая держава, способная к соперничеству с США, в то же время она помещена в нишу «угроз» безопасности США из-за недоверия к способностям российских властей проконтролировать хранение ядерного и иного оружия, а также эксплуатировать атомные электростанции. Что касается России в целом, то это единственная страна, будущее которой не прогнозирует ни один официальный документ США.

ГЛАВА IV

НАЦИОНАЛЬНАЯ БЕЗОПАСНОСТЬ: МЕТОДОЛОГИЧЕСКИЕ И ТЕРМИНОЛОГИЧЕСКИЕ АСПЕКТЫ

В предыдущей главе была представлена официальная позиция Вашингтона на внешнюю политику США, роль и место страны в мире. Теперь есть смысл обратиться к методологическим и терминологическим аспектам, а также к процедуре и механизму формулирования стратегии безопасности. В качестве «учебного» пособия воспользуюсь уже знакомым документом «Стратегия национальной безопасности в новом веке» версии 1997 г. (A National Security Strategy for A New Century, May 1997), а также материалом, подготовленным госдепартаментом под названием «Официальное заявление по международным делам» (International Affairs Mission Statement, Department of State, September 1997).

Общие «стратегии национальной безопасности» США

Итак, *первая часть* «Стратегии» СНБ озаглавлена «Лидерство сегодня для более безопасного и процветающего завтра»[1]. Она начинается с определения фундаментальных национальных интересов страны, к которым причислены суверенитет, политические свобо-

---

1   Кстати сказать, очень важные официальные документы, доктрины и т.д. в США формулируются и составляются на живом английском языке, с использованием цитат и изречений из классиков, в красивых рамочках, встроенных в текст или на полях. В приложениях дается статистика или графики. Даже по форме они контрастно отличаются от российских документов, написанных канцелярско-бюрократическим языком.

ды и независимость США, их ценности, институты и территориальная целостность. Затем фиксируются «вызовы» национальным интересам, а также возможности их нейтрализации. Четко указывается, что предыдущие стратегии США требуют модернизации вследствие изменения международной обстановки.

Во второй части — «Развитие национальных интересов США» — предлагается усовершенствовать политику безопасности в связи с различного типа угрозами национальным интересам, а также новые подходы в реализации военно-политической безопасности, которая обеспечивается усиленным потенциалом (capability).

Третья часть — «Содействие процветанию» — делает упор на внешнеэкономические аспекты национальных интересов, обеспеченные набором средств из арсенала политики экономической безопасности. Все это тесно увязывается с содействием распространению демократии (то есть рыночной экономики), выступающей одним из главных инструментов достижения экономических целей за рубежом, в особенности в «странах переходного периода».

Наконец, *в последнем разделе* — «Интегрированные региональные подходы» — разбираются специфики регионов, к каждому из которых предлагается особый набор политики национальной безопасности.

Весь текст строится на трехзвеньевой увязке: национальные интересы – внешние вызовы или угрозы – ответы или меры через политику национальной безопасности. Следует подчеркнуть, что все эти «вызовы и угрозы» рассматриваются как внешние. Иначе говоря, «Стратегия» представляет собой внешнеполитическую доктрину, а не документ, в котором намешана и внутренняя, и внешняя политика.

В еще более структурированном виде выглядит госдеповская доктрина. В преамбуле ясно фиксируется, что

> целью внешней политики США является создание более безопасного, процветающего и демократического мира в интересах (дословно — для выгод) американского народа.

Данная стратегия разворачивается по следующей схеме.

Вначале определяется круг направлений национальных интересов. В него входят:

- национальная безопасность (военные аспекты с упором на проблемы не распространения оружия массового уничтожения и т.д.),
- экономическое процветание (открытие зарубежных рынков, доведение американского экспорта до 1,2 трлн долл. к 2000 г. и т.д.),
- защита американских граждан за рубежом, ужесточение иммиграционной политики, совершенствование законодательства (в отношении международной преступности, наркобизнеса, терроризма),
- демократия (усиление воздействия на зарубежные правительства в приверженности их к демократии и уважению прав человека),
- гуманитарные проблемы (в связи с природными катаклизмами и бедствиями), глобальные проблемы (окружающая среда, рост населения, болезни).

Затем определяются национальные интересы, после чего формулируется политика национальной безопасности через определение целей. Следующий шаг — предлагается стратегия ее реализации, далее — конкретные меры действий, и, наконец, какой результат должен быть получен. Коротко это можно представить в виде цепочки: *национальные интересы – национальная безопасность – цели (как goals) – стратегии – конкретные меры (assumptions) – результаты.*

Естественно, этот вариант также описывает национальные интересы и национальную безопасность США в контексте внешних угроз и международной деятельности США.

Опыт США в деле обеспечения экономической безопасности

По сути дела, теория и практика политики экономической безопасности до начала 90-х годов исповедовалась одной страной мира — США. Как удалось установить, ни страны Западной Европы, ни Япония не выделяли «экономическую безопасность» из общей внешнеэкономической политики, хотя внешнеэкономический блок иногда присутствовал как отдельный компонент более общей доктрины «комплексной национальной безопасности», например во внешнеполитической практике Японии начала 80-х годов. В таком же качестве этот блок входит в каждую из трех концепций национальной безопасности КНР, которые все вместе составляют то, что в Китае называют теорией Дэн Сяопина.

Единственная страна, взявшая на вооружение концепцию экономической безопасности в ее американизированном варианте, является Россия 90-х годов, т.е. в период, когда страна начала осуществлять капиталистические реформы. В результате этих реформ, проводимых президентом Б. Ельциным и его сподвижниками (Е. Гайдар, В. Черномырдин, А. Чубайс и др.), великая держава превратилась в третьеразрядную страну с вымирающим населением. В настоящее время возникла реальная угроза распада Российской Федерации.

В этих условиях, совершенно естественно, концепция безопасности, включая ее экономические компоненты, стала самой распространенной темой в научно-политических кругах России. Она оказалась настолько популярной, что фактически подмяла под себя все другие подходы и теории, превратившись в безразмерную доктрину, «объясняющую» все аспекты нашего общества. Особенно «повезло» в этом смысле концепции экономической безопасности, куда российские научные работники умудрились загнать все сферы экономики, политики, социальной жизни и т.д. В этом можно убедиться, взяв любой сборник или официальный документ, посвященный «экономической безопасности»[1].

---

1 Для примера см. тематический выпуск "Экономическая безопасность", сборник "Безопасность", октябрь-декабрь, 1997, № 10–12.

Несмотря на это, среди ученых и политиков нет согласованной позиции ни по самому термину *национальная экономическая безопасность*[1], ни по ее составляющим компонентам. И хотя большинство российских авторов черпали свои идеи у американских авторов, есть смысл обратиться к истокам, чтобы еще раз для себя уяснить: а) что американцы понимают под термином *экономическая безопасность*; б) какие учреждения и институты участвуют в разработке документов по данному вопросу; в) кто и как реализует утвержденные документы.

Определения «экономической безопасности»

Из всех видов безопасности наибольшая путаница произошла с экономической безопасностью. Достаточно просмотреть структуру и содержание правительственного документа «О первоочередных мерах по реализации Государственной стратегии экономической безопасности Российской Федерации (Основные положения)» от 27 декабря 1996 г. (№ 1569). В нем представлены все аспекты экономической и социальной жизни — типичный винегрет, в котором невозможно выделить ни «угрозы», ни ответственные органы за их нейтрализацию или предотвращение. Эта путаница, на мой взгляд, связана с неумелой компиляцией американских доктрин экономической безопасности, с непониманием смысловых нагрузок американских терминов. Особенно много путаницы вносит термин *social security* (социальная безопасность), которую даже сами американские ученые – не-теоретики нередко обозначают как *economic security*. Вместе с тем, когда они формулируют действительно концепцию экономической безопасности в широком смысле, они четко отделяют общественную безопасность от экономической безопасности в узком смысле, связанной с внешними воздействиями. «Узкий вариант» имеет отношение к международной экономической безопасности (International Economic Security), а также к внешнеэкономической безопасности (External Economic Security), в свою очередь состоящей из множества поднаправлений, среди которых в настоящее время актуальными являются промышленная безопасность, промышленный шпионаж, экономический шпионаж.

---

1 Например, см.: *Коржов*. Экономическая безопасность России, 7–9.

Коротко: как определяются внутренние и внешние аспекты экономической безопасности США.

Общественная безопасность.

Первостепенное значение среди всех видов безопасности имеет общественная безопасность, за которую несет ответственность в первую очередь федеральное правительство. Данной сфере посвящено 70–80% всей литературы, а также занято наибольшее количество правительственных чиновников. Специалисты данной проблематики определяют этот термин следующим образом:

> Общественная безопасность, которая является частью общего благосостояния, определяется как осознанное чувство благополучия, порождающее у индивидуума относительную уверенность в том, что он или она в состоянии удовлетворить свои основные потребности и желания в настоящем и будущем.

Обратная сторона этого явления, то есть «экономическая (читай «социальная») опасность, заключается в потере доходов, дополнительныых средств (например, на поддержание здоровья), в недостатке доходов (например, низкая зарплата или неполная занятость) или в неопределенности дохода (даже для высокооплачиваемого рабочего). Экономическая опасность может быть вызвана преждевременной смертью главы семьи, преклонным возрастом, слабым здоровьем, безработицей, низкими зарплатами, инфляцией, природными бедствиями или личностными факторами, как-то: разводом, алкоголизмом или наркоманией, азартными играми и домашним насилием»[1].

Для разнообразия стоит представить и точку зрения разведывательной службы канадской безопасности:

> Экономическая безопасность означает поддержание таких условий, которые необходимы для постоянного и долгосрочного повышения производительности труда и увеличения капитала и, таким образом, высокого и увеличивающегося стандарта жизни граждан страны, включая поддержание справедливой, безопасной и динамичной деловой атмосферы, способствующей инновациям,

---

1 *Social* Insurance and Economic Security, 5.

внутренним и внешним инвестициям и постоянному экономическому росту[1].

В подобных определениях общественно-экономической безопасности и опасности схвачены почти все стороны личностного бытия, и за каждую личность несут ответственность как правительства США и Канады, так и все общество. Именно поэтому на обеспечение соответствующего уровня общественной безопасности и направляется львиная доля расходов федерального бюджета. Так, в США только на статью, непосредственно касающуюся общественной безопасности (social security), приходится самая большая сумма в размере 23% от всей расходной части федерального бюджета на 1999 ф. г. Если же суммировать другие статьи бюджета, имеющие отношение к общественной (экономической) безопасности (общины и региональное развитие, образование, здравоохранение, пособие на медицину, социальное страхование, расходы на ветеранов, правосудие), тогда общая сумма составит более 60% от всего бюджета[2].

Ко всему этому следует добавить средства, поступающие из частного сектора в сферу общественной безопасности, как минимум, адекватные по масштабам государственным расходам. При этом надо иметь в виду, что в Канаде и в странах Западной Европы суммы статей на «социальную безопасность» превосходят американские в пропорциях соответствующих бюджетов. Например, в Англии в 1998 ф. г. только на статьи «Социальная безопасность и здоровье» и «Социальные услуги» приходилось соответственно около 60% и 16% бюджета правительственных расходов[3].

Надо также четко запомнить, что ответственность за общественную безопасность несут правительство и президент или премьер-министры, а не «внешний враг».

1 *Foreign* spy agencies threaten Canada's economic security.

2 *A Citizen's* Guide to the Federal Budget, Budget for the United States Government, Fiscal Year 2001.

3 Economist, May 30th 1998, 35.

Международная экономическая безопасность. Она определяется как

> такое состояние мировой экономики, которая в максимальной степени соответствует экономическим интересам США в целом.

Несмотря на бесспорное лидерство США в мировой экономике, тем не менее в Вашингтоне полагают, что предпринимаемые усилия США по обеспечению национальных интересов страны, включая ее экономические аспекты, недостаточны. В настоящее время весьма активно обсуждается идея формирования специального Совета экономической безопасности или в рамках ООН (типа Совета Безопасности), или как независимой международной организации, нацеленной на упорядочение и координацию всех международных экономических институтов типа «7», ВТО, МВФ, ОЭСР и т.д. Поскольку главным финансистом такой организации будут США, соответственно ее целевая предназначенность должна определяться прежде всего экономическими интересами США.

Технологическая безопасность.

Хотя в США нет специального закона по технологической безопасности, однако ее обеспечение четко прослеживается по нескольким направлениям. Во-первых, министерство обороны США в последние годы постоянно подчеркивает теснейшую связь между технологической и национальной (читай — военной) безопасностью, требуя ужесточить контроль за формами и способами производства и продажи «оборонной технологии». Во-вторых, оно добилось включения ужесточенных условий продажи «технологической информации» в Закон об экономическом шпионаже 1996 г. (о чем речь ниже). В-третьих, оно существенно расширило инвестиции в военную промышленность, непосредственно контролируемую Пентагоном. Последнее подтверждают следующие цифры, приводимые военными специалистами. Еще в 1965 г. Министерство обороны закупало 60% полупроводников на «свободном» внутреннем рынке. В настоящее время на этом рынке закупается только 1% полупроводников. Еще несколько лет назад Пентагон закупал на этом рынке почти 100% мультичиповых модулей, сейчас только 40%. Все это означает, что, с одной стороны, Пентагон стремится взять под свой жесткий контроль «оборонный рынок», с другой — сам наращивает инвестиции в военную технологию и информацию. Такая политика резко контрастирует с теми тенденциями, которые происходят в нынешней России.

Для того чтобы разделить меру ответственности за нанесение экономического ущерба стране со стороны «внутренних и внешних врагов», в американо-канадских документах даются определения ряду важных терминов.

Промышленный шпионажю

В соответствии с разделом 809 Закона о разведке на 1995 ф. г. (Intelligence Authorization Act) промышленный шпионаж трактуется как

> деятельность, осуществляемая иностранным правительством или иностранными компаниями при прямой помощи иностранного правительства против частных компаний Соединенных Штатов и ставящих целью приобретение коммерческих секретов[1].

Канадцы на всякий случай предусматривают определения и для «внутренних шпионов»: промышленный шпионаж означает

> использование или содействие частным сектором или его суррогатом нелегальных, тайных, принудительных или обманных способов для приобретения экономической секретной информации.

Экономический шпионаж.

В более широком контексте канадцы определяют экономический шпионаж, не ограничивая сферу его действия только частным сектором. В их интерпретации экономический шпионаж — это

> нелегальная, тайная, принудительная или обманная деятельность, в которую вовлечено иностранное правительство или которая обеспечена его поддержкой и направлена на получение неразрешенного доступа к экономической секретной информации, такой, как частная информация и технологии, для приобретения экономических преимуществ[2].

---

1 *Annual* Report to Congress on Foreign Economic Collection and Industrial Espionage, July 1995.

2 *Foreign* spy agencies threaten Canada's economic security.

Экономическая разведка —

> политика в сфере экономической информации коммерческого свойства, включая технологическую, финансовую, частную коммерческую и правительственную информацию, приобретение которой в целях иностранных интересов может прямо или косвенно способствовать увеличению относительной производительности (труда) или конкурентной позиции экономики тех или иных организаций (иностранной) страны.

Обращает на себя внимание, что американцы, в отличие от канадцев, не говоря уже о европейцах или японцах, в последние два – три года впадают во все большую детализацию определений различных подвидов экономической безопасности. Это вызвано тем, что сейчас идет процесс подготовки широкого спектра законодательных актов, призванных защитить все сферы экономической деятельности США внутри страны и за рубежом. И в этот процесс вовлечены практически все структуры, имеющие даже косвенное отношение к внешнеэкономической деятельности США.

Участники политики экономической безопасности в США

Для того чтобы понять, какие структуры участвуют в защите экономической безопасности страны, есть смысл назвать авторов документа под названием «Годовой доклад конгрессу по внешнеэкономической деятельности и промышленному шпионажу» за 1995 г.

При правительстве от имени Совета национальной безопасности был создан Совет по национальной контрразведывательной политике, который поручил Центру национальной контрразведки подготовить означенный доклад для конгресса. В нем принимали участие такие организации:

- Отдел национальной безопасности ФБР;
- Центр контрразведки ЦРУ;
- Бюро разведки и исследований и дипломатической безопасности госдепартамента (МИД США);
- Подразделение контрразведки и программ безопасности при помощнике министра обороны, отвечающего за систему ко-

манды, контроля, связи и разведки;

- Агентство военной разведки (аналог российского ГРУ); Отдел армейской разведки и безопасности;

- Служба расследования преступлений при ВМС; Служба специальных расследований ВВС;

- Служба военных исследований;

- Исследовательский институт по личной безопасности; Агентство национальной безопасности (Пентагон);

- Подразделение контрразведки в министерстве энергетики;

- Отдел по экспорту министерства торговли;

- Служба поддержки разведки министерства финансов;

- Отдел разведки налоговой службы США.

Столько организаций принимало участие в подготовке только одного документа!

В целом же федеральное правительство создало так называемую Контрразведывательную сеть (CI), которая образует нечто типа Контрразведывательного сообщества (CIC) с задачей по защите американской промышленности от иностранного шпионажа, куда вошли следующие организации:

- ФБР — главная координирующая и инициирующая организация в данной сфере с множеством специфических подразделений. В рамках ФБР действует программа слежения за развитием шпионажа, контрразведки и терроризма (DECA).

- ЦРУ — координирующая и информационная служба. Близка к программам CI — Отдел национальных ресурсов.

- Спецслужба таможни США, основные функции которой заключаются в мониторинге действия Закона о контроле экспорта оружия, Закона об экспорте военных материалов, а также административного Закона об экспорте, который покрывает экспорт высокотехнологичных материалов и информации.

- Министерство обороны. Каждый отдел имеет свое подразделение, отвечающее за внешнеэкономическую и промышленную разведку и имеющее отношение к военным программам и системам. Тесно работает с ФБР. Надо иметь в виду, что служба помощника министра обороны по экономической безопасности в 1998 г. была разделена на два подразделения:

службу помощника замминистра обороны по коммерческим и международным программам и службу помощника замминистра обороны по промышленности и внедрению. То есть подтверждается высказанная идея о более узкой специализации в сфере внешнеэкономической деятельности.

- Министерство юстиции имеет подразделение по экономическому шпионажу.

- Министерство энергетики имеет аналогичное подразделение.

- Министерство торговли. Не имеет спецпрограмм в рамках CI. Сотрудничество предполагается чисто информационное.

- НАСА сама не является участником программы CI, однако, пользуясь информацией ФБР, а также спецпрограммами (Special Access Programs), информирует своих сотрудников о ситуации в данной области.

- Госдепартамент (МИД). Помимо спецотделов, занимающихся внешнеэкономической деятельностью, располагает Консультативным советом по безопасности за рубежом (OSAC). Это своего рода совместное предприятие, состоящее из сотрудников МИДа и американских бизнесменов. Находится под управлением Бюро дипломатической безопасности госдепартамента. В этот совет входит около 1400 частных организаций.

Надо иметь в виду, что существует еще одна мощная неправительственная организация — Американское общество за безопасность промышленности (ASIS), которое представляет регулярные доклады даже для ФБР.

Программа CI четко описывает функции каждого из упомянутых акторов, формы и методы шпионажа и т. д. Одним из результатов всей этой программы был Закон об экономической безопасности 1996 г.

Закон об экономической безопасности 1996 г.

1 февраля 1996 г. в Сенате по представлению сенаторов Коля и Спектора обсуждались два закона: Закон об экономической безопасности и Закон об экономическом шпионаже. На обсуждениях присутствовал президент Билл Клинтон. 28 февраля 1996 г. перед сенаторами

выступил директор ФБР Льюис Фри, который подробно обосновал необходимость принятия данных законов. Надо подчеркнуть, что инициаторами этих законов были два ведомства — министерство юстиции и ФБР. На них есть смысл остановиться подробнее.

В разделе 2 Закона об экономической безопасности указывается (далее перевод), что:

1. экономическая безопасность является частью национальной безопасности;

2. развитие новых идей и экономических инноваций является крайне важным для здоровья и конкурентоспособности национальной экономики;

3. поощрение инноваций и творчества требует адекватной защиты жизненно важной экономической информации, как доступной, так и закрытой;

4. более 50 стран нелегально пытались добыть передовые технологии с предприятий США;

5. кража, незаконное разрушение или изменение, незаконное приобретение иностранными государствами или их агентами жизненно важной информации, принадлежащей собственникам в США, прямо и существенно угрожают здоровью и конкурентоспособности важнейших сегментов экономики США и, соответственно, их национальной безопасности;

6. существующие законы неадекватны для защиты против экономического шпионажа иностранными правительствами или тех, кто действует в их пользу.

Цель закона — защитить национальную безопасность путем предотвращения экономического шпионажа и продолжить развитие узаконенной утилизации экономической информации США, защищая ее от воровства, незаконных изъятий[1] и изменений, незаконного приобретения иностранными правительствами и их агентами или подручными. Этот закон защищает жизненно важную экономическую информацию правительства Соединенных

---

1 Имеется в виду манипуляция или разрушение банков данных в компьютерах. Например, см.: *Коржов*. Экономическая безопасность России, 7–9.

Штатов и американских фирм, бизнеса, промышленности и индивидуумов как внутри страны, так и за рубежом путем наказания индивидуумов, корпораций и институтов, которые вовлечены в экономический шпионаж с намерением или с целью оказания помощи иностранным государствам или правительствам и их агентам и приспешникам[1].

Причины необходимости принятия данных законов сенаторы видят в следующем: в 1992 г. американские компании потеряли 1,8 млрд долл из-за кражи коммерческих секретов. Со ссылкой на Американское общество по промышленной безопасности было также сказано, что объем краж экономической информации вырос на 260% с 1985 г. по 1993 г. В этих деяниях были упомянуты 57 стран, в том числе Франция (единственная страна, которая была названа прямо).

Директор ФБР Фри к этой информации добавил следующее: по данным доклада «Тенденции потерь интеллектуальной собственности» на основе анализа 325 американских корпораций в 1995 г. было установлено 700 инцидентов потерь собственности на сумму 5,1 млрд долл., что соответствовало 9% ВНП США. Причем их количество увеличилось в целом на 323% в период между 1992 г. (9,9 инцидента в месяц) и 1995 г. (32 инцидента в месяц). 59% от всех инцидентов было связано с работниками или бывшими работниками компаний, а 15% — с контрактниками. 74% инцидентов приходилось на тех, кому компании полностью доверяли. 21% инцидентов был связан с деятельностью иностранных государств[2].

В докладе Д. Купера, директора одной из структур министерства обороны, подробно излагался механизм краж оборонной информации пятью союзниками США. Хотя они не были названы, трое из них, судя «по почерку», были Франция, Израиль и Япония.

В последующих докладах ФБР за 1996 и 1997 г. подчеркивалось, что на экономическую безопасность США все интенсивнее стала негативно влиять Россия в связи с тотальной коррупцией на всех уровнях власти и экономических структур, а также организованной мафией, в том числе действующей на территории США.

---

1 *Economic* Security Act of 1996.

2 *Freeh*. Director. Federal bureau of investigation. Hearing on Economic Espionage. 2/28/ 96.

Первоначально названные законы предполагалось включить в качестве добавлений к Закону о национальной безопасности 1947 г. Однако в конечном счете в октябре 1996 г. они вошли в часть 18 Федерального закона США в виде главы 90, состоящей из семи разделов под названиями: «Экономический шпионаж», «Кража торговых секретов», «Уголовная ответственность (наказания)», «Порядок сохранения конфиденциальности», «Гражданские процедуры, предотвращающие насилия», «Экстерриториальные расследования», «Государственный закон».

Раздел о наказании (1831) за экономический шпионаж предусматривает в качестве максимального наказания для индивидуума 15 лет тюрьмы, или 500 тыс. долл. штрафа, или то и другое вместе, для организаций — 10 млн долл. штрафа. За экономическую кражу, не предназначенную для иностранного государства, предусматривается менее жесткое наказание (раздел 1832): для индивидуума — 10 лет тюрьмы, или штраф, или то и другое вместе; для организаций — штраф в 5 млн долл.

Почти через два года, 28 января 1998 г., Льюис Фри, выступая перед сенаторами, давал как бы отчет о действии Закона об экономической безопасности. Он сообщил, что 23 страны продолжают действовать в сфере экономического шпионажа на территории США, среди них особую активность проявляют 12 государств. Однако в рамках Программы ответа и уведомлений по проблемам национальной безопасности Отдела национальной безопасности ФБР его ведомства через своих агентов в регионах направляют предупредительную информацию приблизительно 25 тысячам директоров корпораций. Эти же предупреждения об экономическом шпионаже (в форме брифинговых материалов) направляются в зарубежные американские компании и корпорации, в частности в Австрию, Ирландию, Новую Зеландию, Панаму, Южную Корею и Объединенное Королевство. Со ссылкой на уже упоминавшееся Американское общество за безопасность промышленности Фри заявил, что только за 1996 г. американская интеллектуальная собственность стоимостью в 30 млрд долл. подвергалась риску. Он привел около десятка случаев деятельности ФБР по предотвращению промышленных краж на базе Закона об экономическом шпионаже[1].

---

1 *Freeh*. Director. Federal bureau of investigation. Hearing on Threats to U.S. National Security.

На фоне массовой охоты за промышленной информацией количество «примеров» можно считать весьма скромным, что, видимо, свидетельствует о несовершенстве или самого закона, или всей системы защиты американской промышленности.

Выводы

Американский опыт показывает, что даже в устоявшейся рыночной экономике проблемы экономической безопасности сохраняют свою актуальность и требуют постоянного совершенствования механизма ее обеспечения. Хотя все аспекты экономической безопасности взаимосвязаны, тем не менее четко выделяются экономические пространства их функционирования. Внутреннее поле — общественная безопасность — четко увязывается с ответственностью правительства. Внешнее поле — внешнеэкономическая безопасность — увязывается не только с ответственностью тех или иных правительственных органов, но и частных компаний и организаций, а также с ответственностью каждого члена американского общества. Эта сфера защиты экономической безопасности стала определяться политикой, которую осуществляли в свое время Советский Союз и нынешний Китай. Следует также подчеркнуть, что американская стратегия безопасности призвана не только защитить собственные экономические интересы от внешних угроз. Она нацелена на направленное развитие мировой экономики, а также экономики любой страны в мире, включая развитые экономики своих военно-политических союзников. В конечном счете, чтобы все они «работали на США».

ГЛАВА V

ФИНАНСИРОВАНИЕ МЕЖДУНАРОДНОЙ ПОЛИТИКИ США

Превзойди своего противника в расчетах.

Ли Цянь,
древнекитайский военный мыслитель

Маринка, такая сволочь, каждую копейку считает.

Из разговора двух русских девушек

Текущая стратегическая теория США была рождена из брака между ученым и бухгалтером. Профессиональный солдат был устранен.

Ричард Пайпс

Все разговоры о национальных интересах, национальной безопасности и внешнеполитических целях превращаются в пустую болтовню, если заранее не оговаривается стоимость их реализации и финансовое обеспечение этой стоимости. Где-то у Маркса я вычитал, что идеи неизбежно посрамляют себя, как только они отрываются от интересов. В еще большей степени сами интересы или цели посрамляют себя, если они оторваны от финансового обеспечения. Красноречивым примером этого является практика проведения внешней политики СССР и нынешней России.

США являются, пожалуй, единственной страной в мире, где просчитывается любой вид деятельности по реализации национальных интересов или стратегии национальной безопасности. В этих подсчетах участвуют не только государственные или представительские органы или специально создаваемые «по случаю» (ad hoc) группы типа «Совещательной группы по присутствию за рубежом»

(Overseas Presence Advisory Panel), созданной в 1999 г. по инициативе госсекретаря, но и любой гражданин США (через своего депутата). Такое участие, предусмотренное законом, облегчается тем, что детальная информация о бюджете публикуется и распространяется бесплатно, в том числе и через Интернет (http://www.gpo.gov/usbudget)[1]. Любопытно и то, что для не очень искушенных в финансовых делах граждан каждый год публикуется специально разъяснительный материал о бюджете под названием «A Citizen's Guide to the Federal Budget». Более же продвинутые граждане знают все систему утверждения бюджета, которая на всякий случай опять же ежегодно прописывается в документе «The Budget Systems and Concepts». В нем же объяснены бюджетные термины, без знания которых можно не понять, в чем разница между budget authority, mandatory spending (=direct spending) и outlays. (На всякий случай предупреждаю: в дальнейшем я буду использовать строку budget authority).

Для анализа структуры и механизма финансирования Международной деятельности США здесь я использую ряд документов, а именно:

- U.S. Congress. 105th Congress Report. House of Representatives 1st Session 105–94. Foreign Policy Reform Act. May 9, 1997;

- U.S. Department of State, Strategic Plan, September 1997;

- United States Strategic Plan for International Affairs, First revision — February 1999;

- Summary and Highlights. International Affairs (Function 150). Fiscal Year 2001 Budget Request, February 7, 2000;

- The Budget-in-Brief — Fiscal Year 2001, February 7, 2000.

Для краткости обозначу первый документ как Act 1997, второй — SP 1997, третий — SP 1999, четвертый — Summary, пятый — BiB. (В скобках отмечу, что все документы получены через Интернет.)

---

1 Парадокс. Я, не будучи гражданином США, могу в деталях ознакомиться с бюджетом США на всех предварительных стадиях, но, будучи гражданином России, не могу заполучить бюджет для изучения в ходе его обсуждения в Думе.

Процедура и термины

Финансирование Международной политики закладывается в раздел Function 150 федерального бюджета. Поначалу этот раздел сверстывается в Отделе ресурсов, планирования и политики госдепартамента. Затем передается в администрацию президента, где самую важную роль играет Служба по управлению и бюджету. После утверждения президентом всего бюджета документы передаются для обсуждения в конгресс. А часть — по Международной политике — в четыре подкомитета: Внешние операции, Коммерция, справедливость, государство, Развитие земледелия и сельского хозяйства и Службы труда, здоровья и человеческих ресурсов. Затем он вновь возвращается в администрацию президента для доводки и подписания. Весь процесс расписан по определенным срокам.

Финансирование Международной политики распределяется по программам через четыре департамента (Госдепартамент, Министерство финансов, Агентство по сотрудничеству в области оборонной безопасности министерства обороны, Министерство сельского хозяйства), семь независимых агентств (Агентство по международному развитию, ЭИБ, Комиссия по международной торговле, Корпорация по зарубежным частным инвестициям, Корпус мира, Агентство по торговле и развитию, Институт мира США), трех фондов (Фонд африканского развития, Азиатский фонд и Межамериканский фонд).

Надо иметь в виду, что хотя внутри раздела по Международной политике есть строка финансирования по Международной безопасности, однако она касается только части национальной безопасности. В объяснении посла Крейга Джонстоуна, директора Отдела ресурсов, планирования и политики, в рамках Госдепа деятельность национальной безопасности охватывает сферы взаимодействия с союзниками; обеспечения мира на Среднем Востоке; участия в предотвращении распространения химического, биологического, ядерного оружия; деятельность по поддержанию сил мира, в частности в районе Косово и Боснии, а также то, что «мы делаем в отношении бывшего Советского Союза и государств бывшего Советского Союза, — т.е. дела, связанные с нашими попытками содействовать переходу к демократии и к естественному участию в наших программах, касающихся национальной безопасности»[1]. Кстати сказать, эта «часть» съедает почти 44% всего бюджета по международной политике. Львиная же доля финансирования международной безопасности осуществляется через бюджет по статье Национальная оборона (Function 050). Некоторые статьи расходов по национальной безопасности проходят через Министерство энергетики.

Чтобы было понятно, что именно финансируется в рамках термина *Международная политика* надо знать его отличие от термина *Внешняя политика*. На это особенно обращает внимание документ SP 1999, выдержки из которого приведены в предыдущей главе[2]. Там же приведен перечень национальных интересов США.

1　См.: On -the-record briefing on FY 2000 Budget As released by the Office of the Spokesman. U.S. Department of State. Washington, DC, February 1, 1999.

2　В документе даются также отличия терминов *интересы, стратегические цели*. Вообще надо подчеркнуть, что для американцев характерна терминологическая четкость, особенно при составлении официальных документов.

Структура финансирования Международной политики[1]

Следует сразу отметить то, о чем не устают напоминать госдеповцы, что в 1949 г. на международную политику было затрачено 16% от федерального бюджета, ныне же эта доля упала приблизительно до чуть более 1%. Даже в 1985 г. на эту деятельность тратилось 35 млрд долл. (в ценах 1997 г.). В целом же за период между 1987–1996 гг. расходы на финансирование международной политики упали на 34%, т.е. с 25 млрд долл. до 16 млрд долл. Далее они начали потихоньку подниматься: в 1997 г. — 18 млрд долл., в 1998 г. эта сумма реально составляла 19 млрд долл., в 1999 г. она выросла до 23,4 млрд долл., в 2000 г. она была равна 24 млрд долл. (оценка) / Summary/. Правда, надо иметь в виду, что в Исторической таблице динамика расходов несколько иная[2], но важно другое: все последние цифры относительно ВВП составляют около 0,2% по текущему курсу, а относительно бюджета — чуть выше 1%. К этой теме я еще вернусь. Здесь же зафиксирую, что бюджет на 2001 г. по категории 150 был утвержден президентом в сумме 22,8 млрд долл., т.е. это меньше, чем за предыдущие два года.

Весь Бюджет 150 делится на четыре неравные части. Наибольшие суммы приходятся на раздел Внешние операции (Foreign Operations). В запросе на 2001 г. эта сумма была обозначена в 15,1 млрд долл., причем из 32 позиций (строк) наибольшие расходы приходились на Банки многостороннего развития (1 354 млн), Помощь развитию (2 141 млн), Фонд экономической поддержки (2 313 млн) и внешнее военное финансирование (3 538 млн). Есть также строка о поддержке Демократии восточноевропейских стран в сумме 610 млн долл. Эта сумма увеличилась после понижения в 2000 г. Связано это, видимо, с тем, что с демократией в Восточной Европе вновь стали возникать проблемы.

---

1 Когда речь идет о бюджетировании, имеются в виду финансовые годы, которые начинаются с 1 октября.

2 See: *Historical* Tables. Budget of the United States Government. Fiscal Year 2000.

Вторая по значимости часть расходов приходится на раздел Коммерция, справедливость, государство, в рамках которого финансируется и Госдепартамент. Эта часть несколько увеличилась до 6 816 млн долл. по сравнению с предыдущим 2000 г. (6 532 млн долл.), но уменьшилась по сравнению с 1999 г. (6 951 млн долл.).

Расходы по двум другим подразделениям относительно незначительные: Сельское хозяйство (финансируется продовольственная помощь) — 837 млн долл. и Служба труда (финансирует Институт мира США) — 14,45 млн долл.

Отдельно есть смысл рассмотреть содержание деятельности непосредственно Госдепартамента.

Данные о его количественном персонале довольно противоречивые: в документе PS 1997 говорится, что его штат равен приблизительно 23 тыс. человек (85). В другом документе Госдепа за тот же год приводится цифра 22 209 человек, из них гражданских лиц — 4 977, кадровых дипломатов на территории США — 7 724 и 9 508 за рубежом. Соотношение работающих на территории США и за рубежом находилось в пропорции 36 и 64%.

Стараниями М. Олбрайт уже в следующем году ситуация стала меняться к лучшему, о чем свидетельствует Акт по реформе внешней политики мая 1997 г. (секция 1321). Он определил новый уровень штата на конец 1998 ф. г., в соответствии с которым утвержденный штат внешней службы (имеется в виду штат сотрудников на территории США) на 30 сентября 1998 г. должен соответствовать следующим цифрам:

- для госдепартамента: штат не должен превосходить 8 700 человек, включая не более 750 высших чиновников внешней службы;

- для Информационного агентства Соединенных Штатов: штат не должен превосходить 1 000 человек, включая не более 140 высших чиновников внешней службы;

- для Агентства по международному развитию: штат не должен превосходить 1 070 челлвек, включая не более 140 высших чиновников внешней службы.

На следующий год Акт предусматривал небольшое увеличение. На 30 сентября 1999 г. были заданы следующие цифры:

- для Госдепартамента: штат не должен превосходить 8 800 человек, включая не более 750 высших чиновников внешней службы;

- для Информационного агентства Соединенных Штатов: штат не должен превосходить 1 000 человек, включая не более 140 высших чиновников внешней службы;

- для Агентства по международному развитию: штат не должен превосходить 1 065 человек, включая не более 135 высших чиновников внешней службы (Act 1997, p. 52).

Надо иметь в виду, что госдепартамент обслуживает 160 стран через более чем 250 посольств, консульств и других зарубежных представительств. (С 1995 г. более 30 представительств было закрыто.)

Между прочим, в секции 1322 Акта 1997 г. предусматривались даже такие мелочи. В одном из разделов данной секции соответствующего параграфа предлагалось добавить следующее предложение: «Для работников, служащих за пределами Соединенных Штатов в местах, где воскресенье является обычным рабочим днем, а другой день недели официально признается днем отдыха и отправлений обрядов, госсекретарь может утвердить официально признанный день отдыха и отправлений обрядов именно таким днем, о котором говорится в предыдущем предложении вместо воскресенья» (Act, p. 52). Эта бюрократическая фраза означает, что в компетенцию госсекретаря входит его право утверждать в качестве дня отдыха не воскресенье, а тот день, который признается днем отдыха в стране пребывания. (МИД РФ, конечно, до таких деталей не снисходит.)

Расходы на функционирование Госдепартамента в 1998 г. были равны 4 679 млн долл., в 1999 г. — 6 683 млн, в 2000 г. — 6 243 млн, а запрос на 2001 г. был равен 6 512 млн долл., что составляет приблизительно 28% от всей суммы на международную политику. В реальном же исчислении с учетом статей по оказанию Внешней помощи (входит миграция и беженцы) расклад такой: 1998 г. — 5 379, 1999 г. — 7 784, 2000 г. — 6 879, 2001 г. — 7 191 млн долл. (BiB).

Основная сумма расходов падает на содержание административного аппарата (внутри страны и за рубежом) — 65,5%, а также на международные организации и организацию международных конференций — 23,4%. На зарплату в 1999 г. потребовалось 354 млн долл[1]. В 2000 г. эту статью объединили со статьями расходов по госпрограммам, в результате сумма стала равна 2 584 млн долл. На всю же административную деятельность было затребовано 4 708 млн долл. В сносках ко всем этим суммам подробно оговаривается, через какие каналы поступают эти деньги.

Весьма любопытно, что отдельная строка выделена для Китая, который для США будет «стоить» в 2000 г. 1 млн 600 тыс. долл. В эту сумму входят различные программы по изучению китайского языка, поездки по стране, поддержка американских граждан, проживающих в КНР, налаживание системы информации, модернизация оборудования и усиление безопасности американского посольства (BiB, 2000). Обращаю внимание на это для контраста с поведением российского посольства в отношении российских граждан, находящихся в Китае, которые без предварительного согласования с посольством не могут свободно войти на территорию собственного посольства.

---

1 Для информации: средняя зарплата госдеповских работников варьируется между 26 708 – 43 874 долл. для младших чиновников, 45 000 – 80 000 долл. для среднего звена, 93 000 – 116 000 долл. для высших бюрократов // U.S. State Department, FS Salary and Benefits. May 15, 1996.

На какие цели тратятся деньги

За рубежом очень часто возмущаются вмешательством США во внутренние дела других стран. Американцы такого возмущения не понимают в принципе, т.к. их «вмешательство», как они сами себе внушили, направлено только на благо этих самых стран. И такое «вмешательство» у них открыто закладывается в финансирование международной политики. Два примера (оба из BiB).

В бюджете есть строка по финансированию Национального фонда за демократию — НФД (the National Endowment for Democracy — NED). В 1998 г. на этот фонд было затрачено 30 млн долл., в 1999 г. — 31, в 2000 г. чуть менее 31 млн долл. (оценка), а в 2001 г. запрос составил 32 млн долл. На что же предназначена эта сумма? (Далее перевод с незначительными сокращениями.)

Объяснение. Эта сумма должна быть использована для того, чтобы:

- поддерживать страны в их переходе к более открытой демократической системе;
- ускорять процесс либеральной демократии через укрепление гражданского общества, включая помощь по созданию неправительственных организаций (НПО) и через усиление независимых торговых объединений, свободных средств информации и организаций, наблюдающих за выборами, которые не только обязаны предотвращать подтасовки на выборах, но и мобилизовать граждан для участия в политическом процессе;
- предоставлять помощь демократическим активистам в авторитарных странах, как, например, Китай, Куба, Северная Корея, Конго, Судан, а также в странах Средней Азии, Среднего Востока и на разоренных войной Балканах;
- способствовать свободным рыночным реформам и развивать институты, которые содействуют политической ответственности, экономической прозрачности и ответственности в управлении;

- укреплять новые демократии в Центральной Европе, чтобы развивать плюрализм и демократические изменения на всем пространстве бывшего Советского блока, включая укрепление аналогичных групп на Балканах, в Белоруссии, на Кавказе и Средней Азии;

- предоставлять демократическим активистам доступ к новым информационным и коммуникационным технологиям;

- развивать сильную региональную сеть, которая содействовала бы объединению демократических лидеров в Африке, Латинской Америке, Среднем Востоке и в бывшем Советском блоке для взаимного сотрудничества и помощи.

Цель программы. НФД — частная некоммерческая организация, созданная в 1983 г. для того, чтобы усилить демократические учреждения по всему миру без помощи правительства. Независимый совет директоров управляет Фондом. На основе своего годового федерального гранта НФД каждый год предоставляет сотни грантов для поддержки продемократических групп в Африке, Азии, Центральной и Восточной Европе, Латинской Америке, Среднем Востоке и в странах бывшего Советского Союза. Миссия Фонда — поддерживать мирный и стабильный переход к более открытым политическим и экономическим системам, характеризующимся эффективным управлением и законодательством, активным и ответственным гражданским обществом и открытыми рынками.

Описание программы. НФД является, прежде всего, организацией, предоставляющей гранты. Программы в области развития труда, открытых рынков и политических партий финансируются через четыре основных института: Американский центр международной трудовой солидарности (ACILS), Центр международного частного предпринимательства (CIPE), Международный республиканский институт (IRI) и Национальный демократический институт (NDI). НФД также ежегодно финансирует программы в области прав человека, гражданского образования, независимых СМИ, законодательства, усиления неправительственных организаций и другие аспекты демократического развития.

Выгоды. Программы Фонда отвечают долгосрочным интересам США и соответствуют текущим потребностям в усилении демократии, прав человека и законности. Поддержка Фондом свободных рыночных реформ способствует региональным возможностям торговли и помогает ускорению экономического развития. Содействие демократии через Фонд — жизненно важно для национальной безопасности США, поскольку демократии обычно не спонсируют терроризм, не распространяют оружие массового уничтожения и не создают дестабилизирующие потоки беженцев (ВiВ).

Вот еще один пример затрат (дается в формате оригинала):

Представительские расходы

Краткое изложение программы деятельности
Итоговое заявление
(в тыс. долларах)

Деятельность	1999 фактически	2000* оценка	2001* запрос	увеличение или уменьшение (-)
Содействие нац. интересам США	3,790	3,871	3,955	84
Защита интересов граждан США	90	90	100	10
Содействие экон. деятельности	250	250	260	10
Средства на памятные и церемониальные процедуры	220	215	230	15
Публичная дипломатия		1,400	1,428	28
Общая сумма	4,350	5,826	5,973	147

* 2000 и 2001 ф. гг. включают деятельность в сфере публичной дипломатии, ранее фондированной Информационным агентством международной информации США.

Объяснение запроса на 2001 ф. г. Запрос на 2000 ф. г. призван поддержать национальные интересы США, экономическую деятельность и другие дипломатические функции с помощью ресурсов, направляемых на представительские мероприятия. Увеличение суммы на 147 000 долл (2,5%) частично необходимо, чтобы покрыть зарубежную инфляцию.

Цель программы. Эти расходы предназначены дипломатическому и консульскому персоналу для официального представительства Соединенных Штатов в их функциях за рубежом и в миссиях международных организаций в Соединенных Штатах.

Описание программы. Деятельность, финансированная указанной суммой, обычно включает:

- содействие национальным интересам США посредством формальных и неформальных общений с информированными иностранными официальными лицами и длительное время проживающими (в нашей стране) представителями, обычно на приемах, во время коротких рабочих ланчей и неформальных обедов;
- защиту интересов граждан США путем развития и установления личных отношений с зарубежными официальными лицами, в компетенцию которых входит предоставление помощи и решение проблем американцев за рубежом;
- содействие экономической деятельности путем установления и поддержки отношений иностранных и официальных американских лиц, бизнесменов, рабочих лидеров и других, кто мог бы быть полезен в выполнении обязанностей, связанных с содействием и защитой американской торговли;
- выполнение памятных и церемониальных процедур таких, как празднование Четвертого июля или как возложение венков на могилу местного национального героя;
- взаимодействие с влиятельными личностями и организациями, включая местные СМИ, ключевые политические элиты, академиков и членов неправительственных организаций, чтобы оценить атмосферу зарубежных общественных дел и донести и усилить понимание политики США и их ценностей;
- содействие мирным отношениям между США и другими странами, усиливая взаимопонимание посредством академической, профессиональной и культурной деятельности.

Выгоды. Деятельность, обозначенная в рамках указанной суммы, облегчает процесс эффективного информирования внешнеполитических задач и целей США, сбор информации, необходимой для формулировки нашей двухсторонней и многосторонней внешней политики, культивирует и поддерживает политику США и их ценности (BiB).

Приводя полностью некоторые разделы Международной политики, причем не самые главные, мне хотелось показать простую вещь, а именно: Госдепартамент, запрашивая ту или иную сумму, сколько бы она ни была мала, должен объяснить ее целесообразность с точки зрения национальных интересов США. Не вообще, а конкретно и детально по любому действию США на международной арене.

Финансирование политики в отношении стран СНГ и России

В главе второй Акта 1997 г. — Помощь развитию — в секции 511 в отношении стран СНГ говорится о необходимости предоставлять суммы для поддержания «растущего класса мелких предпринимателей в 12 новообразовавшихся независимых государствах, стремящихся посеять семена для появления по-настоящему среднего класса в этих оперяющихся государствах» (95). Эти суммы в 1997 г. составляли 625 млн долл., а на 1998 и 1999 гг. были утверждены в размере 839,9 млн и 789,9 млн долл.

А вот большой бюрократический в смысле языка пассаж в отношении непосредственно России: «Комитет по международным отношениям обеспокоен растущим свидетельством российских действий в других новых независимых государствах, направленных на умаление их суверенитета, и намерениями восстановить историческое доминирование России над этими государствами. В этой связи Комитет выражает озабоченность относительно логических объяснений нынешней администрации, что-де Соединенные Штаты не могут воспротивиться утрате суверенитета любой из новых независимых государств, поскольку это как бы происходит «добровольно». [Далее Комитет выражает сомнение, что этот процесс происходит добровольно, а не под давлением России. — О.А.] Комитет специально указывает на очевидные российские поставки оружия и поддержку сепаратистских этнических движений в других новых независимых государствах; российскую поддержку попыток переворота в других новых независимых государствах, использование экономического давления против других новых независимых государств, чтобы добиться политических и военных уступок от этих государств, и на российские манипуляции экспортом энергии другими новыми независимыми государствами, эксплуатируя трубопроводы, контролируемые Россией, чтобы ограничить прибыли твердой валюты этих государств. Комитет разочарован постоянно повторяющимися логическими обоснованиями администрации в отношении российских усилий по «реинтеграции» бывших советских государств» (96).

По-иному ведет себя Украина: Комитет также указал на то, что «Украинское правительство демонстрирует высокую степень понимания интересов американской внешней политики, в то время как Россия, наоборот, пренебрегает этими интересами» (96–7).

А вот любопытные «озабоченности» относительно Белоруссии в связке с Россией:

> Комитет с удовлетворением одобряет действия президента по противодействию растущей диктатуре президента Александра Лукашенко в Белоруссии (называется нарушение прав человека, отсутствие демократии и т.д. — *О.А.*). Комитет призывает президента скоординироваться с другими демократическими государствами в Европе для поддержки восстановления демократического правительства в Белоруссии. Комитет поддерживает продолжающуюся помощь неправительственным организациям, независимым СМИ, демократическим движениям и гуманитарным потребностям в Белоруссии, в то же время рекомендует, чтобы помощь (включая международные займы России) были сокращены, если официальные высшие лица российского правительства продолжат поддерживать деятельность Александра Лукашенко. Комитет верит, что судьба демократии в Белоруссии окажет влияние на другие новые независимые государства (97–8).

Еще один пассаж в этой же секции под рубрикой «Другие поводы для беспокойства». Повод такой:

> Поддержка на высоком уровне российским правительством диктатуры президента Александра Лукашенко в Белоруссии и продолжающиеся усилия по «интеграции» России и Белоруссии должны вызвать самое сильное противодействие и оппозицию со стороны администрации (107).

В отношении СМИ в России:

> Комитет указывает на тенденцию в России в отношении усиления контроля над средствами радиовещания и печатной информации через прибыльные монополии, тесно связанные с высшим уровнем российского правительства. Комитет рассматривает эту тенденцию как потенциальную угрозу подлинной свободе слова в России, а также как потенциальную поддержку коррумпированной деятельности, которая могла бы сделаться общественным достоянием при подлинной свободе прессы. Комитет строго обязы-

вает Агентство по международному развитию принимать в расчет эту тенденцию и пересмотреть программу по удвоению усилий в деле продвижения по-настоящему независимых СМИ. ...Комитет поддерживает продолжающуюся помощь для независимых радиовещаний. Комитет вдохновлен прогрессом в сфере СМИ Агентства по международному развитию и особенно прогрессом в сфере печатной информации через Центр американской прессы и информации в России (Russian American Press and Information Center — «RAPIC») (100).

Критика финансовой политики Вашингтона в сфере международной деятельности

Многие американские эксперты, прежде всего те, кто так или иначе вовлечен во внешнеполитический процесс, постоянно подвергают критике администрацию Клинтона и особенно конгресс за недостаточное финансирование деятельности США на международной арене. Хотя на эту тему существует немало работ[1], для примера приведу статью Ричарда Гарднера, бывшего посла США в Испании и Италии, ныне профессора Колумбийского университета, в которой он анализирует расходы США на международную политику в 2001 ф. г[2].

Оказывается, первоначальная сумма по статье Международная политика в 2001 г., запрошенная Госдепом (М. Олбрайт), была равна 25 млрд долл. В администрации президента она была урезана до 22,8 млрд долл. (именно эта сумма и приводилась выше в тексте), а бюджетные подкомитеты конгресса, по утверждению Гарднера, сократили ее еще до 20 млрд долл. В то же время, возмущается американский профессор, оборонный бюджет на 2001 г. увеличился до 310,8 млрд долл., т.е. возрос на 4,5 млрд долл. по сравнению с 2000 г.

И хотя благодаря протестам Клинтона и Олбрайт в конечном счете конгресс увеличил бюджет 150 на 1 млрд долл., это все равно не является достаточным для реализации внешних целей США.

Не радует Гарднера и перспектива. Дело в том, что по предложению президента к 2005 г. расходы по статье 150 увеличатся до 24,5 млрд долл. Но, принимая в расчет инфляцию, фактически эта сумма будет означать уменьшение на 20% от суммы 2000 г. Военный же бюджет будет увеличен до 331 млрд долл. в 2005 г. В результате соотношение между военными расходами и расходами на международную политику составит более чем 16 к 1.

---

1   See: *Financing* America's Leadership: Protecting American Interests and Promoting American Values.

2   *Gardner.* The One Percent Solution // Foreign Affairs. (July/August 2000).

Гарднер напоминает, что в 60-е годы статья 150 составляла 4% от всего федерального бюджета, в 70-е годы — около 2%, ныне — чуть более 1%.

Столь пренебрежительное отношение к международной политике бывший дипломат объясняет тем, что расходы на нее не рассматриваются как расходы на национальную безопасность. На самом же деле, по его мнению, именно эта строка бюджета реализует широкий спектр национальной безопасности, который воплощен в семи фундаментальных национальных интересах страны.

Чтобы не быть голословным, Гарднер с цифрами в руках показывает, какие суммы в реальности необходимы для реализации этих интересов. К примеру, по бюджету 2001 г. Госдепартаменту выделено 6,8 млрд долл., 3,2 млрд из которых идет на финансирование административной деятельности. Из-за разгрома некоторых посольств в Восточной Африке (имеется в виду разрушение посольств в Найроби и Дар-эс-Салам) 1,1 млрд долл. предназначены для реконструкции этих посольств и модернизации систем безопасности, хотя на эти цели необходимо 1,4 млрд долл. 17 млн долл. предполагается использовать для создания инфраструктуры связи, хотя на самом деле необходимо 330 млн долл. Ничего не было выделено на повышение квалификации высшего персонала (700 человек). Таким образом, только Госдеп недофинансирован на сумму 500 млн долл. — сумму, необходимую, чтобы покрыть минимальные потребности.

Аналогичная ситуация и с финансированием международных организаций. На эти цели утверждена сумма в 996 млн долл., из них непосредственно на ООН 300 млн долл. и 380 млн для организаций типа МОТ, ВОЗ и т.д. Оставшаяся часть предназначена для финансирования НАТО, ОЭСР и ВТО. (Стоит отметить, что посол США в ООН Ричард Холбрук «в трудных переговорах» пытается снизить долю США в бюджете ООН с 25% до 22%, а многие консервативные деятели и ученые, например, из Фонда наследия вообще предлагают послать ООН к «чертовой матери».)

В целом же, по подсчетам Гарднера, Госдепу для нормального функционирования необходим еще 1 млрд долл., т.е. общая сумма на расходы по графе «Коммерция, справедливость, государство» должна составлять 7,8 млрд долл.

Та же ситуация с финансированием раздела «Внешние операции». В представленном администрацией президента бюджете эта часть, за вычетом расходов на военную помощь (3,7 млрд долл.) и на ЭИБ (около 1 млрд долл.), составляет 10,4 млрд долл., т.е. 0,11% ВВП и 0,6% федерального бюджета. Для сравнения: в 1962 г. на эту статью приходилось 18,5 млрд долл. (по текущему курсу), или 0,58% ВВП и 3,06% бюджета. В 1980-е годы в среднем эти расходы составляли 13 млрд долл. в год, или 0,20% ВВП и 0,92% бюджета. Нынешние 0,11% меньше, чем 0,30% других стран ОЭСР (это означает 29 долл. на человека в США и в среднем 70 долл. — в странах ОЭСР).

Все это волнует Гарднера и с точки зрения последствий глобализации, которая способствует обнищанию бедных стран. По его подсчету, половина населения земного шара живет на сумму менее 2 долл. в день; два миллиарда людей оторваны от энергетических систем; полтора миллиарда не имеют чистой воды; более миллиарда не охвачены образованием, здравоохранением и методами современного контроля над рождаемостью. По его прогнозам, при среднем увеличении населения на 75 млн человек в год к 2050 г. население земного шара достигнет 9 млрд человек, большинство из которых будет жить в беднейших странах мира. И если нынешняя тенденция сохранится, «мы получим еще больше нищеты, эпидемий, политической нестабильности, распространения наркотиков, этнического насилия, религиозного фундаментализма и терроризма и ухудшение окружающей среды». Все перечисленные проблемы становятся более важными элементами в перечне угроз национальной безопасности, чем угрозы межгосударственных столкновений. Как минимум, считает Гарднер, необходимо добавить еще 1,6 млрд долл в раздел по Внешним операциям. Другими словами, решение потратить на Международную политику 1% от бюджета не является «решением», заключает бывший американский дипломат.

* * *

Мне приходилось изучать бюджеты РФ и некоторых других стран, но я нигде не встречал столь подробной детализации каждой строки, как это делается в бюджетах США. И самое главное, что я хочу особенно подчеркнуть, — это уважение американцев к каждому центу, затрачиваемому на любую деятельность государства, будь это внутри страны или за рубежом. Наконец, видимо, только американцы сопрягают свои внешнеполитические цели и интересы с затратами на их реализацию. В этом я усматриваю одно из важнейших преимуществ США перед остальными странами мира. И в этом залог их лидерства.

А что касается России, до тех пор, пока россияне, подобно «сволочи Маринке», не научатся считать «копейки», не научатся сопрягать болтовню о великой державе с финансовыми возможностями своей страны, она так и останется, по выражению Зб. Бжезинского, «клиентом» США, на полусогнутых ногах вымаливая очередной транш у МВФ.

ВМЕСТО ЗАКЛЮЧЕНИЯ.
ОБЩЕСТВЕННОЕ МНЕНИЕ США О
ВНЕШНЕЙ ПОЛИТИКЕ

На одном из Круглых столов М.С. Горбачев высказался следующим образом: «Я только что вернулся из Америки… сами американцы и общественное мнение склоняются к тому, что это им не нужно — не нужна жандармская роль и мировое господство. У них хватает своих проблем, и они их чувствуют. Правда, общественное мнение, как это случается во многих государствах, можно и побоку. Общественное мнение остается при своем мнении, а реальная политика идет в другом направлении…»[1].

Подобного типа фраза, характерная для многих российских лидеров и ученых, любопытна с двух точек зрения. Первая. Произошла подмена терминов: *жандармская роль* и *мировое господств,* о чем в США никто и не говорит. Содержание этих терминов передается другими словами, а именно: *активная роль США в мире, лидерство США, благожелательная гегемония США* (benevolent hegemony). Хотя суть эти слова не меняют, но в пропагандистском плане они работают эффективно в пользу поддержки внешней политики Вашингтона. В пропаганде очень важно название действий. Например, одно дело говорить о войне в Чечне, другое — о военных операциях против бандформирований.

Второй момент. На каком основании Горбачев говорит за «общественное мнение» в США? Он что, со всей общественностью пообщался? Некоторые российские политики, правда, берут еще «выше»: они высказываются «за все человечество и за народы», о чем речь пойдет в разделе о российских ученых.

Поскольку опросы на уровне человечества и народов мне не попадались, все же стоит рассмотреть позиции американской общественности о роли США в мире, о ее отношении к России и Китаю. Это нетрудно сделать, опираясь на данные опросов Чикаг-

---

1 *Внешняя* политика России: возможная и желаемая, 28.

ского комитета по внешней политике, которые он проводит с регулярностью раз в четыре года, начиная с 1974 г. Последний опрос был проведен в 1998 г., а его результаты опубликованы в 1999 г.[1].

Опрашиваемые делятся на две категории: общественность (так сказать, простой народ) и лидеры, так или иначе вовлеченные во внешнеполитический процесс США.

Мир в XXI веке. Большая часть общественности (53%) полагает, что XXI век станет более кровавым и насильственным, чем век XX. Среди лидеров эту позицию разделяет только 40% опрошенных. Это означает, что общественность питает меньше иллюзий относительно будущего, чем лидеры. Такое расхождение вполне закономерно, поскольку лидеры во всех странах пытаются приукрасить будущее. Достаточно вспомнить, какие кисельные берега и молочные реки обещали российские руководители своему народу.

Роль США в мире. За активную роль США в мире высказались 61% общественности и 96% лидеров. 50% общественности считает, что Америка сейчас играет более важную и мощную (powerful) роль в качестве мирового лидера, чем 10 лет назад, а 79% общественности и 71% лидеров уверены, что через 10 лет эта роль усилится.

В качестве «очень важной» цели 59% общественности и 58% лидеров назвали сохранение превосходства военной мощи США на мировой арене.

Главным фактором сохранения превосходящей силы страны и ее влияния в мире 63% общественности назвали экономическую мощь, а 28% — военную, в то время как за экономическую мощь высказалось 89% лидеров, а 8% — за военную силу. Другими словами, доля общественности, полагающаяся на военную силу, значительно превосходит сторонников военной силы среди лидеров. Народ, оказывается, более воинствен, чем политики.

---

1 *American* Public Opinion and U.S. Foreign Policy. 1999. В некоторых случаях, для уточнения цифр, был использован материал из статьи: *Rielly*. Americans and the World: A Survey Century's End // Foreign Policy, (Spring 1999).

Китай. На «термометре чувств» проверяется отношение к той или иной стране и ее лидерам (нейтральное чувство = 50 градусам). На этой шкале рейтинг Китая равен 47 градусам. Большинство общественности и лидеров (57 и 56%) рассматривают превращение Китая в мировую державу как «критическую» угрозу американским жизненным интересам. Несмотря на это, 69% общественности и 97% лидеров полагают, что в следующие 10 лет Китай будет играть большую роль, чем сейчас. В то же время только 27% общественности, но 51% лидеров считают, что необходимо военное вмешательство США в случае вторжения Китая на Тайвань.

Россия. «Термометр чувств» показывает, что с 1994 г. по 1998 г. произошло похолодание чувств к России с 54 до 49 градусов. В таких же пропорциях изменились и «чувства к Ельцину».

Общественная поддержка экономической помощи России остается низкой: 38% общественности желает, чтобы она уменьшилась или вообще прекратилась, а 35% предпочитает, чтобы Россия сама решала свои экономические проблемы. Последнюю позицию поддерживает только 17% лидеров. В то же время 44% лидеров предпочитают, чтобы Россия в попытках выйти из кризиса полагалась на Европу (а не Америку).

Среди крупнейших внешнеполитических проблем Россия стоит на пятом месте в оценках лидеров и на 11-м месте в оценках общественности. Большая часть общественности (77%) и лидеров (93%) все еще рассматривают Россию с позиции жизненных интересов США, хотя их меньше всего волнует военная угроза со стороны России. Только треть (33%) общественности продолжает рассматривать военную мощь России как критическую угрозу США. Намного меньше доля лидеров (17%), рассматривающих российскую военную мощь как угрозу, включая 46% из администрации, которые вообще не рассматривают Россию как «важную» угрозу. В то же время 49% лидеров рассматривают Россию как угрозу, но не «критическую», а как «важную» угрозу.

Большинство лидеров (54%) полагают, что роль России через 10 лет уменьшится, меньшая часть (42%) — усилится. Общественность по этому вопросу разделилась на две равные части: по 44%.

Интересную разницу в позициях общественности и лидеров показал их ответ на вопрос, надо ли применять военную силу против

России в случае ее вторжения в Польшу: «за» высказалось всего 28% общественности, но 58% лидеров. То есть американскую общественность, в отличие от лидеров, мало интересует судьба других стран.

* * *

Как видно из опросов, мнение общественности США расходится с оценками, высказанными Горбачевым. Как Горбачеву, так и другим лидерам пора научится делать свои умозаключения не на основе своего эмпирического опыта, а на основе научного анализа, каков был характерен для Маркса, Энгельса и Ленина. Иначе, просто… глупость с трагическими последствиями для страны.

ЧАСТЬ II

СТРАТЕГИЯ РОССИИ — КУРС НА МНОГОПОЛЯРНОСТЬ

ГЛАВА I

ОФИЦИАЛЬНЫЕ ДОКТРИНЫ И КОНЦЕПЦИИ

Концепция национальной безопасности Российской Федерации, или Очередные задачи партии и правительства

Концепция национальной безопасности 2000 г.[1] является новой редакцией концепции национальной безопасности, утвержденной Указом президента РФ от 17 декабря 1997 г. Мне однажды уже приходилось анализировать концепцию – 97[2]. Есть смысл сделать то же самое и в отношении новой ее разновидности.

Сразу же хочу оговориться. Я не рассматриваю такого типа документы как нечто влияющее на жизнь граждан или на место и роль России в мире. Эта концепция, так же как и Конституция РФ, представляет собой декларацию о намерениях, не подкрепленную реальными возможностями государства по их реализации. На это как бы косвенно намекает и фраза: концепция — «система взглядов на обеспечение» и т.д. Глядеть же можно и так, и эдак, благо «глядунов» в РФ более чем достаточно. Поэтому анализ такого типа документов может быть интересен только с одной точки зрения, а именно: демонстрации уровня компетентности тех, кто формулирует и формирует политический курс страны. Иногда этого достаточно, чтобы предсказать результаты этого курса.

---

1 Полный текст см.: Независимое военное обозрение. Независимая газета. 14.01.2000.

2 См.: О концепции национальной безопасности России: абракадабра, или сапоги всмятку // *Арин*. Россия на обочине мира, 133–41.

Как и предыдущий вариант концепции, нынешний не является концепцией национальной безопасности (КНБ), а представляет собой набор оценок всех или почти всех аспектов внутренней и внешней политики, а также наставления-требования о том, что надо сделать, чтобы в российском «королевстве», состоящем из «личности, общества и государства», воцарилась безопасность.

Как и любой неработающий документ, он начинается с пустословия типа «под национальной безопасностью Российской Федерации понимается безопасность ее многонационального народа как носителя суверенитета и единственного источника власти в Российской Федерации». Ссылка на «народ» — это обычный стандартный штамп политической демагогии. Фактически же весь этот документ ничем не отличается от партийных документов «застойного социализма» под названием «Очередные задачи партии в области внутренней и внешней политики». В таком качестве и разберем его содержание, сохраняя структуру «доклада».

I. Россия в мировом сообществе

Мировое сообщество определяется двумя тенденциями: одна в сторону многополярности, чему Россия будет способствовать, другая — доминированию развитых западных стран при лидерстве США.

Оценки в корне ошибочны, поскольку вторая тенденция — это не тенденция, а реальный факт, а первая просто не просматривается, т.к. за пределами «доминирования западных стран» никакого множества «полюсов» нет. Наметился в качестве «полюса» Китай, но, если он действительно обретет данное качество, тогда мир будет не многополярен, а биполярен.

Авторы концепции фиксируют, что Россия «в силу значительного экономического, научно-технического и военного потенциала, уникального стратегического положения на евразийском континенте объективно продолжает играть важную роль в мировых процессах». Эта фраза — чистейшей воды демагогия, т.к. экономический потенциал России ниже потенциала 19-миллионной Австралии, Южной Кореи, Мексики, Бразилии и т.д., научно-технический потенциал разрушен и ныне уступает любой стране развитого мира, а военный потенциал не достаточен даже для того, чтобы обеспечить безопасность на собственной территории в районе Чечни. Расположение же на «евразийском континенте» — это просто географическая констатация, не дающая основания рассуждать о величии государства.

В концепции выражена озабоченность: «Вместе с тем активизируются усилия ряда государств, направленные на ослабление позиций России в политической, экономической, военной и других областях». Естественно, возникает вопрос: что это за «ряд государств»? США? Германия? Япония? Исходя из предыдущей логики о двух тенденциях, то вроде бы они «развитые западные страны». То есть те самые страны, от которых Россия ожидает и временами получает экономическую и финансовую помощь. Тогда каким же образом они «ослабляют» позиции России?

Резюмирую. Весь блок «Россия и мировое сообщество» состоит из одних нелепиц и оценок, не имеющих отношения к реальностям международной жизни.

II. Национальные интересы России

Определение национальных интересов России как «совокупность сбалансированных интересов личности, общества и государства» во всех сферах общественной жизни — это красивая, но абсолютно пустая фраза по одной только причине, которая ни одному из авторов даже не приходила в голову. Интересы личности, общества и государства не могут быть сбалансированы в принципе, поскольку именно их «несбалансированность» и порождает различимость указанных явлений.

Далее. Все рассуждения о государстве, обществе и личности являются пустой абстракцией до тех пор, пока не определены: *какое* государство, *какое* общество, личность в *какой* системе? *Какую* демократию из десятка исторических демократий собираются укреплять? Что это за «социальное государство»? (Назовите хоть одно «не социальное государство».) Помимо всего прочего, все это не имеет никакого отношения к национальной безопасности, а имеет отношение к внутренней политике страны.

Внешний срез национальных интересов. И он сформулирован по-глупому. Пишется: «Национальные интересы России в международной сфере заключаются в обеспечении суверенитета, упрочении позиций России как великой державы — одного из влиятельных центров многополярного мира, в развитии равноправных и взаимовыгодных отношений со всеми странами и интеграционными объединениями, прежде всего с государствами — участниками Содружества Независимых Государств и традиционными партнерами России, в повсеместном соблюдении прав и свобод человека и недопустимости применения при этом двойных стандартов».

Если многополярного мира пока не существует (сами авторы о нем вначале говорили только как о тенденции), каким образом Россия может упрочить в нем позиции «как великой державы»? Что такое «великая держава»? Дайте ее параметры. Насчет же «прав и свобод человека», — то этот кусок, видимо, вставили в качестве шутки, имея в виду, что эти самые права и свободы в самой России ущемлены в такой степени, как ни в одной стране мира. Особенно это касается права на жизнь.

Полное непонимание того, о чем авторы пишут, обнажается в следующей фразе: «Национальные интересы России в военной сфере заключаются в защите ее независимости, суверенитета, государственной и территориальной целостности, в предотвращении военной агрессии против России и ее союзников, в обеспечении условий для мирного, демократического развития государства». Авторы не понимают, что независимость, суверенитет, государственная и территориальная целостность — это не национальные интересы *в военной сфере*, а это военная *политика* обеспечения национальных интересов, которые состоят из того-то и того-то. То есть у них нарушена логика (или структура) взаимосвязей между национальными интересами и политикой их обеспечения. Именно поэтому они начинают перечислять национальные интересы в «пограничной сфере», в «экологической», и так можно без конца. Я бы им посоветовал еще включить «сексуальную сферу», но особенно «мозговую». Для полного комплекта. Короче, все это — одна болтовня.

III. Угрозы национальной безопасности Российской Федерации

Эту часть можно назвать уникальной. Авторы не понимают элементарных вещей. С точки зрения логики концепций национальной безопасности обычно, когда пишут об угрозах, имеют в виду угрозы, вызываемые внешними враждебными силами. А «угрозы», возникшие в результате просчетов или идиотизма во внутренней и внешней политике, называются другим словом, а именно: преступлениями руководителей страны.

Так вот, почти половина текста данной части посвящена плачевному состоянию «отечественной экономики». В этой сфере «угрозы имеют комплексный характер и (sic!) обусловлены прежде всего существенным сокращением внутреннего валового продукта, снижением инвестиционной, инновационной активности и научно-технического потенциала» и т.д. и т.п.

Именно так. Вопрос только в том, кто несет ответственность за распад СССР и эти «провалы» и угрозы? Кто «управлял» экономикой и политикой в эти годы? Разве не Ельцин и его команда? Разве не Черномырдин с «молодыми реформаторами»? И получается, что все «угрозы», перечисленные в данной главе, созданы, инициированы и спровоцированы предыдущим руководством страны. А поскольку все перечисленные «угрозы» сохранились при нынешнем руководстве, значит ответственность несет и оно. А раз так, не оно ли представляет самую главную угрозу национальным интересам России и российскому народу? Суть-то нынешней власти не изменилась. Почему же следует предполагать, что она изменит ситуацию?

В международной части этой главы вновь повторены фразы из I-й главы, только через категорию *угрозы*. Вот одна из фраз: «Угрозы национальной безопасности Российской Федерации в международной сфере проявляются в попытках других государств противодействовать укреплению России как одного из центров влияния в многополярном мире, помешать реализации национальных интересов и ослабить ее позиции в Европе, на Ближнем Востоке, в Закавказье, Центральной Азии и Азиатско-Тихоокеанском регионе». К тому, что было сказано выше, можно добавить: как можно ослабить позиции России, скажем, на Ближнем Востоке и в Азиатско-Тихоокеанском регионе, где они пребывают в «ослабленном состоянии» на протяжении 10 лет. Или кто-нибудь сможет доказать, что, например, в таких странах, как Чили, Мексика, Австралия, Новая Зеландия, Попуа-Новая Гвинея, Индонезия и т.д. — странах, которые АТР-болтунами зачисляются в «АТР», позиции России когда-либо были «неослабленными»?

Среди угроз упоминается такая: притязания на территорию Российской Федерации. Правильно, но кто притязает? Разве не Япония, с которой Москва пытается наладить «стратегическое партнерство»?

На самом же деле все перечисленные «угрозы» — это не что иное, как результаты собственной внутренней и внешней политики России.

IV. Обеспечение национальной безопасности Российской Федерации

Эта часть в особенности напоминает «Очередные задачи КПСС». Вся она состоит из «надо», «следует», «должны», — типичное словоблудие, которое нет смысла комментировать. Кто спорит, например, что «духовное обновление общества невозможно без сохранения роли русского языка как фактора духовного единения народов многонациональной России и языка межгосударственного общения народов государств — участников Содружества Независимых Государств». Ну и что? Все демократические СМИ корежат русский язык, превращая его в англо-новояз. Англизация русского языка нахально вторглась на все основные каналы телевидения. А «программы, пропагандирующие насилие», взятые из арсенала отбросов американизированной культуры, заполонили чуть не 90% экранного времени. Где же реализация установок Концепции национальной безопасности?

Все эти пожелания «надо – следует» не будут выполнены, как и пожелания предыдущей концепции – 97, так и последующих концепций по той причине, что их формулирует одна и та же власть. А это — власть государственно-олигархического капитализма с российской спецификой. У нее другие задачи, другие цели. Представленная же концепция — это камуфляж, рассчитанный на оболваненное население, которое продолжает питать иллюзии о возможностях улучшения жизни и способности нынешних правителей защитить национальные интересы России. Но с ними все равно придется расстаться помимо всего прочего еще и потому, что элиту нынешней власти составляют некомпетентные, неграмотные люди, не способные профессионально сформулировать даже концепцию национальной безопасности страны.

Справедливости ради, однако, следует сказать, что данная концепция в осторожной форме подвергалась критике со стороны самих адептов нынешней власти. Некоторые критиковали ее за структурное несовершенство[1], другие за размытость тех или иных определений. Так, Валентин Рог предлагал уточнить определение национальной безопасности таким добавлением: «Национальная безопасность страны — ее способность сохранить и защитить свой суверенитет, территориальную целостность, национальные интересы в военной сфере, в области экономики, культурное и духовно-нравственное наследие, исторические традиции и нормы общественной жизни; обеспечить укрепление российской государственности, совершенствование и развитие федерализма и местного самоуправления, а также безопасность в экологической сфере»[2]. Хотя и в такой формулировке много лишнего, но тенденция выбрана верная. Правда, другие критики, если бы их предложения были приняты, превратили бы рабочий документ в увлекательное чтение о российском житье-бытье. Например, Рамазан Абдулатипов сетовал, что в ней не отражена безопасность «этнонациональных общностей», а упомянута всего лишь безопасность «многонационального народа»[3]. А тот же Валентин Рог предлагал внести в концепцию *национальную идею*, чтобы она превратилась в «концепцию русской души»[4]. Учитывая безразмерность и уникальность этой «души», можно представить, в какой многотомник превратился бы документ, призванный ориентировать политику страны. А впрочем, все это неважно. Не для того писалось.

---

1 См.: *Гришин*. Национальная безопасность России (на основе интервью с В.А. Озеровым) // Профи, №3-4, 2000, 64–7.

2 Независимая газета. 11.02.2000.

3 Там же, 29.01.2000.

4 Там же, 14.01.2000.

* * *

После анализа КНБ я было намеревался критически разобрать Военную доктрину Российской Федерации, утвержденную Указом президента 21 апреля 2000 г. Однако после изучения этой доктрины у меня пропало желание ее критиковать, поскольку в отличие от КНБ военная доктрина выглядит настоящим документом, целесообразно скомпонованным и тематически обоснованным. Причем утвержденный вариант отличается в лучшую сторону от проекта военной доктрины октября 1999 г. благодаря «изъятию» самых уязвимых общих положений о международном сообществе. Правда, в ней все же сохранилась глупая декларация о приверженности России модели многополюсного мира. В то же время в ней дана реалистическая оценка положения Россия в мире, а также реальные угрозы национальным интересам страны. В ней, наконец, меньше пропагандистской мишуры, что делает доктрину рабочим документом. Весьма своевременно были предложены и уточненные формулировки некоторых терминов (к примеру, *вооруженный конфликт* в различных его разновидностях), а также структурная иерархия угроз: вызов – риск – опасность – угроза – агрессия. В этой связи важно подчеркнуть, что упоминание угроз сопрягается с угрозами именно национальным интересам России, а не вообще «миру» и «человечеству». Военные теоретики, к моему удивлению, оказались более подготовленными к формулировке доктрины, чем те, кто принимал участие в оформлении КНБ.

И хотя с некоторыми, чисто военными аспектами данной доктрины я не могу согласиться, но затрагивать их здесь у меня нет намерений, во-первых, потому что, как зафиксировали сами авторы, доктрина является «документом переходного периода»[1], во-вторых, из-за отсутствия финансовых ресурсов она все равно не будет реализована, в-третьих, данная работа посвящена, прежде всего, месту и роли России в мире, а не проблемам реформ российской армии.

А теперь нужно посмотреть теоретический уровень той организации, которая как бы в силу профессии находится на острие внешней политики России, т.е. МИДа.

---

1 *Военная* доктрина Российской Федерации // Независимое военное обозрение. Независимая газета. 28.IV.2000.

Примаков – Иванов – МИД:
демагогия – идеализм – утопия

Прежде чем приступить к анализу официального документа МИДа — Концепции внешней политики Российской Федерации, — целесообразно предоставить слово главным идееносцам в области внешней политики и международных отношений в России, т.е. бывшему министру иностранных дел Е.М. Примакову и нынешнему министру — И. Иванову. Начну с первого.

Е.М. Примаков. Среди множества причин развала СССР и поражения Советского Союза в холодной войне в особенности следует признать неспособность тогдашних руководителей реально оценивать международную обстановку, а также место и роль собственной страны в мире. Попытки выдавать желаемое за действительное в наиболее концентрированной форме проявились в философии так называемого «нового мышления», двумя из важнейших компонентов которого являлись пресловутые «универсальные ценности» и деидеологизация международных отношений. Вся эта философия была построена на утопических идеях и прожектах, к примеру, 15-летней программе поэтапной ликвидации ядерного оружия до конца XX века.

В свое время мне приходилось выступать против «нового мышления» в стенах ИМЭМО в период директорства Е.М. Примакова. В 1987 г. мной была написана статья «Новая» философия во внешней политике: от «дефицита идеализма» к уступкам здравому смыслу». Предполагалось опубликовать ее в журнале МЭиМО, но она была заблокирована редколлегией с мотивировкой: позиция автора расходится с решениями XXVII съезда КПСС и вообще с линией партии и правительства. Предварительно по инициативе то ли редколлегии, то ли Примакова она была обсуждена на дирекции Института с участием ведущих сотрудников, которые дружно раскритиковали меня за отход от линии партии по вопросам международной политики. (В скобках отмечу, что все эти критиканы впоследствии оказались наиболее оголтелыми антикоммунистами.) Суть же статьи заключалась в критике основных идей новомышлистов, в утопизме и идеализме самой концепции нового политического мышления.

Об этом случае я напоминаю только потому, что, несмотря на полнейший провал всех утопий периода Горбачева, в настоящее время вновь и вновь выдвигаются не менее утопичные планы по формированию «мира в XXI веке». Их авторы, возможно, исходя из благих побуждений, предлагают гуманизировать мир, видимо, предполагая, что он состоит из одних «голубей», жаждущих мира во всем мире. Конкретным проявлением подобной детской утопии является «План-конспект концепции мира в XXI веке». Но прежде чем вернуться к анализу этого плана, я хочу обратиться к нынешним взглядам Е. Примакова, которого рассматриваю как одного из политических деятелей, ответственных за развал СССР.

Более десяти дет назад он отстаивал обанкротившиеся идеи новомышлизма. Что же происходит сейчас, в 1996 г., когда Примаков стал министром иностранных дел, сменив совершенно гротескную фигуру А. Козырева? Антизападная позиция Примакова нашла поддержку в определенных политических кругах России. Запад даже немножко как бы и испугался. Совершенно напрасно. Поскольку его видение международных отношений и, соответственно, внешнеполитических действий России сохранило все тот же идеализм, все ту же неадекватность, какая была ему присуща и 10 лет, и 20 лет назад. Любой, кто поднимет его работы тех времен, может легко убедиться в справедливости сказанных слов.

Так вот, беру статью Примакова «На горизонте — многополюсный мир»[1]. Министр-академик в ней утверждает, что «После окончания холодной войны получила развитие тенденция перехода от *конфронтационного двухполюсного к многополюсному миру* (выделено мной. — О.А.)». То есть он то ли не замечает, то ли сознательно не хочет заметить, что после биполярной сформировалась однополюсная система. В таком выводе просматривается или полная профессиональная некомпетентность, или чисто пропагандистская лапша, поданная, чтобы подкормить изголодавшийся народ. Одно дело сказать: «К сожалению, ныне сформировалась однополюсная система во главе с США. Но нам такой мир не нравится, и мы постараемся его изменить на многополюсный». При

---

1 Независимая газета. 22.10.1996.

этом необходимо добавить, сколько средств для этого понадобится и откуда они возьмутся.

Далее идет оценка международной ситуации: «Большую, чем прежде, самостоятельность начали проявлять страны Западной Европы, переставшие зависеть от американского «ядерного зонта». Их тяготение к «евроцентру» постепенно берет верх над трансатлантической ориентацией. На фоне быстро расширяющихся позиций Японии в мире ослабевают узы ее военно-политической зависимости от Соединенных Штатов».

На каком основании делаются подобные выводы?

Уже через два года они опровергаются совместной деятельностью стран НАТО в Косово. За последующие два года американо-японские военные связи в еще большей степени укрепились путем модернизации военного сотрудничества. Что это за прогноз, не способный просчитать развитие на два-три года вперед?

Возвращаясь к многополюсному миру, академик начинает перечислять «условия», которые приведут к этому «миру». Причем «условия» плавно переходят в «предложения», среди которых упоминается необходимость освободиться от менталитета «ведущих» и «ведомых». Можно подумать, что американцы только и ждали такого предложения — освободиться от комплекса «ведущей» державы. Более того:

> *Такой менталитет подпитывается иллюзиями того, что из холодной войны одни страны вышли победителями, а другие — побежденными. Но это не так.* Народы по обе стороны «железного занавеса» общими усилиями избавились от политики конфронтации. Между тем менталитет «ведущих» и «ведомых» непосредственно подталкивает тенденцию к созданию однополюсного мира. Такую модель миропорядка не приемлет сегодня преобладающая часть мирового сообщества (выделено мной. — *О.А.*).

Воистину: плюнь в глаза божья роса. *Такая* логика, видимо, предполагает, что Советский Союз тоже оказался в «победителях». Академика не смущает, что от СССР осталась скукоженная Россия, поджимаемая по всем геостратегическим азимутам. Я уж не говорю о «плодах» победы на экономических и социальных фронтах.

Обращение к «мировому сообществу» или к «народам мира», которые чего-то там «не приемлют», это элементарная демагогия. К ней прибегают политики, когда нечего сказать по существу. «Мировое сообщество» — это такая же химера, как и то, что народы прикладывают какие-то усилия в сфере международных отношений. «Народы» в большую политику не играют, за них это делают руководители государств.

Третье условие — «демократизация международных экономических отношений» — столь же утопично, как и все, о чем пишет или говорит академик. Ни один из его постулатов не работает в принципе, ни один из его прогнозов никогда не сбывается, ни один из его анализов нельзя рассматривать с позиции науки, поскольку академик никогда не работал на понятийном уровне. Одни слова, слова… Утопия — демагогия, демагогия — утопия. Ничего более.

И. Иванов. К сожалению, этот стиль и подход унаследованы последующим министром иностранных дел — И. Ивановым, хотя оценки международной обстановки стали более реалистичны. Жизнь все-таки иногда отрезвляет.

Итак, в статье «Россия в меняющемся мире» И. Иванов пишет:

> Человечество вновь оказалось перед принципиальным выбором: либо многополюсная система мироустройства, основанная на примате международного права, укрепление существующих международных институтов, либо однополюсная модель с доминированием одной сверхдержавы[1].

Трудно понять, что толкает политических деятелей говорить за все человечество. Помимо того, что 99 процентов этого человечества даже не догадывается о существовании проблемы «много и моно-полюсного мира», процентов 90 не знает даже о существовании такой страны, как Россия.

Еще такая «мелочь»: укрепление международных институтов. Очень хороший призыв, например, предполагающий укрепление такого международного института, как НАТО.

И все же, повторяю, реальность корректирует оценки идеалистов. Уже через год министр вынужден констатировать: «Не оправдались и надежды на то, что на смену биполярному противостоянию автоматически придет партнерство в интересах международной стабильности. Более того, силовой фактор не утратил значения, а

---

1   Независимая газета. 26.06.1999.

лишь изменил свою направленность. Вспыхнул целый ряд новых очагов напряженности, в том числе вблизи российских границ»[1].

Не «оправдались» именно потому, что политику строят на «надеждах», на «вере», на «еслибизме», а не на знании окружающего мира, не на понимании сути западного «менталитета», который на протяжении многих веков существования России только и мечтал о том, чтобы этой России не было. Иначе не пришлось бы выражать очередное «сожаление», как это делает И. Иванов. Он продолжает:

> К сожалению, в политике западных государств, особенно в последние 2—3 года, обозначилось стремление построить однополюсную модель мироустройства, основанную на доминировании ограниченного круга наиболее развитых государств во главе с США» (там же).

Спрашивается, чего ради те же США будут радеть о многополярном мире, урезая свои собственные возможности заставлять этот мир работать на себя?

Иванов, с одной стороны, призывает укреплять «международные институты», с другой стороны, сетует: «В европейских делах логика однополярности находит проявление в натоцентризме, стремление выстроить систему европейской и международной безопасности вокруг одного военно-политического блока» (там же). Где же логика?

Концепция мира XXI века. И вот теперь я возвращаюсь к концепции мира XXI века — высший пик утопизма, переплевывающий даже утопизм примаковских идей. Любопытно обоснование этой концепции. В статье И. Иванова говорится:

> Продвигая нашу концепцию мира в XXI веке, мы не ищем повода для соперничества, а предлагаем совместно искать пути повышения управляемости мировых процессов и обеспечение стабильности в мире, одинаково необходимые всем государствам (там же).

Первый утопический штрих: о каком соперничестве может идти речь? Между кем и кем? Неужели кто-то думает, что США всерьез воспринимает Россию как соперника с ВВП в 330 млрд долл и с по-

---

1 Выступление И. Иванова в МГИМО 23 мая 2000 г. // Кремлевский пакет. May 23, 2000. Federal News Service.

лунищим населением? И как можно управлять мировыми процессами стране, руководители которой не могут управиться с элементарными внутренними процессами?

Иванов без иронии подчеркивает:

> Новизна концепции состоит, прежде всего, в реалистическом подходе к оценке мировой ситуации и наших собственных внешнеполитических ресурсов». С первой частью еще можно как-то согласиться (см. выше), но вторая часть может быть воспринята только как шутка. Она превращается в очередной фарс, когда читаешь следующее: «Еще один принципиальный момент — это необходимость проведения сбалансированной в географическом отношении многовекторной политики. С учетом уникального геополитического положения России надлежащее место в ней должны занимать отношения со всеми ключевыми регионами мира (там же).

Во-первых, было бы желательно хотя бы намекнуть, какие регионы не являются «ключевыми». Из последующего выясняется, что Россия будет действовать во всех регионах. Более того. «В шкале внешнеполитических приоритетов России возрастает значение Азии». Эту фразу я читаю и слышу уже более 30 лет, а Азия все никак не «возрастет». Во-вторых, хватит ли внешнеполитического ресурса на все «ключевые регионы»? В-третьих, фактически предложенный вариант по всеохвату абсолютно ничем не отличается от предыдущих вариантов. Но существенно отличается по «содержанию» в сторону утопизма. Вот несколько примеров.

Утверждение первое. *Устав ООН — фундамент концепции мира XXI века; ООН — обеспечивает безопасность и стабильность в мире.*

Во-первых, ни ООН, ни ОБСЕ, ни другие аналогичные организации за время своего существования никакой безопасности в мире не обеспечили и обеспечить не в состоянии[1]. С какой стати они вдруг начнут обеспечивать в XXI веке?

---

1 Из международников эту очевидную истину понимает, кажется, только С. Рогов, который отразил ее в такой дипломатически-деликатной форме: «Вместе с тем происходит ослабление роли таких механизмов обеспечения международной безопасности, как ООН и ОБСЕ, подмена их функций НАТО и другими западными институтами». // Независимое военное обозрение. Независимая газета. 12.01.2001.

Во-вторых, эти организации в основном финансируются США и его союзниками. Неужели авторы не ведают, что доля России в финансировании, например, ООН близка к 1%, в то время как на США приходится более 22 %, а на не члена Совета Безопасности Японии — около 20%. Уже в силу этого ООН является инструментом реализации именно интересов «золотого ядра» капиталистического мира. Ну не глупо ли в этой связи звучит утверждение И. Иванова о том, что «одну из главных задач в 2001 году видим в содействии укреплению роли и авторитета ООН в международных делах, в том числе при урегулировании сохраняющихся кризисных ситуаций в различных регионах планеты»[1].

В-третьих, для того чтобы названные организации служили «делу мира», необходимо в них занять доминирующие финансовые и руководящие позиции, на что у России просто нет ресурсов.

Утверждение второе. *Мир — глобализируется, мир — взаимосвязан.*

Мир действительно глобализируется (между прочим, всего лишь как одна из тенденций и совсем не доминирующая), но не в пользу всего мира, а в явную пользу «ядра» развитых стран. Не случайно в большинстве стран саму эту глобализацию рассматривают в негативном ключе как американизацию или, в более мягком варианте, вестернизацию. И мир не взаимозависим, а большая часть мира «зависима» от ее меньшей части. Неужели эти аксиомы необходимо доказывать?

Утверждение третье. *Мироустройство XXI века — это многополярность.*

Если даже согласиться с подобным утверждением, то кто доказал, что многополярность лучше с точки зрения международной безопасности, чем, скажем, биполярность. Разве историческая практика международных отношений не свидетельствует, что из трех состояний: многополярность, биполярность и гегемония — самым неустойчивым состоянием является именно многополярность, которая неизбежно ведет к войнам? В XXI веке мир испытает на себе все три состояния, причем самым длительным и

---

1 Независимая газета. 30.12.2000.

устойчивым будет именно биполярность, которая установится со второй четверти следующего века лет на 50.

Утверждение четвертое. *О «законе цивилизованных международных отношений».*

Такого закона не существует, а веками существовал и будет существовать закон силы, который сам определяет, что для него «допустимо» и что «не допустимо».

Выдвигаемые на основе подобных утверждений различные цели заранее обречены на провал, как не имеющие объективных оснований. Пределом утопизма (хотя вернее было бы другое слово) можно рассматривать «цель — создать новую культуру мира». Не хватает еще девиза «Светить миру!» И ожидаемый результат — «Счастливые люди на цветущей земле». (Из программы Этического движения «Родная земля».)

И последнее. Невооруженным взглядом видно, что все или почти все положения концепции XXI века взяты из арсенала пропаганды американской внешней политики, о чем свидетельствует даже терминология: «превентивная дипломатия», «контрольно-имплементационные механизмы», «международный мониторинг», наконец, пресловутая концепция «устойчивого развития мира». Неужели авторы Концепции не понимают, что «устойчивое развитие мира» — это не что иное, как пропагандистская форма для реализации идей «золотого миллиарда», т.е. обеспечение благоприятных условий жизни лишь для шестой части человечества?

Вывод. На основе предложенного «плана-конспекта» можно придумать басню про XXI век, в которую способны поверить только люди, не читающие ни книг, ни газет, но верующие в 10 заповедей Моисея.

А если серьезно, то стратегия России в XXI веке должна строиться на реальностях и закономерностях развития международных отношений. Иначе получается очередная еслибистика о покорении всего мира на основе «русской духовности».

Концепция внешней политики Российской Федерации: движение — все, цель — ничто, или благие пожелания о мире и себе

Официальная Концепция внешней политики Российской Федерации, утвержденная президентом в начале июля 2000 г., безусловно отличается в лучшую сторону от предыдущей концепции 1993 г. По крайней мере в ней отсутствуют иллюзии относительно устойчивости мира, прямо указаны «авторы вызовов» (США), впервые прозвучал призыв исходить из возможностей государства в достижении тех или иных внешнеполитических целей.

И тем не менее вынужден заявить: ни одна из задач, ни одна из целей, заложенных в эту концепцию, реализованы не будут. Главным образом потому, что в ней представлена искаженная картина мира, а также непонимание финансового механизма реализации внешней политики. И в этом нет ничего удивительного, поскольку концепция писалась людьми, явно не знакомыми с теориями международных отношений. Это означает, что они привыкли оперировать словами, иногда терминами, но не понятиями и категориями. Для русского умостроя это естественный тип мышления, и никуда, видимо, от него не деться. Я попытаюсь указать на некоторые несуразности этой концепции, а в последующих подразделах развернуть свои аргументы.

Начну с одной «мелочи», имеющей отношение к «концепции концепции». В самом начале написано:

> Высшим приоритетом внешнеполитического курса России является защита интересов личности, общества и государства.

Эта глупость, как уже было отмечено, повторяется почти во всех официальных документах. Цепочка: «личность – общество – государство» как политические явления находятся в различных политических полях. Внешнеполитический курс не может защитить интересы личности, поскольку этот курс и интересы личности напрямую не взаимосвязаны. К этим интересам имеет отношение не внешняя политика, а социальная, правовая, экономическая и т.д.

Еще больший нонсенс: защита общества посредством внешнеполитического курса государства. Такое возможно только при реальном социализме, когда государство и общество находятся в естественной гармонии, а на какой-то ее стадии они просто сливаются. При капиталистической системе, когда общество расколото на классы, как в России, или на страты, как на Западе, в системе «золотого миллиарда», государство и общество находятся в состоянии постоянного взаимоборства. Следовательно, интересы государства чаще всего не совпадают с интересами по крайней мере части общества. Особенно это касается внешней политики, — азбучные истины, которые даже неловко повторять.

Отсюда: *внешнеполитический курс может отражать только интересы государства.* В случае с современной Россией — это интересы государственно-олигархического капитализма. И не надо выдавать черное за красное.

Таким образом, приведенная цитата должна была бы звучать так: «Высшим приоритетом внешнеполитического курса России является защита интересов государства». А затем изложить эти внешнеполитические интересы.

В Концепции дана искаженная оценка международных отношений. В одном из абзацев пишется, что, дескать, идет процесс развития

> региональной и субрегиональной интеграции в Европе, Азиатско-Тихоокеанском регионе, Африке и Латинской Америке.

Кроме Западной Европы, никакой интеграции нигде не существует, а есть только тенденция к интеграции в Северной Америке (через механизм НАФТА) и в Восточной Азии. «АТР» как целостный региона ни в экономическом, ни в политическом смысле вообще не существует. Говорить же об интеграции в Африке или Латинской Америке — это свидетельство или полного непонимания экономических тенденций в этих регионах, или отсутствие понимания разницы в понятиях *интеграция* и *интернационализация*. Судя по Концепции, авторы не представляют и что такое *глобализация*.

А теперь насчет США и надоевшей многополярности. Читаем:

> Усиливается тенденция к созданию однополярной структуры мира при экономическом и силовом доминировании США.

На самом деле, как уже об этом говорилось в разделе о КНБ, это никакая не тенденция, а устоявшийся объективный факт. Причем этот факт не только не скрывается, а открыто фиксируется во всех стратегических документах Вашингтона. И это не слова, а реальность, которая будет доказана ниже на цифрах.

Далее:

> Россия будет добиваться формирования многополярной системы международных отношений, реально отражающей многоликость современного мира с разнообразием его интересов.

Здесь есть некоторый прогресс по сравнению с оценками предыдущей концепции, в которой утверждалось, что мы уже живем в многополярном мире. На самом деле, вне зависимости от того, будет Россия, или Китай, или еще кто-то добиваться многополярности или нет, это не имеет никакого значения, поскольку мир развивается в сторону геостратегической глобальной биполярности. Периоды многополярной истории закончились после второй мировой войны. Если же пытаться их искусственно восстанавливать, тогда надо быть готовым к учащению региональных войн и военных конфликтов, поскольку *многополярность является самой неустойчивой системой международных отношений.* Достаточно хотя бы вскользь оглянуться на историю двух последних столетий.

Намерение же бороться с США посредством содействия формированию многополярного мира на деле будет означать помощь Вашингтону в сохранении его гегемонии в мире, т.к. «борьба» за многополярность приведет к дальнейшей растрате и распылению ресурсов «борцов», т.е. их ослаблению. Как говорится, бог в помощь.

Растрата ресурсов заложена в сами направления внешней политики, которые охватывают все регионы и подрегионы, а также все мировые проблемы. Зачем, спрашивается, развивать экономические отношения с Африкой, Латинской Америкой, со странами АСЕАН, расположенными от России на расстоянии тысяч километров? Оказывать влияние на них Россия не может, т.к. ее торговые позиции в объемах торговли не превышают 1%. Но и доли этих регионов в торговле с Россией ничтожно малы: тоже вокруг 1%, за исключением Бразилии в импорте (2%). Но если соотнести торговые выгоды с затратами хотя бы на перевозку товаров, то окажется, что все эти «выгоды» не стоят выеденного яйца.

Опять же. Для чего Россия участвует в 2000 международных организациях? Какие выгоды она приобрела от участия в АТЭС? Ради чего расходуется ежегодный взнос в ПАСЕ в размере 35 млн. долл.? И т.д. и т.п.

Ради каких государственных целей Россия направляет свои «миротворческие силы» в Африку, например, в Сьерра-Леоне, в Косово и прочие «горячие точки»? Только для того, чтобы «просветиться»? А сколько стоит это «просветиться»? Оказывается, «России выгодно направлять своих миротворцев в горячие точки. Во-первых, это уменьшает взнос страны в казну ООН. Во-вторых, наши военнослужащие имеют возможность подзаработать»[1]. Последнее, видимо, и является главной причиной. А вот как действуют развитые страны. Из той же газеты: «США, Франция и Великобритания не поддержали просьбу генсека ООН о направлении своих войск для участия в разрешении конфликта в Сьерра-Леоне. При этом были сделаны ссылки на ограниченные бюджетные возможности и нежелание вмешиваться в конфликты, носящие незначительный по масштабам характер». Парадокс: у американцев «бюджетные ограничения», а у России, бюджет которой на уровне какого-нибудь американского города, «ограничений» нет.

В принципе не возбраняется в Концепцию закладывать любые цели и задачи. Но они останутся болтовней, если не указать «себестоимость» реализации этих планов. Хотя в самой же Концепции есть очень хороший призыв:

> Успешная внешняя политика Российской Федерации должна быть основана на соблюдении разумного баланса между ее целями и возможностями для их достижения. Сосредоточение политико-дипломатических, военных, экономических, финансовых и иных средств на решении внешнеполитических задач должно быть соразмерно их реальному значению для национальных интересов России, а масштаб участия в международных делах — адекватен фактическому вкладу в укрепление позиций страны.

Совершенно верно. К сожалению, сказанное никак не отразилось даже на самой постановке задач и заявленных целях. Потому что для их реализации те суммы, которые заложены в бюджет страны, необходимо увеличить даже не на порядок, а на два порядка.

Таков официальный взгляд Москвы на себя и на мир. Тут явные проблемы: или с глазами, или с мозгами.

---

1 Независимая газета. 04.08.2000.

Предварительные выводы

Неудачи в формулировании официальной концепции национальной безопасности связаны с отсутствием методических навыков в разработке такого типа политических документов. Дело в том, что концепция национальной безопасности — это явление не российской, а американской политологии. Она была разработана после Второй мировой войны такими учеными, как Г. Моргентау, Дж. Кеннан, А. Вольферс, С. Хоффман и др. Еще до того, как идея национальной безопасности стала принимать доктринальные формы, американские международники интенсивно обсуждали ключевые термины внешней политики, — *национальные интересы, жизненные интересы, фундаментальные интересы, национальная безопасность*, категорию *цель* в различных нюансировках (goal, aim, objective), а также такую сложную категорию, как *национальная мощь и сила*, — пытаясь выявить разницу, а точнее, явления, выраженные словами-терминами, как *might, power, force, capability, strength* и т.д. И хотя споры на эти темы не прекращаются до сих пор[1], тем не менее в США уже сформировалось общее понимание базовых категорий внешней политики и международных отношений, что облегчает формулировку хорошо структурированных политических документов с более или менее четким понятийным аппаратом[2].

Российские же политологи, позаимствовав саму идею национальной безопасности у американцев, продолжают плавать в непривычных для себя терминах, даже не очень осознавая разницу между научным содержанием слов *термин, понятие»* и *категория*. Ярким свидетельством этому служат дискуссии вокруг понятия *национальные интересы*[3].

---

1   Например, см.: *Atwood*. Towards A New Definition Of National Security // Vital Speeches of the Day, December 15, 1995, 135–8.

2   См.: *Contemporary* U.S. foreign policy: documents and commentary, 33–56.

3   См.: *Концепция* национальных интересов: общие параметры и российская специфика // МЭМО, 1996, № 7–9.

Другая проблема разработки концепции национальной безопасности связана уже не столько с методологией, сколько с мировоззрением разработчиков. Совершенно очевидно, что от этого зависит содержание концепции или доктрин. В данном случае я сознательно уклоняюсь от «классового подхода». Но даже в среде одного класса, скажем, правящего буржуазного класса, существуют различные взгляды на внешнюю политику России. Совершенно очевидно, что разработчики, кормящиеся от компрадоров, будут говорить о необходимости вхождения «в мировой рынок» в тесном союзе с Западом, а разработчики, связанные с национальной буржуазией, выдвинут на первый план защиту «исконно российских государственных интересов», которые необходимо защищать от «хищников мирового капитализма», и большую ориентацию на «азиатские страны», прежде всего имея в виду Китай и Индию. В этом опять же нет ничего удивительного, если иметь в виду, что и в США общие стратегии внешней политики вычерчиваются по-разному в зависимости от того, какая группа капитала находится у власти. Теоретическим обоснованием данной проблематики в США занимаются множество международников, среди которых выделяется Ч.Е. Снэй (Ch.E. Snare), который даже придумал неудобно переводимые на русский язык термины для обозначения названных двух групп. «Компрадорщиков» он называет Developmental (в грубом переводе что-то типа «развивальщики»), а «государственников» — Active Independent («активные независимщики» или, может быть, лучше "независимцы". Хотя тоже плохо)[1].

В силу вышесказанного должно быть понятно, как непросто сформулировать концепцию национальной безопасности или концепцию внешней политики России. В этом мы вместе убедимся, проанализировав работы ведущих российских специалистов по внешней политике и международным отношениям.

---

1 See: *Snare*. Defining Others and Situations: Peace, Conflict, and Cooperation // Peace and Conflict Studies, v.1, no.1 (December 1994).

ГЛАВА II

РОССИЙСКИЕ НАУЧНЫЕ РАБОТНИКИ: В МИРЕ ЕСЛИБИЗМА, ИЛИ КАК ЗАНЯТЬ «ДОСТОЙНОЕ МЕСТО» В МИРЕ

Среди российских научных сотрудников не так много тех, кто работает на понятийном уровне. В этом нет ничего удивительного, если иметь в виду, что российский тип мышления изначально иррационален, женствен, интуитивен и мистифицирован. Не будучи русским, почти невозможно понять, о чем идет речь, когда ученые пишут или говорят о «достойном месте» страны в мире, об интеграции в мировую экономику, о глобализации мира, о России как великой державе. Попытки выяснить, что сие все означает, вызывает или недоумение, или злой умысел «замотать» дискуссию, «погрязнуть в спорах по поводу в сущности неопределяемых понятий» (А.М. Салмин)[1].

В одной из своих книг я в провокационной форме пытался показать разницу между понятиями *интеграция* и *интернационализация»*, чтобы доказать отсутствие «Азиатско-Тихоокеанского региона» как экономической или политической целостности. Читатели этой книги и даже рецензенты, давшие положительный отзыв на нее, тем не менее никак не прореагировали на теоретическую главу: то ли пропустили ее, то ли не сочли ее достойной внимания.

Уже из ранее сказанного должно быть ясно, к чему ведет невнимание к понятийному аппарату. Может быть, редким исключением является термин *национальные интересы*, дискуссия вокруг

---

1   МЭМО, 77 ,9 № ,1996.

которого была опубликована на страницах журнала МЭиМО (1996, №7–9). И хотя некоторые диспутанты (например, Б.Г. Капустин и Д.Е. Фурманов) пытались доказать, что это понятие невозможно определить или оно «эвристически малопродуктивно», однако другие (А.А. Галкин, Ю.А. Красин, А.П. Логунов) давали важные четкие определения. Другое дело, что с ними можно соглашаться или нет, но в любом случае они «операбельны», т.е. с ними можно работать.

Российские международники в своих дискуссиях обычно обсуждают несколько тем, среди которых наиболее популярными являются: глобализация, структура международных отношений (однополярность – многополярность), является ли Россия великой державой.

А теперь перейду к каждой из этих тем по отдельности.

Глобализация, кругом глобализация

Процесс глобализации в мире признается всеми международниками, хотя понимают они его по-разному. Так, А.В. Загорский пишет о «нарастающей быстрыми темпами интерализации (так в тексте. — *О.А.*) процессов экономического воспроизводства в международном масштабе, результатом которой... стало *формирование единого и тесно взаимосвязанного мирохозяйственного комплекса*, составляющего ядро современной экономики» (курсив А.В. Загорского)[1]. Такое суждение означает формирование целостной интегрированной мировой экономики.

Если большинство авторов просто констатируют факт глобализации, а многие из них, как А.В. Загорский, воспринимают глобализацию как мировую экономическую интеграцию, не задумываясь над термином, который они употребляют, то В. Михеев детально анализирует данный процесс, выдвигая собственные формулировки термина *глобализация*. Он пишет:

Глобализация мировой экономики означает:

- во-первых, выход интересов национальных хозяйственных субъектов за национально-государственные рамки, создание и расширение сферы деятельности транснациональных экономических и финансовых структур,

- во-вторых, поднятие «частных», национальных экономических проблем на глобальный, мировой, уровень видения, требующий — для решения этих проблем — учета мировых хозяйственных интересов и мобилизации мировых ресурсов. Иными словами — требующий смотреть на мир как на единое экономическое пространство,

- в-третьих, влияние ситуации на одних сегментах мировой экономики на другие ее сегменты, не обязательно непосредственно связанные друг с другом,

- в-четвертых, необходимость координации в общемировых масштабах национальных экономических и финансовых политик и необходимость создания единого мирового право-

---

1 КОСМОПОЛИС. Альманах 1997, Москва "Полис", 162.

порядка как условия стабильного мирового экономического развития — что стало особенно актуальным в свете последнего Азиатского финансового кризиса, прямо или косвенно затронувшего практически все мировые финансовые рынки.

Можно сказать, что глобализация мировой экономики означает достигнутый критический уровень экономической взаимозависимости нашего мира на основе:

- экономической интеграции и нарастающего перемещения по миру капитала, товаров, рабочей силы,
- технологической интеграции, подталкиваемой мировым научно-техническим прогрессом,
- современной информационно-коммуникационной революции, связанной с созданием сверхскоростных транспортных средств и ультрасовременных средств связи, распространением в мире персональных компьютеров и сети Интернет»[1].

Я специально вынужден был привести такую длинную цитату, чтобы не исказить мысль автора. Содержание этой цитаты должно подвести к мысли, что не только страны «золотого миллиарда» обуреваемы идеями глобализации, но и все страны мира имеют в наличии такие «транснациональные экономические и финансовые структуры», которые стремятся действовать за пределами национальных рамок. Правда, среди списков ТНК, публикуемых обычно в журнале «Форчун», я не встречал ТНК из Индии, Китая, России, Бразилии, Мексики и т.д. Другими словами, речь может идти о ТНК капиталистического ядра, хотя, как будет показано в соответствующем месте, и с ними не все так просто.

Непонятно также измерение «критического уровня экономической взаимозависимости». Автор этот «уровень» ничем не обосновывает, кроме очевидной банальности о «нарастающем перемещении по миру капитала, товаров, рабочей силы» — явление, которое наблюдается на всем протяжении XX века. Мои сомнения относительно профпригодности специалиста усиливаются, когда читаешь такое:

Вместе с тем сегодня еще не сложились условия для создания Единой мировой экономики и Единого мира. **Противоречие** между

---

1 *Михеев.* Глобализация мировой экономики и азиатский регионализм — вызовы для России? // Проблемы Дальнего Востока, 1999, № 2, 22–3.

обусловленной глобализацией потребностью Землян в единой мировой экономике и господством национально-государственной формы хозяйствования может быть определено в качестве основного **противоречия** современной эпохи — эпохи глобализации мировой экономики и персонификации международных отношений (выделено В. Михеевым) (24).

Хотя я тоже отношу себя к «землянам», но потребности в глобализации почему-то не ощущаю, так же как и миллиарды других землян. Автор даже не замечает, что «персонификация международных отношений» невозможна в принципе, поскольку тогда международные отношения превратятся в межличностные отношения, что ведет к состоянию племенных отношений, т.е. к первобытному обществу.

Другими словами, даже специалист по глобализации совершенно не понимает сути этого процесса, и поэтому все его суждения, не говоря уже о неспециалистах, отстаивающих идеи глобализации, не имеют никакого смысла.

В отличие от оголтелых сторонников глобализации А. Кокошин более осторожен в оценках данного явления, поскольку исходит из национальных интересов России. Увязка совершенно правомерна, и я к ней вернусь в соответствующем месте. Но для начала надо выяснить, что понимает Кокошин под словом «глобализация».

Он, как и большинство российских ученых, не определив термин, описывает его проявления и, естественно, впадает в обычную для всех ошибку. Он пишет:

> В экономике глобализация выражается в резком увеличении масштабов и темпов перемещения капиталов; в опережающем росте международной торговли по сравнению с ростом ВВП всех стран; в создании сетей международных производств с быстрым размещением мощностей по выпуску стандартизированной и унифицированной продукции; в формировании мировых финансовых рынков, на которых многие операции осуществляются практически круглосуточно и в реальном масштабе времени[1].

Большинство отмеченных признаков имели место и в начале века,— явления, которые описываются в рамках теории интерна-

---

1 Независимая газета. 26.05.2000.

ционализации. Единственный из всех признаков, имеющих прямое отношение к глобализации, — это масштабы финансовых операций. И здесь Кокошин прав, когда говорит, что финансовая сфера «становится самодовлеющей силой, определяющей возможности развития промышленности, сельского хозяйства, инфраструктуры, сферы услуг. Сегодня финансовая сфера сама становится "реальной экономикой"». Но эта сфера находится в процессе становления, она — движущая сила глобализации, которая выступает пока всего лишь как тенденция. На данный момент рано говорить о «возникновении новой системы международных экономических и политических отношений, сменившей прежде всего ту систему, которая существовала с 1945 года до начала 1990-х годов».

Здесь невольно смещены два подхода: геостратегический и геоэкономический. Смена биполярного мира на однополярный произошла не в результате глобализации, а в результате изменения соотношения геостратегических сил в мире. В геоэкономическом же ареале просто произошло добавление к интернационализированным и интегрированным полям нового явления — глобализации, которое «воюет» и с первым и со вторым явлением. Поэтому ложна фундаментальная посылка, из которой следует, что в настоящее время «завершился не только длинный цикл мировой истории, начавшийся в 1945 году, но и сверхдлинный цикл с глубиной в несколько столетий». Имеется в виду: с момента Вестфальского мира 1648 г. И начался, по Кокошину, «новый сверхдлинный цикл».

Сам термин *цикл* в данном контексте неверен, иначе пришлось бы рассказать о закономерностях предыдущего цикла и повтор этих закономерностей в будущем. А. Кокошин всего лишь хочет сказать, что в период Вестфальской эры главными субъектами международных отношений были государства, а в новом цикле государство теряет свое главенствующее качество, уступая его другим субъектам международных отношений, например ТНК. Но даже если это и так, то надо говорить не о циклах, а о фазах исторического развития. Неслучайно Кокошин просто перечисляет *события*, а не *закономерности* эры Вестфаля.

Но все это неверно в принципе, поскольку даже в эру глобализации, если она станет доминантой международной жизни, государство, наоборот, будет только усиливаться за счет приобретения новых функций. Другой вопрос, государство какого мира: Первого, Второго, Третьего?

Таким образом, ныне мировая экономика состоит как бы из трех наложенных друг на друга слоев, тесно между собой переплетенных, но в то же время каждый из которых имеет собственные закономерности.

Воздействие на Россию оказывают все виды экономического взаимодействия и все в негативном ключе, о чем пишет и сам Кокошин. Как противостоять этому? Кокошин полагает, что необходимо сократить экономический разрыв России с «золотым миллиардом», для чего в ближайшее время следует добиться роста ВВП около 10%. Вроде бы логично. Но это на первый взгляд. На второй — не очень, поскольку, как пишет Кокошин, даже через 30–40 лет Россия не сможет приобрести статус, соизмеримый со статусом СССР. Другими словами, великой державы не получится и через десятилетия, а на «невеликую» русские не согласны. На третий же взгляд, с точки зрения зависимости от «золотого миллиарда», не имеет значения рост ВВП. Напомню, что многие страны АСЕАН в течение длительного времени развивались очень быстрыми темпами (ВВП около 10%), но это не сделало их «независимыми» от «золотого миллиарда». Кроме того, подобные темпы не повысили благосостояния большей части населения ряда стран этой организации, например Индонезии и Филиппин. Иначе говоря, дело не просто в росте экономики, а дело в характере внешней и внутренней политики, а в конечном счете характере власти. В первоначальные годы советской власти российская экономика была слабее экономик всех своих врагов, но умудрялась не превращаться, как тогда говорили, в объект эксплуатации «мирового империализма».

Сформулированные Кокошиным «базисные интересы России», среди которых упоминается «создание современной рыночной постиндустриальной экономики», — иллюзия и утопия, т.к. рыночная экономика на территории России в западном смысле никогда не работала и работать не будет. А чтобы создать «постиндустриальную экономику», надо научиться грабить «индустриальные экономики» точно так же, как это делают, и весьма искусно, страны «золотого миллиарда». Русские же буржуа могут грабить только свое население. И поэтому угроза для России действительно существует, но не от глобализации, а от сформированной за последние годы капиталистической системы, как всегда, уродливой, т.е. российского типа.

Однополярный или многополярный мир

Теоретической основой проблемы полярности являются представления школы реалистов (Г. Моргентау и др.) на систему международных отношений, ключевыми понятиями которых являлись *полюс, сила, мощь, национальная безопасность* и т.д. То есть анализ международной ситуации с позиции этой школы ведется в геостратегической плоскости. «Глобалисты» обычно этот подход отвергают, поскольку оценивают названные термины как «устаревшие понятия», а «попытки построить модель моно-, би- или многополярного мира теряют смысл»[1] (А.В. Загорский). Однако это геостратегов не смущает, и споры между ними разгораются как раз вокруг этих моно-, би- и многополярности. Сразу же следует отметить, что поскольку идея многополярности исповедуется высшими эшелонами власти, то ее сторонниками обычно являются ученые МИДа или структур, тесно связанных с внешнеполитическими ведомствами России. Хотя бывают и исключения, помимо всего прочего и потому, что некоторые специалисты просто не осознают различия между двумя названными подходами: геостратегическим и геоэкономическим. По крайней мере ни один из них не совместил эти два подхода в более общую теорию.

Как бы то ни было, споры ведутся о том, является ли мир однополярным или многополярным, и какой из вариантов отвечает национальным интересам России. Поводом для атаки на однополярность со стороны группы российских ученых послужила статья Айра Л. Страуса «Униполярность. Концентрическая структура нового мирового порядка», опубликованная в уже упоминавшемся «Космополисе». Хотя Страус нарисовал относительно сложную конструкцию «униполюса» с центром во главе с США, сама же идея весьма проста — создалась однополюсная международная система. Против нее выступил ряд известных международников, например А.Г. Володин и Г.К. Широков, которые убеждены, что «тенденция к полицентричности мирового порядка начина-

---

1   КОСМОПОЛИС. Альманах 1997, Москва "Полис", 164.

ет обретать все более явные очертания» (169). Этот постулат они аргументируют, во-первых, фактором глобализации, но не в том абсурдном варианте, как это делает Михеев, а как процесс, в котором, кроме выигрывающих от него промышленно развитых стран, есть еще проигрывающий Юг, способный при определенных условиях противостоять Северу. Кроме того, они напоминают о таких странах, как Китай, Индия, Бразилия, Япония, которые, дескать, тоже не приемлют концепцию монополярного мира (170). К ним добавляются геоэкономические интеграционные группировки типа АСЕАН, ЕС, Меркосур (до этого я и не знал, что АСЕАН «интегрирован»). Наконец, и у США самих немало проблем, чтобы тянуть «однополярный полюс» (там же).

Последнюю тему особенно выпукло представил К.Э. Сорокин, описав массу «болезней» внутри самих США. Поскольку исследователь Сорокин то ли европеист, то ли работает в Институте Европы, то он напоминает, что Европа тоже не лыком шита и по различным совокупным параметрам «сравнима с США или превосходит их» (180). Ряд аналогичных аргументов приводит его к убеждению, что концепция униполярности — это wishful thinking, то есть попытка выдать желаемое за действительное, а многополярность существует уже и сейчас.

Этот ученый, будучи европеистом, наверное, должен знать, что «болезней» в нынешней Европе ничуть не меньше, чем в США. Но это даже не так важно. Важно то, что сколько ни складывай макропоказатели европейских стран, несмотря на продвинутую экономическую интеграцию, у Европы нет единой мировой стратегии, нет одного центра принятия решений, нет единого, как сказали бы немцы, Weltanschauung'a, т.е. мировидения, а значит, Европа — это никакой не полюс и не центр. В нынешних условиях Европу можно квалифицировать как экономически интегрированную зону без глобальных геостратегических амбиций, т.е. без тех самых Sehnsucht und Streben (устремлений) к мировому стратегическому господству, что весьма ярко выражено у «болезненных» США.

Еще более любопытные доводы против «однополярности» приводит В.Б. Тихомиров. Будучи ученым технического профиля, т.е. находясь ближе к естественным законам природы, он считает, что «однополярности» не может быть по определению, поскольку о наличии полюсов принято говорить при условии, если имеются «противоположности» (с. 181). С этих позиций тем более ни о каком многополярном мире речи быть не может, поскольку даже у Земли всего два полюса. Следовательно, «на глобальном уровне мировая общественная система всегда была и остается в первом приближении биполярной, что проявляется в ее *структуре-инварианте*» (с. 182). После же распада СССР изменилась только *структура-состояние* этой системы. Но мир все равно остался биполярным. «Просто место последнего (СССР. — *О.А.*) в качестве «сверхдержавы» занял Китай (КНР), так как Россия оказалась неконкурентоспособной» (там же).

Я бы не очень возражал Тихомирову, если бы он дал измерение «сверхдержавности», а также объяснение тому, что в истории, например Европы, были времена и многополярности, и биполярности, и монополярности, о чем, кстати, весьма квалифицированно писал в своей Дипломатии Г. Киссинджер. Что же касается самих слов *полярность, полюс* — так ведь это политологическая метафора, которую можно заменить на другие слова, например *центр силы*. А «сил» в природе насчитывается четыре вида[1].

---

1 В соответствующей главе я объясню, что на самом деле *полюс* и *центр силы* — это различные понятия.

Горбачев-Фонд: идеал-реалисты

За основу анализа беру два доклада, подготовленных под руководством Г.Х. Шахназарова (ответственный за внешнеполитические разделы — К.Н. Брутенц). Первый опубликован в 1997 г. (в дальнейшем — Д-1), второй — в 2000 г. (Д-2)[1].

Сразу же хотелось бы отметить достоинства этих работ. Во-первых, авторы стараются избегать надоевших американизмов типа «самоидентификация». Содержание этого термина очень хорошо отражает русское слово *самоопределение*, которым они и пользуются. Во-вторых, они стремятся работать на понятийном уровне, по крайней мере объясняя ключевые термины, например, *национальные интересы*. Это неудивительно, поскольку школу Г.Х. Шахназарова, как и его самого, всегда отличала тяга к понятийной четкости и определенности[2]. Другое дело — соглашаться или не соглашаться с определениями тех или иных понятий. Важно то, что от них можно отталкиваться. К сожалению, у них все-таки сохранились некоторые устоявшиеся термины-клише типа «занять достойное место в мировом сообществе» или термин «АТР». Я, например, искренне не понимаю, какое место считать «достойным». В частности, какое из перечисленных государств — США, Индия, Иран, Бразилия, Голландия — занимает достойное место, а какое нет. Еще раз о термине «АТР». Что это такое? Достаточно предложить любому международнику определить этот регион или кто в него входит, как сразу же обнаружится разнобой в ответах. Это естественно, т.к. такого региона — АТР — ни в экономическом, ни в политическом смысле не было, нет и никогда не будет, что мне пришлось доказывать в уже упоминавшейся монографии о так называемом «АТР».

В-третьих, в обсуждении проблем, обобщенных в докладах, принимало участие не менее сотни экспертов различных политико-идеологических ориентаций. Я сам был свидетелем серьезных

---

1 *Национальные* интересы и проблемы безопасности России. *Самоопределение* России.

2 Напр. см.: *Шахназаров.* Грядущий миропорядок; *Международный поря-док:* политико-правовые аспекты.

разногласий по тем или иным проблемам (поскольку дважды участвовал в Круглых столах). Доклады же подаются как выработка некой средней линии, к которой склоняются участники этих обсуждений. На самом деле, идеи и выводы, изложенные в докладах, отражают позицию сотрудников Горбачев-Фонда, а совсем не общественного мнения страны или большей части, как стало модно говорить, «политического класса» России. То есть это линия авторов «нового политического мышления» (НПМ) и «деидеологизации внутренней и внешней политики», которая служила теоретической базой практического курса М. Горбачева. Эта позиция сохранилась у авторов доклада и поныне. С нее и начну.

То, что авторы продолжают отстаивать идеи НПМ и его ядра — деидеологизации политики, несмотря на их полную несостоятельность, подтвержденную временем, вызывает наибольшее удивление. Казалось бы, время должно было их убедить в том, что деидеологизированных политик не существует в принципе. Предостерегая от «идеологической зашоренности», сами они подтверждают этот банальный постулат, ратуя за демократию, за рыночную экономику, что в контексте «рыночных реформ» в России означает не что иное, как капитализацию страны. То есть они выступают с позиции буржуазной или социал-буржуазной идеологии.

Считая себя прагматиками-реалистами, со ссылкой Канта и на библейские заповеди («не делай другим того, что не желаешь себе»), они исходят из того, что «национальным интересам России отвечает тенденция глобализации, формирование нового, более справедливого международного порядка, в котором Россия должна занять достойное место. Эта ориентация всецело соответствует и природе национального самосознания» (Д-1, «Об основных понятиях»). Видимо, история человечества, постоянно доказывающая несостоятельность всех без исключения библейских заповедей (Моисеевых и Христовых), ничему не учит наивных идеалистов. Но это, может быть, и неплохо. Плохо то, что серьезные авторы не понимают, что глобализация по своей сущности призвана уничтожить не только Россию, но и все государственные образования. В результате негде будет занимать «достойное место». Поскольку новый глобализированный международный порядок, как его понимают теоретики глобализации, явит собой внегосударственное экономическое и политическое пространство, — что будет показано в соответствующем разделе.

К счастью, эта ложная фундаментальная посылка у авторов не связана с конкретным анализом национальных интересов и безопасности России, в котором содержится ряд весьма здравых суждений и оценок.

Итак, они дают такое определение национальным интересам:

> национальные интересы — это наиболее существенные потребности российского общества и государства, удовлетворение которых обеспечивает их существование и развитие и которые поэтому являются важнейшими целями внутренней и внешней политики (там же).

Далее авторы уточняют:

> Приоритетное значение среди этих целей имеет обеспечение безопасности государства, как непременное условие — conditio sine qua non — выживания страны, без чего невозможно достижение любых других целей. Иначе говоря, безопасность может быть определена как наиболее важный, первозначный национальный интерес (там же).

— Вполне рабочее определение в отличие от «резиновых определений», куда втискиваются все стороны общественной жизни. Далее требуется определить не только «первозначный интерес», но и другие интересы, которые у авторов выстраиваются в такой последовательности. Они пишут:

> Мы исходим из того, что предметом первостепенной заботы с точки зрения безопасности должны быть:
>
> - политическая стабильность, т.е. управляемость, поддержание порядка, необходимого для нормального функционирования всех общественных и государственных институтов, защита конституционной законности, прав и свобод граждан;
>
> - целостность государства, т.е. такая его структура и политический режим, которые исключают угрозу распада под воздействием внутренних противоречий;
>
> - оборона, т.е. защита независимости и территориальной неприкосновенности страны от вооруженной агрессии извне;
>
> - техноэкологическая безопасность, т.е. предупреждение техногенных катастроф, преодоление последствий стихийных бедствий;

- экономическая безопасность, т.е. обеспечение экономической самостоятельности страны как условия выживания и развития народа;

- внешнеполитические приоритеты, способствующие созданию максимально благоприятной для России международной среды (там же).

Уже в этом перечислении можно усмотреть большую путаницу между категориями *интерес и безопасность, внутренняя и внешняя политика.* Такая путаница характерна почти для всех специалистов по проблемам безопасности.

Теперь о внешнеполитических приоритетах (Д-1, гл. VII). Авторы без иллюзий оценивают реальное место России в мире, которое за годы капиталистических реформ понизилось, особенно с точки зрения экономического потенциала. В этой связи они делают вывод:

> *Россия, безусловно, не может претендовать на роль сверхдержавы, которую играл Советский Союз. Россия, безусловно, остается одной из великих мировых держав, от которой в большой мере зависит будущее глобальной системы* (курсив авторов)» (там же, гл. VII).

С первой частью нельзя не согласиться, а ко второй есть вопросы: что такое «великая мировая держава»? Имеется ли в виду ее ядерный потенциал? В таком случае получается, что Япония или Германия не являются великими мировыми державами.

Правда, через три года в другом докладе (Д-2) статус России в мире определен более скромно. Пишется так:

> По объективным параметрам Россия сейчас, если не считать ядерного оружия и остатков влияния, сохранившихся от Советского Союза, — развивающаяся страна, причем не входящая в группу наиболее преуспевающих из них (Д-2, 50).

При всем этом исторический оптимизм авторов не покидает, и хотя на статус супердержавы они Россию не готовят, но «российское общество настроено *на утверждение роли России как одной из великих держав* (курсив авторов)» (Д-2, 51). Оказывается, даже у не преуспевающих развивающихся государств есть шансы стать великой державой. Есть над чем задуматься.

Структура международных отношений рассматривается через призму «двух взаимосвязанных между собой процессов — глобализации и «американизации», т.е. курса США на утверждение *однополюсной* системы международных отношений (курсив авторов)» (Д-2, 51). Авторы не замечают, что американизация — это та же самая глобализация, т.е. процесс оседлания мировой экономики американскими ТНК и ТНБ, а в более широком контексте подчинение остального мира «великолепной семерке».

Не замечая этого, к глобализации они относятся хорошо, а к американизации плохо. Не только Россия, считают авторы, но и Китай, Индия и «другие страны» поэтому стремятся к многополюсности, выступая против однополюсности. Что любопытно, такое противодействие отвечает интересам «преобладающей части мирового сообщества» и стран Запада, включая Соединенные Штаты (Д-2, 52). Мне не попадались опросы мирового сообщества по данной теме, но опросы американского общества очень сильно не совпадают с подобными утверждениями, что было показано выше в американском разделе. Авторы, будучи последовательными сторонниками Канта, искренне полагают, что построение многополюсного мира объясняется нежеланием ограничить американское влияние.

> **Ее главный резон** — *создание системы согласования интересов*, по сути дела — *глобальной демократии*, развивающей положительный опыт ООН и гарантирующей прогресс цивилизации (курсив авторов) (Д-2, 52).

Здесь выражена идея баланса интересов, выдвигаемая, видимо, теми же авторами в горбачевский период. Она не сработала тогда, естественно, не сработает и в будущем. Не говоря уже об идее глобальной демократии.

В приоритетах указывается, что в краткосрочном плане нельзя допустить изоляцию РФ «по основным стратегическим азимутам (США, Европа, Азия)». Опять вопрос: разве Россию пытается кто-то изолировать по этим «азимутам»? Изолировать ее может только… сама Россия, точнее, отсутствие у нее экономических и прочих возможностей действовать по всем азимутам. Посему и формулировка данного «приоритета» просто бессмысленна. В среднесрочном плане высказываются благие пожелания, а также пожелания, которые, не дай бог, в случае реализации нанесут только ущерб стране, как, например, «интеграция в международные экономические и политические структуры». В долгосрочном плане авторы выступают «за сохранение и укрепление позиций России в качестве одного из ведущих акторов мировой политики при отказе от имперских и мессианских претензий; активное участие в формировании демократической глобальной системы».

Для чего надо быть «ведущим актором мировой политики»? Ответ дается в Д-2 в виде «супердилеммы»: возрождение державной мощи или максимально достижимое благосостояние народа. (Д-2, 66). Авторы доклада почему-то полагают, что какая-то часть ученых исходит из того, что без первого не может быть второго. Сами они как бы не совсем разделяют эту позицию, но ряд факторов вынуждает их поддержать сторонников такого подхода. Возможно, они и правы, когда речь идет о России, но они не правы в обобщениях. Например, в свое время Япония после реформ Мэйдзи провозгласила принцип: «сильная армия, богатая нация». Однако после второй мировой войны та же Япония отказалась, по крайней мере на словах, от милитаризации и в любом случае не является ведущим актором мировой политики, хотя и пытается добиться этого статуса с начала 70-х годов. В то же время, может быть и благодаря этому, умудрилась увеличить благосостояние своего народа до уровня самых богатых стран мира. Еще пример. Голландия и Швеция также не являются «ведущими акторами мировой политики», а с благосостоянием у них тоже более чем нормально. То есть упомянутая связь не универсальна, хотя, повторяю, для России, возможно, она неизбежна.

Что же касается второго пункта «долгосрочного плана», то сначала надо разобраться с демократией у себя в стране и «демократией» на глобальном уровне. И в первом и во втором случае большая часть населения от этой «демократии» испытывает одни неприятности.

Как бы то ни было, авторы докладов, а они, я напоминаю, верят в библейские заповеди, уповают на все хорошее в этом подлунном мире и в соответствии с этим выстраивают приоритеты.

Весьма любопытно они определяют российскую специфику в отличие от западной. Я готов согласиться с их определением термина *Запад*. А вот что касается России, то у меня есть сомнения. Они пишут:

> С одной стороны, в широком историческом контексте сама Россия
> как европейская и преимущественно христианская страна при-
> надлежит к Западу. С другой, она, как носительница самобытной
> славянской культуры и православной ветви христианства страна
> не только европейская, но и азиатская, представляет самостоя-
> тельную цивилизацию (Д-1, гл.VII).

Я готов согласиться, что в России самостоятельная цивилизация,
но я не понимаю, почему из-за славянской самобытности страна не
только европейская, но и азиатская. По этой логике православная
Греция тоже, что ли, страна азиатская? Или наши сибиряки, живу-
щие в азиатской части России, азиаты? Может быть, тогда и австралийцы азиаты, коль скоро они располагаются в так называемом
«Азиатско-Тихоокеанском регионе»?

Мне еще придется вернуться к концепции «евразийства»
в специальном разделе. Здесь же я зацепился за эту тему только
для того, чтобы показать абсурдность увязывания антизападных позиций некоторых ура-патриотов из-за нашего «азиатства».
Дело совсем в другом, тем более что такая позиция может только
прокламироваться, но не реализовываться. Авторы правы, когда
пишут, что «*маловероятно, что Россия вновь займет жесткие ан-
тизападные позиции* — для этого нет весомых материальных, социальных и геополитических предпосылок» (там же). Не просто
«маловероятно», а просто невероятно, чтобы официальная политика стала антизападной в реальности. Во-первых, Россия у них
на экономическом крючке, во-вторых, «новую Россию объединяет
с Соединенными Штатами приверженность к демократическим
ценностям». То есть мы идеологически с ними, а геостратегически
в состоянии только критиковать «гегемонистские» тенденции во
внешней политике США.

Горбачевцы совершенно реально оценивают подходы РФ к
США, ограниченные реальными возможностями, и советуют в такой ситуации больший крен делать в сторону Европы, развивать
отношения с Китаем, не упуская из виду проблемы, существующие с этой страной. В отношении же Японии они питают иллюзии, рассчитывая на нее как на «источник массивных инвестиций
и ноу-хау». Не надо рассчитывать и на «широкий выход на рынок
России». Достаточно проанализировать торгово-экономическую
динамику лет за 10, а еще лучше за 50, чтобы избавиться от этих
прояпонских иллюзий.

Точно так же и политика России в «АТР» абсолютно не зависит от статуса великой державы. Даже политика СССР — сверхдержавы — ничуть не усиливала место страны в этом регионе, в том числе и в отношении стран АСЕАН.

Дав характеристики другим направлениям (Ближний Восток, Латинская Америка, мусульманский «Юг»), авторы доклада критически оценили подходы «изоляции» России, также как и однозначно прозападную внешнюю политику, склоняясь к прагматическо-реалистической линии, которая, как они считают, получает «всеобщее одобрение». Хотя и о таком голосовании я нигде не читал и не слышал, но по сути они правы в том смысле, что большинство аналитиков, связанных с властью, или приближенных к власти, или просто поддерживающих власть, действительно придерживаются данной линии.

На мой же взгляд, данная линия реализации национальных интересов России отнюдь не прагматична и не реалистична, а весьма идеалистична, а значит, не реализуема.

В. Кувалдин. Глобализация — светлое будущее человечества?

Среди людей, называющих себя учеными, всегда есть такие, которые, уперевшись в каку-то тему, почему-то считают, что «все человечество» также погружено в размышления на ту же тему. К таким ученым, видимо, относит себя и Виктор Кувалдин из Горбачев-Фонда, который «поет» о глобализации с таким восторгом и пафосом, что даже как-то неловко вторгаться в его песнопение о светлом будущем всего человечества. Единственная причина, которая вынуждает меня прервать это пение, — отсутствие слуха у певца, т.е. непонимание процесса, о котором он пишет.

Он действительно слышал о глобализации и безоговорочно ее возлюбил. И вот почему.

> Впервые в истории абсолютное большинство живущих на Земле людей постепенно вырабатывают общее понимание основных принципов жизнеустройства. Это — идейный фундамент глобализации[1].

Естественно, как нормальный русский человек, он может говорить только об «абсолютном большинстве живущих на Земле». Для «репрезентативности» ему следовало бы опросить «живущих в России людей», начиная с Подмосковья. И выяснить, насколько их понимание жизнеустройства совпадает с пониманием жизнеустройства, скажем, японцев, китайцев, американцев или папуасов с Новой Гвинеи. Подозреваю, «идейный фундамент» глобализации тотчас рухнул бы.

Но это только начало. Оказывается, информационная революция творит еще такие чудеса. Певец возвещает:

> Она превращает индивидов в граждан мира. ...Мир без границ, где утрачивают былое значение территории и расстояния, начинает обретать реальные очертания.

---

1 *Кувалдин*. Глобализация — светлое будущее человечества? // НГ Сценарии. 11.10.2000.

«Гражданин мира», видимо, действительно не знает границ, если он всерьез начинает расписывать контуры «глобального сообщества», причем от множественного числа. Он уже не говорит «я», а вещает — «мы». «Мы его называем мегаобществом». Расписывая этот «проект», который, судя по всему, задуман кем-то свыше, он не определяет глобализацию, а расписывает некоторые характеристики или направления (коммуникационные сети, информационное обеспечение, финансовые институты, СМИ и т.д.), — все то, что можно отнести к любым современным формам экономического взаимодействия. И только в конце статьи он высказался о глобализации на «понятийном уровне» следующим образом:

> На этой стадии наиболее емким определением глобализации может служить формула «асимметричной взаимозависимости».

Вот так. Под эту формулировку можно подогнать все что угодно, например взаимоотношения между хозяином и рабочим, личностью и государством, центром и периферией и т.д. Другими словами, «асимметричная взаимозависимость» — это элементарные отношения господства и подчинения. Об этом пишет и сам Кувалдин: постиндустриальный Запад — субъект, остальной мир — объект, жертва глобализации. Здесь он прав, но какое отношение все это имеет к определению глобализации? Сказанное — всего лишь одно из проявлений сущности западного мира. И то, что этот ученый не понимает предмета, вытекает из следующего его пассажа:

> В предыдущий период, в эпоху интернационализации, глобальное сообщество состояло из узких, элитарных социопрофессиональных групп. Это были крупные политики и интеллектуалы, международные чиновники и дипломаты, проповедники и разведчики, представители других профессий, ориентированных на внешний мир. В наше время в водоворот глобализационных процессов втягиваются массовые слои населения.

Хотя совершенно непонятно, о каком «глобальном сообществе интеллектуалов» говорит этот интеллектуал (возможно, это поэтическая метафора), но дело в том, что интернационализация не только сохраняет свои позиции, но именно она является доминирующей в многослойном экономическом пространстве, т.е. в системе мировых экономических отношений. А глобализация — всего лишь намечающаяся тенденция.

Впрочем, вряд ли к этому автору можно относиться серьезно хотя бы уже потому, что он столь же непрофессионально оперирует понятием *национальная мощь* и категорией *сила*. Конечно же, для него это однопорядковые термины.

В результате его анализ сводится к обычному описанию разнородных явлений: с одной стороны, плюсы глобализации — мегаобщества, с другой — есть небольшие минусы. Но «жизнь берет свое», а главное — есть громадный шанс стать «гражданином мира». И это не все. Мегаобщества «дают нам уникальную возможность создать более справедливый и гуманный миропорядок». Вопросительный знак, поставленный Кувалдиным в начале статьи, снимается сам по себе. Да, светлое будущее «нам» гарантировано.

Вот такие басни слагаются в Горбачев-Фонде, который, судя по всему, состоит из Крыловых и Лафонтенов. Непонятно только, на кого это рассчитано?

Россия: туз, шестерка, джокер?

Авторы коллективной работы «Россия и вызовы на рубеже веков»[1], научные сотрудники ИМЭМО РАН, главную проблему современной России видят в ее психологии Третьего мира, в «потере способности самооценки» (6). С этим нельзя не согласиться, имея в виду не только официальные программы «вывода России из кризиса», но и внешнеполитические доктрины и концепции руководства страны. Поэтому весьма интересно, как сами авторы преодолевают эту психологию и насколько реально они оценивают Россию в окружающем мире. При этом хочу подчеркнуть, что авторы представляют научный клан ИМЭМО, всегда отличавшийся самоуверенностью и сверхдостаточностью.

Они, как и почти все международники также рассматривают мир будущего через призму многополюсности. Но — и здесь начинаются различия — России не следует форсировать формирование такого мира. Причина — отсутствие у нынешней России возможности занять в нем «достойное место» (видимо, все помешались на этом «достойном месте»). А поэтому в интересах России

> *определенная консервация нынешней однополюсности («полутораполюсности»)* с закреплением ролей и ролевых функций США и Западной Европы как безусловных гарантов (при всех, разумеется, издержках) относительной глобальной стабильности на время переходного периода. Альтернатива которой, к сведению ярых антизападников, — тотальная дестабилизация и дальнейшее «сокращение» России по размерам, весу в международных делах, при росте сепаратизма и т.д. (курсив авторов) (15–6).

Подчеркиваю. Авторы рассматривают США и Западную Европу как гарантов глобальной стабильности. Из этого вытекает, что, когда НАТО бомбит Косово или США наказывают Ирак, они осуществляют функцию стабилизации обстановки. Или такие акции являются издержками?

---

1 *Россия* и вызовы на рубеже веков: возможность маневра в условиях лимитирующих факторов (геополитический аспект).

Как бы то ни было, пока США и Западная Европа обеспечивают «стабильность», у России есть своего рода передышка, во время которой надо сформировать свой «геополитический полюс» (16). Географически он, правда, не очерчен.

Авторы ставят важный вопрос: на каких принципах будет организован мир в XXI веке? И здесь они, в отличие от слепо верующих в демократию и глобализацию, справедливо отмечают наличие противоположных тенденций: антиглобализм, рост влияния консервативных, а не либеральных ценностей, закрытость части мирового сообщества (17). И хотя авторы не указывают на то, какая же тенденция преобладает, важно, что они хотя бы видят противоположные тенденции.

Довольно объективно они оценивают отношения России с США. Редкий вывод среди демократов:

> США — были, есть и будут геополитическими оппонентами России, в том числе в зоне СНГ, в пределах самой России, не говоря уже о дальнем зарубежье, тем более о геостратегической периферии, регионах Латинской Америки, Ближнего Востока, АТР». Поэтому отношения с США скорее всего будут построены на базе «зрелого партнерства (19).

От реализма они тут же впадают в идеализм, предлагая для нового мирового порядка новый «смысл жизни»,

> *то есть, сконструировав новые достойные цели для человечества, как раз и способные обеспечить порядок и минимально необходимую и возможную гармонию и предотвратить хаос и конфронтационность* (курсив авторов) (27–8).

Поистине это в духе русских: сам в дерьме, но думай о всем человечестве. Думать, естественно, можно. Но в реальности — поскольку сил на «туза» нет, а «шестеркой» быть не хочется, — остается почетная роль «джокера». Такая роль, по мнению авторов, в конце концов обеспечит «достойное место и роль России в условиях многополярного мира» (там же).

А о том, что Россия, если будет следовать рецептам авторов, не займет это пресловутое достойное место, даже играя джокером, свидетельствуют их рассуждения, связанные с «АТР».

Во-первых, даже если согласиться с существованием такого региона, т.е. «Азиатско-Тихоокеанского региона», непонятно, причем здесь Индия? Индия, конечно, азиатская страна, но у меня такое ощущение, особенно когда смотришь на карту, что она омывается водами не Тихого, а Индийского океана.

Во-вторых, отношения с Китаем. Авторы предостерегают от излишнего оптимизма относительно возможностей «стратегического партнерства», поскольку «текущие связи России и Китая не дотягивают до широкомасштабного сотрудничества» (110). Я не исключаю, что « не дотягивают», но, если я об этом говорю, тогда я должен объяснить, что такое «широкомасштабное сотрудничество». Или дать пример отношений со страной, с которой у России сотрудничество «широкомасштабное». Но проблема не только в этом. Авторы прогнозируют:

> Китай будет уже в недалекой перспективе, пожалуй, **главным гео-политическим оппонентом России в северо-восточной Евразии**[1], и формирование многополюсной структуры безопасности в АТР, одним из полюсов которой была бы Россия, *гораздо в большей степени соответствует интересам последней, чем зацикливание на формировании каких-либо жестких "осей", даже на первый взгляд очень внушительно выглядящих* (выделено мной. — *О.А.*)» (124).

Почему и в чем это выразится, авторы не сообщили. Но я могу предположить, что им, как и всем либерал-демократам всех стран, Китай не нравится из-за своей социалистичности, которую он так или иначе проявит в предстоящей борьбе между Востоком и Западом во второй половине XXI века.

В-третьих, авторы предлагают сократить «Тихоокеанский флот в 2 раза против нынешнего» (112). Его вообще можно сократить до нуля, т.к., исходя из логики авторов, гарантом безопасности являются США, а они умудрились в военном отношении укрепиться и в Восточной Азии (119).

В-четвертых, авторы полагают, что «подключение России к связям, экономическому взаимодействию в АТР не просто желательно, оно неизбежно» (112). Я не знаю, кто из авторов писал часть про

---

1   Не мешало бы, кстати, расшифровать регион под названием "Северо-Восточная Евразия".

«АТР», но он явный дилетант, поскольку подобное «пожелание» в виде утверждений высказывается со времен Ломоносова. А воз и ныне там.

В-пятых, и это самое любопытное. Авторы со ссылкой на администрации ряда губернаторств с удовлетворением сообщают, что ведущие страны «АТР» «фактически уже произвели «раздел» между собой различных зон ВСДВР (и его ресурсов). А именно: северо-восточный сектор региона (Камчатка, Чукотка, Магаданская область и отчасти Сахалин) является объектом преференциального (авторы имели в виду «преимущественного») интереса США. Приморский край, Сахалинская область с Курилами — зона преимущественного перспективного освоения японским капиталом. Наконец, некоторые «внутренние» зоны региона могут стать объектом преимущественного освоения Китаем и Южной Кореей» (114). Их удовлетворение таким разделом, очевидно, вызвано тем же Китаем, поскольку Китай «может быть для нас куда более беспокойным соседом, чем сегодня» (118). Китаю, следовательно, мы не доверяем, а США и Японии можем довериться. Если в 1918–1922 гг. этим двум «друзьям» приходилось осуществлять вооруженную интервенцию против российского Дальнего Востока, то теперь мы сами им предлагаем заполнить «геополитические пустоты». А еще говорят, что у нас нет «пятой колонны».

Итак, общий вывод авторов заключается в том, что Россия «по-прежнему будет находиться в подвешенном состоянии», что предполагает, несмотря на конфронтационную политику США, все равно подложиться под них, подальше держаться от Китая, не стремиться использовать страны Третьего мира против Запада и по ходу дела выработать «общенациональное государственное целеполагание» («национальную идею»).

Такое «полегание» под Запад встречается крайне редко даже среди оголтелых прозападников. Но не надо забывать, что работа эта написана в стенах института ИМЭМО, который под Запад лег еще во времена Горбачева, лежит и до сих пор, ощущая от этого как материальное, так и физическое удовлетворение. А встать-то нет сил, да и желания. Залежались.

Концепция «выборочной вовлеченности»

В апреле 2000 г. председатель президиума Совета по внешней и оборонной политике (СВОП) С. Караганов представил сборник «Стратегия для России: повестка дня для Президента — 2000». Идея сборника явно заимствована у американцев. Скорее всего у Фонда наследия, ежегодно публикующего наставления консервативным кандидатам на официальные посты[1].

Так вот, по словам С. Караганова, эта работа была сделана людьми, «которые и в интеллектуальном, и в политическом смысле составляют гордость нашей страны»[2]. Посмотрим, кем же страна должна гордиться.

Меня, естественно, интересовала в данной работе одна глава — глава 2 — под названием «Российская внешняя политика перед вызовами XXI века», которую сообща написали С. Караганов, В. Аверчев, А. Адамишин, А. Белкин, А. Пушков. (Сразу же стоит отметить, что кроме С. Караганова и журналиста А. Пушкова остальные не являются международниками, а работают советниками каких-то коммерческих структур.)

Сборник, как заявил Караганов на его представлении (или по-заморски — презентации) является «надпартийной программой», т.е. он вне политики, не отражает интересов какой-либо партии, а значит отражает интересы, надо думать, всего народа. Подобная позиция характерна для многих радетелей отчизны, постоянно выпячивающих тезис о том, что они над идеологиями или над политикой, так сказать, над схваткой. Главное — чтоб страна процветала и народ богател. Это старый шулерский прием всех пробуржуазных интеллектуалов, рядящихся в тогу защитников народных интересов. Но его постоянно используют, поскольку он до сих пор срабатывает из-за политической дремучести нашего непотопляемого народа.

На самом деле все авторы сборника являются защитниками капиталистической системы и буржуазии, о чем они сами прогова-

---

1 Напр., см.: *Issues* 2000 The Candidate's Briefing Book.

2 *Kremlin* Package, April 14, 2000. Federal News Service.

риваются в предыдущей работе на ту же тему — «Стратегия-3». В ней, видимо, по недосмотру выскочила фраза:

> Но, может быть, важнейшая проблема внешней российской политики — ее оторванность от конкретных экономических интересов страны *и самого главного субъекта этих интересов — российских корпораций и банков* (курсив мой. — *О.А.*)[1].

Вот вам и «надпартийная платформа»! Правда, в сборнике этой фразы уже нет. Хорошо поработали редакторы.

Что же уготовила России «гордость нашей страны»?

Сразу же бросается в глаза,что «Стратегия-3» («Стратегия России в 21 веке: анализ ситуации и некоторые предложения») отличается от сборника большим оптимизмом в оценках российской дипломатии. Читаем:

> Произошла резкая активизация политики на Дальнем Востоке, углубились отношения с Китаем, улучшились отношения с Японией (там же).

В аналогичном ключе трактуется дипломатия Москвы в районе Персидского залива, в целом на Ближнем Востоке, в Европе. Более того, оказывается,

> строго говоря, проблемы военной безопасности в Европе не существует (во всяком случае, для России) (там же).

Этот оптимизм объясняется тем, что «Стратегия-3» писалась, видимо, во времена премьерства Примакова (и до августовского кризиса 1998 г.), линия которого всецело поддерживается авторами сборника. Кроме того, авторы «Стратегии», так же как и почти все российские международники, успехи дипломатии определяют по количеству визитов на высшем уровне и по хорошим словам, на которые не скупятся политические мужи. Российским ученым-политологам и международникам почему-то не приходит в голову простая мысль: попробовать подсчитать, сколько денег уходит на эти бесконечные вояжи и встречи и каков «процент возврата» в российскую политическую и экономическую казну. Все эти фразы «улучшились или углубились отношения» не стоят выеденного яйца, если их не подтвердить цифрами, например, в сфере торго-

---

1 Независимая газета. 18.VI.1998.

во-экономического сотрудничества или экономии средств в деле безопасности.

Как бы то ни было, в сборнике тональность минорная: в 1999 г. все успехи поисчезали. Авторы справедливо пишут о кризисной ситуации в России, в связи с чем произошло ужесточение политики Запада, разуверившегося в российских реформах (плюс, конечно, Чечня). Далее анализ идет по накатанной колее — с одной стороны и с другой стороны. С одной стороны, престиж России понизился, «имидж» (по-русски «образ») ухудшился, но с другой стороны, «внешние условия развития России остаются в целом благоприятными»[1]. Эти «благоприятствия» связаны с некоторыми явлениями мировой политики и экономики. В чем же они выражается?

Оказывается:

> Произошло создание глобальной (и в растущей степени единой) посткапиталистической системы, развивающейся в основном по единым правилам (65).

Этой фразой авторы провозгласили великое открытие: весь мир живет в посткапитализме! Что это за «посткапитализм» и каковы его правила, авторы объяснить забыли. Видимо, рассчитывая на сохранившуюся марксистскую «ментальность», из которой мы сами должны были бы заключить, что теперь все живут в социализме. Что касается китайцев и немножко скандинавов, то с этим выводом не поспоришь. А для североамериканцев, латиноамериканцев (кубинцы не в счет), европейцев, индийцев и африканцев и для русских такое капитальное утверждение звучит неожиданно. Мы все в социализме! А если нет, то где? ...В посткапитализме. Ну просто чудо какое-то!

Эти авторы опять же, как и многие другие, любят употреблять такие ключевые выражения — «постиндустриальное общество», «постиндустриальная система» и даже «постиндустриальная цивилизация» (83). К примеру, они считают, что общей проблемой всех государств, «в том числе наиболее развитых», являются консервативные бюрократы, «которые пытаются вести дела по-старому, тяготеют к дипломатии Вестфальской системы, а не постиндустриального общества» (85). Фраза совершенно смешная, имея в виду,

---

1 *Стратегия* для России: повестка для президента, 63–4.

что приблизительно из 200 государств в мире в «постиндустриальное общество» попало дай бог стран 50, а остальные живут или в доиндустриальном, или в индустриальном мире. И почему бы им тогда не тяготеть к Вестфальской системе, хотя многие из них, подозреваю, о такой системе наверняка и не слышали. Но самое интересное другое.

Авторы, видимо, не понимают, что переход к «постиндустриальному обществу», ядром которого является сервисно-информационная экономика, предполагает усиленный грабеж стран Третьего мира, точнее, индустриальные, сырьевые и аграрные сектора экономики государств Азии, Африки и Латинской Америки. Именно этим и занимается «великолепная семерка» постиндустриальных обществ, в том числе и на территории России, что вполне естественно, т. к. без такого грабежа сама по себе сервисно-информационная экономика существовать не может. Даниил Белл, введший термин *постиндустриальное общество*, надеялся, что такое общество будет лишено классовых антагонизмов и настанет, наконец, классовая гармония. Частично надежды сбылись. Но только в зоне Первого мира. Вместе с тем все эти классовые противоречия сохраняются во Втором и Третьем мире, а самое главное — между Первым и Третьим миром, т.е., по терминологии Пекина, между Севером и Югом. Короче, термин *постиндустриальное общество* в какой-то степени применим к развитым государствам капитализма. А рассуждать через этот термин обо всем мире столь же глупо, как и говорить о посткапитализме.

Далее авторы пишут, что этот самый «посткапитализм» является как бы обратной стороной «всеобъемлющей глобализации», которая, дескать, «стирает грань между внутренней и внешней политикой» (65).

Такого уровня анализа от «гордости нации», честно говоря, трудно было ожидать. Неужели они не понимают, что во «всеобъемлющую глобализацию» не вовлечены ни Китай, ни Индия, ни Россия, а Африка, Латинская Америка, Восточная Азия (страны АСЕАН без Китая) «вовлечены» как объекты политики капиталистического ядра, т.е. как эксплуатируемая периферия капсистемы? Их же утверждения об ослаблении роли государства в глобализированном пространстве свидетельствуют о том, что они не прочитали ни одной работы, посвященной взаимоотношениям ТНК и государства. Они с удивлением обнаружили бы, что роль государства усилилась именно в эпоху «глобализации». Проблема также и в том, что они явно не понимают разницы между глобализацией и интернационализацией, между последней и интеграцией. Иначе они не написали бы такую чушь, что, дескать, «у Москвы нет разумной альтернативы глобальному вовлечению в мировой процесс экономической интеграции» (там же). Фраза абсурдная, т.к. мир экономически не интегрирован, а интернационализирован, — а это две большие разницы. И хотя авторы через две страницы отмечают, что «с другой стороны» и «несмотря на это» роль государства сохраняется и т.д., но в целом они не могут выделить доминирующую тенденцию в соотношении между государством и ТНК в нынешнем экономическом мировом пространстве.

Структура международных отношений видится авторами следующим образом:

> Создается не однополярный и не классический многополярный мир, а многоуровневая высокоподвижная международная и межгосударственная система, где проблемы, особенно экономические, выдвигаются на первый план, все больше требуют многосторонних решений, новых международных институтов (67).

Во-первых, однополярный мир не создается, а существует в настоящее время. Другой вопрос, в какую сторону этот однополярный мир трансформируется: в биполярность или многополярность. Во-вторых, «многоуровневая система» фактически создалась в начале 70-х годов, когда Япония приобрела статус третьей экономической державы. В те времена советские исследователи вслед за американцами (тогда тоже немало попугайничали) писали, что первый уровень (безопасности) состоял из двух сверхдержав: США и СССР; второй уровень (экономический) образовывали четыре державы: США, Общий рынок, СССР и Япония; третий уровень (политический) представляли тоже четыре державы, только вместо Японии называли Китай. (Известно, что Япония до сих пор бьется за реализацию идеи фикс: приведение политической роли в соответствие с экономической мощью страны.) А что касается — «экономические проблемы на первый план», то этой «новости» опять же не менее 30 лет, особенно в связи с той же Японией. Так что с геостратегических и геоэкономических позиций приведенная фраза авторов ничего нового в понимание структуры международных отношений не вносит, а повторяет старые банальности.

Другое дело, если бы авторы поставили вопрос и дали бы на него ответ: насколько геостратегический (=силовой) подход отражает реальности современного мира в условиях интернационализации мировой экономики. Другими словами, какая же из мировых тенденций — связанная с геостратегией или геоэкономикой — окажется доминирующей в определении структуры мировой системы? Такой вопрос даже не ставился.

Но остро поставлен вопрос об идеологии. Пишут:

> Вместо того, чтобы думать, как добиться экономического роста и невыпадения из мировой экономики, мы до сих пор спорим вокруг идеологии или теоретических моделей развития - либеральной или этатической (80).

Спорить об идеологии им действительно незачем, поскольку они представляют «политический класс страны», а страна — (понятно, что речь идет о государстве) типично капиталистическая по существу, российская по форме. Но о моделях развития спорят даже в капиталистических обществах. Господа же эксперты должны знать, что существуют различные модели выведения государств из кризиса. Попробовали либеральную модель в России — полстраны нет. Новые руководители, судя по всему, попытаются «диалектически» соединить либерализм с государственностью (или, по терминологии забугорников, этатизмом). Исход, правда, заранее известен. Значит, заранее же надо обдумать другие модели. И «выпадает» Россия из «постиндустриального развития» именно потому, что никак не определится с идеологией (о чем как раз пишет группа С. Благоволина).

Единственно, в чем можно согласиться с авторами, так это в бесплодных дискуссиях относительно «великой» России. В этой связи они справедливо критикуют концепцию многополярности, которая предполагает восстановление «полюсного» статуса России (как одного из полюсов), на что у Москвы нет ни сил, ни финансов, ни экономических ресурсов (90—1).

В целом же видение международных отношений XXI века построено на представлениях, не отражающих реальный ход вещей в мире. Авторы стали жертвами терминов (*глобализация, посткапитализм* и т.д.), содержание которых они просто не понимают. Совершенно очевидно, ни один из них не держал в руках книг по теории международных отношений. Они предпочитают «здравый смысл», на базе которого Гегель рекомендовал разговаривать со своими женами на кухне. Это сказалось и на их предложениях по внешней политике России для «Президента — 2000».

Эти предложения они красиво назвали концепцией «избирательной вовлеченности». Термин придумали не они: содрали, как всегда, у американцев. Точнее, у одной из групп американских международников и политиков, считающих, что нечего распространять американскую длань на весь мир без разбору, а надо выбирать только те зоны и страны, взаимодействие с которыми принесет наибольшую выгоду для США. Такой подход поначалу назывался «selective involment», а сейчас «selective engagement», что в переводе звучит одинаково — «выборочная вовлеченность». Ее сторонниками являются Дж. Шлессинджер, У. Мэйнос, Б. Брэйдли, Дж. Бэйкер и др.[1].

Несмотря на плагиат, предложенный подход действительно можно считать наиболее рациональным вариантом для внешней политики России, если бы в нем столь же рационально были бы обозначены направления и приоритеты. Однако так не получилось.

Концепция начинается с фиксации принципов (их девять), многие из которых «принципами» не являются, а представляют собой задачи внешней политики и рекомендации, что надо делать. Например, первым принципом называется рекомендация «принятия курса на очень жесткое отстаивание только действительно жизненно важных интересов России»[2]. Проблема возникает с интерпретацией «жизненно важных интересов России». Но, допустим, все согласились с перечнем этих интересов, и они реализованы, и, следовательно, они сняты с повестки дня. Но принципы — это базовые постулаты, которые определяют всю систему внешнеполитической деятельности страны. Например, одним из внешнеполитических принципов Японии является декларация, что Япония никогда не станет военной державой (что зафиксировано даже в Конституции). Или ею же постулированы три безъядерных принципа.

В России в качестве внешнеполитического принципа может быть декларация, что Россия не стремится стать сверхдержавой. А авторы в качестве принципа выдают еще и такой перл: «Необходимо возвращать российской внешней политике системный и на-

---

1 Подр. см.: *Арин.* АТР: мифы, иллюзии и реальность, 230–46.

2 *Стратегия* для России, 92.

учный характер» (принцип девятый, 93). Это не принцип, а благое пожелание, которое, кстати, сами авторы не в состоянии выполнить. Среди принципов (седьмой), который, конечно, не принцип, фигурирует и такой: «Внешняя политика должна служить задаче привлечения иностранных инвестиций в Россию. Без них страна не поднимется» (там же).

Если страна не поднимется без иностранных инвестиций, то грош цена такой стране. Ей и не надо подниматься. Эта рекомендация означает абсолютное неверие в способность «политического класса страны» управлять этой страной.

Во внешнеполитическую концепцию втиснута масса вещей, которая относится к внутренней политике (надо сделать то-то, интенсифицировать то-то, ускорить то-то, например военную реформу), что превращает внешнеполитический документ в рассуждения обо всем.

Предложение о том, что надо «начать претворять в жизнь **комплексную стратегию интеграции России в мировое хозяйство** (выделено авторами)» (96), во-первых, противоречит сути концепции «избирательной вовлеченности», во-вторых, нереалистично по существу, поскольку нечем «интегрироваться», а в-третьих, мирового хозяйства как целостности просто не существует. В этой же связи любопытна рекомендация по разработке программы «постепенного свертывания тех отраслей, которые оказываются неспособными конкурировать с импортной продукцией» (97). Если всерьез взяться за осуществление такой рекомендации, то пришлось бы «свернуть», как минимум, половину российской производственной экономики на радость благодетелям из зоны «золотого миллиарда». Прав был один мой американский знакомый, говоривший, что русским даже веревки не надо давать: они сами ее найдут и себя же на ней повесят.

На самом деле концепция «избирательной вовлеченности» таковой не является, если не считать отсутствие упоминания Африки и Латинской Америки как объектов внешней политики России. Она столь же всеохватна, столь же нерациональна и столь же затратна, как и ныне реализуемая политика на международной арене. Фактически она ничем не отличается от предложений группы С. Благоволина, предлагающей в конечном счете «лечь» под Запад. В принципе Россия и так лежит. Только не все от этого испытывают удовольствие.

* * *

Авторы пишут:

> Одна из главных внутренних проблем России с точки зрения отношений с внешним миром — незавершенность процесса осознания места страны в мире и неадекватность представлений об этом мире (79).

Я полностью согласен с содержанием этой фразы. Она на все сто процентов применима не только к авторам сборника, но и ко всему «политическому классу» современной России. Выше себя, видимо, не прыгнешь.

ГЛАВА III

В КАПКАНЕ «ЕВРАЗИИ»

Идеи евразийства в настоящее время раскручиваются с двух противоположных позиций. Со стороны некоторых американских международников, и прежде всего Зб. Бжезинского, она подвергается атаке как некая концепция, противоречащая национальным интересам США. С российской стороны, напротив, ее отстаивает группа ученых и политиков, которая усматривает в ней своего рода новую идеологию, способную объединить Россию и заодно спасти весь мир. Причем если в США идеи евразийства мало кого волнуют (за исключением ее противников), то в России она вызывает ожесточенные дискуссии, представленные, например, в сборнике Горбачев-Фонда, который вел исследовательский проект «Загадки Евразии: Россия в формирующейся глобальной системе»[1].

Сама по себе тема не нова. Ее истоки лежат в спорах между славянофилами и западниками на протяжении всего XIX века, особенно его второй половины. Затем они перешли в ожесточенные дебаты в 20-х годах XX века, которые вели такие крупные личности, как Н.С. Трубецкой, В.Ф. Эрн, Н. Бердяев, Г. Флоровский и др. Ныне через евразийство вновь поднимается тема, как стало модно говорить, «идентификации» России, т.е. самоопределения страны в мире.

Специфика нынешних споров заключается в том, что евразийство привязали к геополитике, которая, дескать, придает проблеме научный характер.

На самом же деле все эти дискуссии, в которые вовлечена политическая элита справа и слева, отражают борьбу за власть в правящей среде в рамках существующей политико-экономической

---

1 См.: *Россия* в Евразии.

системы. Формально сторонники евразийства как бы отстаивают самобытность России, ее цивилизационную различимость от Запада и противостоящей Западу. Противники идеи, наоборот, настаивают на существовании универсальных западных ценностей, которые необходимо усвоить России, чтобы не сойти с рельсов мировой цивилизации.

За этими культурологическими терминами скрываются простые экономические вещи. Евразийцы отражают интересы национальной буржуазии России, которая не хочет делиться плодами эксплуатации своих граждан с Западом. Антиевразийцы, т.е. западники, идеологически служат той части российского бизнеса, которая тесно связана с западным капиталом и в сотрудничестве с которым они столь же эффективно обедняют российское население. Вот и все! Остальное — идеологическая лапша, которой кормят неграмотное население под маркой заботы о его интересах. И, естественно, кормятся сами. Достаточно внимательно проанализировать связи идеологов того или иного направления с их «спонсорами».

На поверхности же все эти споры выглядят довольно «научно». Какова же цена их научности?

Тавровский — неудачная ставка на Примакова

Для начала есть смысл обратиться к одному курьезному материалу, вокруг которого «разгорелся» спор. Он принадлежит перу журналиста — Ю. Тавровскому, который теперь выступает в ранге «политолога». Журналист, плохо просчитав политическую конъюнктуру, решил сделать ставку на Е. Примакова, предопределив ему высокое звание «учителя, который сформулировал бы основы нового евразийского учения и возглавил его претворение в жизнь»[1]. Естественно, в качестве президента страны, на что рассчитывал наивный Тавровский. И хотя Примаков является академиком, но за свою академическую жизнь он не открыл ни одного закона, не выявил ни одной закономерности и путается в научных терминах, как какой-нибудь кандидат наук, — степень, которая ему в свое время далась значительно сложнее, чем звание академика. Следовательно, ожидать от него аж «нового учения», казалось бы, несерьезно. Но Тавровского это не смущает, поскольку он нашел уникальное основание для этого у академика. «Он (Примаков) — евразиец по рождению, по биографии, образованию и карьере». Я еще с трудом могу понять, что означает быть евразийцем по биографии: родился в Киеве, жил в Тбилиси, карьеру делал в Москве. Так сказать, сочетал «культуры». Но быть «евразийцем по рождению» — это нечто. В таком случае мы все, кто родился в Европе или в Азии, «евразийцы по рождению»: и китайцы, и немцы, и японцы, и еврейцы. Несмотря на такое уникальное сочетание, Примаков так ничего и не сформулировал, учения не создал. Но от него теперь Тавровский, наверное, этого и не требует, т.к. все равно он президентом не стал. Президентом стал другой «евразиец», правда, без евразийской биографии, но зато часто употребляющий фразу: «Россия — евразийская страна». Вот на кого надо было делать ставку Тавровскому. Может быть, какой-нибудь пост сподобил бы.

---

1 *Тавровский.* Три круга новой идеологии // Независимая газета. 08.09.1999.

И вот на эту статью откликается противник евразийства В. Ступишин, а затем защитник и Тавровского, и евразийства Б. Ерасов[1].

Первый, естественно, его критикует с позиции западника, привлекая на свою сторону старых критиков евразийства (Н. Бердяева, И. Ильина, П. Милюкова). Заканчивает же В.Ступишин свою статью гимном в пользу либерально-демократических ценностей и частной собственности.

Второй столь же естественно защищает евразийцев от этих ценностей, т.е. «разрушительного воздействия западнической идеологии и культуры» и в целом от «западного гегемонизма».

Хотя сама по себе полемика в «Независимой газете» закончилась, но статьи про евразийство продолжают появляться, поскольку, судя по всему, она «оплодотворяет» некоторые выступления самого президента. В частности, газета стала публиковать одного из видных забойщиков евразийства — А. Дугина, который эту тему ведет уже немало лет, придав ей научный слог и интеллектуальную глубину.

---

1 *Ступишин.* Соблазн неоевразийства // Независимая газета. 15.01.2000; *Ерасов.* Соблазненные западом // Независимая газета. 24.06.2000.

А. Дугин — евразийский чревовещатель[1]

А. Дугин в коммунно-патриотических кругах считается идеологом евразийства и пропагандистом геополитики, которую лидеры национал-патриотов (А. Проханов, В. Жириновский) и верхушка КПРФ (Г. Зюганов, Г. Селезнев) всерьез восприняли в качестве «науки». Как уже отмечалось, евразийство у него как бы научно вытекает из геополитики. Ради этого он, развивая, так сказать, отца геополитики, английского географа Хальфорда Макиндера, фиксирует операционные пары: евразийство – атлантизм, суша – море, континент – остров. Естественно, историческая Россия (Киевская Русь, Московское царство, романовская Россия, Советский Союз) составляет первую часть пары, Запад — вторую. Понятно, что российская часть — это положительный полюс, западный — отрицательный. В высокопарном выражении это звучит так:

> Евразийский импульс является Единицей нашей системы, нашим положительным полюсом исторического бытия, нашей Правдой и нашим Светом в противоположность атлантистскому Нулю, полюсу неправды и не нашей тьмы.

И хотя Дугин использует здесь как бы метафору (двоичный код 1–0), на самом деле он убежден, что Россия действительно 1, а Запад — настоящий 0. Об этом у него написано во многих других работах. Он, правда, оговаривает, что Запад ту же систему парных отношений описывает «с обратным оценочным знаком». И это, по его мнению, проявление закономерности, и это — «основной закон геополитики». Другими словами, законом геополитики является по Дугину является антагонистическое взаимоотношение между сушей и морем, островом и континентом и, конечно же, между Западом и не-Западом, т.е. Востоком. Для того чтобы этот бред показался убедительным, любомудр предостерегает, что этот закон может понять только «большой рассудок», т.к. для «обычного малого рассудка» эту неведомую тайну исторической предопределенности не раскусить.

---

1 *Дугин.* Евразийская платформа // Независимая газета. 15.XI.2000.

Мощность действия этого «закона» обосновывается Дугиным тем, что чуть ли не все политические силы, какими бы терминами они ни оперировали («государственность», «патриотизм», «державность»), сознательно или полусознательно обращаются к евразийской идее. В рамках этой идеи он оценивает и тезис стратегического треугольника Москва – Дели – Пекин, а также тезис Ельцина – Путина о «многополярности». Сам же он в книге «База геополитики: геополитическое будущее России» предлагал создать антизападный альянс из России, Японии, Германии и Ирана. Ради этого он готов отдать Японии Курильские острова. При этом, как с иронией замечает английский автор, Чарльз Кловер, «игнорируя тот факт, что не все они сухопутные страны»[1].

По идее все эти конструкции должны иметь антизападную направленность, против, так сказать, атлантизма. В этом суть ЕВРАЗИЙСКОЙ ПЛАТФОРМЫ С БОЛЬШИМИ БУКВАМИ, под эгидой которой

> могли бы объединиться во имя державности и правые и левые, и социалисты и рыночники, согласные при этом с основным постулатом: никакие внутриполитические разногласия не должны приводить к дестабилизации Российского Государства, наносить ущерб его безопасности, ослаблять наш стратегический и цивилизационный суверенитет, нарушать социальную стабильность.

Именно в этом должна-де состоять национальная идея.

Совершенно очевидно, что с такой платформой нельзя объединить разношерстное общество в России, особенно тех, кто связал свои кровные узы с Западом. Свидетельством этому служит даже такой примечательный факт, что антиевразийцы в Интернете создали свой сайт — Aziopa, — сайт против евразийства (http://nationalism.org/aziopa), на котором помещаются весьма острые и критичные статьи против евразийцев. Утопизм этой идеи заключается хотя бы уже в том, что споры на эту тему, как уже говорилось, продолжаются более ста лет, а «консенсуса» как не было, так и нет.

Здесь у меня нет намерения вдаваться в идеологию евразийства. Я хочу обратить внимание только на геополитическую сторону этой идеи в дугинской интерпретации. Ее суть — это объ-

---

1 *Clover.* Dreams of the Eurasian Heartland. The Reemergence of Geopolitics // Foreign Affairs6 vol.2, no. 2, (March/April 1999), 9.

яснение всех международных катаклизмов посредством категории *пространство*: море – суша, континент – остров. (Как с сарказмом выразился упоминавшийся Чарльз Кловер, «победа сейчас скорее завоевывается в географии, нежели в истории; в пространстве, а не во времени».) Если это так, то как А. Дугин объяснит свое же предложение создавать альянс — Россия, Япония, Германия и Иран, — куда входят, кроме России и Ирана, одно <u>островное</u> государство и одно <u>атлантическое</u>, против <u>морской</u> <u>атлантической</u> державы — США? Очевидная белиберда. И опять же, евразийская страна Япония почему-то находится в геостратегическом антагонизме с другой евразийской страной — Россией, но дружит с атлантической страной — США. И почему два островных государства: Великобритания и Япония, весьма похожие по геополитическому положению, столь кардинально разнятся в культурно-цивилизационном отношении? И какая из доминант «суши – моря» преобладает в географическом профиле Индии, Китая, Германии, Португалии и т.д.? И почему внутри Евразии как некой целостности происходило не меньше войн и конфликтов, чем между евразийством и атлантизмом?

Короче говоря, *пространство* ничего не объясняет в международных отношениях, оно не является категорией политики, точно так же как и *время*. И то, и другое — всего лишь система координат, где происходят события. И привязывать эту глупость к структуре международных отношений, а тем более создавать на ее основе национальную идею можно только в порядке мистических упражнений в форме созерцания собственного пупка.

В завершение. Все эти евразийцы любят повторять строчки из баллады Киплинга о Востоке и Западе, которые, дескать, не сойдутся никогда. У меня такое ощущение, что любители этой цитаты никогда даже не читали этой баллады. Так вот, она начинается и заканчивается одним и тем же четверостишием:

> Запад есть Запад, Восток есть Восток, не встретиться им никогда —
> Лишь у подножья Престола Божья, в день Страшного суда!
> Но нет Востока и Запада нет, если двое сильных мужчин,
> Рожденных в разных концах земли, сошлись один на один.

Сойдясь, между прочим, подружились, а не уничтожили друг друга.

* * *

Но, прежде чем закончить эту тему, я хотел бы воспроизвести свою реакцию на не менее интеллектуальных ученых, о которых я писал в предыдущей книге «Россия на обочине мира». Я имею в виду уже упоминавшегося Зб. Бжезинского, одна из работ которого получила в России определенный резонанс. В противовес я представлю работу М.Л. Титаренко, директора Института Дальнего Востока РАН. Последний дает к этому повод своей книгой «Россия лицом к Азии», воспринятой многими как апология евразийству.

С нее и начну.

Еслибизм по-титаренковски

Следует сразу же оговорить, что книга не является научным трактатом, а представляет собой сборник докладов, прочитанных на международных конференциях. Признаком ненаучности этой работы служит отсутствие понятийного аппарата и даже терминологической четкости. Автор, например, уравнивает такие явления, как АТЭС с ЕЭС и ВТО[1], основными странами СВА являются у него Китай, Япония и США (!) (это все равно что сказать, будто, к примеру, основными странами Африки являются ЮАР, Нигерия и США) и т.д. Другими словами, это — сборник политизированных речей, нацеленных на пропаганду некоторых идей, прежде всего идеи евразийства. Повторяю, поскольку эти идеи являются популярными в некоторых академических кругах России, стоит посмотреть на то, как они представляются одному из ее идеологов.

М. Титаренко объявляет «новую Евразию» (напоминаю: есть еще «старое» евразийство 20-х годов, есть еще «старее» — второй половины XIX века) *новой парадигмой*. Он объявляет:

> Евразийство — это предвестник основы будущего нового мирового порядка планетарных межцивилизационных отношений, обеспечивающих экологию культур и цивилизаций, сохранение этнического и цивилизационного многообразия (24).

Далее:

> *...евразийство может стать не только идеологией российского обновления, новой парадигмой возрождения России, но и дать пример новых идей межцивилизационных отношений в постиндустриальном, информационном обществе.* Новое евразийство позволяет не только укрепить внутреннюю идентичность национального самосознания русского народа, но и гарантировать бесконфликтность межцивилизационных отношений сотрудничества между всеми народами и их культурами на просторах России, а также углубление культурного сотрудничества и взаимодействия с про-

---

1 *Титаренко*. Россия лицом к Азии, 63.

живающими в других странах соотечественниками, обеспечив их цивилизационную идентичность (курсив М. Титаренко) (26–7).

Честно говоря, подобные пассажи напоминают мне международные разделы очередного отчетного доклада ЦК КПСС, безапелляционно утверждавшие, что советское общество идет в авангарде всего человечества, посему соотношение сил в мире неуклонно меняется в пользу сил социализма, мира и прогресса.

В каких заоблачных высотах надо витать, чтобы не видеть, что нынешняя Россия демонстрирует явления прямо противоположные тому, что декларирует Титаренко. Как может страна дать пример «новых идей межцивилизационных отношений в постиндустриальном, информационном обществе», если она сама скатилась в доиндустриальную эпоху, где интернетом пользуется горстка людей (относительно всего населения) и где большая часть граждан не имеет компьютера. О каком углублении культурного сотрудничества с проживающими в других странах соотечественниками можно говорить, когда государство не может профинансировать культуру в собственной стране, не говоря уже о том, что не может договориться с народами, проживающими на территории самой России, например с чеченцами. И т.д. и т.п.

Какой фантазией надо обладать, чтобы написать такое:

> Близость и определенное родство российского евразийства с цивилизационными системами ценностей Китая, Японии и Кореи, а также США создают в перспективе широкие благоприятные предпосылки для многостороннего сотрудничества и медиаторской роли России в преодолении политических, экономических и межцивилизационных трений, которые, судя по всему, неизбежно будут нарастать и порой приобретать острый характер в связи с борьбой за гегемонию и лидерство в АТР между США, Японией и Китаем (75).

Кому, спрашивается, нужна эта «медиаторская» (почему, кстати, не написать «посредническая»?) роль России, которая не может справиться со своими экономическими и этническими проблемами, не выполняя таких элементарных функций, как выплата зарплаты своим бюджетникам?

В таком же ключе автор расписывает благости для России от реализации проектов по Тумангану и «Кольцу Японского моря», которые и через 10 лет после их возникновения продолжают находиться в состоянии обсуждения и споров.

М. Титаренко может возразить: да, сейчас-де все это утопия, но вот если мы примем на вооружение концепцию евразийства, то все это может оказаться реальностью. Предположим, сделаем такое допущение. Возникает только один вопрос: а что же такое это евразийство?

Читая рассуждения сторонников Евразии (например, Б.С. Ерасова, Г.А. Югая, А.А. Язьковой и многих других), я так и не понял, что это такое. Может быть, г. Титаренко поможет?

По его мнению, евразийство — это идеология, которая «может объединить под общим знаменем и правых, и левых, и прогрессистов, и консерваторов» (15. Совсем как по Дугину). Далее следует, что она, эта евразийская идеология, может абсолютно все. Такой сверхуниверсальной идеологии мир действительно еще не видел. В чем ее такое всесильное волшебство? Оказывается, в национальном характере русской нации, вбирающей в себя «соборность, доброту, чуткость к горю других, готовность поделиться последним» (19)[1]. Что ж, в корнях русского народа, не исключено (хотя я сильно сомневаюсь), подобные качества еще сохранились. Но я их что-то не замечал у находящихся у власти политиков, олигархов, госбюрократов, в том числе и у самого автора названных слов. А посему у меня создается такое ощущение, что вряд ли можно примирить и объединить миллионы людей с ельцинистами-березовцами, голодных шахтеров и учителей с «новыми русскими». Но в любом случае причем здесь евразийство?

У М. Титаренко, как и у его приверженцев, постоянным рефреном звучит тезис о том, что мы, русские, дескать, слишком зациклились на Европе, при этом игнорируя азиатскую культуру. Он даже книгу назвал «Россия лицом к Азии». Раз так, то получается,

---

1 М. Титаренко небесполезно было бы прочитать хотя бы несколько книг авторов с Запада, которому он предлагает строить "евразийский мост". В частности, книгу Даниеля Ранкора-Лаферьера — одного из редких американских авторов, в тонкостях знающего русский язык и много общавшегося с русскими. Он на основе тщательного изучения трудов российских мыслителей и писателей дает совершенно противоположную оценку национальным чертам "русского народа", главная характеристика которого фиксируется в названии работы // Rancour-Laferriere. The Slave Soul of Russia. Moral Masochism and the Cult of Suffering.

что мы должны повернуться к Европе задом, если все-таки признать, что у России одно лицо, а не два.

На самом деле мы эту Азию никогда не игнорировали и о ней знаем ничуть не меньше, чем азиаты о нас. Но опять же, причем здесь евразийство? Любая культура формируется под воздействием влияния и Запада, и Востока. Но оттого, что те же японцы переняли немало элементов европейско-американской культуры, это не сделало их евразийцами, или турок, перенявших немало у Европы, тоже не превратило в евразийцев. Они как были, так и остались японцами и турками. Почему же русским надо превращаться в евразийцев?

Я согласен, что у России — особый путь, но чем мне помогает замена слова «российский» на «евразийский»?

М. Титаренко постоянно сетует, что «мы» еще экономически «не интегрированы в АТР», а слишком обращены на Европу. И это, дескать, тоже отдаляет «нас» от Азии. А для того чтобы быть настоящими евразийцами, надо скорее интегрироваться в этот мифический «АТР».

Действительно, в «АТР» россияне не интегрированы и не интегрированы даже в СВА. И я выскажу крамольную для евразийцев мысль, что никогда и не будут интегрированы. Не потому, что «мы» игнорируем эти регионы, а потому, что восточноазиатские пространства России не приспособлены для воспроизводства нормальной жизнедеятельности человека. Точно так же, между прочим, как и северные территории Канады, которые не интегрированы не только в Азию или в Америку, но даже и в собственную экономику на юге. Если бы М. Титаренко не поленился или догадался проанализировать уровни хотя бы торговых связей России с Азией лет за двести (я уж не говорю о связях интеграционного типа), он обнаружил бы удивительные вещи. Сделаю это за него.

Для начала современность. В 1999 г. на Восточную Азию (17 стран) падало всего лишь 10,2% российского экспорта и 6,7 % импорта, в то время как доля только одной европейской страны — Германии — в экспорте России была равна 8,5%, а в импорте — 13,9%. Если же брать всю Европу, то эти доли превысят 70 и 80% соответственно. Более того, динамика развития торговли за последние не то что 15–20 лет, а за последние 200 лет не подтверждает пустопорожних утверждений, что «Азия» или ныне модный «АТР» занимают «все более весомое место в российской торговле». Не занимают и занимать не будут.

Напомню, что в 1802–1804 гг. (когда начался статистический учет внешней торговли России) на Азию (в то время под Азией понимались Средняя Азия и Персия) приходилось 10% экспорта и 17% импорта. К 1897 г. эти пропорции изменились в таких соотношениях: экспорт — 10,5%, импорт — 11%. То есть доля импорта даже упала за счет Европы и частично Америки[1]. Россия в силу множества причин была, есть и будет устремлена на Европу. Переломить эту устойчивую тенденцию можно было бы только в одном случае — сделать РДВ местом бурной экономической активности, наподобие Калифорнии. В ближайшем столетии этого, однако, не произойдет по самым прозаическим причинам: географии и климата, а отсюда и демографии. И плюс масса других причин, фактически являющихся следствием названных.

Можно и дальше продолжать критику евразийства в титаренковском исполнении, но в этом нет никакого смысла, поскольку он, несмотря на обилие слов вокруг этого выражения, так и не дал определения, что это такое. Такая таинственность, правда, присуща всем российским евразийцам[2]. А это вынуждает меня сделать вывод о том, что

> *евразийство по-российски — это еще один вариант еслибизма, т.е. очередная химера или фантом, или даже гадание на кофейной гуще, приносящее некоторые дивиденды его сторонникам (точно так же, как и астрологам и всяческим гадальщикам), но не имеющего ни практического, ни тем более научного содержания.*

---

1   См.: *Россия*: Энциклопедический словарь, 329.

2   Исключение я бы сделал в отношении Вахтанга Чкуасели, который в рамках концепции "неоевразийства" выдвигает немало привлекательных идей и обоснованных суждений. — См.: *Чкуасели*. Неизбежность евразийства // Независимая газета. 15.03.2001.

Евразийство по Зб. Бжезинскому и ответ Ю. Батурина и О. Доброчеева

В отличие от М. Титаренко Зб. Бжезинский в своих геостратегических построениях работает с термином *Евразия* на понятийном уровне, тем самым как бы претендуя на научность. Посмотрим, что у него из этого получилось. Но сначала небольшая предыстория.

В «Независимой газете» (от 24.10.1997) была перепечатана одна из статей Зб. Бжезинского («Геостратегия для Евразии»), которая, несмотря на русофобский характер, не вызвала полемических ответов со стороны российских политологов-международников. И в этом нет ничего удивительного, поскольку откровениям американца по поводу неизбежной гегемонии США и независимой участи России, по крайней мере в обозримой перспективе, действительно нечего противопоставить. Более того, директор Института США и Канады Сергей Рогов в обширной статье, опубликованной в НГ-сценарии (№3, 1998), квалифицированно, на цифрах, подтвердил обоснованность геостратегического видения Зб. Бжезинского в части, касающейся России. В еще более научной форме это сделали Ю. Батурин и О. Доброчеев на основе «физического и макросоциального подхода», — кстати сказать, метода, становящегося весьма популярным в России и известного в США как Теория сложности (The Theory of Complexity). Однако этот же метод позволил российским ученым не согласиться с Зб. Бжезинским относительно будущего России «в долгосрочной перспективе», и поэтому их статью можно рассматривать как вариант полемики с американским политологом[1]. Тем не менее, полемический ответ Батурина и Доброчеева страдает тем же еслибизмом, хотя и в более наукообразной форме, чем это представлено у М. Титаренко.

---

1 *Батурин, Доброчеев*. Россия — связующее звено Евразии и мира // НГ-сценарии. 13.05.1998. В тексте также использован первый, рукописный, вариант данной статьи, переданный мне Ю. Батуриным для ознакомления.

Дело в том, что хотя Бжезинский и Батурин с Доброчеевым пользуются различными методами анализа, они прибегают к одинаковым ключевым терминам, т.е. играют на одном и том же понятийном поле. Я имею в виду главный термин, вынесенный в заглавия статей, «Евразия и евразийская геополитика». Свое отношение к этой «науке» я выразил выше, сейчас же хочу сконцентрироваться на понятиях *Евразия* и *евразийство* в исполнении Зб. Бжезинского, и которые являются отправной точкой «физического метода анализа» российских исследователей.

Евразия: фантом или реальность?

Так что же такое «Евразия»? Зб. Бжезинский пишет:

> Евразия — это континент, на котором расположены самые устойчивые в политическом плане и динамично развивающиеся страны мира.

В качестве опровержения я мог бы привести десятки стран «Евразии», лишенные приведенных качеств, но для примера сошлюсь всего на две: Россию и Индию. Что касается первой, то Зб. Бжезинский сам утверждает, что Россия — «политическая черная дыра». Вопрос: может ли «черная дыра» быть «политически устойчивой»? История второй страны — Индии — также почему-то не демонстрировала ни политической устойчивости, ни тем более «динамичного развития».

В этой связи совершенно глупо звучит, что на Евразию «приходится 75% населения Земли, 60% внутреннего валового продукта и 75% энергетических ресурсов. В целом потенциальная мощь Евразии превосходит мощь США». Эту идею подхватывают Батурин и Доброчеев. Спрашивается: можно ли сравнивать совокупный потенциал десятков разнородных стран Европы и Азии с потенциалом одной страны? Это сравнение из той же серии подсчета совокупного потенциала так называемого АТР: загоняют в этот «АТР» полмира, а потом говорят, что его потенциал превосходит европейский.

Далее:

> Евразия — это суперконтинент земного шара, играющий роль
> своего рода оси.

Каким образом пол земного шара может быть «осью» чего-то, мне
совершенно не понятно.

Наконец:

> Та держава, которая станет на нем доминирующей, будет оказы-
> вать решающее влияние в двух из трех наиболее развитых в эко-
> номическом плане регионах планеты: Западной Европе и Восточ-
> ной Азии.

После второй мировой войны СССР, как известно, был самой мощной державой Евразии. Несмотря на это, в Западной Европе «решающее влияние» все-таки оказывали США, в Восточной Азии...
опять же США.

Таким образом, все определения Евразии, по крайней мере
в исполнении Зб. Бжезинского, элементарно не подтверждаются
исторической практикой, а значит они не верны в принципе. Следовательно, все последующие построения на основе евразийской
концепции не имеют никакого аналитического смысла, — игра в
модное словечко, которое не поддается понятийному определению.
Неслучайно Батурин и Доброчеев поневоле вынуждены были оговориться, что «Евразия = Европа + Азия». Но эта оговорка имеет
тот же смысл, что и Еврафрика = Европа + Африка. Кроме географической констатации за такой формулировкой нет никакого содержания.

Является ли Россия Евразией?

Если для Зб. Бжезинского Россия представляется «политической
черной дырой» Евразии, то для многих российских геополитиков,
как уже говорилось выше, Евразия и есть Россия, т.е. ни Европа и ни
Азия, а некий синтез, нечто третье. Здесь ожидает еще один капкан.
Действительно Россия географически расположена на территориях
и Европы, и Азии. Но если следовать культурно-цивилизационно-
му принципу, в соответствии с которым европейцы и азиаты это

определенные специфические типы цивилизаций, то россияне, не будучи ни теми, ни другими, не могут быть и евразийцами. Точно так же, как азиаты отличаются от европейцев, россияне отличаются от тех и других. Россияне — это тоже особый тип культуры, мышления и поведения, стоящий особняком от всех остальных типов. Поэтому мне абсолютно непонятен часто употребляемый термин *народы Евразии*. Я таких народов пока не встречал. Оттого что Турция частично расположена на территории Европы, турки не стали европейцами или евротурками. Также и австралийцы или новозеландцы, входящие в так называемый «АТР», не стали азиатами, а остались типичными европейцами. Кроме того, термин *Азия* сам по себе с большим подвохом, поскольку в различных частях Азии живут столь отличные друг от друга «азиаты», что образуют различные типы цивилизации. Достаточно сравнить азиатов-арабов с азиатами-китайцами или азиатами-японцами. Разница, как между небом и землей. Более того, даже расположенные рядом китайцы и японцы по своему умострою, культуре и мировидению отличаются друг от друга больше, чем, скажем, китайцы от немцев.

Таким образом, в геополитическом смысле термины *Азия*, а в еще большей степени *Евразия* представляют собой пустые понятия, т.е. не имеющие содержания.

Будущее России: конфедерация или целостность?

Теперь два слова о геостратегии. Зб. Бжезинский уже давно говорит о том, что с точки зрения геостратегических интересов США распад России на ряд территорий типа Сибирской и Дальневосточной республик желателен. Множество раз он говорил и писал о необходимости укрепления независимости бывших союзных республик, в частности Украины, а в связи с ажиотажем вокруг каспийской нефти — в особенности Азербайджана и Узбекистана. Если исходить из стратегических интересов США, подобные рекомендации вполне логичны. Столь же логичными выглядят его рецепты по формированию «стратегических взаимоотношений между Америкой и Китаем». Он даже готов допустить гегемонию Китая в регионе (в Восточной Азии), одновременно «выводя» Японию за пределы региона в «мировую политику», чтобы предотвратить невыгодное для

США японо-китайское противоборство за лидерство в Восточной Азии. Повторяю, резон в такой постановке вопроса для интересов Вашингтона есть.

Батурин и Доброчеев на основе своего анализа, деликатно «оспаривая основной тезис о конфедеративном будущем страны» (России), уверены в ее «устойчивости» или жизненном цикле в соответствии с «линейным размером государств в степени 2/3». Этот вывод подтверждает, по их мнению, и многовековая история России. Я не знаю, как закон «площади» государств работает в случаях, например, с Японией, Францией, Англией, Испанией и т.д., площади которых в десятки раз меньше российской, хотя «время жизни» этих государств почти в два раза превышает «жизнь» России. Если же иметь в виду, что и «устойчивым», т.е. целостным государством Россия стала только при Петре I (а до этого десятки разрозненных княжеств, затем «татаромонгольское иго», затем «собирание земли русской», а затем вновь смуты), то оптимизм российских авторов можно рассматривать как попытку выдать желаемое за действительное.

И проблема устойчивости (целостности) или неустойчивости (конфедерации) решается на основе не закона «площади», а законов политики и политэкономии. Конкретно это будет зависеть от того, какой строй утвердится в России. Если восторжествует капиталистический строй, то будут реализованы идеи Зб. Бжезинского. И вот почему.

История России свидетельствует, что, как только в ней превалируют демократические формы правления, феодального или капиталистического типа, Россия оказывается рассыпанной, раздробленной. Вспомним период феодальной демократии между X–XIII веками, хаос после Ивана Грозного (конец XVI – середина XVII), период капитализации России с середины XIX (продажа Аляски), демократизация после 1905 г., приведшая к октябрю 1917 г. с потерей Финляндии и Польши. (Уверен, что последние «ушли» бы и без Октября). Наконец, самый разрушительный период — «демократия» Горбачева – Ельцина. В то же время, когда в России утверждалась диктатура царя или императора (Иван III, Иван IV, Петр I, Екатерина II), а затем «диктатура пролетариата» (Сталин) Россия расширялась и укреплялась.

Нынешний капиталистический путь, даже в случае его успеха, объективно ведет Россию к распаду или по крайней мере к экономической автономизации той же Сибири и Дальнего Востока, не говоря уже о все большем удалении бывших союзных республик от России. И этот процесс стимулируется именно капиталистическим вариантом развития, поскольку капитализм предполагает высокую степень автономии экономических субъектов не только на уровне фирм или компаний, но и на уровне регионов, развивающихся не по указке из Центра, а по логике соответствия рыночным отношениям. В этом смысле «крепить» СНГ представляется такой же глупостью, как и удерживать в России ту же Чечню или другие регионы, нацеленные на выход из России. Закон рынка будет диктовать регионам крепить отношения с теми, кто больше «даст». А что может дать им нынешняя нищая Россия, то бишь федеральное правительство? Упование же на трансформацию нынешнего режима в сторону социал-демократического капитализма является очередной утопией, поскольку такой тип капитализма может работать только на малых территориях с громадным историческим опытом демократии. Этот тип практически не приемлем ни в России, ни в Китае.

Если же Россия вновь вернется к социалистическому варианту развития (естественно, в его модифицированной форме, близкой к китайскому варианту), тогда можно было бы согласиться с оптимизмом авторов. В этом случае жесткая социалистическая надстройка в сочетании с «мягким» базисом (смешанная экономика) сможет удержать страну от распада и сохранить контроль над стратегическими видами сырья и промышленности.

Только в этом случае Россия, говоря словами Батурина и Доброчеева, станет «центром притяжения» народов и Европы, и Азии, и даже самой Америки. Проблема в том, чтобы они «тянулись» к России не как к объекту грабежа природных и экономических ресурсов, а как к равноправному субъекту экономического взаимодействия. Может быть, только тогда Россия, наконец, сможет построить тот самый мост между Востоком и Западом, Восточной Азией и Европой, о котором время от времени толкуют неискоренимые оптимисты, верующие в будущее России.

Снова биполярность?

Между прочим, наиболее сильное возражение Зб. Бжезинскому российские авторы высказывают по очень важному пункту, о котором они не подозревают и сами. Этот пункт сконцентрирован в подзаглавии «Америка и Евразия, единство и борьба — геополитическая формула XXI века». Внутри этой главки они пишут:

> Политическая структуризация будет направлена в сторону американской интеграции с одной стороны и евразийской — с другой». Они уточняют, что поначалу будет доминировать в этой связи Америка, на следующем этапе — «новое геополитическое образование на Евразийской платформе.

Фактически они говорят о воссоздании биполярной системы международных отношений. И она действительно будет воспроизведена вопреки концепции многополярности, о которой мечтают утописты из ослабевших или еще не набравших силу государств. И воссоздана она будет не в форме Америка – Евразия, а Америка – Китай. Потому что реальный интеграционный процесс ныне разворачивается не на «евразийском пространстве»: Европа – Россия – Азия (на этой евразийской «оси» интеграцией и не пахнет), а в Восточной Азии, закручиваясь вокруг материкового Китая. Именно КНР становится той самой «черной дырой», которая притягивает экономики всех стран Восточной Азии, не говоря уже о чисто торговых и инвестиционных вливаниях других стран земного шара. Причем этот китайский интеграционный анклав системно идеологизирован, привлекая на свою сторону всех обиженных Америкой, прежде всего страны Третьего мира, но не только. Таким образом, складывается не просто экономический интеграционный комплекс в Восточной Азии с ядром в Китае, а именно стратегический полюс во главе с КНР, объективно противостоящий американскому. Именно поэтому так озабочен Зб. Бжезинский будущим Китая, нацеливая руководителей своей страны любыми путями, даже за счет Японии, предотвратить возможность превращения Китая во враждебное США государство. И правильно делает. Только вряд ли у него это получится. Поскольку международные отношения развиваются не по желанию даже такого умного политолога, как Бжезинский, или «законам» геополитики, а на основе законов экономики, каждый день подтверждающих свою безоговорочную силу.

И последнее. Я хотел бы обратить внимание на одну вещь, по-моему, не отмеченную никем. Когда речь идет о долгосрочных или стратегических перспективах, у американских и российских ученых есть одна любопытная закономерность, отражающая разницу в типах мышления двух культур. Американец, в том числе и

Зб. Бжезинский, обычно не верит в объективный ход истории, в какие-то там исторические закономерности. Именно поэтому он и «обходит вопрос о потенциальной реализуемости... стратегии», о чем то ли с удовлетворением, то ли с укоризной пишут российские авторы. В мышлении американца заложен ген творца событий и даже всей истории. Американец, как истый мичуринец, не ждет милости от природы: он творит и природу, и историю — историю во славу Америки. Он считает: надо сделать то-то и то-то: Россию поджать, Китай привлечь на свою сторону, Японию направить туда-то, а Европу туда-то и т. д.

Русский (в этом смысле он близок к китайцам), воспитанный на идеях исторических закономерностей и веры в «Рро-ссии-юю», полагает, что в конечном счете История предопределила России великую миссию, и поэтому, несмотря на нынешний кризис, голод и вымирание нации, россияне не только выйдут из этих передряг победителями, но и спасут весь мир своей духовностью или еще чем-то. И что в этой великой исторической миссии на стороне России даже физические законы.

Мне кажется, русским пора перестать рассчитывать на объективные законы природы, которые-де все равно устроят светлое будущее России, и уповать на предначертания Всевышнего, определившего ей роль Третьего Рима, спасающего все остальное человечество от бездуховности.

Если русские не хотят оказаться под американцами или еще кем-то, надо действовать так же, как американцы. То есть не «уповать», не «рассчитывать», а именно действовать. Действовать хладнокровно и целенаправленно, без евразийских иллюзий и мистики, во имя России и российского народа.

ГЛАВА IV

«РУССКИЙ ПУТЬ» АЛЕКСЕЯ ПОДБЕРЕЗКИНА — ПУТЬ В НИКУДА

Среди множества политических течений, направлений и школ в современной России определенное место занимает так называемое государственно-патриотическое течение, за идеолога и теоретика которого выдает себя вождь «Духовного наследия» Алексей Подберезкин. Этому как бы соответствует и его научный потенциал: доктор исторических наук, академик трех самозванных академий. Автор более 300 работ, в том числе фундаментального труда «Русский путь», четвертое издание которого распухло почти до 600 страниц. К тому же успел побывать депутатом Думы второго созыва. А после провала на очередных выборах в Думу в декабре 1999 г. был выдвинут соратниками на пост президента России. Шансов, как говорится, ноль целых и ноль десятых, но участие в процессе для того, чтобы «озвучить» патриотическую тему, претендент считал весьма полезным. Короче, все количественные признаки лидера и вождя наличествуют.

Хотя в политике государственно-патриотическая идеология в исполнении лидера «Духовного наследия» не пользуется широким спросом, однако, поскольку какая-то часть вроде бы неглупых людей разделяет эту идеологию, есть смысл попытаться в ней разобраться, тем более что многие ее сюжеты относятся к национальным интересам России и международным отношениям.

По идее я должен был бы взять за основу анализа его книгу «Стратегия для будущего президента России: Русский путь» (М., 2000), написанную в соавторстве с В. Макаровым. Но я обнаружил, что она почти дословно повторяет упомянутый 600-страничный трактат, и потому решил оставить нижеследующий текст, который был написан до прочтения «Стратегии».

Сразу же хочу оговориться. Я во многом согласен с г. Подберезкиным относительно критики существующего строя. В обоснование этого он приводит немало убедительных аргументов и фактов. Но критикой занимаются все, в том числе и сами отцы-основатели сложившейся системы. От теоретиков сейчас ожидаешь другого: как выкарабкаться из стратегического капкана, в который попала современная Россия. Подберезкин выстраивает целую программу, вытекающую из идеологии государственного патриотизма. Из каких же элементов или основ состоит эта идеология — вот вопрос. И вот как на него отвечает теоретик.

Да здравствует общепримиряющая идеология

«Для нас центральным сегодня стал вопрос о формировании в общественном сознании государственно-патриотической идеологии, **современной общенациональной идеи**, которая только и может стать стратегией развития Нации и Государства, а для настоящего времени — и **основой концепции выхода из затянувшегося кризиса**» (выделено автором)[1], — сразу берет быка за рога Подберезкин.

В этой фразе сразу бросается в глаза, что одна идеология или одна общенациональная идея, что, видимо, одно и то же, должна обслуживать и государство, и нацию, которые, предполагается, находятся в завидной гармонии и согласии. Теоретически такое возможно в развитых социалистических обществах, где классовые противоречия теряют свое социальное значение или до предела сглажены. Здесь же речь идет о России, в которой, наоборот, усиливаются классовые антагонизмы и ужесточается противостояние между нацией и чуждым ей государством.

Несмотря на это, Подберезкин предлагает

> поставить интересы Государства и Нации выше интересов класса, а тем более — интересов партии» (с. 42).

То есть я интересы государства, которое меня обирает, не платит вовремя зарплату и сделало нищим, должен поставить выше интересов моего класса, с которым творят то же самое, что и со мной. Такое может предложить только человек, который хорошо вписался в эту самую государственность.

Г. Подберезкин, не знаю уж, осознанно или по незнанию, совершает старый финт — подмену политических понятий и категорий (*государство, общество, классы*) на антрополого-культурологические термины (*нация, народ, язык, культура* и т.д.), тем самым пытаясь использовать язык одной науки к реальностям, которые изучаются другой наукой. Этот устаревший прием обычно приме-

---

1 *Подберезкин*. Русский Путь, 23.

няется для того, чтобы «лишить» общество всех его политико-экономических качеств и придать ему этакую бесконфликтную чисто национально-культурологическую окраску. Если политические и экономические противоречия решаются на основе борьбы, то вторые проблемы — культурные и национальные — можно решить тихо-мирно путем интеллигентного «консенсуса».

В другом месте теоретик на полном серьезе пишет:

> И повторяю, первый шаг на пути преодоления мировоззренческого хаоса в стране — это фраза: «Я — русский». Первая фраза политика: «Я защищаю национальные интересы», ибо уважение к Государству начинается с уважения Нации, а еще ранее — к ее **представителю** (66).

Следовательно, если ты не русский, например, татарин или грузин, то, как говорится, тебе здесь делать нечего, оставайся с мировоззренческим хаосом. Читатель догадывается, в какое болото ведет такая постановка вопроса все последующие изыскания этого «теоретика». Петр I — не русский, Екатерина II — не русская, все последующие цари — не русские, Ленин — с множеством примесей, Сталин — вообще грузин. Короче, все «с хаосом». Но, будучи политиками, они как-то умудрялись «защищать национальные интересы» России, и некоторые из них очень даже неплохо.

Одна нация — одно мировоззрение, отраженное в одной государственно-патриотической идеологии и одинаковой системе ценностей, — призыв Подберезкина. Сформулировав все эти вещи, «мы», наконец, найдем свою «национальную идентификацию», обещает наш теоретик.

Когда, к примеру, мне, русскому, предлагают найти на каком-то тарабарском языке мою «идентификацию», т.е. мою русскую сущность, у меня все время возникает желание спросить: а чего ее искать? Ведь «наша» сущность, эта самая русскость, она же прет из всех дыр; ее за версту и слышно, и видно, и крепко ощущаемо. Русские настолько отличаются от всех других наций, что им нет необходимости заниматься специальным поиском своего «Я». Русский — сверхспецифичен. И к мировоззрению эта специфика не относится. Бескультурье, хамство, идиотизм я встречаю на каждом шагу как среди коммунистов, так и среди демократов, как среди миллионеров, так и среди бедных. Точно так же я могу обнаружить перлы культуры, душевных качеств в любом слое российского общества. В смысле русскости я, например, не вижу большой разницы между Зюгановым, Путиным или Лебедем. Но все это никакого отношения не имеет ни к мировоззрению, ни к нации. Мировоззрение и нация — это сапоги всмятку. Но теоретик этого не понимает.

Повторяю, *русскость*, осознание своей национальной принадлежности к культуре, истории и т.д. — все это нужные и необходимые вещи, о чем мне также приходилось неоднократно писать. Но эта категория не может служить весомым фактором, объединяющим всю нацию под знамена единой государственной идеологии, на каком бы патриотизме она ни была заквашена. Русская нация не состоит из одинаково обеспеченных подберезкиных или одинаково нищих ивановых. Любая нация, и русская в том числе, не является исключением, разделена на классы, страты, слои или сословия, у которых не может быть одинаковых интересов, а значит и одинаковой «общепримиряемой» идеологии, — азбучная истина, каждый день подтверждаемая практикой.

В чем же состоит суть национальных интересов России?

У Подберезкина государственно-патриотическая идеология состоит из некоторого числа компонентов, иерархия которых варьируется в различных последовательностях в тех или иных главах. Я позволю себе их упорядочить в соответствии со степенью значимости, какую, на мой взгляд, придает автор каждому из них.

Начну с главного компонента, по которому каждому из нас предлагают определиться, или, по словам русского Подберезкина, «самоидентифицироваться», т.е. сказать, что «я — русский», и, следовательно, связать себя с «... Россией, ее будущим, ее национальными интересами, а не с идеологией какой-то одной партии» (67).

Все это хорошо. Я с удовольствием объявлю себя русским и готов связать себя с национальными интересами России, а не национальными интересами США, от чего меня предостерегает Подберезкин. Но я хотел бы знать, в чем выражаются национальные интересы России. Русский Подберезкин формулирует мне их в виде государственно-патриотической идеологии, русский Путин — в виде либерально-государственной идеологии, русский Ампилов — в виде ортодоксально-коммунистической идеологии и т.д. Все — русские, а идеологии разные.

В геостратегическом плане г. Подберезкин предлагает нам такой «общенациональный интерес»: воссоздать Россию в границах 1990 г. Это, видимо, первый этап. За ним следует второй этап: создание империи восточнославянских народов (267, 454).

Весьма заманчиво, и мне бы, конечно, тоже хотелось верить,

ЧТОБЫ МИРНЫМИ, ДЕМОКРАТИЧЕСКИМИ СПОСОБАМИ ВОССТАНОВИТЬ РОССИЮ В ГРАНИЦАХ 1990 г.» (выделено прописными буквами автором, с. 191).

Хорошо звучит! На этом фантазии идеолога не заканчиваются. Далее он указывает:

НЕОБХОДИМО ВИДЕТЬ КОНЕЧНУЮ ЦЕЛЬ ТАКИХ УСИЛИЙ — СОЗДАНИЕ ИМПЕРИИ ВОСТОЧНОСЛАВЯНСКИХ НАРО-

ДОВ КАК ПРОДУКТА ЕСТЕСТВЕННОГО сближения и объединения многих народов, и даже их первичных государственных
образований, самой историей «обреченных» на совместное существование и выживание в едином государственном организме
(выделено прописными буквами автором, 267).

Это что, записки сумасшедшего или политика, рассчитывавшего
стать президентом? Где и когда он видел, чтобы империи создавались *демократическими* способами? Неужели этому эрудиту не-
вдомек, что *империя* — это категория геополитическая, или, как
сейчас модно говорить, геостратегическая? Все они создавались
на основе силы. В XXI веке все подобные конструкции невозмож-
ны в принципе, поскольку всем мало-мальски разбирающимся в
международных отношениях политикам совершенно ясна их не-
жизнеспособность. Не случайно идет другой процесс: дробление
крупных государств, особенно многонациональных, на более мел-
кие. Еще в начале 1980-х годов было около 140 государств, сейчас
их стало около 200. На грани распада даже процветающая Канада.
Некоторые американские ученые не исключают дробления США.

О каких восточнославянских народах идет речь: о поляках,
болгарах, венграх, чехах или западных украинцах? О тех самых народах, которые мечтают попасть в НАТО, а некоторые уже и попали.

Понятно, что никакой империи не получится, помимо всего
прочего и потому, что, во-первых, даже не все русские, особенно
там, «наверху», этого хотят, во-вторых, почему-то этого не хотят
и нерусские, к примеру, в той же Балтии. В результате выделенные
прописными буквами идеи являются нечем иным, как пустой фразой, свидетельствующей о мере «ответственности» горе-теоретика.

Следующим пунктом государственно-патриотической идеологии является синтез научных знаний и Веры, т.е. примирения и
взаимного дополнения науки, культуры и религиозной духовности (79). «Вера», конечно, с большой буквы. Подберезкин в подтверждение своего «открытия» приводит множество цитат ува-
жаемых личностей, видимо, опасаясь, что читатель на веру только
ему в эти банальности не поверит. Почему-то ему кажется, что в
былые времена мы пренебрегали всем этим «духовным» потенциалом. Мне же кажется, что именно благодаря, прежде всего, вере и
духу советский народ строил Днепрогэс, города, бил фашистов и

прочую нечисть, создавал уникальную культуру. Кстати, и на Западе о единстве веры, духа и науки толкуют не один десяток лет. Достаточно почитать старые работы Г. Маркузе или Э. Фромма. А один американец, Артур Янг, даже вплотную подошел к научному (математическому) объяснению единства веры и разума в развитии человечества. Но все эти вещи — синтез веры и науки — не дают специфики российской государственно-патриотической идеологии, т.к. они в той или иной степени существуют во всяческих идеологиях.

Я готов согласиться, что «духовный потенциал — это чисто русское понятие» только в том смысле, что для нормального русского нематериальные ценности были, а возможно, и остались выше материальных. В этом действительно проявляется русская специфика, или, по выражению Подберезкина, «Русский Путь». Но эта специфика противоречит капиталистическому пути развития, по которому идет нынешняя Россия и за который проголосовало больше половины населения страны, переизбрав Ельцина на второй срок и выбрав прокапиталистического Путина в новые президенты. Для того чтобы русский человек вновь проявил или восстановил свою исконную духовность, ему необходимо предложить нечто большее, чем ничего не значащий в данном случае «синтез науки и веры».

Еще одно важное положение, связанное с формами собственности. И здесь нас ожидает очередной перл. Теоретик пишет:

> …для нас не так уж важны споры о формах собственности. Значительно важнее, чтобы **любая из них была эффективна**, точнее **еще эффективнее**, чем в других странах. Эта наша **экономическая стратегия** (выделено автором) (191).

И это стратегия?! Приехали.

Подберезкин, конечно, не экономист, но хотя бы на основе здравого смысла он должен был бы понимать, что не может любая форма собственности быть одинакова эффективна или более эффективна при различных социально-экономических системах и различных географических и климатических условиях. Неужели ему нынешняя практика частной собственности в России не подсказывает абсурдность его «стратегии»? Ну, хотя бы для приличия сравнил производительность труда на частных предприятиях в Японии и в России. Это с одной и не самой главной стороны. Более важно то, что из-за этой самой формы собственности вот уже на протяжении четырех столетий идет самая настоящая война внутри всех стран без исключения. А в последнее время и в России. Это же не просто собственность. Это — власть и богатство. Это — тип государства. От решения этого вопроса зависит, выживет Россия или она рухнет под напором частной собственности как доминирующей формы собственности в стране. А для теоретика эти споры «не так уж важны». Просто бред какой-то.

Важный компонент в идеологии: личность и общество. В нем упор делается на нравственность, на соблюдение «общечеловеческих норм». Выражено это так:

> Цель развития общества и государства — развитие творческого потенциала и возможностей русских людей, неважно кто он — художник, ученый или предприниматель (там же).

Тут уже без библейских текстов не обойтись. И Господь, правда, наряду с Вернадским должны служить нам путеводной нитью. Ну, кто будет открыто спорить против соблюдения «общечеловеческих норм»? Проблема в том, что Библия вот уже около 2000 лет призывает их соблюдать, но даже самые религиозные народы почему-то их постоянно нарушают. Гордыня заедает. Оказывается, именно

> этот грех является первопричиной политических неурядиц в России в последнее десятилетие (102).

Были бы порелигиознее российские руководители, и ничего бы не случилось. Слава богу, Ельцин, а за ним и Путин стали в церкви похаживать. Может, действительно все уладится?

Комментарии по этому поводу излишни, а вот мимо одного из положений этого раздела пройти нельзя, поскольку оно встречается часто в патриотической литературе. Подберезкин пишет, что

> …правильно понятые и защищенные национальные интересы России дают импульс развитию всей человеческой цивилизации(103).

Для начала простой вопрос: а кто должен определять, правильно или неправильно, к примеру, я определяю интересы России? Уж не сам ли г. Подберезкин? А кто определит, правильно или неправильно он определит мою правоту? И т.д. и т.п. То есть очередное пустозвонство.

Теперь насчет «человечества». Теоретик утверждает:

> Новое государственно-патриотическое мировоззрение органично сочетает специфические национальные и культурные особенности России и ценности всего человеческого сообщества, интересы безопасности других государств, богатство духовного наследия иных народов. В этом смысле суть Русского пути — развития потенциала русской Нации — соответствует интересам всего человечества» (там же).

Я что-то не вижу в данной идеологии «органичного сочетания» с духовным наследием, например, японцев, ценности американцев, немцев, англичан и остальных нескольких сотен народов. У них, например, нет такой темы, как империя. А среднему канадцу плевать на все человечество вместе с его цивилизацией. А американца тошнит от всяческой болтовни о духовности и какой-то там совести. Ну, не сочетаются они с национальными и культурными особенностями России, как бы Подберезкин их ни просил об этом. Ну, вот такие они, нехристи нерусские, черт бы их побрал.

Вообще-то Россия и человечество — это конек государственно-патриотического движения. В книге эта идея выражена следующими уникальными словами:

> Мы полагаем, что Россия может и обязана быть мировым лидером в научной, культурной, образовательной и духовной областях. … по КОЛИЧЕСТВУ ТАЛАНТЛИВЫХ ЛЮДЕЙ, способных дать России и человечеству будущие перспективы развития» (191).

После таких слов я сразу захотел было предложить ввести в макропоказатели государств строку: количество талантливых людей на тысячу человек. Остановило меня одно: а как определить меру или масштаб талантливости? По количеству печатных листов? Или по количеству рационализаторских предложений? Или по количеству сумасбродных идей? Боюсь, что «консенсуса» по-русски, значит, единогласия, не получится.

Во-первых, «человечество» или «цивилизованный мир» никогда не поклонялся русской науке, образованию и культуре по той простой причине, что он ничего этого не знал и знать не желает. Полистайте любые западные энциклопедии великих людей и вы обнаружите из сотен и тысяч имен в лучшем случае пять—десять русских. Пора уже кончать эту практику: выдавать желаемое за действительное. Во-вторых, что это за «цивилизация вообще»? Есть японская, китайская, американская, африканская и т.д. И я что-то не замечал элементов «русской уникальности», к примеру, в той же японской цивилизации или американской. В-третьих, если брать категорию *цивилизация* в ее абстрактном, отвлеченном виде, как, допустим, цивилизацию общечеловеческую, то в ней присутствуют элементы всех цивилизаций, а в настоящее время доминирует не русская цивилизация, а американская цивилизация с ее упрощенной, бездуховной формой выживания и процветания.

Другое дело, что в виде потенциальной возможности у России есть все основания бросить вызов той же американской цивилизации, но только не на посылках той идеологии, которую нам предлагает г. Подберезкин. Ее просто нет. А есть набор банальностей, который, не исключено, может вдохновить неграмотного лидера какой-нибудь патриотической партии или группы, но вряд ли может служить основой для идеологии крупных политических сил, не говоря уже о всей нации.

О безопасности России и международных отношениях

Следует признать, что у Подберезкина хорошо прописаны разделы по военной безопасности России — область, в которой он действительно является специалистом. С ним можно согласиться:

> Очевидно одно: если... выход не будет найден в самое ближайшее время, России угрожает уже не просто военное поражение, а потеря национального суверенитета, территориальной целостности и, что хуже всего, способности сохранить специфические черты национальной культуры и независимости во внутренней политике (252).

Когда же он выходит в сферы международных отношений, то тут он вступает на явно незнакомый для него путь домыслов, иллюзий и еслибизма. Он пишет:

> Первая тенденция — глобализация мировых хозяйственных, политических, научно-технических, культурных и иных связей. Ее начало можно отнести с послевоенным десятилетиям. Еще в 1942–1943 гг. великий русский ученый В.И. Вернадский дал ей научное толкование как процесса создания ноосферы(232–3).

Из этой фразы ясно, что Подберезкин, как, кстати, почти все российские международники и экономисты, не понимает разницы между интернационализацией мировой экономики и ее глобализацией, интернационализацией и интеграцией (а есть еще и глокализация). Он не понимает, что интернационализация началась со второй половины XIX века, о чем писали еще Маркс и Энгельс, и в XX веке она прошла три фазы развития. Причем в начале века по своей интенсивности она была более масштабна, чем в конце века. Теоретик не понимает, что именно третья стадия интернационализации (а это начало 90-х годов) породила глобализацию (в научном, а не в обывательском понимании этого понятия), которая пребывает еще в зачаточном состоянии. И Вернадский писал совсем о другом явлении, напрямую не связанном с экономической «глобализацией».

Домыслы лидера «Духовного наследия» проявляются в таких пассажах:

> Формирование устойчивых экономических и финансовых взаимозависимостей между Россией, Японией и Китаем объективно ведет к снижению глобальной зависимости от американского доллара и контролируемой финансовыми институтами США финансово-банковской мировой системы (244).

О каких устойчивых взаимозависимостях может идти речь между этими тремя государствами, если России просто нечем с ними «взаимозависеться»? Достаточно взглянуть на торговую динамику за последние 10 лет между Россией, с одной стороны, Японией и КНР, с другой. А между Китаем и Японией существуют США, и отношения между ними сплетены в такой клубок противоречий, разрешение которых ведет к формированию биполярного мира с центрами вокруг США и Китая.

Остальные желания удобного для России мира построены на концепции «еслибизма»: а если мы сделаем то-то, то будет то-то, а если создадим союз с КНР и Индией, будет еще что-то и т.д. Правда, как еслибист, Подберезкин не одинок: вся российская внутренняя и внешняя политика строится на еслибизме.

Исторические параллели

Идеологическая суть г. Подберезкина лучше всего проявляется в контексте терминов *революция* и *компромисс*. Он, к примеру, пишет:

> Принцип ориентации на компромисс в переходный период присущ не только экономике, но и политике. Не только ни одна форма собственности (или способ производства), но ни одна политическая сила не могут и не должны господствовать. Тем более через насилие. Жесткая, бескомпромиссная идеологическая позиция в случае победы неизбежно приведет (как это было с большевиками в 1917 и либералами в 1991г.) к тому, что обществу, экономике, гражданам будет навязано узкое идеологическое решение любых проблем (362).

В какой стране или в государстве он видел или читал, чтобы там отсутствовало господство определенной формы собственности или определенной политической силы даже в переходный период? На то, кстати, он и переходный, что происходит смена именно господства той или иной собственности и власти. Другое дело через насилие или полюбовно. Второе — редчайший случай, первое — повсеместно. Прежде чем продолжить, обращусь еще к одному суждению, которое понадобится в дальнейшем.

Мне, например, очень нравится фраза Подберезкина:

> Лично я считаю, что у России есть свой путь — ПУТЬ РУССКОГО КОММУНИЗМА, по которому мы должны пойти, проходя, а не перескакивая через все этапы развития общества, личности, экономики. Ныне этот этап — олигархический госкапитализм (111).

Но такие фразы пусть никого не вводят в заблуждение. Сам теоретик, тут же испугавшись, как бы ему всерьез не поверили, начинает увещевать, что не надо на этой «теоретической основе» делать практическую политику, т.е. «классовую политику», т.к. все это «мертвые схемы» догматиков-марксистов. Правда, этих, как он выражается, «дуроломов» он не особенно боится, поскольку в России нет системного кризиса, и именно поэтому «ей в ближайшем будущем не угрожают революции».

И что же все это означает? Это означает, что к Русскому коммунизму Россия когда-нибудь доползет без перескоков, т.е. без этих ужасных революций путем всепримиряющего компромисса всех со всеми под руководством русских государственников-патриотов, отталкиваясь от нынешнего олигархического госкапитализма. Видимо, предполагается, что олигархи свои наворованные миллиарды через какое-то время, образумившись или застыдившись, обратят на то, чтобы построить цивилизованный «просто-госкапитализм», лишив его прилагательного «олигархический». То есть лишат себя власти. А от него, как известно из работ классика, рукой подать до социализма, а там не за горами замаячит и Русский коммунизм.

Проблема в том, что вся эта идиллия разбивается о статистику, которую сам автор представил в изобилии на страницах своего обширного труда. Из нее явствует, что экономика России продолжает разрушаться, народ продолжает вымирать, а олигархи продолжают богатеть, о чем свидетельствует и такая цифирь: доходы 10% населения «наверху» превосходят доходы 10% «внизу» в 17,5 раза.

Сам же автор пишет:

> Социальные столкновения в реальных условиях России неизбежны» (там же). Несмотря на это, главное для вождя «Духовного наследия», чтобы они не вылились в революцию. И в этой связи он делает весьма глубокомысленный вывод, который, правда, до него множество раз как заклинание твердили все припавшие к власти: «… ни одна революция не решила изначально стоящих для нее задач: не сделала человека лучше, не сделала условия жизни еще лучше (150).

И в этой связи идет ссылка в качестве примера на Французскую революцию и, естественно, революцию 1917 г. в России.

«Человека» пока оставим в покое: не то что революции, мировые религии не сделали его лучше. А что касается революций, то они и не ставят таких задач. Задачи же ставят революционеры. И их задача — захват власти, которая им нужна, чтобы изменить общественный строй в соответствии с интересами тех классов, которые они представляют. Эти задачи были выполнены как в ходе Французской революции, так и Октябрьской революции 1917 г. Февральская, как известно, в этом смысле не удалась. Это — во-первых.

Во-вторых, насчет жертв и казней в ходе революций и в последующем. Действительно, революция на то и революция, что она не может обойтись без жертв и с той, и с другой стороны. Если брать Французскую революцию, то эти жертвы принесены для сохранения, выживания и дальнейшего процветания нации. Не будь этих жертв, Франция могла превратиться в маргинальное образование в Европе с перспективой стать аграрным придатком бурно развивающейся капиталистической Англии. Это одна сторона. Другая заключается в том, что Французская революция дала колоссальный толчок общественно-экономическим преобразованиям по всей Европе. Так положите на чашу весов плюсы и минусы Французской революции в ходе исторического развития всего человечества. Нет бессмысленных революций. Они есть скачок в развитии общества. Нация жертвует своей частью, чтобы сохранить целое, — т.е. всю нацию, — особенно тогда, когда в силу тех или иных причин она возглавляется подонками или исторически обанкротившимися лидерами. В таких случаях, как писал Локк, нация обязана «воззвать к небесам» (appeal to Heaven), т.е. совершить революцию.

В еще большей степени это относится к русской революции октября 1917 г. В этой связи я вынужден привести один уникальный пассаж из работы теоретика, свидетельствующий или о полном незнании этим господином российской истории, или о сознательной ее фальсификации. Он приводит ряд статистических данных, демонстрирующих высокие темпы экономического развития России с 1899 г. по 1913 г. И в этой связи заключает:

> Т.е. в одном случае в результате реформ прирост составил от 40 до 140%, а в другом — падение на такую же величину. Результат прямо противоположный, что позволяет говорить о том, что он не мог быть случайностью. Просто в начале века была нация, объединенная в империю, во главе которой стоял Государь, обладавший сильной властью. А во втором случае — шла борьба внутри нации, между ее частями, шел процесс целенаправленного ослабления власти вообще, а институтов власти — в особенности. В одном случае было созидание, политическая стабильность, общенациональное единство. В другом — необольшевистские идеологические выверты (405).

В то время Россия действительно быстро развивалась. Но за счет чего и за счет кого? Напомню, кто забыл или не знает. В начале царствования Николая II иностранцы контролировали 20–30% капитала в России, в 1913 г. — 60–70%, к середине 1917 г. — 90–95%. Г. Гольц (из Института народнохозяйственного прогнозирования РАН) приводит другие цифры, но суть их та же: «...доля иностранного капитала в русских банках выросла с 7,5 процентов в 1870 г. до 43 процентов в 1914 г. ...в промышленности: почти половина всех капиталов принадлежала иностранцам»[1]. Хотя здесь приведены различные цифры, однако общая динамика очевидна: иностранцы прибирали финансовую и промышленную сферы России в свои руки.

Российское правительство уже в то время село на иглу иностранных займов, особенно в 1906 и 1909 гг. В результате (не напоминает ли это уже наши дни?) стали накапливаться долги, на оплату процентов по которым за 10 лет (1904–1913 гг.) было выплачено 1,7 млрд рублей, причем получено немногим более 1 млрд.

Еще один результат. Государственный долг России с 8,8 млрд рублей в 1913 г. увеличился до 50 млрд в 1917 г. Другими словами, Россия, с одной стороны, увязла в долгах как в шелках перед Европой, с другой, она, пустив «козла в огород», стала терять контроль над своей экономикой и внешней политикой. Наконец, можно вспомнить и о русском промышленнике А.И. Путилове. Оказывается, на Путиловском заводе «из 32 директоров 21 директор, а из общего числа рабочих и монтажеров 60% принадлежали немецкой национальности». В финансовом же отношении контроль осуществлялся банком «Унион паризьен»[2].

Насколько государь обладал сильной властью, видно не только из результатов его правления, но и из описаний государственных деятелей того времени, например С. Витте, П.Н. Милюкова и др.

О политической стабильности. Если было все так хорошо, с чего бы это так стремительно набирали темпы забастовки, количество которых возрастало с каждым годом: в 1912 г. в них участвовало более 725 тыс. рабочих, в 1913 г. — 887 тыс. и 1 250 тыс. из 3 млн рабочих в первой половине 1914 г. Может быть, Подберезкин запамятовал о революции 1905-1907 гг., о столыпинских «галстуках», о том, что государя, которого он предпочитает писать с большой буквы, Л. Толстой называл «Николаем Веревкиным»? Что это за

---

1 Известия. 16.10.1993.

2 Все это у меня подробно описано в книге «Царская Россия: мифы и реальность».

«политическая стабильность»? Ф. Энгельс за 23 года до революции писал: «А в России маленький Николай поработал на нас, сделав революцию неизбежной»[1].

Более того, не сверши большевики этой революции, Россия тогда, в 1918 г., исчезла бы с лица земли как суверенное государство. Она уже была фактически поделена между Францией, Англией, США и Японией к тому времени. Вспомните, в каких местах высадились вооруженные силы «союзников» в годы гражданки.

Повторяю: революции спасают нации и государства, жертвуя частью своих граждан, обычно лучших своих граждан. Потому что в революцию идут самые сознательные, самые знающие, самые совестливые, готовые положить свои жизни ради своей страны, ради своего народа.

В России сейчас аналогичная ситуация, почти на 100% напоминающая период начала века. Россия и как нация, и как государство скукоживается на глазах. Разговорами о компромиссах ее уже не спасти.

---

1 *Маркс, Энгельс.* Сочинения, т.39, 349.

Подберезкин — прогнозист

Качество любого теоретика или ученого определяется тем, насколько адекватно отражают его теоретические или научные изыскания реальность, и проявляется это обычно в прогнозах. Вот качество прогнозов теоретика, почерпнутых из его книги, опубликованной летом 1999 г.

Подберезкин пишет:

> Уверен, что 1999 г. в целом будет благоприятным для создания политико-психологической атмосферы, неприемлемой для преступности. Связанные с ним торжества, посвященные 200-летию Пушкина и третьему тысячелетию Спасителя, неизбежно станут благодатной почвой для этого (193).

Несмотря на такую оголтелую уверенность, преступность продолжает расти темпами, какие не знала ни одна страна в мире.

Далее. «Ясно, что на будущих выборах победит кандидат от оппозиции. Не ясно от какой — «радикальной», «коммунистической», «патриотической», «социал-демократической»? Я намеренно оставляю «за скобками» любых кандидатов — «демократов», ассоциируемых с провалами в политике М. Горбачева и Б. Ельцина. Убежден, что ни один из них не имеет шансов даже выйти во второй тур, а не то что победить в финале» (203–4). По его мнению, кандидатами в президенты будут А. Лебедь, Г. Зюганов, Ю. Лужков, А. Николаев (204). Более того, «…очевидно, даже бесспорно, что левоцентристский блок победит» (378). Комментарии, как говорится, излишни.

* * *

Содержание идей «Русского Пути» являет собой один из примеров беспомощности, когда политический и экономический анализ общества подменяется над/или внеклассовыми категориями, когда под национал-патриотическое знамя пытаются собрать господина и товарища, банкира и рабочего, хозяина и наемного работника. Как показывает историческая практика, все они предпочитают свои знамена, и знамена эти весьма сильно отличаются по цвету.

Ну а делать выводы по внешнеполитической части оставляю читателям.

ГЛАВА V

КРИТИКА БИПОЛЯРНОЙ КОНЦЕПЦИИ
А.Г. ЯКОВЛЕВА

На мой взгляд, в настоящее время в России можно насчитать три четко выраженных подхода к структуре международных отношений.

Первый подход отражает официальную позицию, которая основывается на идеях многополярности. Он зафиксирован во всех официальных документах, таких, например, как «Концепция национальной безопасности» (СНБ), военная доктрина (МО) и «Концепция внешней политики РФ» (МИД). Помимо руководства страны, обычно ее отстаивают ученые, поддерживающие официальную линию Москвы.

Второй подход признает однополярность, которая увязывается с доминированием Запада во главе с США. Этого подхода придерживается часть американистов, а также те, кто разуверился в возможностях России сформировать собственный полюс в многополярном мире.

Третий подход отстаивает идею биполярности как наиболее устойчивую структуру международных отношений.

Весьма симптоматично, что названные подходы отражают четкое политико-идеологическое размежевание в академической среде ученых, разделенных на центристов, правых и левых. Центристы — сторонники первого подхода — высшие чиновники и проправительственные ученые, выступающие за «достойное место России в мире». Концепция многополярности по форме, на уровне риторики имеет антиамериканскую направленность, хотя по сути она абсолютно безобидна из-за своей нереализуемости. Правые, естественно, придерживаются второго, однополярного подхода. Их не устраивает даже антиамериканская риторика, поскольку они полагают, что США настолько сильны, а все гипотетические планы создать многополярный мир, не говоря уже о биполярном, настолько иллюзорны, что нет смысла раздражать этот Запад. Надо безоговорочно признать его лидерство и пристроиться к его системе, которой он руководит.

Очевидно, что приверженцами третьего подхода являются авторы левого течения, противники, так сказать, нынешнего режима. Их не устраивает ни многополярность, ни особенно однополярность. Они предпочитают биполярность, которая, по их мнению, ограничит господство этого ненавистного им «золотого миллиарда». И хотя о биполярности пишется немало работ[1], однако наиболее последовательным и неутомимым защитником данной концепции является профессор А.Г. Яковлев. Поэтому есть смысл проанализировать его аргументы в пользу биполярности, взяв за основу его статью «И все же на горизонте двухполюсный мир»[2], которая опубликована «в порядке обсуждения».

* * *

А.Г. Яковлев с самого начала исходит из того, что уже в самом противостоянии концепции многополярности и монополярности «четко отражено реальное распадение мирового сообщества на два политических лагеря, на два глобальных политических полюса», причем один полюс (Запад) является монолитным, другой — весьма рыхлым, состоящим из автономных компонентов, куда входят в том числе Китай, Россия, Индия. «Таково, — считает А. Яковлев, — состояние глобальных политических полюсов сегодня».

Другими словами, хотя статья называется «И все же на горизонте двухполюсный мир», на самом деле получается, что мир является двухполюсным уже «сегодня». Проблема только в том, что антизападный полюс еще не сорганизовался, не оформился, не сложился в центр силы. Следовательно, проблема завтрашнего дня — чисто организационная.

---

1 К примеру, см.: *Соколов*. О мифах и реалиях мировой политики // «Новый порядок на века»?

2 Проблемы Дальнего Востока, 2000, № 4.

Итак, выделю некоторые постулаты. Во-первых, мир биполярен уже сегодня, но один из полюсов не организован. Во-вторых, размежевание на два лагеря происходит по политической линии («два политических лагеря»). В статье, правда, так и нет объяснения, в чем суть размежевания на политической основе.

Далее. А. Яковлев с неодобрением расписывает проявление активности глобальных гегемонистских сил, распространяющих «пресловутую зону ответственности американо-японского и американо-австралийского военных союзов», их намерение создать «в обширном Азиатско-Тихоокеанском регионе» ПРО ТВД и т.д. (31). И хотя соотношение сил, «увы», складывается в пользу Запада, это не обескураживает российского профессора, поскольку он считает, что данное «силовое превосходство» «кратковременно». И хотя в ближайшие 15–20 лет «если он (Запад) не сможет добиться своей цели, то в дальнейшем ему придется распроститься со своими гегемонистскими мечтами» (32).

Надежды автора связаны с тем, что к 2020 г. доля развитых стран в мировом производстве упадет до одной трети, а доля развивающихся стран увеличится до двух третей, а Китай, Индия, Бразилия, Россия и Индонезия обеспечат, как и все развитые страны, одну треть мирового продукта.

Второй фактор, питающий надежду автора, это то, что «политически полицентричная периферия», «сосредоточившись», сумеет принудить Запад к совместному поиску модели жизнеобеспечения человечества.

Здесь опять же не совсем понятна логика автора. Если периферия заставит Запад совместно решать «центральную для современной эпохи проблему выживаемости человечества», тогда какие основания останутся для неизбежной политической поляризации мирового сообщества, для антагонизма между Западом и не-Западом. В этом случае должна будет воцариться всемирная гармония, без полюсов и антагонизмов. Видимо, просто сам автор не верит в нарисованную им идиллию, почему и ратует за биполярность.

Зафиксирую еще несколько моментов. Хотя внутри западного мира существует несколько центров силы, Запад все-таки остается монолитным. Не-Запад же не только рыхл, неорганизован, но внутри этого мира существуют еще силы, которые вместо того, чтобы сплачивать этот мир, выступают за нежизненные концепции многополярности. Это — официальная Москва и официальный Пекин.

Разоблачению концепции многополярности посвящена большая часть авторского текста. Подспудную критику данной концепции А. Яковлев находит и в высказываниях китайских ученых. В конечном счете все должны осознать «вполне очевидное разделение мирового сообщества на две части с жестким антагонизмом их жизненных интересов» (с. 40). Причем центральным звеном цементирования антизападного мира «безусловно, является формирование треугольника Россия – Китай – Индия как ядра сплочения стран и народов, отвергающих диктат Запада» (там же).

Я вынужден столь подробно излагать взгляды А. Яковлева на биполярность, поскольку существуют иные интерпретации этой же концепции как в самой России (например, В. Тихомиров, Ю. Соколов), так и в США (Ганс Бинендижк, Ален Хенриксон)[1]. Меня, кстати, в этой связи удивляет то, что сами российские и американские «биполярники» не читают работ друг друга. Но это к слову. Теперь к анализу.

* * *

Прежде всего, надо иметь в виду, что предложенный подход является одним из научных методов анализа международных отношений. Это — геостратегический подход. Он был разработан теоретиками школы «политического реализма», в основу которого положена концепция силы. Существует немало и других методов или подходов: геоэкономический, геополитический, классово-идеологический, цивилизационный, технократический и т.д. Каждый из этих методов имеет свой инструментарий и охватывает определенный сегмент мировых отношений. Ни один из них не является универсальным, каждый из них лишь отражает «часть» истины. Геостратегический подход не является исключением, и поэтому, возвращаясь к нему, нужно заранее отдавать себе отчет, что геостратегия «покрывает» только часть реальности.

Если исходить из устоявшихся в России представлений на полярность, то нужно признать цикличность изменения структуры международных отношений. Мировая история развивалась всегда от многополярности к биполярности, которая переходила в моно-

---

1 См. предыдущие разделы.

полярность или гегемонию. Причем переход от одной структуры к другой происходил скачками, т.е. через войны и конфликты (в последнем случае через холодную войну на стратегическом уровне и множество горячих войн на региональном).

Эту закономерность можно проследить как в Древнем мире, в период античности, средневековья, так и в новейшее время.

Окончание холодной войны в конце 80-х годов сопровождалось сломом биполярной системы, на месте которой «в одночасье» в самом начале 90-х годов возникла однополярность в силу мгновенного по историческим меркам развала СССР и всего Восточного блока. В результате на данный момент существует безоговорочное доминирование «золотого миллиарда» во главе с США. Именно этот мир-полюс является субъектом международных отношений, остальной мир-периферия (за исключением Китая) является его объектом. Называть этот мир двухполюсным, как это делает А. Яковлев, неверно не только в силу закона циклов, но и в силу того, что остальной мир из-за его экономической слабости и политической аморфности обслуживает интересы Запада. И при малейшем его сопротивлении (в Югославии, на Ближнем Востоке, в Африке, Латинской Америке и даже в ЮВА) Запад его быстро приводит в чувство.

Я напомню, что биполярность периода холодной войны держалась на примерном паритете или равенстве в соотношении сил. Когда это примерное равенство нарушается, ломается и структура международных отношений, которая трансформируется в структуру доминирования-подчинения, т.е. в монополярность. Гегемонии или доминирования добиваются не для того, чтобы устанавливать равноправные отношения. Тогда теряется смысл в стремлении к гегемонии. Гегемония на то и гегемония, чтобы господствовать над остальным миром.

По логике циклов однополярный мир должен затем преобразовываться в многополярный. К нему обычно стремятся страны, потерпевшие поражение в предыдущем цикле, а также страны, сумевшие нарастить свой экономический потенциал, отсидевшись за рамками борьбы в биполярной системе.

На первый взгляд таковыми являются в первом случае Россия, во втором — Китай и Индия. Поэтому первые две страны столь горячо отстаивают концепцию многополярности, которая, как полагают их руководители, позволит им занять «достойное место» в мировом сообществе. Индия о ней помалкивает, поскольку она, с одной стороны, была над схваткой, с другой — так и не сумела нарастить свой экономический потенциал. Ее ВВП ниже 500 млрд долл., что для страны с населением 1 млрд человек неприлично мало.

И в этой связи возникает вопрос: сработает ли закон циклов, когда настанет черед многополярности? Я не совсем в этом уверен, потому что, как было сказано выше, на мировой арене работают и другие законы, функционирующие за пределами геостратегического поля. Например, законы геоэкономики — то самое пространство, где в сложном сочетании взаимодействуют три основных типа мировых экономических отношений: интернационализация, интеграция и глобализация. Следовательно, если я не уверен в переходе к многополярности, я не могу быть уверенным и в биполярности. Для того чтобы мне что-то однозначно утверждать, я должен был бы «свести» законы циклов с законами геоэкономики и уже на их стыке рассмотреть их взаимодействие.

Но даже оставляя в стороне этот комплексный анализ и переходя на позиции А. Яковлева, т.е. стандартный геостратегический подход, я вынужден высветить ряд противоречий русского профессора.

Читатель, надеюсь, помнит, что А.Г. Яковлев делит мир на два лагеря по признаку «политика» (он писал о «двух политических лагерях».) В чем суть такого политического размежевания? В предшествующей биполярности все было ясно: на одной стороне — капитализм, на другой — социализм. А что сейчас? Запад, понятно, капитализм. А не-Запад? Так называемая периферия состоит сплошь и рядом из капиталистических государств. Ведь неслучайно в предыдущей борьбе между двумя системами страны Третьего мира не оказали реальной поддержки социалистической системе, а, наоборот, только ослабляли ее путем высасывания из нее финансовой и экономической помощи. Из нынешних же трех стран, которые должны были создать центральное звено противостояния Западу, две — Россия и Индия — капиталистические государства. Естественно, каждая со своими спецификами, но они капиталистичны по основным признакам капитализма: частная собственность на средства производства как доминирующая форма собственности и буржуазная демократия. Так определяли суть капиталистических государств теоретики левых — Маркс, Энгельс и Ленин. Если они правы, тогда каким образом мировое сообщество может разделиться на два политических лагеря?

Теоретически это возможно, если предположить, что социалистический Китай умудрится сгруппировать вокруг себя весь обиженный на капитализм мир, куда войдет не так много государств (КНДР, Куба и некоторые страны Третьего мира). Но при таком «политическом» размежевании Россия и Индия оказываются на стороне «золотого миллиарда». Выдержит ли такую «биполярность» противоположный полюс? Ответ, по-моему, очевиден. Иначе говоря, биполярность по политическому признаку просто элементарный нонсенс. По крайней мере на данный исторический момент. Но он может оказаться не чепухой только в случае социализации России и той же Индии. Что в принципе исключать нельзя в последующие 15–20 лет.

В своих же утверждениях о биполярности А. Яковлев все-таки чаще говорит о парной формуле Запад – не-Запад, что может означать только одно — разные уровни экономического развития. Тогда надо говорить не о политических полюсах, а именно экономических полюсах. В таком размежевании имеется больший смысл, поскольку неравномерное развитие между странами также является источником противоречий между странами, стимулирующим формирование различных полюсов и центров, между которыми может возникнуть конфронтация. До возникновения Советской Республики и чуть позже — Советского Союза — именно неравномерное развитие государств как раз и вело к различным войнам в рамках одной общественно-политической системы. Даже Вторая мировая война начиналась как война за расширение сфер влияния, в основе которой были экономические и геостратегические мотивы, а не война между социализмом и капитализмом. Другими словами, теоретически размежевание на два блока возможно в силу неравномерного экономического развития государств, которое на поверхности выливается в геостратегическое противостояние (в скобках хочу напомнить, что геостратегическое противостояние — это борьба за силу).

И в этой связи вернусь к идее А. Яковлева о трехзвенной оси: Россия – Китай – Индия. Эту идею, как известно, на официальном уровне озвучил Е. Примаков в бытность свою министром иностранных дел. Впоследствии она была растиражирована «евразистами» и всеми теми, кому противен этот Запад вместе с США.

Причем многие из них понимают, что «в реальности подобный стратегический союз просто невозможен, в первую очередь из-за позиции самого Пекина (не рассматривающего Индию и особенно Россию как <однопорядковых> партнеров) и фундаментальных противоречий»[1]. Несмотря на подобное утверждение, авторы (С. Лунев и Г. Широков) не теряют оптимизма, и он у них обоснован таким образом: «Среди шахматистов популярно высказывание: «угроза — страшнее исполнения». Именно угроза создания военно-политического союза могла бы заставить Север идти на самые существенные уступки трем евразийским гигантам» (там же). Мне не очень понятно, что их вынудило отойти от значительно более взвешенных оценок по поводу этого «треугольника», о котором они высказывались в совместной монографии[2], но у меня к ним два простых вопроса в связи со сказанным. Первый: как они могут объяснить, что Китай и Индия попали в разряд евразийских государств? Неужели какие-то их части достигли Европы? И второй вопрос: по каким конкретно позициям Север должен пойти на уступки этим государствам? Или это свойственный русским разговор «вооще»?

В свое время известный индийский журналист Дев Мурарка, участвуя в одном из Круглых столов в Горбачев-Фонде, вынужден был заявить: «Я внимательно выслушал выступавших в этой дискуссии и должен признаться, что она производит тяжелое впечатление. Мне кажется, что господствующим мотивом в ней является своего рода шизофрения»[3]. И, видимо, обращаясь непосредственно к А. Яковлеву, который на этом Круглом столе, естественно, поднял вопрос о России, Китае и Индии как «антагонисте Запада» (с. 68), Мурарка выдвинул немало убедительных контраргументов против данной идеи, в том числе и такой неординарный, как отсутствие у Индии «воли к власти», т.е. отсутствие у нее стремления к «атрибутам мощи и статуса». Его вывод заключается в следующем: «Бороться за создание такого блока — все равно что хлопать крыльями в пустоте» (117).

---

1 См.: *Круглый* стол «Россия – Индий – Китай». 30–31 мая 2000 г. Тезисы (написаны С.И. Луневым и Г.К. Широковым).

2 *Лунев, Широков.* Россия, Китай и Индия в современных глобальных процессах.

3 *Внешняя* политика России: возможная и желаемая, 111.

Самое удивительное, что ни А. Яковлев, ни многие другие сторонники подобной идеи не понимают, что Запад как раз мог бы быть заинтересован в таком стратегическом треугольнике. Более того, для США выгоднее предоставить в качестве первоначального капитала 50–100 млн долл. для раскрутки такого альянса. А далее начали бы происходить удивительные вещи.

Представьте на минутку, что он создан. Для поддержки такого союза все три страны должны были бы ежегодно выделять определенные суммы. Иначе альянс не будет работать. Ведь для того, чтобы «золотой миллиард» доминировал в мире, одни только США ежегодно выделяют около 300 млрд долл., в том числе и на поддержание тех самых союзов, о которых с неодобрением упоминал А. Яковлев. Поскольку инициатором этой «оси» явится Россия, то львиная доля должна лечь на плечи Москвы. Вспомните Организацию Варшавского Договора, который почти на 85–90% финансировался Советским Союзом.

Теперь нужно подсчитать, во что обойдется «второй фронт», или, по терминологии А. Яковлева, антизападный полюс. Учитывая, что внешнеполитический потенциал Запада[1] (семерка государств) оценивается цифрой свыше 500 млрд долл. (это, заметьте, не объем ВВП), которая как раз и обеспечивает доминирование Запада в мире. Соответственно и противостоящий ему мир вынужден был бы выделить близкую к этой цифре сумму. Должен информировать читателя, что внешнеполитический потенциал России приблизительно равен 10 млрд долл. (на 1998 ф. г.), у КНР и Индии — между 10–12 млрд долл.[2], вкупе это дает чуть более 30 млрд долл. Для того чтобы по-серьезному бросить «вызов» Западу, эту сумму необходимо увеличить почти в 17 раз. Но даже увеличение в два раза (что составит внешнеполитический потенциал только одной Японии) начнет разорять каждую из стран «оси». Именно поэтому США и весь Запад должны быть крайне заинтересованы в таком альянсе, который разорил бы всех его участников значительно быстрее, чем «происки империализма».

---

1 Термин "внешнеполитический потенциал" означает сумму расходов, затрачиваемых страной на внешнюю политику и обеспечение национальной безопасности. .

2 См. официальные бюджеты соответствующих стран.

* * *

Совершенно очевидно, что концепция биполярности даже в интерпретации профессора А. Яковлева, одного из сильнейших китаистов России, не выдерживает элементарной критики. Это не означает, что сама концепция в принципе нежизненна. У нее, к сожалению, для Запада есть питательные корни, хотя и не в той почве, которую анализировал А. Яковлев. Ее научный анализ требует четкого оперирования понятийным аппаратом. И если для вас «мощь» является синонимом «силы», а «полюс» синонимом «центра силы», а «глобализация» все равно что «интеграция», вы сразу же вступаете на путь пустой говорильни, столь характерной для российских ученых. Для них столь же привычно не знать законов международных отношений, среди которых особенно важным для России является закон оптимальных затрат на внешнюю деятельность. Приходится констатировать, что некомпетентность российских ученых является одним из факторов исчезновения великой страны с мировой арены. Хотя мир, скорее всего, только возрадуется такому явлению.

Берегитесь всегда строить воздушные замки, потому что хотя эти постройки легче всех других возводятся, но тяжелее всего разрушаются.

Отто фон Бисмарк

ЧАСТЬ III

ДВАДЦАТЬ ПЕРВЫЙ ВЕК: РЕАЛЬНОСТЬ БЕЗ ИЛЛЮЗИЙ

В предыдущих частях, говоря о месте и роли России в мире, мне приходилось в основном опираться на политологический подход, точнее на одну из его разновидностей — теорию восприятия (прецепциологию). Весьма часто восприятия бывают ложными или сознательно искаженными. Правда, реальная политика может осуществляться и чаще всего осуществляется именно на ложных посылках. До поры до времени. Обычно это продолжается до тех пор, пока государство не начнет сталкиваться с негативными результатами для своих национальных интересов, иногда принимающих форму или полного самоуничтожения, или поражения в той или иной исторической схватке. Такими примерами полна вся история человеческой цивилизации. «Свежим» примером может служить распад бывшего СССР, «перспективным» примером может оказаться современная Россия.

В этой части я намерен показать реальное место и роль России в мире, опираясь на экономические и статистические материалы, которые по идее могут подтвердить или опровергнуть рассуждения на уровне политологической логики. Но предварительно мне придется обратиться к некоторым аспектам теории международных отношений, в которой в обобщенной форме отражены закономерности развития реального мира. И только с учетом этих закономерностей, указывающих на тенденции мирового развития, возможно в полном объеме определить, где находится Россия, в какой системе координат определяется ее значение.

Я хорошо знаю, что российские ученые не любят теорий, поскольку теория «суха, но зеленеет жизни древо». Мало, правда, кто обратил внимание на то, что этот афоризм принадлежит Мефистофелю, коварному черту, постоянно уводящему человека от познания. Я все же ослушаюсь рекомендации нечисти и попытаюсь, обращаясь к сухой теории, доказать, что именно в знании находятся пути ухода от иллюзий, выход из тупика мракобесия. Хотя поначалу, если честно, я не предполагал обращаться к теории в данной работе. Вынудили меня к этому российские мефистофели, особенно с этой путаницей вокруг «глобализации». С нее и начну.

РАЗДЕЛ ПЕРВЫЙ

ТЕОРИЯ ВНЕШНЕЙ ПОЛИТИКИ И МЕЖДУНАРОДНЫХ ОТНОШЕНИЙ

ГЛАВА I

ОТ ИНТЕРНАЦИОНАЛИЗАЦИИ К ГЛОБАЛЬНОЙ ИНТЕГРАЦИИ: ТЕОРИЯ И ПРАКТИКА

Итак. «Мы живем в век глобализации», — утверждают ученые и политики. «Ничего подобного. Глобализация — это миф. На самом деле мы живем в век интернационализации», — возражают другие ученые и политики. «Россия должна интегрироваться в мировую экономику», — причитают российские либерал-демократы. То есть, с их точки зрения, мировая экономика интегрирована. «Ерунда, мировая экономика локализируется» — еще один термин, зазвучавший в конце 90-х годов XX века.

И все это не просто слова. За ними выстраиваются всевозможные теории и концепции глобализации, интернационализации, интеграции и локализации, призванные объяснить и даже спрогнозировать международные отношения в XXI веке. Их появление отражают объективные процессы на мировой арене, вызванные уплотнением и интенсификацией взаимодействия всех субъектов и акторов мировой политики. Если прибегнуть к языку системников, это означает, что различные части мира (государства, регионы, субрегионы и т.д.) входят в такое взаимодействие, которое ведет к формированию мира как целостности, функционирующего уже по законам, отличающимся от законов не целостного, фрагментарного, например, многополярного или биполярного мира. Проблема в том, в каких терминах описать все эти явления, чтобы не запутаться самим и не запутать других.

В свое время Кондильяк учил, что языки — суть методы анализа и что искусство рассуждения сводится к «хорошему построению языка каждой науки». Позже Гегель уточнил: дело не просто в языке, а в понятийном содержании терминов и слов. В своей «Науке логики» он писал: «...лишь в своем понятии нечто обладает действительностью; поскольку же оно отлично от своего понятия, оно перестает быть действительным»[1]. Другими словами, нужно определить, являются ли слова глобализация, интернационализация, интеграция и локализация просто синонимами (а именно в таком качестве их употребляют большинство ученых), или это понятия, отражающие различные аспекты или фрагменты действительности. В первом случае эта тема спокойно может быть отдана на откуп журналистам, во втором — придется окунуться в понятийные дебри за поисками точных эквивалентов реальностей.

Насколько важна терминологическая четкость, свидетельствует уже тот факт, что в зависимости от разного рода определений выстраиваются различные аналитические подходы, например, в рамках концепций глобализации, среди которых сами западные авторы часто выделяют пять (редко шесть). Первый из них строится на анализе общих экологических рисков (the common ecological risks), второй — мировых систем (the world systems approach) с упором на экономические процессы; третий — культурологический подход (the global culture approach) — исследует формирование единой глобальной культуры; четвертый — глобальное общество (the global society approach) — концентрируется на изучении планетарного сознания; пятый — глобальный капитализм (the global capitalism approach) — сфокусирован на деятельности транснациональных корпораций (ТНК), международного класса (МК) и транснациональных организаций (ТО) в их взаимоотношениях с государствами или государственными институтами.

---

1 *Гегель*. Наука логики, 40.

Интернационализация и/или глобализация

Еще раз напоминаю. Многие исследователи употребляют слова — *глобализация, интернационализация и интеграция* — как синонимы. Это означает, что тремя разными словами описывается одно и то же явление. На самом деле это не так: за каждым из них стоят явления, качественно отличающиеся друг от друга. А потому это не просто слова, а понятия.

Вот как разделяет термины *глобализация* и *интернационализация* английский ученый *Лесли Склэр*. Он пишет:

> Я утверждаю, что должно быть четкое разграничение между интернационализацией и глобальностью. Дефис в интер-национальном должен показывать запутанную концепцию глобализации, основанную на существовании даже изменяющейся системы наций-государств, в то время как глобальное выражает появление процессов и систем социальных отношений, не базирующихся на системе наций-государств[1].

Эта фраза означает, что интернационализация охватывает область международных или межгосударственных отношений[2], а глобализация покрывает всю область мировых отношений, субъектом которых являются не только государства, но и множество других акторов мировой политики.

Кроме того, теория глобализации предполагает анализ явлений, порожденных не только взаимодействием субъектов и акторов, что и образует пространство международных отношений, но и трансформацию самих государств в национальные сообщества, которые формируют мировое сообщество.

Два других тоже английских ученых — *Поль Херст* и *Грэхэм Томсон* в том же ключе, хотя и с некоторыми нюансами дают такие определения названным явлениям. Они пишут:

---

1   *Sklair*. Competing Conceptions of Globalization // Journal of World-System Research, vol. 5, no. 2 (Spring 1999), 142.

2   Напомню, что английское слово *international* на русский язык может быть переведено как *между-народный* и как *меж-государственный*, поскольку *national* в английском языке в данном контексте означает, прежде всего, *государственный*.

«Между-народная экономика» (inter-national economy) — это то, в которой принципиальной целостностью являются национальные экономики. Торговля и инвестиции ведут к усилению взаимосвязей между все еще национальными экономиками[1].

А вот чем она отличается от глобальной экономики.

Глобальная экономика есть особый идеальный тип, отличающийся от между-народной экономики, и может развиваться по контрасту с ней. В такой глобальной системе определенные национальные экономики включены и пересоединены в систему международного процесса. В между-народной экономике, наоборот, процессы определяются на уровне национальных экономик, все еще доминирующих, и международный феномен является результатом (outcome), который возникает от четкого и дифференцированного проявления национальных экономик. Между-народная экономика агрегирует национально присущие функции (т.е. исходит из интересов национальных или локальных интересов. — *О.А.*).

Глобальная экономика поднимает эти национально основанные взаимодействия до новой силы. Международная экономическая система становится автономной и социально безразличной, т.к. рынок и производство становятся действительно глобальными. Внутренняя политика, будь то частная корпорация или общественное регулирование, сейчас является рутиной, принимая во внимание преимущественные международные предпочтения в сфере их действия. Поскольку системная взаимозависимость возрастает, национальный уровень пропитывается и трансформируется интернациональным. В такой глобальной (дословно — глобализированной) экономике проблемы публичной власти различных стран заключаются в том, как выработать политику, которая координирует и интегрирует их регулятивные усилия, чтобы соответствовать системной взаимозависимости их экономических акторов (10).

Теперь этот почти дословный перевод изложу на русском языке. По мнению авторов, интернационализация — это всего лишь взаимодействие национальных экономик, только в более уплотненном и взаимосвязанном режиме в отличие от периодов, когда националь-

---

1 *Hirst and Thomson.* Globalization in Question, 8.

ные экономики работали в более автономном режиме. Глобализация же — уже новое явление, когда происходит реальное стирание национальных экономических границ и когда основными акторами экономического взаимодействия являются уже не столько национальные экономики (они до конца не исчезают и в этом случае), а ТНК или МНП (многонациональные предприятия /Multinational Enterprises/, по терминологии ОЭСР).

Хочу обратить внимание на определение разбираемого термина китайским ученым из Шанхая — *Сю Минци* (Xu Mingqi):

> Так называемая экономическая глобализация есть взаимозависимость экономической деятельности государств, регионов, предприятий и даже индивидов, приведшая к новой исторической стадии, в которой каждая часть становится неразрывной частью интегрированной мировой экономики[1].

Кроме того, он единственный из известных мне авторов выводит глобализацию из интернационализации, — процесса, который, по его мнению, начался с середины XVIII века. Глобализация же, по его мнению, началась в 1970-е годы (там же).

Мой подход отличается от подходов всех указанных авторов, прежде всего, методологией, которая ведет меня к другому типу осмысления названных явлений. Если угодно, его можно обозначить гегелевским или марксистско-ленинским (последнее вытекает из первого), а в конечном счете *диалектическим*. В.И. Ленин писал: «Анализ понятий, изучение их, «искусство оперировать с ними» (Энгельс) требует всегда изучения *движения* понятий, их связи, их взаимопереходов»[2]. Для нашей темы это означает следующее.

Формирование мирового рынка со второй половины XIX века порождало явление экономической интернационализации, которая, проходя определенные циклы и фазы (я еще к ним вернусь), продолжает развиваться и в настоящее время. Как явление *экономическая интернационализация* является объективным процессом интенсивного взаимодействия субъектов и акторов мировой экономики в сфере торговли, капитала и финансов.

---

1 *Xu.* Economic Globalization, Defects in International Monetary System and Southeast Asian Financial Crisis // SASS Papers, № 8, 2000, 229.

2 *Ленин.* ПСС, т. 29, 227.

По мере своего развития *интернационализация* породила два новых явления: поначалу *региональную интеграцию* (со второй половины XX века), а затем — *глобализацию* (начиная с 90-х годов XX века). Последние два новых явления отрицают интернационализацию (хотя и вызваны ею), и в то же время они антагонистичны по отношению друг к другу. Разрешением данного противоречия может стать новое явление — *глобальная интеграция,* или, иначе говоря, единое мировое хозяйство, которое явится отрицанием и глобализации и региональной интеграции.

На предварительной стадии в пользу глобализации «работает» локализация, которая действует против интеграции, что будет показано в соответствующем разделе.

Все эти явления — интернационализация, интеграция, локализация и глобализация — некоторое историческое время будут сосуществовать одновременно во «взаимной борьбе» с разной степенью проявления. Причем глобализация вместе с локализацией — это всего лишь зародышевые формы новых явлений в мировой экономике. Ныне ее главными проявлениями выступают именно интернационализация и региональная интеграция.

Надо иметь в виду, что глобальная интеграция, или единое мировое хозяйство, предполагает и единое мировое правительство, в то время как при интернационализации, интеграции и глобализации национальные правительства сохраняют свою силу, хотя роль их в каждом из трех явлений неодинакова. Наибольшее значение они имеют при интеграционных процессах, наименьшее — при процессах глобализации.

Необходимо также отметить, что основными экономическими акторами при интеграции являются национальные экономики и региональные ТНК, в то время как в экономических пространствах интернационализации значение ТНК выше, чем национальных компаний, а в глобализированных пространствах — на первое место выходят межнациональные компании, многонациональные предприятия и межнациональные банки (МНК, МНП, МНБ).

После конкретного анализа реальностей я еще вернусь к уточнению определений и постараюсь показать превалирующие тенденции на текущий момент.

Проявление экономической интернационализации

Если под экономической интернационализацией понимать резкое увеличение потоков товаров, капитала и рабочей силы за пределы национальных границ, то сразу же бросается в глаза тот факт, что это, как говорят американцы, «старая новость». Такой процесс наблюдался во второй половине XIX века вплоть до начала Первой мировой войны, о чем писали и Маркс, и Энгельс[1], и в особенности Ленин, в частности, в своей работе «Империализм, как высшая стадия капитализма». В те времена этот процесс стимулировался ослаблением торговых барьеров, сокращением транспортных расходов в связи с развитием железных дорог и судоходства. С начала Первой мировой войны и вплоть до окончания Второй мировой войны произошло свертывание мировой торговли из-за повышения тарифов и ограничений на движение капиталов. Новая раскрутка началась после Второй мировой войны, способствующими факторами которой были утверждение в 1947 г. ГАТТ (Генеральное соглашение по тарифам и торговле), трансформированный в 1995 г. в ВТО (Всемирная торговая организация), слом Бреттон-Вудской системы (начало 1970-х годов), т.е. переход на плавающие валюты. Затем последовали рейганомика, тэтчеризм и административно-финансовая реформа в Японии — неолибералистская политика, в том числе и в сфере внешней экономической деятельности. Она коснулась не только торговли, но, что более важно, движения капиталов, контроль за которым в Англии был снят в 1979 г., в Японии — в 1980 г. С большим опозданием, но то же самое сделали Франция и Италия в 1990 г.

Громадное значение, помимо либерализации, имел такой объективный процесс, как создание новых технологий, в особенности в области связи. Появление персональных компьютеров с подключением их к Интернету революционно сказалось на ускорении процесса интернационализации, порождая одновременно и глобали-

---

1 Уже в Манифесте 1848 г. было написано: «Потребность в постоянно увеличивающемся сбыте продуктов гонит буржуазию по всему земному шару. ...Буржуазия путем эксплуатации всемирного рынка сделала производство и потребление всех стран космополитическим». // *Маркс и Энгельс.* Сочинения, т. 4, 427.

зацию.

В результате технологических новаций и либерализации условий торговли и движений капитала темпы роста международной торговли с 1986 г. по 1996 г. увеличились по сравнению с темпами роста ВВП в два раза, поток прямых инвестиций — в три раза, а торговля финансовыми бумагами — в 10 раз. Физический объем торговли за это время увеличился с 2 трлн долл до 5,2 трлн долл. Если обратиться к более раннему периоду, то объем мировой торговли с 1950 г. увеличился в 16 раз, в то время как ВВП в 5,5 раза. Отношение мирового экспорта к ВВП скакнуло с 7,7% до 15% в 1995 г.[1].

О скачкообразном росте финансового капитала говорят следующие цифры: в 1985 г. каждый день через руки торговцев валютой в Нью-Йорке, Лондоне и Токио проходило 190 млрд долл. В 1995 г. оборот достиг 1,2 трлн долл. В 1990 г. 50 млрд долл. частного капитала всех видов было направлено в только что нарождавшиеся рынки (Китай, страны Восточной Европы и некоторые другие страны), в 1996 г. — 336 млрд долл. (включая страны бывшего Советского Союза)[2].

Миграционный процесс в мире. В работе Питера Сталкера «Работа чужестранцев» (Peter Stalker. The Work of Strangers), опубликованной МОТ, указывается, что около 80 млн людей живут за пределами собственных государств. Еще 20 млн человек живут в зарубежных странах в качестве беженцев. Каждый год около 1,5 млн человек или около того постоянно эмигрируют, а около 1 млн человек ищут временного убежища за рубежом.

Наиболее привлекательными странами для иммиграции считаются США, Канада, Германия, Австралия, Новая Зеландия. В США, например, в 1995 г. иммигрировало 720 тыс. человек (пиком был 1991 г. — 2 млн человек), в Германию — 800 тыс. человек, в Канаду ежегодно прибывает более 200 тыс. человек. Покидают в основном неразвитые или недоразвитые страны. Например, в 1995 г. из Мексики в США выехало 90 тыс. человек, из стран бывшего СССР — 55 тыс. человек, с Филиппин — 51 тыс.[3].

---

1   Economist, November 8th 1997.

2   Ibid., October 25th 1997.

3   Ibid., November 1st 1997.

Циклы интернационализации в XX веке

Несмотря на впечатляющие цифры, количество которых можно приумножить, преувеличивать процесс интернационализации все-таки не стоит. Чтобы была понятна такая осторожность, посмотрим, что было до Первой мировой войны.

Обычно степень вовлеченности в мировой рынок определяется через соотношение объема внешней торговли и ВВП. Так, эта доля с 1913 г. по 1996 г. для Британии, Германии и Франции хотя и увеличилась, но не намного: от 2 до 5%, составив соответственно 47, 41 и 38% в 1996 г., доля же Японии упала с почти 30 до 17%. И только доля США существенно поднялась — приблизительно с 10 до 20%[1].

Та же самая калькуляция касается и зарубежных прямых инвестиций (ЗПИ). В 1914 г. их доли по отношению к ВВП для Нидерландов, Британии, Франции, Германии были равны (цифры округленные) 85, 60, 18, 18%, в 1996 г. соответственно 42, 32, 16, 15%. Только у США эта доля увеличилась с 7–8% до 13–14%. Средняя доля ЗПИ составляет 6% от внутренних инвестиций, в то время как до 1914 г., например, для Британии эти пропорции были приблизительно 50 на 50.

Это касается и мобильности рабочей силы. В XIX веке миграция населения была значительно интенсивнее, чем в настоящее время. Достаточно сказать, что с 1815 г. по 1914 г. из Европы за рубеж выехало около 60 млн человек[2]. Причин здесь много. Но обращает на себя внимание, что даже в Европе, где практически формально отсутствуют юридические барьеры для перемещения людей, не наблюдается перекачивания рабочей силы. Сказываются языковые, культурные, профессиональные и прочие факторы.

Еще раз уточню индексы измерения. *Торговая интернационализация* есть соотношение всего мирового экспорта (сумма экспорта всех стран), деленная на всю мировую продукцию (определяемая через сумму всех национальных ВВП).

---

1   Ibid., October18th 1997.

2   Подр. см.: *Hirst and Thomson*. Globalization in Question, 23–4.

Инвестиционная интернационализация — это сумма объема всех ЗПИ, разделенная на все мировое производство (т.е. та же сумма мирового ВВП минус сфера услуг).

Если считать по данному методу, то окажется, что степени торговой и инвестиционной интернационализации, во-первых, различны, во-вторых не совпадают по фазе. Кроме того, оказывается, что степень инвестиционной интернационализации в 1913 г. была выше или столь же высока, как в 1991 г., в то время как торговая интернационализация в 1913 г. была ниже.

Исходя из подобных соотношений, окажется, что первая волна торговой интернационализации падает на период между 1900—1929 гг., затем до 1950 г. идет процесс спада[1]. Вторая волна началась практически в 70-е годы и продолжалась до начала 90-х годов. Ныне разворачивается третья фаза не только торговой, но и инвестиционной интернационализации, которые синхронизируются.

Существует еще один *индикатор экономической интернационализации*: это корреляция между национальными ВВП и интернационализирующейся экономикой. Другими словами, чем в большей степени интернационализируется мировая экономика, тем более должны синхронизироваться периоды роста или падения национальных ВВП. Однако такой синхронизации не наблюдается. По данным Гримма, в промежутке между 1860–1988 гг. последовательность (или синхронизация) роста и падений наблюдалась только в два периода: 1913–1927 гг. и после 1970-х годов. Перед 1913 г. и между этими двумя пиками синхронизация практически отсутствовала. Это говорит о том, что 1) интернационализирующийся мир еще далек от экономической глобализации, 2) что сама интернационализация — это не явление, скажем, периода 80–90-х годов (или, как у нас говорят, «в последние годы»), а имеет долгую историю, внутри которой существует определенная цикличность или коле-

---

1 Есть и другой подход к периодизации. Например, Джованни Эрриги первый этап глобализации относит к периоду "глобального рынка под гегемонией Британии" (вторая половина XIX века до начала 30-х годов XX века); второй этап — "период реконструкции глобального рынка в условиях гегемонии США" (после второй мировой войны). — Arrighi. "The Global Market" // Journal of World-Systems Research, vol. 5, no. 2 (Spring 1999).

бания. Торговая интернационализация, например, отмечена большим провалом в период депрессии 30-х годов. Инвестиционная интернационализация имеет свои циклы с двумя «пиками»: один — до Первой мировой войны, второй — после 80-х годов. Уровень синхронизации экономического роста указывает на цикличность флуктуации с одним пиком в 20-е годы и другим в 70-е годы (в соответствии с анализом до начала 90-х годов).

Следует особо подчеркнуть, что процесс интернационализации в 90-е годы не только продолжал развиваться, так сказать, количественно в связи с подключением к нему таких государств, как Китай, Индия, Мексика, но и качественно. В последнем случае имеются в виду две вещи. Во-первых, в контексте экономической интернационализации высокое место начал занимать финансовый (заемный) капитал. Например, ежедневный оборот иностранной валюты увеличился с 15 млрд долл. в 1973 г. до 1,2 трлн долл. в 1995 г. Продажа акций и облигаций американскими инвесторами увеличилась с 9% от ВВП США в 1980 г. до 164% в 1996 г.[1]. И во-вторых, в прошлом экономическая интернационализация стимулировалась снижением транспортных расходов, ныне — снижением цен на коммуникации и связь. Более того, современные информационные технологии позволяют обходиться без физического общения акторов, например через Интернет, что выводит процесс интернационализации на уровень глобализации.

---

1   Economist, October 18th 1997.

Предварительные результаты экономической интернационализации

Нет ничего удивительного в том, что оценки эффекта интернационализации зависят от идеологической позиции тех или иных авторов или групп ученых. Вокруг проблем экономической глобализации обычно сталкиваются два направления или две школы экономистов: одна — либеральная, так называемая манчестерская школа (ее отцами-основателями были Д. Рикардо, Дж. Бентам, Р. Кобден); другая — школа теоретиков-глобалистов[1] (иногда их называют теоретиками теории зависимости). Идеологически последние примыкают к социал-демократическим или просто к социалистическим течениям. Среди них наиболее известны И. Уоллерстайн, Дж. Эрриги, Кр. Чейс-Данн, Л. Склэр, Р. Гиссингер, Н.П. Глэдич, У. Уагар.

Либеральная школа утверждает, что чем более страны зависят от глобальной экономики, тем выше у них экономический рост, более высокий уровень благосостояния, более развита демократия и, наконец, более мирная ситуация внутри страны.

Теоретики-глобалисты делают иные выводы: высокая степень экономической зависимости от внешних рынков (т.е. высокий уровень внешней торговли и ЗПИ) усиливает неравенство в доходах, что в свою очередь ведет к внутренним конфликтам.

Парадокс заключается в том, что первые и вторые правы и не правы одновременно. Все зависит от объекта анализа и типа экономической интернационализации, а также от взятого периода времени.

Если говорить о результатах интернационализации «второго цикла» для стран «ядра», то либералы правы почти на 100% (это «почти» будет объяснено чуть ниже). Что же касается «перифе-

---

1 Хочу еще раз повторить: хотя они называют себя «глобалистами», в реальности же они анализируют и имеют в виду проблемы интернационализации. В данном разделе я вынужден сохранить их терминологию при цитировании.

рии», то окажутся правы глобалисты, поскольку, как свидетельствуют цифры, доходы 1/5 части «ядра» с 1960 по 1990 г. более чем в три раза превосходили доходы 1/5 части «периферии». В результате доля последних в мировой экономике упала с 2,3% в 1960 г. до 1,4% в 1990 г. За этот же период времени на «периферии» участились гражданские войны. Как писал в этой связи один из глобалистов Шриверс, «благодаря так называемому развитию брешь между незначительной и благосостоятельной элитой и обнищавшей массой выросла до таких астрономических пропорций, что многие бывшие страны «третьего мира» находятся в состоянии нескончаемой гражданской войны»[1].

Вот еще несколько суждений глобалистов.

Галтунг (1971 г.): «В соответствии с теорией зависимости, проникновение иностранного капитала в периферийные экономики ведет к эксплуатации местных человеческих и естественных ресурсов и возвращает прибыль в свои империалистические центры. Этот процесс ведет к обнищанию, неравенству и несправедливости».

Хвим (1996 г.): «Производство сырья в бедных странах лишает способности к строительству, и экономика остается экспортно-ориентированной».

Босвил и *Диксон* (1990 г.), *Мюллер* и *Селигсон* (1989 г.), *Робинсон* (1976 г.) — все в своих заключениях делают один и тот же вывод: «Создаются связи между национальной властной элитой и внешними интересами, в результате чего увеличивается неравенство доходов в бедных странах».

Бургигнон и *Моррисон* (1989 г.) и *Вуд* (1994 г.) однозначно утверждают: «Производство сырья будет поддерживать уровень неравенства высоким, а благосостояния низким».

Чтобы проверить указанные тенденции, глобалисты в конце 1998 – начале 1999 г. предприняли еще один масштабный анализ эффекта

---

1   Цит. по: *Gissinger, Gleditsch.* Globalization and Conflict: Welfare, Distribution, and Political Unrest // Journal of World-Systems Research, vol. 5, no. 2 (Spring 1999), 280.

интернационализации за период 1965–1997 гг. на примере 96 стран.

Прежде всего, их анализ подтвердил давно уже замеченную тенденцию воссоздания анклавов Третьего мира внутри самого «ядра» (именно в этом суть смысла слова «почти» либеральных оценок в отношении «ядра»).

Они пишут о появлении новой группы «бедных рабочих» внутри собственных стран из-за ослабления рабочего движения, а также из-за попыток компаний соперничать со странами с низкой стоимостью рабочей силы. ТНК постоянно угрожают своим рабочим, требуя от них «понимания» в понижении заработной платы, поскольку в другом случае им придется перевести производственные мощности за рубеж. Что часто и делается. К примеру, между 1990 и 1994 гг. Швейцарско-шведская компания (АВВ) закрыла 40 000 рабочих мест в Северной Америке и в Европе и создала 21 150 мест в Восточной Европе, в основном в Польше. При этом надо иметь в виду, что средняя часовая зарплата в западных странах почти в 12 раз выше, чем в Польше. Вдобавок польский рабочий работает на 400 часов в год больше, чем, например, германский рабочий[1].

Исходя из таких тенденций, даже такие ученые либерального толка, как Луттвак (1994 г.), начали писать о вторжении стандартов Третьего мира в жизнь американцев, указывая, что 15 млн последних, т.е. 6% населения США, живут в условиях, схожих с условиями беднейших стран мира.

К этому склоняется и Герд Юнне из Амстердамского университета, который указывает: «С 30-ю процентами населения США, живущего ниже черты бедности, и со стольким же количеством неграмотных разделение на Север – Юг не столько отделяет Мексику от США, а скорее эта линия пронизывает сами Соединенные Штаты»[2].

Теперь что касается стран «периферии». Большинство авторов на базе собственных исследований, а также с учетом Доклада о человеческом развитии за 1997 г. указывают на увеличивающееся неравенство доходов. В них отмечается падение доли доходов для наибеднейших 20% в Аргентине, Чили, Доминиканской республике, Эквадоре, Уругвае и в Мексике. В 16 из 18 стран Восточной Ев-

---

1 *Thurow.* The Future of Capitalism, 168.

2 *Junne.* Global Cooperation or Rival Trade Blocs? // Journal of World-Systems Research, vol. 1, no. 9, (1995), 17.

ропы и бывшем СССР распределение доходов стало более несимметричным, приведя к усилению бедности в процессе либерализации. Следует также указать, что средние доходы в 20 наиболее богатых странах в 37 раз превышают средние доходы в 20 беднейших, и за последние 40 лет этот разрыв увеличился.

Для полноты картины приведу таблицу из последнего Доклада о мировом развитии 2000/2001 года[1].

Таблица 3.I.1.

Процент населения, живущего менее чем на 1 долл. США в день

Регион	1987	1998*
Восточная Азия и Тихоокеанский регион (за исключением Китая)	26,6	15,3
Европа и Средняя Азия	0,2	5,1
Латинская Америка и Карибский бассейн	15,3	15,6
Ближний Восток и Северная Африка	4,3	1,9
Южная Азия	44,9	40,0
Африка к югу от Сахары	46,6	46,3
Всего	28,5	24,0

*Предварительные оценки.

Цифра 24% означает население в 1,2 млрд человек. Можно еще добавить, что 2,8 млрд живут менее чем на 2 долл. в день. То есть из 6 млрд человек 4 млрд живут в нищете. Если в Восточной Азии наглядно видна позитивная динамика, то в Латинской Америке, Южной Азии и в странах к югу от Сахары количество бедных продолжает расти. Особенно обращает на себя внимание, что в странах Восточной Европы и Средней Азии количество бедных выросло более чем в 20 раз. Такова цена капиталистических реформ.

Авторы объясняют высокий уровень неравенства в бедных странах внедрением крупных зарубежных компаний на их рынки, сосредоточением в них части местной, обычно наиболее образованной прослойки общества и фактическим «отделением» их от большинства населения.

---

1 *Доклад* о мировом развитии 2001/2000 года, 13.

В выводах авторов отмечаются несколько важных положений. Во-первых, ЗПИ имеют более негативный эффект на распределение доходов и политические волнения, чем торговля. (Хотя воздействие инвестиций и торговли в немалой степени зависит от структуры экономики.) Во-вторых, экспорт сельскохозяйственной продукции развивающимися странами ведет к понижению экономического благосостояния, к неравенству доходов и политическим волнениям, в то время как экспорт промышленных изделий оборачивается более высоким уровнем экономического развития, равенством и политической стабильностью. В-третьих, страны, экспортирующие первичную продукцию, за редким исключением имеют тенденцию воспроизводить бедность и слабое государство. *Генеральный вывод: процесс глобализации имеет позитивный эффект для богатых стран, в то же время может быть негативным для бедных, аграрных обществ.*

Хотя подобные выводы для российских ученых не являются откровениями, однако важно, что цвет англо-американской глобалистики приходит к выводам, которые делались российскими марксистами еще в период первой волны интернационализации.

Как сделать интернационализацию справедливой?

Этот вопрос задают те же самые теоретики-глобалисты и отвечают на него по-разному. Некоторая часть социологов, например, из Американской социологической ассоциации признает только один «правильный» ответ. Этот ответ, в интерпретации У. Уагара, заключается в том, чтобы выбрать «третий путь партнерства, взаимного малтикультурализма, — будущее, в котором радикальный феминизм, фундаменталистский исламизм, популистский либертарианизм, воинствующий индуизм, марксистский социализм, возрожденное христианство, мегакорпоративный капитализм, боснийский и сербский национализм и все другие сталкивающиеся силы в нашем бурлящем мире как-нибудь улеглись бы рядом, подобно львам и ягнятам в Новом Иерусалиме, и договорились бы есть траву, а еще лучше, развили бы способности поедать друг друга путем фотосинтеза»[1]. Это действительно «прекрасная» перспектива, иронизирует Уагар. Но такой ответ фундаментально неверен.

Другой ответ, предлагаемый Уагаром, звучит весьма по-марксистски. Он выступает за замену «хищнического глобального капитализма» на «мировое социалистическое содружество» (ibid.). И он не одинок в подобных ответах. Кр. Чейс-Данн также призывает к формированию «социалистических отношений на уровне всей мировой системы». Иммануил Уоллерстайн ратует за «социалистическое мировое правительство». Самир Амин, говоря о вытеснении реакционной утопии «глобализации через рынок», выдвигает гуманистический проект глобализации, «совместимый с социалистической перспективой»[2].

Социалистический ответ мотивируется ими тем, что в других случаях «регрессивный и криминальный сценарий вероятнее всего будет определять будущее». Сам Уагар считает: «Следующие пятьдесят лет, скорее всего, создадут обстановку копии ада на земле, и

---

1   *Wagar.* Toward a praxis of world integration // Journal of World-Systems Research, vol. 2, no. 2 (1996), 1.

2   *Wagar.* Op. cit., 2.

тогда предыдущие пятьдесят лет сохранятся в нашей памяти как настоящее золотое время» (3). И он в деталях описывает механизм создания «мировой партии» (в 2035 г.) и ее действия до 2050 г.[1].

В конечном счете их проекты — это нечто вроде мирового государства через глобальную коммуникацию. Причем ядром такой коммуны, по мнению Чейс-Данна, может быть «полупериферийный демократический социализм» с вхождением в него России, КНР, Индии, Южной Африки, Бразилии, Мексики. Сторонники подобной идеи (как ни странно, их очень много среди теоретиков-глобалистов) убеждены, что «глобализация» (все ее типы) дает возможность сорганизоваться не только мировому капитализму, но и тем, кого этот капитализм эксплуатирует. Другими словами, противодействие глобальному капитализму можно оказывать на том же глобальном уровне, противопоставив ему тоже глобальный, но социализм, естественно, демократического типа[2]. Удивительно то, что их цели и методы чуть ли не дословно совпадают с предложениями академика Н.Н. Моисеева, изложенными им в ряде последних работ[3].

Не менее удивительно, что аналогичные предложения исходят от ученых, весьма далеких от левых идеологий и течений. Например, в обширной статье немецкий ученый Дирк Меснер упоминает имена израильского ученого Йецкеля Дрора, немца Ральфа Дарендорфа, американца Ричарда Хааса, генерального директора ГАТТ (в 1993–1995 гг.) Питера Сутерлэнда (Peter D. Sutherland), которые ставят вопрос о создании институционных основ для управления мировой экономикой[4]. К этому вынуждает «дикая и беспощадная глобализация, которая осуществляется только на законах конкуренции и поэтому во многих странах может вывести «значительное количество людей» из общества» (Дарендорф). А посему назрела пора поставить вопрос «о примате политики над самодовлеющей

---

1 Подр. см. его работу «A Short History of the Future».

2 Напомню о мощном выступлении противников глобализации в Сиэтле, где проходила встреча участников ВТО в ноябре 1999 г. Лозунгом выступающих был: «ВТО убивает людей. Убей ВТО». См.: Economist, 4th–10th December, 1999. Судя по всему, антиглобализм превращается в массовое мировое антикапиталистическое движение.

3 Для примера см.: *Моисеев*. Судьбы цивилизации. Путь Разума.

4 *Messner*. Globalisierung, Global Governance und Enwicklungspolitik // International Politics and Society, no. 1 (1999).

динамикой закономерностей рынка и об институтах формирования глобализации, чтобы национальные общества и институциональные системы на Севере, Юге и Востоке были подготовлены к новым требованиям» (Сутерлэнд). Сам Меснер в этой связи ставит проблему создания глобальной архитектуры управления (Global-Governance-Architektur), которая является одним из самых насущных требований XXI века. И далее он расписывает законы и задачи глобального управления в духе упоминавшихся американских глобалистов. Вместо политики гегемонии необходимо создать мировой порядок сотрудничества, решать проблемы бедности, оказывать помощь Китаю, Индии, Бразилии, Южной Африке, решать проблемы народонаселения, реализовывать идеи правовых государств, содействовать развитию различных культур и т.д. Выполнение этих задач потребует реорганизации национальной политики, т.е. увязывания с глобальной политикой. Меснер детально также расписал иерархию задач, которые должно решать глобальное управление.

Оказывается, утопистов-мечтателей на Западе можно встретить не меньше, чем в России.

На самом деле все подобные концепции и предложения теоретиков-глобалистов утопичны, как минимум, по двум причинам. Первая заключается в том, что «глобализация» (в их понимании) не только не уменьшила роль государства внутри стран или на международной арене, а, наоборот, повысила эту роль. Вторая причина связана с процессом интеграции, которую они просто упускают из анализа, возможно, понимая под ней ту же самую «глобализацию».

В этой связи нужно проанализировать для начала роль ТНК, а затем их взаимоотношения с государством.

Транснациональные и межнациональные корпорации (ТНК и МНК)

В общественном сознании МНК и ТНК и глобализация тесно взаимосвязаны. Не без основания их называют основными акторами процесса глобализации. Чтобы подтвердить значимость ТНК, приводят ряд весьма весомых аргументов, в том числе статистического характера.

В этой связи необходимо сделать еще одно уточнение терминов *ТНК* и *МНК*. Большинство аналитиков рассматривают их также как синонимы. Однако для некоторых они представляют разные типы корпораций. Так, Херст и Томсон полагают, что МНК обладают национальными спецификами, а ТНК лишены такой специфики, т.е. они вненациональны, а именно международны. Следовательно, МНК — акторы интернационализации, ТНК — глобализации[1]. Российский же ученый Т.Я. Белоус, наоборот, исходит из того, что именно ТНК национальны по капиталу и контролю, но международны по сфере своей деятельности, в то время как МНК — это корпорации, акционерный капитал которых рассредоточен между акционерами различных стран[2]. В таком случае именно МНК — актор глобализации, а ТНК — интернационализации. Надо заметить также, что ООН и некоторые другие международные экономические организации придерживаются аналогичного подхода[3].

А вот еще одно толкование ТНК, данное известным ученым Р. Гилпиным. Он пишет:

> МНК стремится стать олигархической корпорацией, в которой собственность, управление, продукция и торговая активность рассредоточиваются на различные национальные юрисдикции. Она состоит из штаб-квартиры в одной стране с дочерними фили-

---

1 *Hirst and Thomson.* Globalization in Question, 11.

2 *Белоус.* Международные промышленные монополии, 60.

3 Современные транснациональные корпорации; Империи финансовых магнатов (транснациональные корпорации в экономике и политике империализма).

алами в других странах. Принципиальной целью корпорации является обеспечение дешевого производства товаров для мирового рынка; эта цель может быть достигнута путем более эффективного размещения производственных мощностей или приобретения налоговых льгот со стороны правительств-хозяев[1].

Хотя по сути я полностью согласен с Т.Я. Белоус, однако в конкретных исследованиях никто четко не разделял эти корпорации по признакам, на которые указывают упомянутые ученые. Поэтому мне придется в последующем говорить только о ТНК, хотя некоторые из них, вероятно, имеют свойства и МНК.

Итак, какова же их мощь? По данным ООН, к середине 90-х годов насчитывалось 45 тыс. родительских ТНК, контролирующих около 280 тыс. своих филиалов. Из них 37 тыс. (около 82%) базировались «дома» в 14 основных развитых стран ОЭСР. 90% их штаб-квартир располагались в развитом мире.

В 1996 г., по данным ООН, ТНК через свои филиалы продали товаров на сумму 7 трлн долл. (т.е. больше, чем весь мировой экспорт, равный 5,2 трлн долл.). В 1996 г. общий объем ЗПИ, вложенных в предприятия, оборудование и частную собственность, равнялся 3 трлн долл. По данным Доклада ООН (UN's 1997 World Investment Report), 70% международных роялти по технологиям оплачивались в рамках родственных фирм и их зарубежных филиалов. Это свидетельствует о ключевой роли ТНК в распространении технологий по земному шару[2].

Около 80% торговли США осуществлялось через ТНК, — пропорция типичная для развитых стран в целом. Причем приблизительно 40% торговли приходилось на торговлю между самими ТНК.

Они же являются основными аккумуляторами ЗПИ. Сто наиболее крупных ТНК, контролирующих около одной пятой части глобальных зарубежных активов, имели 2 трлн долл внешних продаж и 6 млн рабочих (1995 г.).

На самом деле не так много компаний действительно являются глобальными. Среди них наиболее известные: Royal Dutsh/

---

1   *Gilpin*. The Political Economy of International relations, 232.

2   *Hirst and Thomson*. Globalization in Question, 68.

Shell, Ford, Gelectric, Exxon, GM, Volkswagon, IBM, Toyota, Nestle (food), Bayer (chemistry), ABB, Nissan, Mobil, Daimler-Benz, Coca Cola, Kodak и т.д. Их мощности действительно впечатляющи. По данным Мирового банка, в 1995 г. только 70 стран приблизительно из 200 имели ВВП выше 10 млрд долл. А по данным «Форчуна», из 500 крупнейших ТНК 440 имели торговый оборот более 10 млрд долл.[1].

Доля ТНК в национальных производствах развитых стран (за исключением Японии) достаточно велика и имеет тенденцию увеличиваться и дальше. Так, по данным ОЭСР за 1996 г. (последний год, где представлена сравнительная статистика), на которые ссылается «Экономист» (от 8 января 2000 г.), иностранные фирмы в США произвели продукции в размере 15,8% от всего производства, в то время как их доля в 1989 г. составляла 13,2%, а в 1985 г. — 8,8%. В Канаде их доля в 1996 г. составляла более 50%, в 1989 г. — около 46%; в Британии соответственно 33 и 24%; во Франции — 29 и 28%; в Германии приблизительно 13%. Исключением является Япония, у которой доля иностранных фирм в производстве почти незаметна, причем в 1996 г. она была меньше, чем в 1989 г., т.е. 1 и 2%.

Доля местных рабочих в иностранных фирмах также достаточно высока: в США она составляла в 1989 г. 10,8% от всей рабочей силы США, в 1996 г. — 11,4%. В целом же, как указывает статистика, иностранные фирмы создают большее количество рабочих мест, чем местные. Это наблюдается в США, Британии. Кроме того, и зарплата на иностранных фирмах выше, чем в национальных компаниях. В 1996 г. в США она была выше на 6%, в Японии — на 36%, в Голландии — на 30%, в Британии — на 29%, во Франции — на 12%[2].

Следует зафиксировать также, что инофирмы тратят немалые суммы на НИОКР. В 1996 г. они составляли 12% от всех американских расходов на НИОКР, 19% французских расходов, 40% британских расходов. Было замечено, что их расходы на НИОКР превосходят аналогичные расходы местных компаний. Так, в Британии иностранные фирмы выделяют на НИОКР 2% от своих доходов, в то время как местные — 1,5%.

---

1 *Sklair.* Competing Conceptions of Globalization, 143.

2 Economist, January 8th, 2000, 85.

Наконец, экспорт инофирм превышает экспорт национальных предприятий. Разрыв достигает внушительных пропорций: в 1996 г. в Ирландии ТНК экспортировали 89% своей продукции, национальные — только 34%; в Голландии эти пропорции составляли 64 и 37%; во Франции — 35,2 и 33,6%, в Японии — 13,1 и 10,6%. Исключением являются США, где национальные компании в этом же году экспортировали 15,3% своей продукции, в то время как иностранные — 10,7%[1].

Аналогичные тенденции наблюдаются и в действиях иностранных фирм в развивающемся мире. Например, в Турции зарплата рабочих ТНК на 124% выше среднемесячной зарплаты в стране, рабочие места на них растут ежегодно на 11,5%, а в национальных компаниях всего лишь на 0,6%. То же самое касается и расходов на НИОКР. Другое дело, что зарплата того же турецкого рабочего ТНК на порядок, а то и более ниже американского или европейского рабочего. Но это отдельная тема.

Все эти цифры никем не оспариваются, однако они порождают один очень серьезный вопрос, от ответа на который зависит крайне важный вывод: *действительно ли влияние ТНК столь громадно, что оно превосходит влияние государства, которое в условиях глобализации начинает терять свое значение?* Отсюда следует другой ряд умозаключений об исчезновении государственного суверенитета, о безграничном мире и чуть ли не об исчезновении государства с мировой арены.

---

1   Ibid., 86.

ТНК и государство

Хотя тема отмирания государства не нова (об этом много писали классики марксизма-ленинизма), ныне она возрождается в связи с проблемами глобализации[1]. Те, кто безоговорочно верят в то, что глобализация — это доминирующее явление в мировой экономике, утверждают, что государство или госсуверенитет потерял или теряет свое значение, перестает быть «значительной политической единицей». Так, английский ученый, Эван Луард полагает, что «по сравнению с предыдущими временами государство... не является самодостаточной политической и экономической единицей, а представляет собой только фрагмент более широкой целостности: мировой политической системы, международной экономики, мирового сообщества»[2]. Заметив, что это произошло не только вследствие экономической глобализации, но и глобализации политики.

Напрямую о кризисе госсуверенитета пишет португальский ученый Джейм Ногуэра Пинто. Он объясняет это явление тем, что «рынки имеют тенденцию развиваться в сторону интеграции, экономической глобализации и создания "единого мирового" рынка»[3]. Причем он с удивлением отмечает, что интеграция рынков не ведет автоматически к политической интеграции. То есть «объединенный экономический мировой рынок может сосуществовать все еще с фрагментарным политическим миром». Исключением, по его мнению, является только Европейское сообщество. Из этого пассажа очевидно, что португальский ученый не понимает, что Западная Европа как раз и интегрирована и «снизу» (экономически), и «сверху» (политически), в то время как остальное экономическое

---

1   Напр., см.: *Kosterlitz.* Sovereignty's Struggle (globalism) // National Journal, Nov 20, 1999; *Mazrui.* Globalization and Cross-Cultural Values: The Politics of Identity and Judgment // Arab Studies Quarterly (ASQ), vol 21 (Summer 1999).

2   *Luard.* The Globalization of Politics. The Changed Focus of Political Action in the Modern World, 3.

3   *Pinto.* The crisis of the sovereign state and the "privatization" of defense and foreign affairs // Heritage Lectures (HF), no. 649, November 19, 1999.

пространство не интегрировано, а интернационализировано. А это — две большие разницы. Именно поэтому «остальной мир» не может быть интегрирован политически.

Тем не менее Пинто правомерно обращает внимание на сужение суверенитета государства в ряде стран Третьего мира (Сьерра-Леоне, Либерии, Анголе, Конго, Ливане, Афганистане, Перу, Колумбии, в Индокитае, на Балканах). Речь идет о том, что в ряде названных стран идет гражданская война или ведутся партизанские действия, а в других — бароны наркобизнеса имеют свои вооруженные формирования. Правительственная полиция и армия в таких случаях не в состоянии обеспечить безопасность своих граждан. И поэтому крупные корпорации вынуждены создавать собственные, частные армии и полицию». В результате это привело к умалению госвласти, т.е. потере суверенитета внутри названных государств. Однако это не имеет отношения к самой глобализации, если не понимать под этим словом расширение указанных явлений на все более широкие географические пространства.

(Вообще обращает на себя внимание постоянная путаница в причинах и следствиях, а также в неоправданных обобщениях какого-либо местного явления. Этим, оказывается, страдают не только российские ученые.)

В качестве примера радикальной ортодоксии глобализации можно привести выступление канадского ученого Кимона Валаскакиса, который на одной из конференций ОЭСР (Гамбург, март 2000 г.) доказывал, что международная система перестала контролироваться правительствами, рушится Вестфальская система (о чем, кстати, любят поговорить и российские ученые), а в качестве примера этой тенденции приводится Европейский союз, где, дескать, происходит потеря госсуверенитета[1].

Подобные идеи в еще более развернутом и аргументированном виде изложены в лекциях (1999 г.) Энтони Гидденса[2]. Именно в ответ на его лекции два английских ученых К. Хэй и М. Уотсон написали статью, поставив под сомнение все его «аргументы». В частности, они пишут:

> Количественная реальность ясно показывает, что губительное воздействие потока капитала на европейскую социальную модель,

---

1 Herald International Tribune, March 30, 2000.

2 См.: Интернет в The BBC online network.

институты рынка труда и социальные демократические возможности часто преувеличиваются[1].

Но если названные ученые весьма деликатно оспаривают позиции радикалов глобализации, то известный американский журналист Вильям Пфафф без научной дипломатии опровергает их суждения. Он, в частности, напоминает, что не только такие страны, как Албания, Китай, Россия или Британия, Франция, Австрия, Дания, но и США отстаивают не глобальные интересы, а именно свои национальные интересы.

> Мы видим скорее иллюзию, а не реальность в разрушении национальной мощи и суверенитета. Современные силы рынка и Интернет бросают вызов установившимся формам национальной власти, но в реальности не меняют того, что каждая из них является субъектом государственной власти, даже если механизм этой власти может и измениться[2].

Более того, Пфафф совершенно верно оценивает и роль международных организаций.

> Международные организации, включая ООН и суды по военным преступлениям, не имеют независимой легитимности. Ни одна из них не «демократична». Они существуют, потому что между государствами подписаны договоры, которые и дают им возможность существовать. Сербия не была атакована «международным сообществом», которое не имеет политического выражения. Она была атакована коалицией правительств, каждая по своим собственным мотивам (ibid.).

Журналист совершенно справедливо напоминает, что весь этот международный неконтролируемый бизнес сразу же становится контролируемым, как только он начинает угрожать национальным интересам. И даже движение денег, если понадобится, может быть проконтролировано на основе классической политики или силовой политики.

---

1 *Hay & Watson.* Globalization: Skeptical Notes on the 1999 Reith Lectures // Political Quarterly, vol. 70, (Oct-Dec 1999)..

2 *Pfaff.* Despite Global Changes, National Sovereignty Remains King // Herald International Tribune, March 30, 2000.

Редкий случай, когда журналист глубже разбирается в явлении, чем многие ученые с большим количеством академических титулов и званий.

На самом деле ответы на эти вопросы зависят от критериев определения роли и функции государства. Пока, правда, никто не ставит под сомнение роль государства в политике и военно-стратегических сферах. То есть уже с этих позиций разговоры об исчезновении государства не имеют смысла. В то же время, когда речь заходит об экономической роли государства, такая постановка вопроса, возможно, имеет определенный резон.

Для всех очевидна его громадная роль в социалистических странах или в странах авторитарного типа. Не совсем ясно, как обстоят дела в странах «демократии», т.е. в «золотом ядре».

Одним из важных критериев вовлеченности государства в экономику являются его общественные расходы (public spending), а следовательно, и мера контроля над экономикой.

Вот некоторые данные на основе анализа 17 стран, приведенные «Экономистом» со ссылкой на материалы МВФ, а также Н. Крафтсом.

Таблица 3.I.2.

Правительственные расходы относительно ВВП, 1870–1998, %[1]

	1870	1913	1937	1960	1980	1990	1998
Австрия	-	-	15,2	35,7	48,1	48,6	-
Бельгия	-	-	21,8	30,3	58,6	54,8	49,4
Великобритания	9,4	12,7	30,0	32,2	43,0	39,9	40,2
Германия	10,0	14,8	42,4	32,4	47,9	45,1	46,9
Испания	-	8,3	18,4	18,8	32,2	42,0	-
Италия	11,9	11,1	24,5	30,1	41,9	53,2	49,1
Канада	-	-	18,6	28,6	38,8	46,0	-
Нидерланды	9,1	9,0	19,0	33,7	55,2	54,0	47,2
Норвегия	3,7	8,3	-	29,9	37,5	53,8	46,9
США	3,9	1,8	8,6	27,0	31,8	33,3	32,8

---

1   За 1870–1990 гг. — Economist. September 20th, 1997, 11. За 1998 г. см.: *Crafts*. Globalization and Growth in the Twentieth Century,. 41.

Франция	12,6	17,0	29,0	34,6	46,1	49,8	54,3
Швейцария	-	2,7	6,1	17,2	32,8	33,5	-
Швеция	5,7	6,3	10,4	31,0	60,1	59,1	58,5
Япония	8,8	8,3	25,4	17,5	32,0	31,7	36,9
В среднем	8,3	9,1	18,3*	28,5	43,3	46,1	-

* В среднем без Германии, Японии и Испании, вовлеченных в это время в войны или в подготовку войны.

Приведенная выше таблица наглядно показывает скачкообразный рост общественных расходов в ВВП развитых стран в XX столетии, в первую очередь связанных с увеличением социальных расходов, особенно, начиная с 60-х годов. Такая динамика в корне противоречит утверждениям о потере государством суверенитета.

Естественно, борьба за сбалансированный бюджет требует определенного соотношения между доходами и расходами. Другими словами, в свои права вступает система налогообложения, в том числе и на корпорации. Исследования показывают, что, несмотря на теоретическую возможность ТНК избежать налогов или «уходить» в страны с режимом низких налогов (как, например, в «налоговые убежища» стран Карибского бассейна), практически, даже в эпоху Интернета, налоги продолжают расти. По данным ОЭСР доля налоговых поступлений относительно ВВП выросла на протяжении 1965 по 1998 г. для стран ОЭСР с приблизительно 26% до 37%, а стран Европейского сообщества (15 стран) с 28% до 42%. Увеличились налоги и с доходов корпораций в период между 1975 и 1997 г. во всех наиболее развитых странах (за исключением Нидерландов) и они составляли от 5 до 15% ВВП, а в среднем для стран ОЭСР — около 9%[1]. Иначе говоря, государство может контролировать те же ТНК через налоговую систему.

В условиях глобализации государство имеет большую свободу рук и в получении займов, не будучи привязанным к отечественным банкам. У него есть возможность обращаться к зарубежным ТНК и ТНБ или международным финансовым организациям (МВФ, ВБ и т.д.). О силе государства свидетельствует даже такой факт, как способность относительно слабого Российского государ-

---

1 *The mystery* of the vanishing taxpayer // Survey. Economist, 24th January – 4th February 2000.

ства «наказать» десятки зарубежных ТНК и ТНБ на миллиарды долларов, «задефолтив» свои же долги (ГКО).

Не надо забывать, что государство владеет и собственной экономикой, т.е. госсобственностью, т.е. само выступает в качестве мощной экономической корпорации, в руках которой обычно сосредоточены стратегические отрасли экономики, как, например, во Франции или Скандинавских странах.

Тем не менее, хотя указанные соотношения и формы взаимозависимости имеют определенный смысл, более важный характер взаимодействия возникает на политэкономическом уровне. Практически во всех крупных странах Запада с начала века сложился государственно-монополистический капитализм (ГМК). За столетие он, безусловно, претерпевал различные изменения в своей структуре и функциях. Однако конечная суть его осталась неизменной: сохранить капитализм и упрочить его позиции на мировой арене в пользу «ядра». Поэтому при всех естественных противоречиях внутри каждого ГМК (а каждый ГМК иногда весьма существенно отличается от другого: например, ГМК Японии от ГМК США или Германии), а также между национальными ГМК, на «выходе» они демонстрируют завидное единство — упрочение позиций «золотого миллиарда». И поэтому государство не только сохраняет свои старые функции, но и обновляет их в сфере оказания помощи своим ТНК на мировой арене.

Между прочим, сам процесс интернационализации, в особенности в его второй фазе, был инициирован именно государством, например, в лице правительства Маргарет Тэтчер в Англии, Р. Рейгана в США и двух премьеров в Японии (Дз. Судзуки и Я. Накасонэ). В конце 70-х – начале 80-х годов именно они осуществляли неолиберальный курс, предусматривавший снятие множества ограничений в сфере торговли и особенно инвестиций. Такой тип организованной политики как раз и свидетельствует о высокой роли государства в процессе интернационализации и глобализации, на что постоянно указывают американские ученые, в том числе упоминавшийся Джованни Эрриги (216).

Джон Боррэго мотивирует это тем, что «глобальный капитал будет размещаться только в тех странах, где государство сможет обеспечить определенные условия производства товаров, воспроизводства рабочей силы определенного качества и стоимости и эффективное управление. Соревнование же между государствами в сфере мировой экономики переместилось из сферы специфических географических преимуществ (таких, как сырьевые ресурсы или даже стоимость рабочей силы) в менее осязаемую сферу (доступ к технологиям, гибким управлениям, стратегии маркетинга: близость к потребителю, скорость ответа на рыночные изменения и т.д.)»[1].

Группа авторов из Принстонского университета в весьма воинственной форме утверждает: «Глобальные корпорации, дрейфующие от своих национальных политических якорей и плавающие в безграничном мировом рынке, есть миф»[2], — причем миф, созданный, прежде всего, американцами. Разобрав структуры ТНК США, Германии и Японии, они делают вывод, что «в сравнении со многими американскими корпорациями германские и японские фирмы сохраняют весьма четкое чувство специфичной национальной самобытности, более ясное обязательство по отношению к национальному и региональному процветанию в изменяющейся международной среде и более четкое реалистическое чувство возможностей остального мира адаптировать внутренние поведенческие нормы своих собственных стран» (10).

Столь же убедительно они показывают на многих примерах согласованные действия европейских стран в определении цен зарубежных производителей на их рынках. Более того, они даже не исключают дезинтеграционные процессы в уже интегрированных районах. Это крайне важная мысль: глобализация действует против интеграции. Я еще к этому вернусь. А здесь надо сделать некоторые предварительные выводы по интернационализации и глобализации.

* * *

Во-первых, процесс интернационализации мировой экономики не является чем-то новым. Он начался со второй половины XIX века. Более того, некоторые авторы полагают: «В определенном смысле нынешняя международная экономика менее открыта и интегрирована, чем режим, который превалировал с 1870 по 1914 г.»[3].

---

1   *Borrego.* Models of Integration, Models of Development in the Pacific // Journal of World-Systems Research, vol. 1, no. 11 (1995),. 13.

2   *The myth* of the global corporation // Current History, 14 July, 1997, 2.

3   *Hirst and Thomson.* Globalization in Question, 2.

Во-вторых, судя по всему, настоящих МНК на самом деле не так много. Большинство из них базируются на национальной почве, т.е. они являются ТНК, а их торговля и инвестиционная политика на международной арене зависят от силы их национальных мощностей.

В-третьих, инвестиционный капитал (ЗПИ) в большей степени сосредоточивается в развитых индустриальных государствах, а Третий мир (около 120 стран) остается на периферии как по инвестиционным вложениям, так и с точки зрения торговли. Исключением являются некоторые страны Восточной Азии, включая Китай.

В-четвертых, мировая экономика далека от того, чтобы быть «глобальной». Реально она сосредоточена в зоне Триады: Западная Европа, Япония и Северная Америка, и доминирование этой Триады будет сохранено в достаточно длительной исторической перспективе.

В-пятых, их координация, например, через механизм «большой семерки» дает им возможность использовать мощное управленческое давление на финансовый рынок и другие экономические тенденции. Глобальные рынки, таким образом, ни в коем случае не выходят за пределы регулирования и контроля, даже если нынешние масштабы и цели экономического управления ограничены.

Локализация и глокализация

Здесь уместно также затронуть еще одну интересную идею в связи с размыванием государственных границ. Сотрудники Мирового банка опубликовали Доклад мирового развития на 1999/2000 г. под названием «Entering the 21ˢᵗ Century», в котором большое внимание уделено понятию *локализация*. Для того чтобы было понятно, что это такое, они поначалу дают определение *глобализации*. В Докладе говорится:

> Глобализация, которая отражает прогрессивную интеграцию мировой экономики, предполагает, что национальные правительства будут взаимодействовать с международными партнерами, чтобы наилучшим образом управлять изменениями, влияющими на торговлю, финансовые потоки и глобальную окружающую среду. Локализация же отражает растущее желание людей участвовать в делах правительства и проявляет себя в утверждении региональной самобытности. …Локализация генерирует политический плюрализм и самоопределение в мире. Одним из ее проявлений является увеличение количества стран в мире, которое подпрыгнуло вверх после того, как только регионы добились своей независимости[1].

Напомню, что еще в 1974 г. было около 140 суверенных государств, а в 1998 г. их количество увеличилось где-то до 195.

На основе идеи локализации появилась концепция *глокализации*, т.е. взаимосвязанного процесса глобализации и локализации. Ее суть определил президент Гамбургского института экономических исследований, швейцарец по происхождению, Томас Штраубхаар:

> Под <глокализацией> имеется в виду мир, в котором естественные контуры государственных границ определяются через локальные экономические пространства, а не на чертежной доске политики в Вене, Версале или в Ялте[2].

---

1   *Entering* the 21th Century. World Development Report 1999/2000, 2, 8.

2   Neue Zuricher Zeitung, 31 Dezember 1999.

Идея заключается в том, что глобализация не может реализовать себя без подготовки экономической инфраструктуры в той или иной местности. Следовательно, акторы глобализации нуждаются в государстве, которое и занимается расчисткой экономических площадок для деятельности тех же самых ТНК. Отсюда также следует, что не только интеграционный процесс тесно связан с государственной властью (о чем будет сказано ниже), но без нее не могут обойтись и субъекты глобализации, — что вполне вытекает из неразрывной связи экономики и политики на любом ее уровне. Вице-президент Всемирного банка (ВБ) Йозеф Штиглиц обозначил глобализацию и локализацию (=глокализации) «как две важнейшие тенденции в 21 веке»[1].

(Обращаю внимание, что авторы не оперируют термином *интернационализация*. Для них, возможно, глобализация и интернационализация — синонимы, или они действительно имеют в виду глобализацию как наметившуюся тенденцию. Но важно то, что даже в этом случае они придают большое значение политическим механизмам, т.е. правительству или даже государству.)

При этом еще раз подчеркну, что локализация не идентична интеграции. Как явление она более тесно связана именно с глобализацией, хотя иногда может обнаруживать себя и в интеграционном пространстве. Причем в последнем случае она будет вступать в противоречие с интеграционным характером этого пространства, поскольку ориентирована на любые экономические субъекты, неважно, «свои» или «чужие». Примером может служить проникновение японских компаний в интеграционное поле ЕС при содействии «локальных сил», что вызывает постоянные торгово-экономические войны в Европе, да и в целом в триаде США – ЕС – Япония.

То есть не только процесс интеграции, но интернационализации и глобализации объективно ведет не к умалению роли государства, а к его усилению.

Правда, все сказанное относится, прежде всего, к государствам «золотого миллиарда». Но существуют и такие суждения: «Наиболее разрушительным аспектом этой системы (глобализации. — *О.А.*) является то, что грозная сила и мобильность глобальных корпораций уменьшает эффективность национальных пра-

---

1 *Entering* the 21th Century.

вительств осуществлять естественную политику в пользу своего народа. Лидеры государств теряют контроль над своей собственной территорией, которой они обладали»[1]. Естественно, речь здесь идет о странах Третьего мира, куда уже можно отнести и Россию. Те же авторы пишут: «Во многих странах Азии, Африки и Латинской Америки государства коллапсируют под бременем долгов, разжиревшей бюрократии и коррупции» (ibid.).

Другими словами, когда речь идет о распаде государства под напором глобализации и интернационализации (в данном случае разница не имеет значения), надо четко представлять, о каких государствах толкуют. *Глобализация по-разному работает внутри «золотого миллиарда» и в развивающихся странах.*

---

1 *Barnet and Cavanagh.* Global Dreams. Imperial Corporation and the New World Order, 19.

Интеграция

Вторая причина утопизма теоретиков-глобалистов коренится в недооценке или в непонимании процесса интеграции. Проблема заключается в том, что большинство аналитиков не только путают понятия *интеграция, интернационализация* и *глобализация*, но не могут сойтись в понимании самого понятия *интеграция*. В качестве примера привожу пассаж из «Экономиста», в котором в отношении глобализации делается такой несколько скептический вывод: «Тем не менее мировая экономика все еще далека от настоящей интеграции». В качестве убедительной демонстрации своего вывода авторы приводят, например, такие «убийственные» аргументы, относящиеся к США и Канаде. Пишется:

> Рынки продуктов все еще нигде не интегрируются между границами так, как они интегрированы внутри государства. Примером может служить торговля между Соединенными Штатами и Канадой, где существует одна из наименее ограниченных с точки зрения торговли границ в мире. В среднем торговля между канадскими провинциями и американскими штатами в 20 раз меньше, чем внутренняя торговля между двумя канадскими провинциями, имея в виду расстояния и уровень доходов. Несмотря на все разговоры о едином рынке, канадские и американские рынки остаются в значительной степени разделенными друг от друга. Для других стран это тем более верно[1].

Авторы данного пассажа путают глобализацию с интеграцией. Сами они пишут о глобализации, исходя на самом деле из критериев интеграции. А некоторые авторы вообще глобализацию «соединяют» с интеграцией в один термин — глобальную интеграцию, — явление, которое, пользуясь названием книги этих авторов, представляет на данный исторический момент не что иное, как «глобальную мечту»[2]. Естественно, все это не одно и то же. При этом надо иметь

---

1   Economist, October 18th 1997

2   *Barnet and Cavanagh*, ibid., 15, 22.

в виду, что с понятием *интеграция* проблем не меньше, чем с понятием *глобализация*. Насколько непроста эта тема, можно судить по полемике среди западных экономистов.

Для начала приведу определения интеграции американскими учеными. *Патрик М. Морган*, например, сокрушается:

> Что такое интеграция? Увы! Общепринятого определения интеграции не существует. ...Одни считают, что интеграция — это *условия* (это когда мы говорим, что сообщество «интегрировано»), другие столь же убедительно предполагают, что это — *процесс* (это когда мы говорим, что Западная Европа интегрируется через Общий рынок)[1].

И далее он пытается систематизировать различные определения термина *интеграция*.

А вот определение других ученых — *Р. Гросса и Д. Кудзавы*. Они считают, что

> региональная интеграция есть расширение коммерческих и финансовых связей среди стран региональной группы, оставляя остальной мир за рамками этой группы[2].

Авторы выделяют пять типов региональной интеграции:

1. Зона свободной торговли, предусматривающая устранение торговых тарифов среди стран региональной группы (EFTA, ALADI {Latin American Free Trade Area}, U.S. – Canadian FTA).

2. Таможенный союз, предусматривающий помимо устранения торговых тарифов установление общей структуры внешних тарифов для стран не-членов группы (the Andean Pact, Caricom).

3. Общий рынок, характеризующийся той же тарифной политикой, как и таможенный союз, плюс свобода движения факторов производства (т.е. рабочей силы и капитала) среди его членов (EC).

---

1 *Morgan*. Theories and Approaches to International Politics, 211.

2 *Grosse & Duane*. International Business: theory and managerial applications, 715.

4. Экономический союз, характеризующийся гармонизацией экономической политики за пределами Общего рынка. Кроме того, экономический союз ориентирован на унификацию денежной (монетарной) и финансовой политики среди его членов (Belgium-Luxemburg Economic Union).

5. Политический союз, в рамках которого вся экономическая политика унифицирована (США и Канада) (273–6).

Почти в таком же ключе с небольшими нюансами определяет понятие *экономическая интеграция* **Питер Чоу** в целях определения интеграционной зоны в «АТР». Он выделяет несколько уровней интеграции:

> Низкий уровень — преференциальное торговое соглашение, в рамках которого его члены сокращают торговые барьеры в отношении друг друга, сохраняя собственную сепаратную торговую политику в отношении стран—не-членов соглашения. Следующий уровень — свободная торговая зона (СТЗ), внутри которой устраняются все торговые барьеры между странами-участниками зоны, но опять же сохраняется собственная торговая политика вне зоны. Более связанной торговой группой является таможенный союз, который (вдобавок к упоминавшимся условиям функционирования СТЗ) отрабатывает общую коммерческую политику в отношении стран, расположенных за пределами зоны. Общий рынок далее интегрирует экономики внутри членов-государств, расширяя масштабы свободной торговой политики на производственные рынки, позволяя, например, свободу движения капитала и рабочей силы через границы. Наиболее многосторонней интеграцией является экономический союз, в рамках которого устанавливается общая экономическая политика на основе единой валюты для всех его членов[1].

Некоторые сторонники «Тихоокеанской эры» понимают, что подобные определения интеграции, даже ее первый уровень, не дают им возможности выделить, например, «АТР» в некую интеграционную зону. Чтобы как-то выкрутиться из этой ситуации, они начали

---

1 See *Asia* Pacific in the new world politics, 196 –7.

«переизобретать» понятие *интеграция* в целях «спасения» «АТР»[1]. Суть новшества состоит в следующем.

Для начала понятие *региональная интеграция* разбивается на две части: *рыночная интеграция* и *институциональная интеграция*. В формулировке корейского ученого **Ха Дзюн Юня**,

> рыночная интеграция прежде всего вовлекает торговые потоки товаров, в то время как институциональная формирует законодательные и институционные механизмы, нацеленные на расширение торговли как в сфере институциональной, так и в сфере функциональной интеграции[2].

Хотя он говорит только о торговле, но идея ясна: управленческий механизм «наверху» регулирует стихийный поток рынка «внизу». Для ученого в данном случае была важна идея о том, чтобы интеграция не вылилась в «эгоистический блок», с одной стороны, дискриминирующий аутсайдеров, с другой — попадающий в самоизоляцию от «глобальной экономической системы».

Казалось бы, вполне разумные соображения, которые при их развитии не только не спасают «АТР», но заводят всю концепцию в еще более непролазный тупик. Он станет очевидным при анализе этих соображений, выраженных в более комплексной форме отцом тихоокеанского детища **П. Драйсдэйлом**. Он уже давно почувствовал «нежелание» «АТР» превращаться в целостный регион. Видимо, следуя выражению «регионы неизбежно являются конструкциями аналитиков и политиков»[3], он вместе со своим старым соратником по «АТР», бизнесменом и ученым **Р. Гарнаутом**, а также еще одним ученым **Р. Купером** вдыхает свежий воздух в старые меха, т.е. создает новую теоретическую конструкцию для «АТР». Ключевыми понятиями в этой конструкции являются термины *институциональная интеграция, рыночная интеграция, открытый регионализм* и *дискриминационный регионализм*.

---

1   Кстати сказать, именно проблема «АТР» возбудила споры вокруг понятия "интеграция".

2   See *Asia-Pacific* Community in the Year 2000: Challenges and Perspectives, 75.

3   *Mack and Ravenhill*. Pacific cooperation: building economic and security regimes in the Asia Pacific region, 6.

Определения первых двух терминов фактически совпадают с определениями Ха Дзюн Юня. Поэтому повторять их я не буду. Нюанс заключается, по Ричарду Куперу, в том, что «регион должен быть интегрирован в первом смысле (институциональном. — *О.А.*), но не во втором (рыночном)»[1]. Более того, рынок «конечно же, не может быть полностью интегрирован с точки зрения равной продукции и фактора цен» (ibid.).

Такой поворот действительно дает возможности снять проблему границ «АТР». Подтекст таков: создается организация или группа организаций, например АТЭС (Азиатско-тихоокеанское экономическое сотрудничество), которая строит свою политику на согласованных (так сказать, интегрированных) принципах и управляет рыночным процессом: движением товаров, капитала, людей между странами-членами этой организации или организаций. Тогда не имеет значения, в какой части земного шара находится государство. Важно, чтобы оно было членом этой самой организации, что уже и есть институциональная интеграция. В таком случае эта самая институциональная интеграция может настолько оторваться от рыночной интеграции, что вообще ведет к потере смысла понятия *экономическая интеграция*. Но и из этой очевидности находится выход.

По Драйсдэйлу и Гарнауту (они авторы совместной главы), «институциональная интеграция» действует в рамках «открытого регионализма», что означает, во-первых, движение потоков «общественных товаров» («public goods»), т.е. продукции госсобственности, во-вторых, исключает дискриминацию внешних субъектов — тех, кто находится за рамками региона, в-третьих, эти потоки управляются правительствами стран-участников «открытого регионализма»[2]. Авторы подчеркивают при этом, что «дискриминационный регионализм» направлен против аутсайдеров, концентрируясь только на собственных выгодах. Они — противники неконтролируемой «рыночной интеграции» в принципе, которая основана на движении товаров частного сектора и не признает никаких границ. Поэтому для них «оптимальным регионом является весь мир»[3]. Драйсдэйл и Гарнаут продолжают:

---

1 See *Asia* Pacific regionalism: readings in international economic relations, 12.

2 Ibid., 2.

3 Ibid., 18.

Азиатско-тихоокеанский «открытый регионализм» должен учитывать два элемента: признание мощи рыночных сил в проведении высокоинтенсивной внутрирегиональной торговли и признание роли правительства в предоставлении общественных товаров для расширения региональной торговли[1].

Если суммировать идеи авторов, то «открытый регионализм» означает прежде всего систему регулирования через механизм «институциональной интеграции» экономических потоков, исходящих от госсобственности стран, входящих в некий регион, сочетающийся с политикой благодушия в отношении действия «рыночных сил» как внутри региона, так и за его пределами. Подобная сверхдиалектичность лично для Драйсдэйла означает, с одной стороны, сохранение его приверженности законам свободного рынка, с другой, как ему, видимо, кажется, он «спасает» свой любимый регион — «АТР». Но это не совсем его личная позиция. На подобной теоретической основе построена вся политика АТЭС, пытающегося эту теорию претворить на практике. Такой подход содержит ряд несуразностей теоретического характера.

Во-первых, рыночные силы в лице, например, ТНК или МНК настолько мощны, что вряд ли они будут исходить из интересов регионализма, даже и «открытого». Собственные интересы им почему-то милее. Во-вторых, даже члены «открытого регионализма» не всегда откажутся от «дискриминационного регионализма» для защиты собственных экономических выгод, о чем свидетельствует деятельность фактически любого государства, входящего в АТЭС, будь то Япония или Южная Корея, не говоря уже о Малайзии. Суть институциональной интеграции как раз и заключалась бы в том, чтобы защитить собственные интересы от пришельцев. Иначе к чему вся эта интеграция? И наконец как может быть интегрирован «открытый регион»? Если «все страны в гости к нам», о каком регионализме можно говорить?

В результате все формулировки размываются: «открытый регионализм» в «АТР» переходит во весь мир, а «интеграция» — в элементарное экономическое сотрудничество всех со всеми, т.е. в интернационализацию. Короче, очередная путаница, что и естественно, когда пытаются реальность конструировать из теории, а не теорию создавать из реальности.

---

1 Ibid., 6.

Европейцы в этом вопросе более последовательны, поскольку исходят из своего опыта Общего рынка. Автор классического учебника по европейской интеграции *Жак Пелькманс* формулирует это понятие таким образом:

> Экономическая интеграция определяется как устранение экономических границ между двумя или более экономиками.

Но не обязательно устранением границ (территориальных и политических) между государствами[1]. И далее в учебнике описываются различные стадии интеграции (похожие на приведенные выше) и как европейская интеграция обособляется и защищается от «пришельцев», хотя и не всегда удачно.

Можно и дальше приводить различные взгляды на интеграцию, но уже из сказанного должно быть ясно, что интеграция — это не только не глобализация, но и не интернационализация. Очевидно, что первое понятие отражает определенную целостность, второе и третье явление — диверсификационность.

С этих, системных, позиций понятие *интеграция* означает следующее:[2]

> **Экономическая интеграция — это высшая форма интернационализации хозяйственной жизни, достигаемая в процессе соединения различных национальных экономик в единый хозяйственный комплекс, отличающийся своей специфической институциональной структурой и функционирующий на базе согласованной экономической политики как на межгосударственной, так и на наднациональной основе.**

Причем, подобные явления реализуются пока только на региональном уровне.

Несмотря на обширность такого определения, оно требует конкретизации.

---

1 *Pelkmans*. European Integration: methods and economic analysis, 2.

2 В определении экономической интеграции большое значение для меня имели исследования А.Д. Бородаевского // *Кризис* мирового капиталистического хозяйства в 80-е годы.

Во-первых, «соединение» имеет различные фазы развития: растущая экономическая взаимозависимость государств перерастает во взаимопроникновение их экономик, что ведет к переплетению и, наконец, к сращиванию национальных воспроизводственных процессов.

Во-вторых, интегрируются не только первая и третья фазы кругооборота общественного капитала участвующих в интеграции стран, которые имеют место в сфере обращения, но и его вторая, центральная фаза — само производство, сам технологический процесс создания товара. То есть происходит «переплетение кругооборотов совокупных национальных капиталов в целом».

На эту фразу необходимо обратить внимание, поскольку именно она является водоразделом между интеграционным и доинтеграционным процессами в ходе интернационализации хозяйственной жизни. А.Д. Бородаевский пишет:

> Итак, не столько крупномасштабный, интенсивный и устойчивый торговый обмен двух или нескольких стран— соседей по региону сам по себе выражает сущность их хозяйственного сближения и растущей взаимозависимости в рамках формирующегося интеграционного комплекса, сколько стоящее за ним переплетение национальных производственных процессов... (163).

В-третьих, важно иметь в виду, что так называемая «частичная интеграция» в различных звеньях интеграционного процесса сама по себе еще не интеграция. Только в своем синтезе (в смысле системности) эти «частички» способны породить принципиально новое состояние региональной экономики — интеграционную систему в виде хозяйственного комплекса. А это не адекватно простой сумме национальных экономик.

В-четвертых, интеграционная сеть экономических взаимосвязей по мере уплотнения порождает, по удачному выражению А.Д. Бородаевского, специфическую «кристаллическую решетку», образующую внутреннюю конструкцию интеграционного «кристалла». Другими словами, возникает своя институциональная структура в виде различных механизмов, обладающих экономическими и политическими функциями. Как пишет Жак Пелькманс, «в реальном мире экономическая интеграция всегда является в определенной степени политическим (процессом)» (там же). Подобные механизмы (типа ЕЭС) придают этой «решетке» некую прочность; способствуют сохранению и развитию интеграционного процесса, все больше и больше обособляя его от окружающей неинтегрированной среды. Последнее особенно важно, чтобы понять суть одного непростого явления.

Так, у А.Д. Бородаевского есть на первый взгляд странное утверждение:

> ...региональная интеграция представляет собой диалектическое отрицание глобального, всекапиталистического характера этого процесса, выражает стремление ограничить его рамками группы государств (157).

Подобное обособление от остального мира вызывает тревогу у сторонников глобальной интеграции, как, например, у Брюса Рассета[1]. Однако это другая тема. Главное здесь запомнить, что *региональная интеграция обособляется от остального мира.* В этом утверждении схвачена диалектика взаимоотношений между интеграцией и интернационализацией. На это необходимо обратить особое внимание, т.к. большинство экспертов все по тому же «АТР» не видят разницу между интеграцией и интернационализацией. В качестве примера можно привести суждение китайского профессора экономики Цзилинского университета (КНР) Си Юньцзи. Он пишет: «Так называемая мировая экономическая интеграция фактически является интернационализацией процесса производства и воспроизводства всех стран во всем мире»[2].

Это суждение не единичное. Так полагают очень многие атээровцы. Не думаю, что оно требует каких-то логичных опровержений. По крайней мере экономическое взаимодействие того же Китая, скажем, с Японией или с США почему-то не напоминает мне характер интеграционного сотрудничества в странах Общего рынка. И т.д. и т.п. В любом случае, если четко не различать эти два важных понятия, тогда любой анализ теряет всяческий смысл. Поэтому еще раз напоминаю:

---

1   *Russet*. International Regions and International System, 227–33.

2   "Suo wei quan qiu jing ji yi ti hua, jiu shi shi jie shang ge guo sheng shan he zai sheng shan guo cheng de guo ji hua" // См.: *Дун бэй я тсю юй дзин дзи хэ дзуо гоу сян. Гуо дзи ян тао хуэй*, 24.

интернационализация (экономическая) — это объективный процесс глобального экономического взаимодействия в сфере торговли, капиталов и финансов.

Следовательно, он не управляем, не институционализирован.

Ее взаимоотношения с интеграцией выглядят следующим образом.

Интеграция, возникшая на почве интернационализации как ее высшая форма, начинает свою жизнь не по принципу сосуществования с тем основанием, из которого она возникла, а по принципу борьбы с ним. Здесь напрашивается прямая аналогия взаимоотношений между монополиями и рынком. Если интернационализация как объективный процесс расширяет свои географические рамки, то интеграция, наоборот, сужает их при существенном нарастании ее интенсивности и глубины. Интеграция, таким образом, выступает не только в качестве антагониста доинтеграционных форм хозяйствования, но и самой интернационализации. Диалектика же состоит в том, что интернационализация и интеграция не могут существовать друг без друга, однако их существование протекает как объективно противоречивое взаимодействие. Причем интеграция разъединяет хозяйственные пространства не только между разнотипными экономическими системами, как это было в период конфронтации между социализмом и капитализмом (в Европе: ЕЭС — СЭВ), но и между однотипными системами.

Подобное проявление интеграционного процесса объясняется тем, что если интернационализация отражает объективный ход развития мировой экономики, то интеграция являет собой объективно-субъективный процесс, в котором субъективная сторона нередко играет более существенную роль, чем сторона объективная. Неслучайно говорят об интеграционной политике и никогда о политике интернационализации. А раз так, раз политика, — значит управление, значит выбор партнеров, в котором учитываются параметрические свойства объектов: их союзническая принадлежность, их интересы, мощь и сила и т.д.

* * *

С позиции вышеприведенного определения экономически интегрированным регионом является только зона Общего рынка. НАФТА находится в состоянии первоначальных стадий интеграции, главным образом из-за ее слабого звена: Канада — Мексика. В Восточной Азии наметилась тенденция, всего лишь тенденция, к интеграции с неизвестными последствиями из-за возможной смены структурной конфигурации, другими словами, перемещения ее центра на китайскую экономику. В то же время совершенно преждевременно говорить об интеграционных процессах между тремя центрами экономики: США – Западная Европа – Япония, тем более о каких-то «интеграционных процессах» в несуществующем «АТР».

Глобализация или Теория глобального капитализма

Теперь настала пора рассмотреть экономическую сущность глобализации, которая обычно анализируется в рамках Теории глобального капитализма. К созданию этой теории приложили руку наиболее выдающиеся ученые Запада, среди которых можно, к примеру, назвать Г. Эрриги, Жака Аттали, Б. Балласа, У. Белло, Дж. Боррего, Б. Камингса, Х. Фридмана, А. Липеца, П. Тэйлера, Н. Трифта, И. Уоллерстайна. Некоторые из названных имен неоднократно упоминались на предыдущих страницах работы. На этот раз их материалы мне понадобятся для описания экономического механизма процесса глобализации. В какой-то степени нижеизложенное является весьма кратким обобщенным конспектом, прежде всего, работ американских ученых: Камингса, Уоллерстайна и особенно Боррего.

* * *

Капиталистическая мировая экономика в 90-е годы представляет собой в высокой степени усложненное переплетение производства — капиталов, информации, технологий, рынков труда и всех остальных звеньев получения максимальной прибыли, — контролируемое тремя центрами экономического могущества, а также транс- и межнациональными корпорациями и банками. В целом мировая экономика стала более подвижной, изменчивой, усложненной и более взаимосвязанной. В этой новой системе любая экономическая деятельность имеет значение только в глобальном контексте. Данная система породила новое глобальное разделение труда. Процветание или, наоборот, упадок той или иной экономики, того или иного государства и даже того или иного региона зависит от истоков и структуры накопления капитала и кто им управляет внутри мировой экономики.

Глобальное накопление капитала: структура и динамика

В системе глобального капитализма организация производства и экономическая деятельность меняются от стандартизированного массового производства до производства, ориентированного на индивидуального потребителя. Кроме того, вертикально интегрированные крупномасштабные производственные организации или предприятия заменяются вертикально дезинтегрированной и горизонтальной сетью связей между производствами. Данное переходное состояние в мировой экономике — от фордизма до постфордизма — началось в середине 70-х годов.

Как известно, фордизм опирался на систему массового производства и массового потребителя. Она (система) базировалась на стабильной, хорошо оплачиваемой рабочей силе в странах Первого мира, а также на интенсивной эксплуатации труда и ресурсов в странах Третьего мира. Производственные процессы концентрировались на относительно больших и крупных предприятиях.

Характерной чертой постфордистского режима является ослабление жесткости и усиление гибкости производства. Хотя эта тенденция сопровождается множеством других процессов, главное же в нем — минимизация ограничений для свободного движения капитала, а также ускорение его оборота. В 80-е годы взаимоотношения между бизнесом и правительством привели к ослаблению и сокращению возможностей государства регулировать процесс накопления капитала. Новые формы взаимодействия, отраженные в рейганомике, тэтчеризме и административно-финансовой реформе Японии, ускорили процессы дерегуляции экономики, что вело ко многим важным победам капитала, в значительной степени за счет интересов низших слоев общества. Главное же заключалось в том, что постфордизм был внедрен в международном масштабе, став питательной средой процесса глобализации капитализма.

Развитие глобального капитализма тесно связано со стратегией максимализации гибкости процессов, главными из которых можно считать следующие. Обычно называют пять важных процессов:

1. Производство децентрализируется и фрагментируется. В рамках глобального капитализма фордистская компания распа-

дается на многие подразделения и подпроцессы, образуясь в небольшие фирмы, рассредоточенные широко по миру в общинах, регионах и государствах. Выгоды от такого дробления и рассредоточения очевидны. Например, при разделении некоторых аспектов производственного процесса фирмы могут разорвать связи со своим головным объединением и начать сотрудничество с другими производителями, эксплуатировать дешевый труд или ресурсы других фирм, расположенных в других районах или даже частях земного шара. Капитал также хорошо себя чувствует в общении с государством. Маленькие децентрализированные операции более гибки и свободны в выборе места дислокации, главным образом, там, где более низкие расходы на управление и на поддержание жизненного уровня рабочих, а также там, где труд плохо организован. Рабочие вынуждены «понимать», что требования высокой зарплаты или нежелание с «пониманием» отнестись к ее уменьшению «заставят» предприятие перебраться в другое место. Местные власти тоже поставлены в условия вынужденного «понимания» деятельности таких фирм (предоставляют хоть какую-то работу), особенно когда речь идет о налогах. Обратной стороной глобальной децентрализации производства является усиление централизации финансовых холдингов, более прибыльных и безопасных.

2. В то время как производство рассыпается по многим общинам, регионам и государствам, финансовые, исследовательские структуры и контролирующие институты четко концентрируются внутри «мировых городов» и стран Первого мира. Глобальная разветвленная в мировом масштабе гибкость зависит от установления жесткой взаимосвязанной сети контролирующих точек, которые предоставляют наибольшие финансовые и интеллектуальные ресурсы, способствующие накоплению капитала. Эти контролирующие точки — мировые города и центральные страны — «оркеструют» и контролируют производство и осуществляют исследовательскую деятельность по всему миру. Например, проведенные глобальными корпорациями, т.е. ТНК и ТНБ, массовые опросы высокопрофессиональных сотрудников из институтов бывшего Советского Союза, причастных к разработкам новых технологий, а также студентов являются звеньями в цепи акций глобального исследования и

глобального сбора информации в целях максимизации накопления капитала. Хотя такого типа деятельность в основном осуществляется в более или менее развитых государствах, однако она стала охватывать анклавы так называемых полупериферий, куда, по западным меркам, причисляются, например, Гонконг, Сингапур, Индия, Мексика. Самая же животрепещущая проблема глобального капитализма заключается в том, что усиливающаяся гибкость требует жесткой координации в рамках системы «трех центров экономики», т.е. США, Японии, Западной Европы, а если шире, то в недрах «семерки» ведущих стран Первого мира.

3. Пространственно-временное сжатие в условиях глобального капитализма способствует максимальному расширению и ускорению производственного процесса. Географическая распыленность, децентрализованное производство в сочетании с централизованной собственностью и контролем требуют новых форм коммуникаций, транспорта, кредита и других инновационных технологий, которые связывали бы производственные и иные «дальние» операции с контролирующими институтами. Глобальная система взаимодействий становится более сложной и зависит от чрезвычайно усложненных и гибких информационных и финансовых смычек. Эти новые технологии также убыстряют скорость движения материальных товаров по земному шару. По выражению одного из теоретиков, «мы получили такой мировой экономический порядок, который приговорил себя к острию ножа. Это мировой экономический порядок, который подвязал себя к скорости». Вдобавок глобальные корпорации, вооруженные новыми формами технологии и организации, получили преимущества от низких затрат на производство и от более благоприятного законодательного климата в странах Третьего мира. Пространственно-временная компрессия одновременно нивелирует значение политических границ, тем самым увеличивая скорость движения товаров и информации. Эта сторона глобального капитализма теоретически подкрепляется неолиберальными концепциями, фанатичными адептами которых являются, в частности, «чикагские мальчики». Сторонники неолиберализма настаивают на открытии рынков и корпоративной стратегии. И то, и другое позволяет обходить местные протекцио-

нистские барьеры. К слову сказать, политика неолиберализма является одной из важнейших причин невозможности организации экономического интегрированного блока в так называемом «АТР» и даже в Восточной Азии.

4. Пространственно-временное соединение государства и экономики, характерное для ранней фазы капиталистического развития, ныне находится в процессе распада. Способность государства посредничать между рынком и обществом ослабляется. Глобальный капитализм существенно сузил локальный, региональный и национальный контроль государства над экономической и даже неэкономической сферой деятельности общества.

   Постфордистские фирмы ищут места с «хорошей средой для бизнеса». Такие фирмы в состоянии обеспечить качество в виде обученной рабочей силы, а также высокоразвитую и организованную инфраструктуру. В то же время их деятельность ведет к понижению зарплаты, ослаблению организации рабочих, что в конечном счете снижает уровень жизни населения. Несмотря на это, государство прибегает к налоговым скидкам и другим льготам для привлечения или просто удержания бизнеса. «Экономическое развитие» часто означает, что государство стимулирует конкуренцию между фирмами за право организовать свою деятельность в тех или иных районах, которые превращают общины в «места войны».

5. В рамках глобального капитализма происходит резкое сокращение промышленных рабочих и изменение сути и качества работы в зоне Первого мира. Полная рабочая занятость заменяется неполным рабочим днем и временной работой, производственная и сельскохозяйственная деятельность вытесняется сферой обслуживания. Рабочие с неполным рабочим днем и временные рабочие принимаются и увольняются в соответствии с рыночными условиями при сохранении производства, функционирующего постоянно без дополнительных оплат. Одновременно сокращаются размеры пособий и удлиняется время продвижения по служебной лестнице. Вдобавок рабочий день становится более гибким. Режим работы в общем уменьшает возможности рабочих с полным рабочим днем вести «торги» с предпринимателями за лучшие условия работы. Старые рабочие отдают

себе отчет в том, что они не смогут найти эквивалентную работу, если потеряют нынешнюю. Соответственно, они скорее согласятся на «уступки», чтобы сохранить свои места. Таким образом, постфордистская система привнесла с собой худшие условия работы, более низкую зарплату и пособия, а также ликвидировала гарантии безопасности, т.е. сохранения рабочих мест для громаднейшего большинства рабочих. В этой связи один из теоретиков-экономистов А. Липец делает сверхлюбопытное «открытие», утверждая, что послевоенное соглашение между трудом и капиталом видоизменилось на односторонний взгляд в отношении рабочих как на товар, который можно свободно «занять и сократить по воле работодателя». Это определение сговорчивого рабочего (the pliable worker) является сердцевиной постфордистской гибкости.

Формы управления глобального капитализма

Возникли новые формы управления при глобальном капитализме, которые качественно отличаются от фордистского типа многонационального капитализма. Хочу повторить: усиливающаяся экономическая деятельность имеет значение только в глобальном контексте, будь то автомобильная промышленность, электроника, текстиль или одежда. В глобальном капитализме максимум гибкости означает деятельность, приближенную к предельным возможностям. Она имеет следующие характеристики:

1. Глобальный капитализм требует фундаментальной ревизии концепции государства, концепции, до сих пор подвязанной к функциям национального правительства. С появлением глобальных корпораций возникла необходимость продумать идею глобального государства. Появление глобальных фирм, способных уклониться от контроля национальной бюрократии, имеет историческое значение. Хищническое загрязнение окружающей среды промышленными отходами, инициируемое фактически неконтролируемыми международными корпорациями, стало выдвигать чуть ли не на первый план проблемы экологии, не умещающиеся в национальные границы. Появление новых видов проблем вызывает растущую потребность в

их цивилизованном разрешении, что возможно только через глобальные институты и организации.

2. Гегемония глобального капитализма отражается в формировании международных бюрократических альянсов, которые управляют и регулируют движение капитала на земном шаре. ВТО, МВФ и Всемирный банк являются сторожевыми псами глобальных инвестиций. Они в состоянии расширять или сокращать инвестиционные потоки в соответствии с классовыми интересами глобальных капиталистов, четко следя за всем процессом глобального накопления капитала. Процесс глобального регулирования дал новый импульс либеральной идеологии в поддержку глобального капитализма. (Сама эта идеология стала опираться на так называемую Теорию модернизации.)

3. Глобальный капитализм может функционировать и процветать только при наличии слабых государств или открытых границ для свободного передвижения капитала и товаров через различные зоны и пласты глобальной капиталистической системы. Слабые государства вынуждены отвлекаться от развития национальной экономики, фокусируя свое внимание на политике открытых дверей перед мировой экономикой, тем самым завлекая сверхмобильный глобальный капитал любой ценой. Это привело к созданию хаотично нагроможденных производственных анклавов по всему миру, вычерчивая неравную мозаику экономического развития внутри и за пределами национальных границ того или иного государства.

Другой интегральной частью глобального капитализма является интенсивно использование женщин на мировом рынке труда. Молодые женщины Третьего мира представляют громадный сегмент дешевого труда для глобальных корпораций. Они образуют стратегическую рабочую силу для Глобального Капитализма в 1990-е годы. Например, внутри 100 или около того свободных торговых зон по всему миру от 80 до 90% рабочих легкой сборки являются женщинами. Женщины предпочтительнее для глобальных корпораций потому, что они рассматриваются как рабочая сила, которая «послушна, легко манипулируема и готова выполнять скучную работу».

* * *

Итак, в рамках глобального капитализма инвестиционный и финансовый капитал, производство, управление, рынки, рабочие процессы, информация и технология соорганизованы в мировом масштабе. Экономические и организационные изменения произошли вследствие величайшей технологической революции в истории человечества. Ее ядром является информационная технология — информатика, микроэлектроника и телекоммуникация, — окруженная и подпираемая научными открытиями в других областях, как-то: биотехнология, новые материалы, лазеры и обновленная энергия. Революция в информационной технологии воспроизвела международные наднациональные организации, функционирующие в интересах глобальной капиталистической системы на основе глобального разделения труда.

Исходя из сказанного, я определяю *экономическую глобализацию так:*

Экономическая глобализация — это процесс контроля и управления всех видов экономической деятельности в мировом масштабе в интересах стран Запада.

В геоэкономическом пространстве этот процесс находит выражение в усилении экономической мощи Запада относительного всего мира (the West vs. the Rest). В геостратегическом пространстве экономическая глобализация означает материальную базу господства Запада над всем миром.

Чтобы яснее отличить разбираемые экономические процессы, еще раз хочу повторить их главные отличительные признаки.

Интернационализация — процесс, который осуществляется, или, по крайней мере, должен осуществляться, во имя взаимных интересов всех стран.

Интеграция работает главным образом в пользу интересов интеграционной группировки.

Глобализация же реализуется и управляется в интересах только Запада.

Общие выводы

В экономическом мировом пространстве наблюдается четыре экономические тенденции (интернационализация, региональная интеграция, глобализация и локализация) с разной степенью интенсивности или развития. Различные авторы по-разному интерпретируют эти тенденции. Одни обращают внимание на локализацию и глобализацию, полагая, что именно эти тенденции будут доминировать в нынешнем веке, сливаясь в глокализацию. Другие упор делают на глобализацию, хотя в реальности говорят об интернационализации. Третьи, как Херст и Томсон, указывают на два типа экономики, которые «не обязательно взаимоисключаются». Они утверждают, что «скорее всего при определенных условиях глобальная экономика может охватить и даже встроить в себя международную экономику», т.е. интернационализация станет частью глобализации. При этом оговаривают: «По нашему мнению, такой процесс гибридизации еще не имеет место, но было бы неразумно об этом не думать или исключать такую возможность»[1].

Мой подход, как было заявлено с самого начала, иной. Он сводится к следующему:

Первая фаза интернационализации (конец XIX века до начала первой мировой войны) охватила весь мир, формируя «международное сообщество капиталистов». На этой стадии выявились тенденции, которые В.И. Ленин сформулировал в виде мирового закона. Он писал: «Развитие и учащение всяческих сношений между нациями, ломка национальных перегородок, создание интернационального единства капитала, экономической жизни вообще, политики, науки и т.д. — суть мировой закон капитализма, характерный для зрелой стадии этой формации»[2]. Исторически процесс шел так: сначала монополии «соединяются» с государством, образуя ГМК, затем последний выделяет из себя ТНК, которые вместе с отечественными ГМК формируют мировые хозяйственные отношения

---

1 *Hirst and Thomson*. Globalization in Question, 16.

2 *Ленин*. ПСС, т. 24, 124.

капиталистического мира. В результате развитие капитализма «идет в направлении к одному-единственному тресту всемирному, поглощающему все без исключения предприятия и все без исключения государства»[1].

Но эта фаза была прервана Первой мировой войной и возобновилась после Второй мировой войны, наибольшее развитие получив в 70–80-е годы. Специфика второй фазы заключалась в том, что из зоны данной тенденции выпал социалистический мир (СССР, страны Восточной Европы, ряд стран Восточной Азии и КНР), который небезуспешно начал строить собственный экономический ареал с довольно интенсивными интеграционными качествами (по крайней мере в зоне Восточной Европы). Одновременно интернационализация капиталистического мира начала порождать внутри себя интеграционные анклавы: в наиболее развитой форме в Западной Европе, среднеразвитой и еще не завершенной в Северной Америке (через механизм НАФТА) и в зачаточной форме в Восточной Азии, в системе США – Япония – азиатские НИС. Интернационализация Триады США – Западная Европа – Япония начала вступать в противоречие с интеграционными процессами внутри этой Тройки, в определенной мере сглаженной за счет переброса механизмов интернационализации на страны Третьего мира. Необходимо зафиксировать: вторая фаза «родила» региональную интеграцию, взаимоотношения которой с интернационализацией были описаны выше.

Третья фаза интернационализации, начавшаяся в 90-е годы, произвела еще одно, точнее два явления — глобализацию и локализацию. Что касается первого явления, то ему способствовал распад социалистической системы. Благодаря этому возникли так называемые «нарождающиеся рынки» (emerging markets) на территории распавшегося СССР, в странах Восточной Европы. К этой группе стран обычно относят также КНР (в связи с политикой открытости), Индию (по той же причине), а также Мексику. Я эту группу стран называю Вторым миром.

Все четыре разбираемые экономические тенденции по-разному работают в нынешних трех мирах. Наиболее всеохватывающей является интернационализация, поскольку она распространяется на все три мира. Интеграция продолжает углубляться внутри Пер-

---

1 Там же, т. 27, 98.

вого мира («золотое ядро») с некоторой спецификой. В Восточной Азии интеграционный анклав все больше и больше закручивается вокруг Китая. Локализация разворачивается в основном в Первом мире, выступая против интеграции и идя на «помощь» глобализации, т.к. местные органы власти заинтересованы в привлечении капиталов любых экономических акторов, вне зависимости от их «национальностей».

Наконец-то в полном смысле получила свое начало и глобализация, действующая главным образом из зоны Первого мира и распространяющаяся на Второй и Третий миры. Последние не являются участниками глобализации. Они являются ее объектами.

В перспективе интернационализация будет сдавать свои позиции интеграции и глобализации. Причем если сферой интеграции, повторюсь, являются конкретные регионы, то сферой глобализации — весь мир. Их противоречия начнут обостряться по мере развития глобализации (повторяю: последняя тенденция еще в начальной форме), когда будут исчерпаны экономические возможности регулирования интеграционных процессов, с одной стороны, и когда акторы интеграции начнут сталкиваться с акторами глобализации на одних и тех же экономических полях — с другой. И если в зонах Третьего и Второго мира они еще смогут договориться, то это практически исключено в интеграционных зонах, поскольку в последних сохранится громадная роль государств-правительств. Неконтролируемые рыночные силы в лице МНК и МНБ войдут в противоречие с государствами-правительствами интеграционных зон, что может привести к дезинтеграции в этих зонах (что не исключают и некоторые аналитики-экономисты). На экономическом уровне противоречие решится за счет поглощения слабых акторов сильными и в формировании глобальной интеграции, т.е. в формировании мировой единой экономики.

Но против данной экономической тенденции выступают геостратегические факторы, т.е. система отношений на уровне самих государств с неизбежным действием закона силы в мировой политике. Другими словами, чтобы экономическая глобализация воссоединилась с региональной интеграцией в глобальную интеграцию, необходима политическая глобализация, т.е. ликвидация политических границ или, другими словами, исчезновение понятия государственного суверенитета. А это в обозримой исторической перспективе вряд ли предвидится, хотя исторически это неизбежно, о чем писал В.И. Ленин еще в начале прошлого века. Он считал, что именно всемирно-историческая тенденция капитализма будет вести «к ломке национальных перегородок, к стиранию национальных различий, к ассимилированию наций, которая с каждым десятилетием проявляется все могущественнее, которая составляет один из величайших двигателей, превращающих капитализм в социализм»[1].

«Опять социализм», — с раздражением отреагирует какой-нибудь либерал-демократ. «Да, опять социализм», — ответят… немало американских ученых, мнения которых я уже приводил выше. Хотя сам я назвал их идеи утопичными. К предыдущим аргументам добавлю: они не осознают сложности геостратегической борьбы на глобальном уровне, межцивилизационных и религиозных противоречий в мире, которые не сможет решить ни одно мировое правительство, поскольку в нынешних исторических условиях оно может быть только капиталистическим. И вместе с тем я согласен с ними, что глобальная интеграция возможна только на мировой социалистической основе. А это означает, что социализм поначалу должен появиться на национальных уровнях прежде всего в Первом мире и возродиться во Втором. Как скоро это произойдет? Не знаю. Но знаю, что произойдет непременно, если человечество не лишится чувства самосохранения. Хотя последнего полностью тоже исключать нельзя.

Из всего сказанного следует: в мире существует две перспективные тенденции — глобализация и региональная интеграция. Соединение этих тенденций в единый процесс означало бы формирование мирового государства с мировым правительством. Это в принципе возможно, но в обозримом будущем не неизбежно. Слишком много неопределенных переменных вплетено в этот процесс, чтобы можно было пропрогнозировать их воздействие.

---

1 *Ленин.* ПСС, т. 24, 125.

ГЛАВА II

КОНТУРЫ МИРА В ПЕРВОЙ ПОЛОВИНЕ XXI ВЕКА И ЧУТЬ ДАЛЕЕ (ТЕОРИЯ)

Контуры мира и вообще структура международных или мировых отношений зависят от метода анализа, выбранного исследователем. Очевидно, что мировидение, основанное на классово-идеологическом подходе, будет отличаться от представлений на мир, если использовать, скажем, цивилизационные или техногенные подходы. Другими словами, геостратегический и геоэкономический подходы, которые я намерен использовать в данной главе, являются одной из разновидностей структурного метода, т.е. всего лишь одним из многих методов анализа международных отношений. Значит и они не покрывают всю гамму, весь спектр международных реальностей. В то же время вскрытые мной на основе данных подходов три закона международных отношений позволяют надеяться на возможность более точного прогнозирования структуры мировых отношений по крайней мере вглубь на 50 лет и чуть далее.

Геоэкономическая структура мира

Геоэкономическая структура мира определяется экономическими весами государств, отражающими их экономический потенциал, который принято на агрегативном уровне оценивать через индикатор ВНП/ВВП/ВНД.

Сравнительный анализ этих потенциалов позволяет выявить экономическую мощь государства, которая может оцениваться в качестве полюса. Сформулированный мной **закон «полюса»** гласит:

в геоэкономическом пространстве глобальный или региональный полюс означает определение субъекта, отличающегося от других субъектов превосходством своей экономической мощи над экономическим потенциалом вслед идущего государства, как минимум, в 2 раза.

Отсюда следует, что экономический потенциал не является синонимом мощи. Именно явление мощи порождает явление полюса.

Экономические потенциалы (ВНД) ведущих государств мира

(в млрд долл., в 2000 г.)

США	9602
Германия	2064
Франция	1438
Англия	1460
Италия	1163
Бразилия	610
Мексика	497
Турция	202
Иран	107
Россия	241
Польша	162
ЮАР	129
Нигерия	33
Япония	4519
Китай	1063
Индия	455

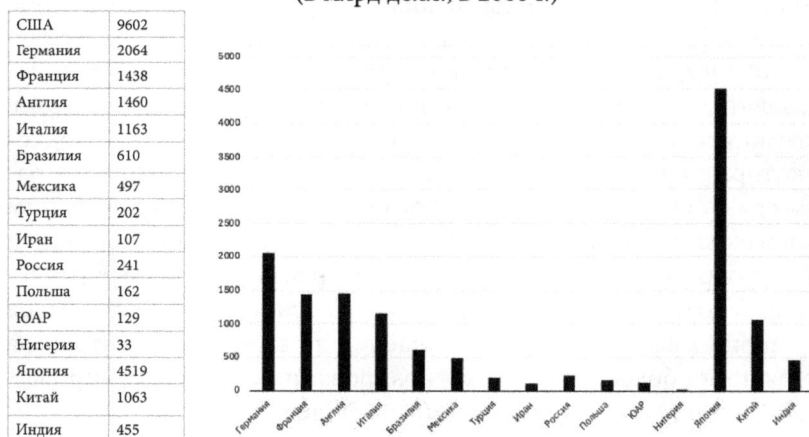

Source: World Development Indicator Datebase 2006. The World Bank, April 2006.

Примечание: валовый внутренний доход (ВНД) — индикатор, близкий к ВНП или ВВП, который начал использоваться Всемирным банком с 2002 г. В целях компактности США на графике не обозначены .

Расчеты на 2000 г. показывают, что в Латинской Америке нет региональных полюсов, поскольку Бразилия с ВНД в 610 млрд долл. не намного опережает вслед идущую за ней Мексику (497 млрд долл.). В Африке полюсом является ЮАР (ВНД — 129 млрд долл.); за ней идет Нигерия (33 млрд долл.). На Ближнем и Среднем Востоке таким полюсом можно считать Турцию (202 млрд долл.); за ней Иран (107 млрд долл.). В Восточной Азии — это Япония (около 4,5 трлн долл.), за ней КНР (около 1 трлн долл.). В Восточной Европе, подобно Латинской Америке, нет полюсов, т.к. Россия с ее незначительным ВНД (333 млрд долл.) не столь существенно опережает следующую за ней Польшу (153 млрд долл.). Аналогичная ситуация существует в Западной Европе: там полюсов также нет, поскольку Германия с ВНД в 2,1 трлн долл. недостаточно опережает экономический потенциал вслед идущей за ней Англией, ВНД которой 1,5 трлн долл.

Мировым или глобальным полюсом являются США с ВНД около 10 трлн долл., в два раза опережающим идущую вслед за ними Японию. (Отмечу, что пропорции практически не меняются и при пересчете ВНД по ППС, за исключением Китая. Кроме того, ППС в основном имеет отношение к сравнениям внутриэкономической ситуации стран, а не к международным отношениям).

Сказанное означает, что почти в каждом регионе есть свой «полюс». Но на глобальном уровне существует в настоящее время только один полюс, и им являются США.

Что же касается России, то хотя, ее экономический потенциал в лучшем случае позволяет формировать «полюс» в рамках СНГ (у вслед идущей за ней Украины ВНД составляет около 35 млрд долл.), в целом же ее экономический потенциал (ВНД), по которому она в 2000 г. занимала 19-е место в мире, а по ВНД на душу населения — 114-е (а если через ППС — 79-е место), не только не «тянет» на глобальность, но даже и на региональность. Ее место — в локальном пространстве СНГ.

Геостратегическая структура международных отношений

Геостратегическая структура международных отношений определяется не через полюсы, а через категорию *центр силы*.

Центр силы — это субъект, имеющий возможность подчинить деятельность других субъектов или акторов международных отношений в соответствии с собственными национальными интересами. В зависимости от сферы распространения такого контроля центр силы может быть локальным, региональным или глобальным.

Гегемония — это сила, направленная на подчинение всех акторов международной политики на реализацию интересов гегемона.

Разница между полюсом и центром заключается в том, что первый — субъект-полюс — не обязательно действует в системе международных отношений. Например, Япония Токугавского периода (период самоизоляции) по экономическим параметрам соответствовала экономической массе великих держав Европы, но не была центром силы, поскольку фактически не проводила внешней политики, т.е. она не была субъектом международных отношений. То же самое относится и к Китаю до начала XIX века, который превосходил по экономической массе любую страну Европы, но практически не вел активной внешней политики, т.е. не навязывал свой контроль в системе международных отношений. Другими словами, полюс превращается в центр силы при условии проведения активной и агрессивной внешней политики, нацеленной на подчинение других акторов своим внешним и внутренним интересам. Исходя из подобных рассуждений, можно сформулировать закон «центра силы».

> ***Превращение субъекта-полюса в центр силы предполагает наличие внешнеполитического потенциала (ВПП), объем которого должен превосходить внешне-***

политический потенциал субъекта конкурента, как минимум, в 2 раза на региональном уровне и в 4 раза на глобальном.

Это соотношение и определяет закон «центра силы».

Сам по себе ВПП формируется через суммарный ресурс, затрачиваемый на внешнюю политику. Этот ресурс складывается из финансовых потоков, закладываемых в бюджет страны, и реализуется через аппарат внешней политики (АВП). Хотя нередко трудно четко определить, что относится к внешней, а что к внутренней политике, тем не менее существуют некоторые институты, которые однозначно встроены во внешнеполитический процесс. Это — министерства иностранных дел, министерства обороны, информационно-пропагандистские службы, пограничная охрана, внешнеэкономические организации, службы внешней безопасности или разведки и т.д. Проблема в том, что в национальных бюджетах внешнеполитические расходы не всегда прописываются через государственные институты. Чаще всего они зафиксированы в строках по направлению деятельности: «Международная деятельность», «Национальная оборона», «Содействие международному экономическому развитию». И хотя все составляющие ВПП центры силы работают на реализацию всех аспектов национальных интересов, однако объемы ресурсов на каждом из основных направлений внешней политики будет определять тип «центра силы»: экономический, политический или военно-стратегический. Например, в 1997 г. Япония по строке «Содействие международному экономическому сотрудничеству» (в нее входит и официальная помощь развитию — ОПР) затратила около 29,5 млрд долл., что составило 0,7% ее ВНП. Великобритания и Германия в том же году израсходовали по аналогичной строке 19,6 и 19,7 млрд долл. соответственно (1,5 и 0,95% их ВНП)[1]. Очевидно, что 10-миллиардная разница дает преимущество Японии на мировой экономической арене, придавая японскому полюсу черты экономического «центра силы».

Обычно львиная доля внешнеполитического потенциала падает на строку «Национальная оборона». Эта строка определяет военный потенциал той или иной страны, который теоретически может быть использован в случае нападения. Поскольку в нынеш-

---

1 *Нихон* токэй нэнкан 2001 (Японский статистический ежегодник, 2001 г.).

них исторических условиях прямое нападение между ядерными державами практически исключено, в реальности этот потенциал определяет функцию сдерживания, с одной стороны, с другой — оказывает влияние на типы и формы поведения государства на мировой арене. Вместе с тем неядерные компоненты военного потенциала могут использоваться в отношении неядерных держав при защите «национальных интересов».

В системе международных отношений наиболее активно используется финансирование по строке «Международная деятельность». Именно эта «динамичная» строка определяет охват и глубину деятельности той или иной страны на международной арене.

Причем если экономический потенциал превращается в мощь-полюс при превосходстве не менее чем в два раза, то ВПП превращает полюс в глобальный центр силы при превосходстве, повторюсь, как минимум, *в 4 раза*. Это связано с тем, что такой потенциал должен охватить основные *4 региона в мире*: Европу, Восточную Азию, Латинскую Америку и Африку с Ближним и Средним Востоком.

Расчеты показывают, что в Западной Европе отсутствует центр силы, поскольку совокупный внешнеполитический потенциал каждой из основных держав этого субрегиона (Германия, Великобритания, Франция и Италия) варьируется между 40 и 50 млрд долл. У Японии ВПП превосходит сумму в 50 млрд долл., что позволяет оценивать эту страну как региональный центр силы (у Китая, если исходить из официальной статистики, этот потенциал приблизительно равен 10–12 млрд долл.).

У США ВПП на 1999 ф. г. (без учета финансирования строки «Международное экономическое сотрудничество») был равен приблизительно 300 млрд долл., т.е. превосходил идущую за ними Японию почти в 5 раз. Следовательно, на глобальном уровне сегодня существует один центр силы, и им являются США.

Япония является центром экономической силы в Восточной Азии. Соблазн оценить КНР как центр военной силы в этом же регионе не обоснован, поскольку его потенциал нейтрализуется все теми же США. В Западной Европе не существует никаких центров силы из-за приблизительно равного соотношения внешнеполитических потенциалов основных государств. О России, естественно, в этом контексте вообще не может быть и речи.

Теория трех миров и их характеристики

Итак, фиксирую еще раз.

Центр силы — это категория политическая или геостратегическая, что одно и то же. То есть она являет собой надстройку структуры международных отношений.

Полюс — понятие экономическое, следовательно, оно отражает собой некоторые базисные явления в структуре международных отношений.

И в том, и в другом случае они формируют всего лишь *структуру* международных отношений, а не содержание. Содержание же этих структур определяется целями международных акторов, будь то государства, международные организации, ТНК или МНК, неправительственные организации, блоки или альянсы государств. В упрощенном виде на системном уровне эти цели, а в конечном счете и все содержание международных отношений определяется двумя системными потоками: 1) борьбой за силу (межгосударственный уровень), 2) борьбой за мировые рынки (государства плюс ТНК, МНК). Оба потока порождены неравномерным экономическим развитием государств[1].

Для удобства анализа упрощу также разобранные ранее категории *интернационализация, интеграция* и *глобализация*.

Мотивом интернационализации является доступ к рынкам торговли и приложения капиталов; сутью интеграции является формирование тесно переплетенных экономических анклавов, т.е.

---

1 Я не вдаюсь здесь в более глубокие причины подобной борьбы — тема, которая дискутируется не один век. Из современной интерпретации можно коротко привести идею И. Уоллерстайна, который выводит ее из «бесконечной» аккумуляции капитала, которую капитализм сделал в качестве основного двигателя капиталистической мировой экономики. — См.: *Wallerstein*. The Modern World-System and Evolution // Journal of World-Systems Research, vol. 1, no. 19 (1995), 4.

соединение всех циклов экономической деятельности в единое целое; глобализация — распространение финансово-инвестиционной и информационной деятельности на весь мир в стремлении взять его под контроль.

Далее мне придется сделать еще одно упрощение: поделить мир на три группы стран на основе уровня их экономического развития. Хочу еще раз подчеркнуть: три мира — это не полюсы и не центры силы. Это условное деление мира по уровню экономического развития. Совпадение происходит только с Первым миром, который одновременно является и центром силы и единственным экономическим полюсом.

Первый мир (развитые страны) — «золотой миллиард», состоящий из трех зон: Северная Америка, Западная Европа и Япония с устоявшимися формами капиталистической экономики и демократии.

Второй мир (среднеразвитые страны) — страны СНГ, Восточной Европы, Балтии, Китай и Индия. Их специфика — политика реформ, т.е. отказ от предыдущих моделей социализма или госкапитализма и попытки перехода на новые модели, близкие к западным моделям капитализма.

Третий мир (развивающиеся страны) традиционно состоит из стран Африки, Латинской Америки, Ближнего и Среднего Востока, Восточной Азии (за исключением Южной Кореи, Тайваня и КНР) и Южной Азии (за исключением Индии). Всех их объединяет не только низкий уровень социально-экономического развития, но и то, что они почти все являются странами-объектами, а не субъектами мировой политики.

Теперь охарактеризую каждый из трех миров.

Первый мир работает во всех трех экономических пространствах, хотя и с разной степенью интенсивности. У каждого из трех субрегионов внутри Первого мира существуют свои интеграционные зоны: в Западной Европе — Европейское сообщество, в Северной Америке — НАФТА, в Восточной Азии — институционно не оформленная подсистема США – СВА – ЮВА (страны АСЕАН).

В первом случае как развитая интеграция, во втором — начинающийся процесс, в третьем — как тенденция. Весьма активно все три субрегиона вовлечены в интернационализацию. На поле же глобализации единоличным лидером являются США. Для того же, чтобы добиться подлинного глобального лидерства, США необходимо «вскрыть» региональную интеграцию, сделать ее «открытой», т.е. соединить региональную интеграцию с глобализацией, иными словами, «на выходе» получить «глобальную интеграцию». В результате геоэкономическое лидерство США превратится в глобальное лидерство. Поэтому именно США заинтересованы в мировой глобализации, т.е. в подчинении не только Второго и Третьего миров, но и Первого мира. Именно поэтому одной из форм сопротивления со стороны европейских государств является локализация, предусматривающая вовлечение в локальное экономическое пространство компаний или инвестиций из любой страны (хотя объективно, как уже говорилось, локализация работает на глобализацию).

В целом же с точки зрения экономической сущности Первый мир представляет интеграционный или тяготеющий к интеграции экономический анклав. Как центр силы он противник формирования других центров силы и, таким образом, их неизбежный антагонист.

Первый мир является самым мощным в экономическом, политическом и военном отношениях, и он доминирует над остальными двумя мирами. В силу этого систему международных отношений можно рассматривать как однополярный мир с единым центром силы, каковым являются США.

Второй мир не является интегрированным, действует в поле интернационализации и является объектом глобализации. В то же время среди стран этого мира существуют некоторые попытки интегрироваться, например в рамках СНГ вокруг России и в Юго-Восточной Азии вокруг Китая. На поле интернационализации Второй мир также является объектом, а не субъектом, за исключением Китая, Южной Кореи и Тайваня, внешнеэкономическая деятельность которых начинает ощущаться на рынках других стран, в том числе и в зоне «золотого миллиарда».

Среди стран Второго мира есть два претендента (то, что по-английски обозначается словом challenger) на статус великой державы — Россия и Китай[1]. На это указывает их официальная стратегия формирования «многополярного мира», т.е. намерение сломать существующую структуру международных отношений.

Второй мир во всех отношениях значительно слабее Первого мира и испытывает к нему синдром любви и ненависти. С одной стороны, стремится к экономическому сотрудничеству, с другой — отстаивает свою независимость и самостоятельность. Внутри этого мира нет бесспорных полюсов, хотя наибольшие шансы для этого есть у Китая. Второй мир менее целостен и менее взаимосвязан с экономической точки зрения. У него нет единой политики, нет союзнических отношений. Он текуч, в результате чего одна его часть может примкнуть к Первому миру, другая — к Третьему. В любом случае в настоящее время Второй мир нельзя рассматривать как полюс. Это — просто географическая зона.

В Третьем мире нет интеграционных полей, если не считать в качестве таковых попытки стран Латинской Америки к более тесному и согласованному взаимодействию внутри экономических пространств Карибского бассейна. Он функционирует в поле интернационализации в качестве объекта, одновременно являясь объектом глобализации, хотя и в меньшей степени, чем страны ЮВА, из-за отсутствия соответствующей инфраструктуры.

Объективно он заинтересован в многополярности, но в еще большей степени в биполярности, поскольку последняя структура предоставляет ему больше возможностей играть на противоречиях между «полюсами» в пользу своих интересов. В настоящее время Третий мир — это конгломерат государств, по своему социально-политическому строю находящийся на уровне феодальной стадии развития с элементами капитализма (Африка), на феодально-капиталистическом (ЮВА) или на криминально-капиталистическом уровне (страны Латинской Америки).

Все, что было сказано выше, — это статика. Теперь перейду к динамике.

---

1   Некоторые международники в этой связи называют также и Индию. Ее я исключаю в качестве претендента на великодержавность по причине отсутствия «воли» стать таковым. Иначе говоря, стратегия данной страны не нацелена на приобретение статуса великой державы.

Фазы развития структуры международных отношений

Поскольку в своих работах я часто выступаю против концепции многополярности и отстаиваю концепцию биполярности, подчеркивая при этом, что нынешний мир однополярен, меня часто обвиняют в том, что я противник России и отъявленный протагонист США. Другие же, наоборот, с одобрением отзываются на то, что я все равно склоняюсь к биполярности. Эти личные мотивы я привожу только для того, чтобы подчеркнуть: утверждение или формирование той или иной структуры международных отношений определяется объективными процессами системного характера, а не или не только индивидуальными усилиями той или иной державы или даже группы стран. Скажем, нынешнее лидерство США, развал СССР или возвышение Китая невозможно объяснить громадной военно-экономической мощью США, некомпетентностью советского руководства или мудростью китайских вождей. Все это имеет место быть, но в рамках сочетания множества системных тенденций в мировых отношениях, каждая из которых обладает своими закономерностями и которые во взаимодействии определяют генеральную линию движения всей системы. Поэтому я не могу быть сторонником той или иной концепции полярности. Моя задача заключается в том, чтобы научно обосновать существующую структуру международных отношений и попытаться дать прогноз последующим структурам.

Теперь о динамике движения структур международных отношений.

Циклическая закономерность заключается в следующем: обычно (хотя бывают и исключения) однополярная структура переходит в многополярную, последняя в свою очередь порождает биполярную, которая вновь переходит в однополярность и т.д.

В начале XIX века, если ограничиваться международными отношениями в рамках Европы, однополярная система (доминирова-

ние Франции) после Венского конгресса (1815 г.) сменилась многополярной (концерт держав), которая к концу века превратилась в
биполярную (сформировалось два блока: Антанта и германско-ав-
стрийский блок). В XX веке после Первой мировой войны однополярность (США: 1918–1936 гг.) сменилась многополярностью
(США/Англия – Германия/Италия/Япония – СССР: 1937–1941 гг.),
которая после Второй мировой войны превратилась в биполярность (советский и западный блоки: 1950–1989 гг.). Поражение советского блока привело вновь к однополярному миру (США: с 1990
г.). Следуя этой логике, в XXI веке нынешний однополярный мир
сменится многополярностью, которая затем трансформируется в
биполярность, которая в свою очередь вновь перейдет в однополярность. Графически это будет выглядеть следующим образом:

Динамика смены структуры международных отношений

XIX век Европа	однополярность 1800—1815 гг.	многополярность 1816—1890 гг.	биполярность 1890—1914 гг.
XX век мир	однополярность 1918—1936 гг.	многополярность 1937—1941 гг.	биполярность 1950—1989 гг.
XXI век мир	однополярность 1990—2025 гг.	многополярность 2026 —2050 гг.	биполярность 2051г. + 40-50 лет
XXII век мир	однополярность		

Хотя длительность жизнедеятельности каждой структуры не имеет четко фикси-
рованного времени, но для нас важна закономерность и последовательность смены
структур. Надо также иметь в виду, что смена структур внутри каждого периода
в каждом конкретном случае наполняется и будет наполняться различным содержанием (например, по характеру причин изменения, по характеру политик и т.д.).
Теперь, исходя из логики моего подхода, выстроим другую табличку для нагляд-
ности:

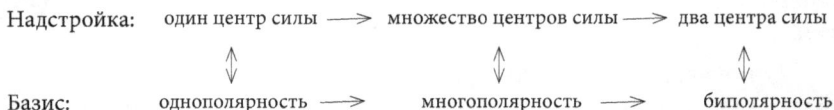

Надстройка: один центр силы ⟶ множество центров силы ⟶ два центра силы

Базис: однополярность ⟶ многополярность ⟶ биполярность

Следуя вышеприведенной схеме, проанализирую нынешнюю ситуацию. Как уже говорилось, в настоящее время в мире в базисной основе существует однополярность и чему соответствует

надстройка в виде одного центра силы. Это — Первый мир, или группа стран «золотого миллиарда» во главе с США. Но США не просто возглавляют этот мир, они еще являются мировым гегемоном как в базисе, так и в надстройке. Именно США задают тон международным отношениям в качестве центра силы. Но в этой связи возникает любопытная тема, даже две: 1) являются ли США гегемоном или просто мировым лидером; 2) а если США гегемон — плохо это или хорошо для мирового порядка и международной стабильности.

Гегемон-лидер. На такого типа вопросы русские отвечают просто: хоть горшком назови, только в печку не ставь. В отличие от русских западные ученые вокруг этих тем ведут стол же бойкую дискуссию, как и в отношении других понятий и категорий. Это естественно, поскольку явление существует только тогда, когда оно названо (в соответствии с учением Людвига Витгенштайна). Если я назвал кого-то горшком, я имею полное право поставить этот «горшок» в печку в соответствии с их системной взаимосвязанностью. Если США — гегемон, то такое название определяет один тип политики и отношений к нему, если же США — просто лидер, то это совершенно иной тип и политики, и отношений. Именно поэтому американские политические социологи придают такое большое значение словам, которые приобретают у них характер понятий и категорий.

Быть мировым лидером еще не значит быть мировым гегемоном, считает Терри Босвел. Лидер, — уточняет он, — это экономическое доминирование, а гегемон — военно-политическое[1]. Другими словами, лидерство вытекает из экономического превосходства, но его действия могут определяться мотивами экономического сотрудничества вплоть до того, что интересы лидера будут совпадать с интересами других акторов или интересами мирового сообщества. Именно такую политику и проводят США, создавая в координации с другими государствами, прежде всего странами Первого мира, «общественные блага».

Если раскрыть термин *общественные блага*, то мы обнаружим следующее содержание. Со ссылкой на внедрившего этот термин Чарльза Киндлебергера (в 1981 г.), германские ученые К. Хаускен и

---

1 *Boswell.* Hegemony and Bifurcation Points in World History // Journal of World-Systems Research, vol. 1, no. 15 (1995), 3.

Т. Плюмпер так определяют это словосочетание:

> общественные блага (the public goods, die offentlichen Guter) являются такого типа благами, которые невозможно исключить из потребления, а потребление одним актором не истощает его полезность для других акторов.

В международных экономических отношениях такими общественными благами являются открытые торговые системы, хорошо определенные права собственности, единицы измерения общих стандартов, включая международные деньги, последовательная макроэкономическая политика, адекватные действия в случае экономических кризисов, стабильность обменных курсов, а также либеральный международный экономический порядок[1].

Ясно, что все эти «блага» определены интересами Первого мира и могут не отвечать интересам Второго и Третьего миров.

Но даже если признать, что США не лидер, а гегемон, то и в этом случае ответы могут не совпадать по содержанию.

Гегемон обычно вызывает негативные ассоциации, связанные с политикой давления, навязывания своей воли и т.д. (см. мое определение гегемона выше). Это как бы минусы. Но есть и плюсы, так сказать, вытекающие из объективного характера функционирования гегемона. Босвел так описывает это явление:

> Поскольку мировой лидер возникает из недр глобальной войны с превосходящей военной и экономической мощью, конструируется и новый мировой порядок. Создавая его, лидер перекраивает схемы обмена и безопасности в свою пользу, устанавливая потенциальные требования для гегемона. Военные возможности гегемона, таким образом, являются критическим детерминантом его мощи такого масштаба, который был бы достаточен для защиты глобальных торговых коммуникаций, описанных Модельски и Томпсоном. Однако это обоюдоострый меч. Чрезмерная военная мощь является главным источником экономического падения (21).

---

1 *Hausken and Plümper*. Hegemons, Leaders and Followers: A Game-Theoretic Approach to the Postwar Dynamics of International Political Economy // Journal of World-Systems Research, vol. 3, no. 1 (1997), 40, 42.

И во всем этом нет ничего плохого, поскольку, как считает все тот же Босвел,

> мировой лидер становится гегемонистским, когда институционный порядок создает инерцию, без которой иначе произошло бы хаотичное движение системы. Гегемония же есть период относительного мира и порядка в системе, которая по своей сути соревновательна, динамична и неравноправна (p. 3).

Точно такую же характеристику гегемонии дает Дж. Модельски:

> Порядок в мировой политике обычно создается единственной доминирующей державой» и «удержание порядка требует длительной гегемонии». Порядок в этом контексте означает «мир и либеральную экономику[1].

С точки зрения Запада в сказанном есть рациональный смысл. Гегемон, в данном случае США, заинтересован в стабильности, сохранении геостратегического статус-кво, поскольку такая стабильность отвечает интересам не только Первого мира, но и правящим кругам всего остального мира, т.к. позволяет им, опираясь на США, контролировать внутриполитическую ситуацию в странах. Неслучайно российская политико-экономическая элита крайне заинтересована в тесном сотрудничестве с США, несмотря даже на то, что многие действия Вашингтона противоречат стратегическим интересам России.

Вместе с тем статус гегемона — действительно обоюдоострый меч не только в том смысле, как обосновал этот риск Босвел. Его обратной стороной является неизбежное противодействие гегемонии, поскольку она структурирует и концентрирует борьбу всех остальных сил против себя, т.е. гегемонии США. Если предположить наличие нескольких центров силы с претензией на гегемонию, это вело бы к распылению сил тех государств, которые затеяли бы борьбу с ними. С одним гегемоном бороться значительно проще. Следовательно, гегемония объективно вскармливает множество врагов против себя. И США не избежать этой борьбы.

---

1 *Modelski.* The evolution of global politics // Journal of World-Systems Research, vol. 1, no. 7 (1995), 26.

От однополярности Первого мира к Мировому сообществу

Исходя из предложенной схемы, переход однополярности к многополярности, от одного центра силы к множеству центров силы неизбежен. Какие причины и факторы будут ломать нынешнюю систему?

На международной арене главной проблемой единоличного лидерства США является Китай, который по мере наращивания своей экономической массы будет способен формировать интеграционную зону в Восточной Азии, одновременно внедряясь на экономические территории стран Третьего и Второго мира, а затем и Первого мира. Причем этот процесс уже начался, о чем свидетельствует активность государственных компаний КНР на территории США и некоторых стран Европы (Франция). В сочетании с геостратегическим усилением Китая (увеличение и совершенствование военного потенциала + расширение политического влияния) внешнеэкономическая деятельность этой страны будет ломать однополярный мир, стимулируя становление поначалу многополярного, а затем и биполярного мира, который, по некоторым оценкам специалистов, может сформироваться к середине XXI века. Развитию этой темы посвящен специальный раздел, следующий за данной главой.

Другим претендентом на слом нынешней системы, как уже многократно говорилось, является Россия. Об этой стране речь пойдет в последующих главах.

Здесь же я хотел бы обратить внимание на один из факторов крушения однополярной структуры, который обычно не попадает в поле внимания русских ученых, но тщательно изучается в США. Это тема связана с пролетаризацией периферии, т.е. Третьего мира, формированием рабочего движения, заинтересованного в демократизации международных отношений, а не в гегемонии одной страны или группы стран.

Известно, что в период деколонизации страны Третьего мира добились политической независимости, превратившись в нацию–

государство. Экономически же они продолжают оставаться в зависимости от бывших метрополий, а ныне от всех стран Первого мира. Но в течение последних 10–15 лет начал обнаруживаться один любопытный процесс. Софтизация, сервизация и информатизация экономик развитых стран привели и продолжают вести к индустриализации экономик стран Третьего мира (т.е. происходит перенос-сброс тяжелой, металло-трудо-энергоемкой промышленности). Соответственно, это ведет к увеличению рабочего класса этих стран. По терминологии Босвела, эти государства, ранее проводившие политику государства-нации, стали активнее проводить политику государства–класса (37). Иначе говоря, классические классовые противоречия внутри капиталистических государств, в свое время вскрытые Марксом и Лениным, преобразуются в межгосударственно-классовые противоречия, пронизывающие отношения между Первым и Третьим мирами. И что особенно любопытно, в исследованиях американских социальных политологов утверждается, что «рабочий класс становится центральным актором в демократизации всего мира (вопреки оценкам ранних исследований, которые приписывали демократию буржуазии, считая «демократичными» те республики, которые оставляли большое количество населения без избирательных прав)» (34)[1].

Следовательно, борьба рабочего класса в странах Третьего мира в сочетании с антиглобалистским движением, принимающим всемирный характер, является одним из важнейших факторов, стимулирующих распад однополярного мира.

К другим факторам можно отнести внутриполитические проблемы самого Первого мира (экономические, этнические, классовые, /например, формирование анклавов Третьего мира внутри государств Первого мира/), в том числе такое феноменальное явление, как рост коммунитарного движения в этих странах[2]. Последнее означает, что социалистическое сознание охватывает все большие слои капиталистических обществ, оказывая влияние и на представителей правящих кругов.

---

1 Подр. см.: *Global* Labor Movements (Special Issue) // Journal of World-Systems Research, vol. 4, no. 1 (Winter 1998).

2 Частично эту тему я отразил в своей книге "Россия в стратегическом капкане", 65–8. Полно об этой теме можно прочитать в книге *Там*. Communitarianism. A New Agenda for Politics and Citizenship.

С международной точки зрения, помимо усиления стран-претендентов на новый статус в мире, огромное влияние будет оказывать процесс размывания сплоченности между тремя зонами внутри Первого мира, а также метания Токио между Китаем и США в выборе верной стратегической линии, адекватно отвечающей национальным интересам Японии.

Каждая из этих тем потребовала бы отдельного разговора, который и будет продолжен в последующих исследованиях. Здесь мне важно было только обозначить некоторые моменты, ведущие к видоизменению структуры международных отношений.

Необходимо зафиксировать и такой важный момент.

История международных отношений свидетельствует о том, что многополярность является самой неустойчивой системой, в рамках которой происходит больше всего войн и конфликтов. Этот тезис можно было бы подтвердить историей Европы на протяжении десятка веков. На этот тезис работает и история середины XIX века. В этот период, пока центры силы (Англия, Франция, Германия и Россия) бились за колонии за пределами своих государств, они находили точки соприкосновения для сотрудничества в самой Европе (с Россией до Крымской войны). Но как только периферия была поделена на сферы влияния, все их внимание сконцентрировалось на Европе, в которой сохранялись недоделенные зоны влияния (проливы, Балканы, Саарская область, части Польши и Украины и т.д.). Вся система многополярности начала рушиться в пользу блоковой биполярности в преддверии грандиозной схватки.

Теоретически многополярная система может быть устойчивой при равных силовых возможностях центров. Но в соответствии с законом неравномерного развития государств практически такого идеального состояния быть не может. Обязательно кто-то вырывается вперед. И тут начинает работать закон силы:

как только государство достигает уровня экономической мощи и военного потенциала, адекватного мощи и потенциалу ведущих государств мира, оно требует для себя нового статуса, означающего передел сфер мирового влияния[1].

---

1 Не надо путать закон силы с определением категории силы. Ее определение см.: *Алиев [Бэттлер]*. Мощь государства и глобальное соотношение сил // Государство и общество.

Поскольку старые великие державы обычно противятся подобным требованиям, то приобретение такой сферы влияния обычно возможно только путем разрушения существующей структуры международных отношений, включая и соответствующую ей систему безопасности.

Необходимо подчеркнуть, что этот закон работает в системе капитализма. Он прерывает свое действие в системе мирового социализма. Но поскольку до мирового социализма пока далеко, то под его действие попадают и социалистические государства, хотя, как говорится, не по своей воле. Все войны, которые вел Советский Союз, были навязаны ему капиталистическими государствами.

Отличительными особенностями противостояния между двумя центрами силы явятся не столько различия в экономическом развитии (хотя они, безусловно, сохранятся, как это было и в период конфронтации капитализма-социализма во второй половине XX века), сколько геостратегические и геоэкономические противоречия, идеологически питаемые идеями социализма и капитализма, или, по-другому, равенства и неравенства.

На уровне полярности это будут два интеграционных экономических поля, связанных между собой интернационализацией, которая будет уступать позиции глобализации. Последняя в значительно большей степени, чем ныне, наполнится проблемами экологии, демографии, совместным освоением космических пространств и т.д. Все эти вещи будут объединять два блока.

Разъединять их будет геостратегия, т.е. борьба за страны (другими словами, за территории, богатые сырьем, минеральными ресурсами, за дешевую рабочую силу и т.д.), еще не вовлеченные в систему биполярности.

Здесь очень много можно говорить о соединяющих и разъединяющих мотивах и факторах, но важнее другое: каким образом будут разрешены противоречия между двумя блоками? Если следовать моей схеме, то неизбежный распад биполярности должен привести к однополярности. Действительно, так и произойдет. Другое дело, что однополярность, возникшая на совершенно ином историческом витке, станет мировой, т.е. один полюс покроет весь мир. Другими словами, его базис, как отмечалось еще в главе о глобализации, превратится в **глобальную интеграцию**, или, если по-другому, на земле возникнет единое всемирное хозяйство. Надстройку же можно обозначить как всемирные политические отношения, соответствующие термину «Мировое сообщество».

Совершенно естественно, что указанные явления возможны только в случае действительного уменьшения значения государств как мировых акторов. Я не думаю, что они окончательно сойдут с мировой арены, но свое классическое значение к концу XXI века они потеряют. Складывание единого мирового хозяйства с Мировым сообществом в надстройке неизбежно приведет к формированию мирового правительства, причем именно социалистического типа, о чем я упоминал в главе о глобализации. Поскольку только социально ориентированные правительства в состоянии справедливо перераспределять, управлять и контролировать мировую экономику. Т. Босвел, У. Уагар прогнозируют появление такого правительства к середине XXI века. Мне же представляется, что оно появится только после того, как осуществятся все циклы структурной полярности. Другими словами, мир еще раз должен будет убедиться, что без разрешения противоречий в области социальной справедливости, будь то на уровне государств или на уровне единичных обществ, мировые проблемы решены быть не могут. Вроде бы это — очевидная истина. Но исторический опыт показывает: любые истины должны быть пережиты каждой страной, каждой нацией и всем мировым сообществом. На это дается еще один век — XXI век.

* * *

Из вышесказанного я еще раз хочу зафиксировать несколько принципиальных положений:

Во-первых, в геоэкономических и геостратегических пространствах действуют определенные законы, в частности закон мощи или полюса, закон центра силы и закон силы, использование которых позволяет более точно определять не только место или роль государства в мире, но и возможные результаты его внешней политики.

Во-вторых, полюсы являются базисом, а центры силы — надстройкой в полярных теориях международных отношений.

В-третьих, полюсные структуры международных отношений не являются статичными. Они подвижны, и их движение происходит по схеме: однополярность → многополярность → биполярность. Точно так же меняются и соответствующие им надстройки (один центр силы, множество центров силы, два центра силы).

В-четвертых, в соответствии с диалектическими законами Гегеля, однополярность конца XXI века, завершив движение по спирали вверх, фактически будет означать один мир, развитие которого в дальнейшем будет происходить на основе других законов и других противоречий. Структурный подход, который я использовал в данной главе, потеряет свое значение.

ГЛАВА III

НАЦИОНАЛЬНЫЕ ИНТЕРЕСЫ, НАЦИОНАЛЬНАЯ И МЕЖДУНАРОДНАЯ БЕЗОПАСНОСТЬ

Проблема национальных интересов дискутируется на протяжении почти 100 лет, а единогласия не выработано до сих пор. Хотя для многих российских ученых совершенно непонятно, вокруг чего идет сыр-бор. Вроде бы и так ясно, что национальные интересы — это сохранение территориальной целостности, независимости, выживаемости, а еще лучше, процветание народа. Что тут непонятного? А американцы начинают «копаться»: а что такое сохранение территориальной целостности? Включает ли это понятие защиту «территориальной целостности» своих союзников? Или воздушного пространства? Или так называемые спорные территории, статус которых четко не определен или по крайней мере является сомнительным для одной или многих сторон (например, острова Сэнкаку /Дяоюйдао/). А что такое сохранение независимости? Может ли быть вообще независимость в современном мире? Является ли Россия независимой страной, если она формирует бюджет на основе рекомендаций МВФ или если ее экономика зависит от того, повысятся мировые цены на нефть или понизятся? Если опять же население России уменьшается в год на 750 тыс. человек, соответствует ли это термину «выживаемость»? А если в России на один американский доллар в день живет «всего лишь» 50% населения, то это процветание или выживаемость? И т.д. и т.п.

Получается, не все так просто, как может показаться на первый взгляд. Неслучайно крупнейшие теоретики и мыслители спорят на эту тему. И хотя в спорах чаще рождается не столько истина, сколько новые проблемы, тем не менее произошла определенная эволюция в понимании категории *национальные интересы* в сторону ее углубления.

Краткий исторический экскурс определения национальных интересов во внешней политике

Категория национальных интересов может рассматриваться с различных позиций, например философских. Нас же интересует ее внешнеполитический аспект, и в этом качестве эта тема начала обсуждаться с начала XX века. Знаменитый адмирал Мэхэн определял ее по-военному четко. Как известно, он отстаивал идею расширения и усиления превосходящего военного флота не только для защиты территории, но и «защиты наших справедливых национальных интересов, чтобы они ни означали и где бы они ни были»[1]. Среди этих интересов он называл защиту национальной территории, расширение морской торговли, приобретение территориальных владений, которое могло бы способствовать контролю над морями, поддержку доктрины Монро, гегемонию в Карибском бассейне и активное ведение торговли с Китаем.

Это — классический имперский подход «защиты» национальных интересов. В те времена они выражались прямо и откровенно, что соответствовало типу мышления того времени.

«Философию» в понимание данной категории, судя по всему, начал вводить Ч. Бирд, посвятивший этой теме книгу «Идея национальных интересов», опубликованную в 1934 г. Бирд впервые обратил внимание на эволюцию термина *национальные интересы* (интересы «династий» — интересы «блага государства» (raison d'état) и вариативность его интерпретаций в зависимости от типа общества.

В конце 30-х годов эта тема была поднята в широко известной книге Кара (E.H.Carr. The Twenty Years Crisis, 1919–1939), которая дала толчок исследованиям таких ученых, как Дж. Кеннан, У. Липпман и Г. Моргентау. После войны вокруг этой категории началась бурная дискуссия, в которой, помимо упомянутых лиц, участвовали такие теоретики, как Р. Нибур, Г. Гуцков, А. Вольфэрс, К. Уолц, К. Дойч, Э. Фурнисс, М. Каплан, Дж. Розенау и др.[2]

---

1   See *The Theory* and Practice of International Relations, 89.

2   Подр. о них и о спорах теоретиков в других странах см.: *Национальные интересы: теория и практика; Classics* of International Relations.

Различные ученые по-разному выстраивают иерархию интересов. *Р. Осгуд* на первый план выдвигал «национальное выживание» или «самосохранение» (national survival and self-preservation), которые им определялись в терминах *территориальная целостность, политическая независимость* и *поддержка фундаментальных правительственных институтов.*

Дж. Чейз формировал их в такой последовательности:

1. не допускать потенциальных агрессоров к базам, с которых они могли бы совершать атаки против Соединенных Штатов;

2. поддерживать самоуправление и демократию за рубежом;

3. защищать и развивать торговлю;

4. помогать устанавливать благоприятную систему баланса сил в мире[1]. Как видно, идеологический момент вновь стал актуальным в начальный период холодной войны, причем этот аспект вызвал ожесточенную дискуссию: надо ли включать «ценности» в национальные интересы, а если и надо, то как их определять?

Весьма противоречивую интерпретацию концепции национальных интересов дали **А. Джордж и Р. Кеохане**, которые сгруппировали «интересы» в три общих блока:

1. физическое выживание — означает выживание людей, но не обязательно сохранение территорий или суверенитета;

2. свобода — способность жителей страны выбирать форму правления и определять свод индивидуальных прав, определяемых законом и защищенных государством;

3. экономическое существование — максимальное увеличение экономического благосостояния.

Среди перечисленных интересов вызывает смущение первый блок «интересов»: непонятно, как выживаемость людей может быть осуществлена без территории и без суверенитета. Возможно, авторы имели в виду особую организацию общества, о структуре которого

---

1 *The Theory* and Practice of International Relations, 58.

они то ли забыли рассказать, то ли по каким-то другим причинам решили не углубляться.

Что касается *Г. Моргентау*, то его новаторство заключалось в том, что он национальные интересы подвязал под силу, от которой перешел к более широкой категории *баланс сил*.

А теперь перейду к критике концепции национальных интересов со стороны *Фрэда Зондермана,* автора статьи, которую я активно эксплуатирую при рассказе на эту тему. Зондерман сгруппировал их в пять блоков. Есть смысл на них остановиться хотя бы в просветительных целях.

1. Наибольшая критика концепции национальных интересов была обрушена на то, что интересы формулируются слишком в общей форме, они размыты и в конечном счете не функциональны, т.е. не операбельны для политиков. С ними невозможно работать. Причем некоторые попытки уточнить термины вели к еще большей путанице и усложненности. Например, как только Моргентау ввел категорию «силы» (power) в контекст национальных интересов, практически все «задымились» от попыток определить, что это такое.

2. Вторая проблема, естественно, возникла в связи с попытками отличить цели от средств их достижения. Как отмечал Ван Дейк (надеюсь, ясно, что не художник), «когда мы используем язык средств и целей, мы говорим, что средства сами могут быть целями, а цели могут стать средствами». Например, тот же Г. Моргентау предлагал категорию силы в качестве меры измерения национальных интересов, т.е. сила превращалась в цель внешней политики. В ответ Джордж и Кеохане писали, что «сила является всего лишь подцелью национальных интересов, причем скорее инструментальной целью, нежели фундаментальной ценностью». Иначе говоря, является ли сила целью или инструментом внешней политики? (Вот что значит не знать гегелевской диалектики: превращение одной категории в другую в зависимости от конкретно-исторических условий.)

3. Еще одна проблема обсуждалась вокруг темы: чьи интересы, как их определять и кем они должны определяться? Совершенно очевидно, что ответы на эти вопросы погружают нас в явле-

ния, связанные со структурой общества, государства, классами и стратами. Ф. Зондерман полагает, что по крайней мере на последний вопрос надо отвечать так: «Надо принимать определения национальных интересов, предложенных официальными высшими лицами в государстве и политиками» (62).

Я бы уточнил его рекомендацию. Дело в том, что не имеет значения, как какая-либо конкретная личность (ученый или просто гражданин) понимает категорию национальных интересов. Все равно будет утверждена та концепция национальных интересов, которая соответствует интересам тех, кто находится во власти. Насколько же эти интересы будут отвечать объективным потребностям нации или государства, зависит от характера общества и государства, от соотношения внутриполитических сил в стране. Правда, эти «истины» уже давно имеют ответы, данные в свое время Марксом и Энгельсом более ста лет назад.

4. Четвертая проблема возникает в связи с процессом реализации национальных интересов высшими бюрократами. Эта тема дискутируется в рамках взаимодействия (по принципу обратной связи) бюрократии с широкой общественностью — то, чему в России вообще не придается никакого значения.

5. Последний блок связан с дискуссиями о том, кто осуществляет национальные интересы на международной арене: государство, международные корпорации, другие общественные организации (т.е. неправительственные организации) — тема, ставшая актуальной особенно в 90-е годы предыдущего века.

Рассказывая об этих дискуссиях, сам Зондерман поднял вопрос, который часто дискутируется в теоретической литературе, а именно: что национальные интересы одной страны должны отвечать национальным интересам других государств. Эта тема выводит на проблему международной безопасности. Как пишет Зондерман,

> имея в виду международный контекст и сохраняющуюся потребность проводить внешнюю политику, в процессе формулирования целей и поиска путей их достижения политики, обозреватели, а также граждане должны культивировать три качества — скромность, ограничения и открытость (готовность) к изменениям (64).

В его понимании *скромность* означает, что кто-то может действительно знать, что лучше для других, а иногда что лучше для кого-то. Второе требование предполагает *ограничение* в утверждение своих собственных интересов (личностных, групповых или национальных) относительно интересов других. Моргентау в свое время по этому поводу писал:

> ... национальные интересы государства... должны быть определены в терминах совместимых [совместимых с интересами других государств] (ibid.).

Правда, Джордж и Кеохане придерживаются других взглядов на концепцию национальных интересов. Они предпочитают проявлять «заботу о своих интересах», исключая «заботу об интересах других», или так называемых «коллективистских интересах». Хотя последние в принципе не исключаются совсем, особенно в периоды «больших опасностей», но такие периоды редки, и поэтому

> спорить априори, что забота о своих собственных интересах должна быть ущемлена в пользу интересов других, является морально неприемлемым (p. 64).

Открытость предполагает две вещи: 1) желание утвердить собственные национальные интересы как факт, не принимая их как норму... 2) желание выдвигать альтернативные доктрины национальных интересов и национальной политики.

Хотя нельзя не поддержать позицию Зондермана с точки зрения морали и благих побуждений, однако все названные категории настолько размыты и широко интерпретируемы, что они вряд ли могут служить основой для формулирования национальных интересов.

В связи с разбираемой темой хочу обратить внимание на канадского теоретика **Кола Холсти**, книга которого — «Международная политика» — переиздавалась раз шесть или семь (у меня под рукой 1-е и 5-е издание)[1]. Если в первом издании (1967 г.) он еще обращает внимание на концепцию национальных интересов, то в 5-м издании он непосредственно переходит к самой внешней политике, точнее, к выстраиванию иерархии целей, четко определяя фунда-

---

1 *Holsti*. International Politics. A Framework for Analysis.

ментальные, среднесрочные и долгосрочные цели. В свою очередь они делятся на конкретные и абстрактные цели. Его схема выглядит следующим образом:

Фундаментальные цели отражают ценности, которые он называет «стержневыми» интересами или целями (*«core» interests or objectives*); их необходимо защищать всеми средствами и во все времена. Это — безопасность, автономия, независимость политической единицы (т.е. государства), ее политических, социальных, религиозных и культурных институтов, а также благосостояние его граждан. На конкретном уровне это означает территориальную целостность, национальную безопасность, территориальное единство, экономическое благосостояние. На абстрактном — защиту, автономию и безопасность.

Второй уровень — *среднесрочные цели (middle-range objectives)*. На конкретном уровне они означают ослабление оппонентов; поддержку союзников, друзей; развитие экономических возможностей за рубежом; региональное доминирование, экспансию; создание и поддержку международных институтов. В абстрактной форме все это значит достижение престижа, распространение ценностей за рубежом (права человека, социализм и т.д.). Отмечу, что этот уровень целей на графе у Холсти обозначен другим словом — *goals*.

Долгосрочные цели (long-range goals), которые можно охарактеризовать как «желательные» (aspirations), не требуют всех ресурсов государства для их достижения. Они в отличие от «стержневых» целей остаются выборочными. То есть они связаны с проблемой выбора, а не необходимости. Но государство, которое задумает добиваться долгосрочных целей, обычно предъявляет радикальные требования в адрес всех других субъектов системы и таким образом провоцирует нестабильность. Такими целями на конкретном уровне могут быть, например, построение «нового порядка», абстрактно — мировой порядок, международный мир и безопасность.

У меня нет намерений подробнее разбирать интерпретации каждого уровня целей, тем более что в последних изданиях, насколько мне помнится, Холсти сам их переинтерпретировал в духе парадигм периода после холодной войны. Здесь важно отметить, что

Холсти структурировал цели. Если читатель помнит, именно в структурированном виде они фиксируются и в официальных доктринах США.

Хочу также обратить внимание, что американские теоретики, разбирая национальные интересы, четко подвязывают их под внешнюю политику. Иначе, доктрина или концепция национальных интересов превратилась бы в фиксацию всех проблем общества, т.е. рассуждения и рекомендации обо всем в духе «Очередных задач партии и правительства».

В завершение краткого экскурса о национальных интересах хочу предоставить слово **Э. Позднякову**, одному из редких российских теоретиков, который хорошо знает западную литературу, имея при этом собственные взгляды по любому аспекту теории внешней политики и международных отношений (и не только).

Концепция национальных интересов в понимании Позднякова по многим позициям совпадает с моими представлениями на данный предмет. Странность заключается в том, что он явно не читал моих работ на эту тему, опубликованных в 1986 и 1989 гг. (сужу по отсутствию сносок на них), а я не читал его работ (1991 и 1994 гг.) до момента написания данной главы. Единственное объяснение этому я нахожу в том, что мы оба пользовались одной методологией для определения категорий *потребности* и *интересы*. Как бы то ни было, Поздняков рассматривает интересы «как выражение и осознание объективных потребностей и тем самым как общую мотивацию деятельности человека»[1]. Только после этого интересы принимают форму конкретных целей. Кроме того, Поздняков исходит из того, что интересы по своей сути субъективны, поскольку формулируются людьми.

В свое время я эти взаимосвязи описал следующим образом:

Формирование внешней политики — это одна из фаз внешнеполитического процесса, протекающего в рамках национальной системы под воздействием таких внутренних и внешних факторов, которые вызывают у системы (государства) объективную **потребность** вступить во взаимоотношения с внеш-

---

1 *Поздняков*. Философия политики в 2-х частях, ч. 2, 56–7.

ним миром. ...Однако, чтобы эти объективные потребности, вызванные экономическим развитием страны, реализовались во взаимодействии, они должны пройти этап субъективизации, т.е. быть осознанными общественными силами в государстве, — другими словами, принять форму интереса.

Поэтому *интерес* — это субъективная форма выражения объективных потребностей общества. Но сам по себе интерес не воплощается в политике. Политика начинается тогда, когда интерес трансформируется в цель. Общее между интересом и целью заключается в том, что и то, и другое отражает объективную потребность общества, различие же коренится в том, что первое *осознается*, а второе предполагает субъективную *деятельность* через институциональные механизмы государства.

Отсюда *цель* — это интерес в действии. Следовательно, внешняя политика выступает в качестве закона, детерминирующего характер деятельности и способ действия государства на мировой арене. Но на данном этапе внешняя цель представляет лишь идею о необходимости действовать. Такие идеи обычно воплощаются во внешнеполитических программах в виде концепций и доктрин. В процессе их формулирования особое значение придается роли и месту собственного государства в мире, а также оценке восприятия данного государства и его политики со стороны международной среды[1].

Расхождения начинаются с ответа на вопрос: могут ли быть «субъективные интересы» истинными? Поздняков так отвечает на этот вопрос:

Некоторые социологи и политологи считают, что интерес объективен только в случае своей истинности, а в случае ложности, несоответствия подлинным потребностям субъекта перестает быть объективным. С такой постановкой вопроса можно было бы

---

1 *Алиев [Бэттлер].* Внешняя политика Японии в 70-х – начале 80-х годов, 15–6; см. также: *Алиев [Бэттлер].* От внешней политики к всемирным отношениям, 3–4.

согласиться, если бы существовал некий абсолютный критерий истинности или ложности интереса, которым руководствуется в своей деятельности тот или иной субъект. Но такого критерия нет и быть не может в принципе, и субъект исходит в своей деятельности из интересов, как они понимаются им в каждый данный момент времени. Они-то и являются для него истинными[1].

В таком ответе в принципе отвергается познаваемость явлений как бы в силу субъективности познающего. В данном случае Поздняков предает Гегеля в пользу Канта, а вместе с Гегелем и все объективные законы, познанные человеком, которые подтверждают свою истинность на практике. На самом деле критерий есть, и, как бы банально это ни звучало, им является практика.

Если в ходе реализации целей, отражающих интересы, в какой бы момент они ни были сформулированы государством, они не достигаются или их реализация наносит ущерб интересам государства, это означает, что ложными являются не интересы (как философская или политологическая категория), а их формулировки, произведенные людьми, не способными понять истинные интересы страны. Поскольку истинные интересы, реализованные через внешнюю политику, призваны усиливать государство, ложные ослабляют или разрушают государство. И пример с Афганистаном, приведенный Поздняковым, как раз подтверждает это положение. Ввод советских войск в Афганистан в 1979 г. не отвечал объективным интересам СССР, он фактически развалил, точнее, послужил толчком для развала этой сверхдержавы. Множество интересов Советского Союза, сформулированных совершенно не компетентным во всех отношениях брежневским руководством, оказались ложными. В результате Советский Союз сошел с мировой арены. Точно так же ложно сформулированы и нынешние интересы России (см. часть вторую). Результат не заставит себя долго ждать.

В то же время интересы, вытекающие из реальных потребностей государства и сопряженные с реальными возможностями их осуществить, как правило, реализуемы, а значит истинны. И подобные варианты встречаются на каждом шагу в политике многих стран мира. Критерий, таким образом, существует. Проблема в тех, кто эти интересы формулирует. Или, иначе говоря, каким уровнем компетенции обладают формулировщики и исполнители интере-

---

1 *Поздняков*, там же, 59.

сов и целей. Именно поэтому американские теоретики столь бурно обсуждают упомянутый Зондерманом третий и четвертый блок проблем.

Что касается внешнеполитических интересов, то Поздняков определяет их в духе американцев, и это вполне естественно, поскольку определяемые ими интересы различных уровней объективны для любых государств.

Обращаясь к России, Поздняков справедливо высказывается как против противопоставления России Западу и Азии, так и против навязывания России Европы (европейской цивилизации). Он пишет, что «у России своя судьба, обусловленная всем ходом ее становления как исторической индивидуальности» (99). В другом месте он пишет:

> Если Россия хочет сохранить свою великую будущность, она должна остаться Россией. Ей незачем ставить перед собой цель стать Европой или присоединиться к ней. Цель эта столь же абсурдна и ирреальна, как если бы она вздумала присоединиться к Китаю, к Индии или к Японии. Россия — не Европа, не Азия и даже не Евразия; она просто Россия (102).

Мне очень нравятся эти слова, поскольку я сам, не ведая их, писал: «Так где же находится Россия? Убежден: ни в Европе, ни в Азии. Россия находится... в России»[1].

На этом я хочу завершить сопоставления. Но любому, изучающему внешнюю политику и международные отношения, настоятельно рекомендую прочитать упомянутую книгу Э. Позднякова, равно как и другие его работы[2].

А теперь я хотел бы затронуть проблему взаимоотношений между национальными интересами и национальной безопасностью.

---

1   *Арин.* Россия в стратегическом капкане, 1997, 69.

2   Хотя я и не согласен с выводами Э. Позднякова по широкому кругу вопросов, его, однако, читать надо, поскольку он чуть ли не единственный ученый в России, работающий на понятийном уровне.

Национальные интересы и национальная безопасность

Поскольку при формулировке категории *национальные интересы* все теоретики включали в нее категорию *национальная безопасность*, придавая последней решающее значение, в последующем эти две категории как бы слились в одну. Как указывает Арнольд Вольфэрс, «в результате формулировка национальных интересов практически стала синонимом формулы национальной безопасности»[1]. Для того чтобы «развести» эти категории, надо было ввести дополнительную категорию *ценности* или *стержневые ценности* (core values), — слова, которые довольно активно употреблял У. Липпман.

Вводя эту категорию, *Вольфэрс* предлагает такой вариант взаимосвязей:

> Тогда безопасность есть ценность, которой государство может более или менее обладать и которую оно стремится иметь в большей или меньшей степени. Она (категория безопасности) имеет много общего с категорией силы (power) и благосостоянием (wealth), двумя другими ценностями громадной важности в международных делах. Однако, если благосостояние измеряется количеством материальных ресурсов государства, а сила — его способностью контролировать действия других, безопасность в объективном смысле измеряется отсутствием угрозы приобретенным ценностям, а в субъективном смысле отсутствием страха за то, что эти ценности будут подвержены угрозе. В обоих случаях национальная безопасность может восприниматься весьма широко: от почти полной опасности или чувства опасности до почти полной безопасности или отсутствия страха за нее на другой стороне[2].

---

1 See *The Theory* and Practice of International Relations, 249.

2 Ibid., 250.

Проблема же, по мнению Вольфэрса, состоит в том, что не только внутри одного государства, но и со стороны других государств одни и те же явления воспринимаются по-разному, — «открытие», сделанное еще древними греками, которое блестяще проиллюстрировано в «Диалогах» Платона. В данном же конкретном случае и Вольфэрс, замкнувшись на категории *безопасность*, так и не показал, в чем ее отличие от национальных интересов. От его рассуждений также создается впечатление, что это одно и то же. Впрочем, эта путаница продолжается до сих пор.

Для того чтобы выйти из этого заколдованного круга, я предлагаю свою интерпретацию взаимозависимостей разбираемых категорий.

Методологически схема выработки концепции национальной безопасности должна строиться, во-первых, из формулирования концепции национальных интересов, во-вторых, обозначения реальных и потенциальных угроз национальным интересам, и только после этого формулируется политика предотвращения или нейтрализации «угроз», т.е. политика национальной безопасности.

Чтобы понять функциональные роли национальных интересов и национальной безопасности, необходимо представлять всю цепь внешнеполитического процесса, которая в сжатом виде выглядит следующим образом.

Существуют два условия, которые составляют объективную потребность государства.

Во-первых, как и любая система, оно объективно «настроено» на самосохранение, т.е. на сохранение целостности, во-вторых, на то, чтобы эту целостность сохранить как можно дольше. В силу множества причин эти потребности реализуются, в том числе и за счет взаимодействия с внешней средой, проще говоря, во взаимодействии с другими государствами или международными субъектами. Но само взаимодействие требует осознания его необходимости, и поэтому этот процесс *субъективен*. Его результат выражается в форме интереса. На философском языке это прозвучало бы как процесс субъективизации объективных потребностей общества.

Несколько проще:

> *интерес государства — это субъективная форма выражения объективных потребностей общества, которые в аккумулированном виде выражаются через интересы государства, т.е. они по сути дела являются государственными интересами.*

Понятно, что эти интересы делятся на внутренние и внешние. Среди первых важнейшими являются *стабильность* и *развитие* — два противоречивых явления, баланс которых делает систему-государство устойчивым, т.е. целостным. Далее я не буду касаться внутренних интересов, а только внешних, тем более что они в принципе проявляют себя фактически одинаково, только в разных политико-экономических пространствах.

Поскольку внешняя среда крайне неоднородна, то и интересы относительно каждого субъекта будут отличаться по содержанию. При всем этом постоянными при взаимодействии с любым актором остаются фундаментальные интересы, каковыми во все времена и для всех государств являются:

1. территориальная целостность,

2. независимость или политический суверенитет,

3. сохранение господствующего строя, т.е. политико-экономического режима,

4. экономическое развитие и процветание, которое в немалой степени зависит от взаимодействия с внешней средой.

К *фундаментальным интересам* следует отнести также и *национально-культурную самобытность* страны — явление, которое на Западе обозначают термином «*identity*». Некоторые российские ученые позаимствовали его в форме слова «идентичность», например, нации, хотя слово «идентичность» в русском языке имеет другое значение (схожесть, например). Надо иметь в виду, что американцы последние два «интереса» обозначают термином «ценности», т.е. под капиталистическими ценностями они понимают рынок и демократию, а под самобытностью — американский образ жизни.

Помимо фундаментальных интересов и ценностей существуют **стратегические и тактические интересы.** Эти интересы динамичны, изменчивы, постоянно корректируемые в зависимости от складывающейся международной обстановки. В конечном счете их реализация предполагает расширить, увеличить, усилить объемы фундаментальных интересов. К примеру, расширить собственную территорию за счет территорий других субъектов, получить контроль над суверенитетом других субъектов мировой политики, навязать собственную систему правления, свои ценности другим, в конечном счете в интересах своих фундаментальных интересов.

Но все это в теории, поскольку сам по себе интерес не воплощается в политике. Повторю то, что было сказано выше. Политика начинается тогда, когда интерес трансформируется в *цель*. Общее между интересом и целью заключается в том, что и то, и другое отражает объективные потребности общества, различие же коренится в том, что первое *осознается*, а второе предполагает субъективную *деятельность* через институциональные механизмы общества или государства. Отсюда

цель — это интерес в действии.

Следовательно, внешняя цель выступает в качестве закона, определяющего характер деятельности и способ действия субъекта на мировой арене. Другими словами, цель воплощается в категории *деятельность*, которая в свою очередь описывается цепочкой терминов *действие, влияние, взаимодействие, объем отношений* и стоящей несколько особняком категорией *активность*. Вся совокупность явлений, проявляющаяся через категорию *деятельность*, называется внешней политикой. По своей же сути

> *внешняя политика есть сознательная деятельность государства, направленная на достижение внешних целей в соответствии с национальными интересами страны.*

Необходимо подчеркнуть, что транснациональные и межнациональные компании и банки, а также любые значимые в обществе акторы типа партий также имеют свою внешнюю политику, иногда по воздействию на международную среду превосходящую официальную политику страны, но их деятельность не имеет отношения к национальным интересам. У них свои интересы — скорее интернациональные. Причем нередко их интересы расходятся с интересами их собственных стран.

Для того чтобы внешняя политика могла быть реализована, необходим соответствующий аппарат внешней политики (АВП), обычно состоящий из МИДа, МО, Министерства внешних связей и т.д. Хотя по функциям каждый из этих институтов отвечает за одно направление внешней политики, однако на практике они очень часто взаимодополняют друг друга (а иногда и взаимно мешают). Однако главная их функция — реализовывать политику, в том числе и *политику безопасности,* конечная цель которой заключается, как минимум, в защите фундаментальных интересов и ценностей, как максимум, в беспредельном расширении их объема. В свою очередь политика безопасности дробится на множество политик безопасности в зависимости от их функциональной направленности и восприятия «угроз»: политика военной, экономической, технологической, экологической, информационной, культурной и прочей безопасности.

Следует также учитывать, что все названные категории взаимосвязаны с другой цепочкой категорий, в которую встроена и внешняя политика. Это — *мощь* государства, его *вес,* который связан с категорией *престиж,* сама внешняя политика, с которой сопрягаются категории *роль* и *сила* государства. Через эту цепочку категорий определяются фактически соотношения экономического потенциала государства и его возможности реализовывать внешние цели. В свою очередь анализ всех этих соотношений призывает категорию *восприятие,* имеющую самостоятельное теоретическое направление, получившее название «теория восприятия» (или в западном варианте — как перцепциология). Именно на этом уровне формулируются доктрины или концепции внешней политики, в том числе и национальных интересов и безопасности.

При этом надо учитывать разницу между *доктриной* и *концепцией*: первая является теоретико-пропагандистским обеспечением государственной политики, вторая — совокупностью взглядов и рекомендаций относительно того, какую политику государству целесообразнее проводить на тот или иной исторический момент. Были, например, доктрины Монро, Трумэна, Форда, но не было доктрин Моргентау или Дойча. У последних были концепции, теории национальных интересов и безопасности.

Экскурс в теорию был нужен, прежде всего, для того, чтобы «развести» две категории: *национальные интересы* и *политика безопасности*. Эти категории отражают разные функции внешнеполитического процесса, который делится на две фазы: фазу формирования и формулирования внешней политики и фазу ее реализации в системе международных отношений. Категория *интерес* относится к первой фазе, *безопасность* — ко второй.

Итак,

> *интерес — это категория политики, отражающая осознание (субъективизацию) объективных потребностей государства.*

> *Внешнеполитический интерес, т.е. национальные интересы вовне являются выражением общих и частных потребностей государства, вытекающих из его социально-политической природы, а также его места и роли в системе международных отношений.*

> *Безопасность (национальная) — категория политики, означающая способы, средства и формы обеспечения национальных интересов государства как внутри страны, так и в системе международных отношений.*

> *Безопасность (международная) — категория, отражающая такое состояние международных отношений, при котором обеспечиваются фундаментальные национальные интересы всех субъектов мировой политики.*

Необходимо обратить внимание на разницу между национальной и международной безопасностью.

> *Национальная безопасность — это политика, международная безопасность — это состояние.*

Какое состояние международной безопасности предпочтительнее для той или иной страны, зависит от понимания собственных национальных интересов. Поскольку чаще всего эти интересы существенно отличаются у различных держав, то они и являются внутренними источниками «опасности», т.е. напряженности, конфликтов и войн на мировой арене.

Именно поэтому формулирование концепции национальных интересов и определение угроз этим интересам должны предшествовать выработке политики национальной безопасности.

Концепция международной безопасности Советского Союза

Обращает на себя внимание такая странность: в основных внешнеполитических документах нынешней России (концепции национальной безопасности, военной доктрине и концепции внешней политики Российской Федерации) отсутствует четко сформулированная категория — *международная безопасность*. В то время как во внешнеполитических документах Советского Союза эта категория была не только четко определена, но и служила стержнем, вокруг которого разворачивалась внешняя политика СССР. Причем поначалу концепция международной безопасности формулировалась в качестве региональных концепций коллективной безопасности в Европе или в Азии. Затем они трансформировались в концепцию всеобъемлющей международной безопасности, в деталях разработанную в период правления М. Горбачева. Последняя концепция состояла из множества компонентов, но главная ее особенность заключалась в двух моментах. Во-первых, в ней подчеркивалось, что безопасность не может быть односторонней, т.е. отвечать интересам только одной страны или группы стран (коалиции), а может быть только всеобъемлющей, т.е. отвечать интересам каждой страны мира. Во-вторых, все сферы безопасности, включая и военные, необходимо решать политическими средствами. Наконец, в-третьих, предлагалась грандиозная программа всемирного разоружения до 2000 г.[1] В концентрированной форме концепция международной безопасности была сформулирована следующим образом:

> Безопасность национальная и международная — фактор сохранения мира, основанный на взаимообусловленности национальной и международной *безопасности*. Обеспечение национальной безопасности отдельных государств и международной безопасности в целом составляет часть общей задачи современности — сохра-

---

[1] Подр. см.: *Материалы* XXYII съезда Коммунистической партии Советского Союза, 62—76; *Политика* силы или сила разума? // Гонка вооружений и международные отношения, 291–301.

нения и упрочения всеобщего мира, предотвращения *ядерной войны*[1].

Эта формулировка четко фиксирует два момента: связь между национальной и международной безопасностью. Второй момент — главная задача национальной и международной безопасности — предотвращение ядерной войны.

Как оказалось, последняя задача была решена в результате поражения и даже исчезновения с политической карты мира именно той державы, которая активнее всего выступала за предотвращение ядерной войны. Другими словами, необходим был слом биполярной и утверждение однополярной системы, чтобы тема мировой ядерной войны ушла на задворки мировой политики.

И все же помимо ядерного аспекта в концепции международной безопасности советского периода присутствовали и другие компоненты. Так, один из участников формулирования официальных концепций международной безопасности[2] профессор Д. М. Проэктор так формулирует эту категорию:

Видимо, международная безопасность — это такое состояние международных отношений, при котором создаются наиболее благоприятные условия для суверенного развития государств. Для обеспечения их полной политической независимости, ограждения национальных либо союзнических или же всеобщих интересов от агрессии и военно-политического нажима, для равноправных отношений с другими государствами[3].

Обращаю внимание на то, какое большое значение в то время, а это всего лишь менее 15 лет назад, придавалось понятию *государственный суверенитет*. Хотя и сейчас это понятие упоминается в официальных документах Москвы, однако оно уже не занимает столь почетного места, как раньше.

---

1   *Что* есть что в мировой политике, 47.

2   Следует отметить, что в разработку этой концепции были активно вовлечены ученые ИМЭМО.

3   *Проэктор*. Мировые войны и судьбы человечества. Размышления, 252.

Фундаментальные внешние интересы России и США: различия и совпадения

Как уже было сказано выше, и я еще раз хочу это повторить: в современных официальных документах по внешней политике России уже нет формулировок международной безопасности. Между прочим, нет их и в официальных документах США. И не только в официальных. Компьютеру я дал задание найти мне материалы по международной безопасности (international+security). На дисплее появилось 234 000 файлов. Из сотни файлов, которые я просмотрел, ни в одном из них я не нашел определения международной безопасности. В то же время как в России, так и в США можно найти тысячи материалов по национальной безопасности. И это весьма симптоматично. За таким явлением скрываются весьма любопытные закономерности, которые я приведу ниже.

Но для начала задам такой вопрос: можно ли сконструировать систему международной безопасности таким образом, чтобы она соответствовала фундаментальным интересам всех стран? Для этого надо проанализировать эти самые фундаментальные интересы, точнее, как они формулируются теми или иными значимыми акторами мировой политики[1]. В качестве примера возьму две страны — Россию и США, — хотя для получения полной картины необходимо проанализировать национальные интересы как минимум 10-ти основных стран мировой политики.

На теоретическом уровне, как уже говорилось, к фундаментальным интересам обычно относят:
- территориальную целостность,
- независимость или политический суверенитет,
- сохранение господствующего строя, т.е. политико-экономического режима,

---

1 Значимыми акторами мировой политики следует считать тех акторов, деятельность которых создает структурообразующий каркас системы международных отношений. К таким акторам обычно относятся сверхдержавы и великие державы.

- экономическое развитие и процветание, которое в немалой степени зависит от взаимодействия с внешней средой.

Как эти интересы формулируются в России и США уже показано в предыдущих разделах. Здесь их необходимо просто повторить в краткой форме, взяв за основу уже разобранные два основных документа: «Концепцию национальной безопасности России», утвержденную в январе 2000 года, и последний вариант американской «Стратегии национальной безопасности в следующем веке», подготовленную СНБ США и утвержденную президентом[1].

Для начала следует сказать, в чем интересы совпадают, это:
- озабоченность международным терроризмом,
- наркобизнесом,
- проблемами экологии,
- распространением оружия массового уничтожения.

Правда, все перечисленное не относится к фундаментальным интересам. Когда же речь заходит об этих интересах, начинаются очень большие расхождения.

В Концепции национальной безопасности России написано так:

> Национальные интересы России в международной сфере заключаются в обеспечении суверенитета.

Идея суверенитета повторяется и в других частях концепции.

В американской Стратегии национальной безопасности суверенитет вообще не затрагивается. Это означает, что США не придают большого значения суверенитету других государств. Более того, у них есть пункт, который обязывает США нарушать их суверенитет, но об этом чуть ниже.

---

1 *Концепция* национальной безопасности Российской Федерации // Независимая газета. 14.01.2000; *A National* Security Strategy For A New Century. December 1999.

К жизненным интересам США (термин *жизненные интересы* адекватен термину *фундаментальные интересы*) относятся:

> физическая безопасность нашей территории, а также наших союзников, безопасность наших граждан, экономическое благосостояние нашего общества и защита наших ключевых инфраструктур, включая энергетику, банки и финансы, телекоммуникации, транспорт, водные системы и службы по чрезвычайному положению.

Обращаю внимание на слово «наши». Вся стратегия национальной безопасности США нацелена на защиту и реализацию именно американских интересов и их союзников. Например, ключевыми целями США на международной арене, как зафиксировано в «Стратегии», являются: усиление безопасности Америки; стимулирование экономического процветания Америки и содействие демократии и утверждению прав человека за рубежом. Последняя цель как раз и «дает право» американцам вторгаться во внутренние дела тех стран, у которых, по мнению Вашингтона, не все в порядке с демократией и правами человека. Что, соответственно, ведет к нарушению суверенитета.

В российском же варианте национальной безопасности национальные интересы формулируются в нейтральном стиле, как бы «вообще». То есть четко не фиксируется, что те или иные национальные интересы имеют отношение именно к России, именно к русским.

Противоречат друг другу и самые главные положения двух концепций. *В российском варианте* говорится, что национальные интересы России в международной сфере заключаются в

> упрочении позиций России как великой державы — одного из влиятельных центров многополярного мира.

В американском же варианте четко утверждается, что

> Соединенные Штаты остаются самой мощной силой в мире, отстаивающей мир, процветание и универсальные ценности демократии и свободы.

В других официальных документах заранее оговаривается готовность США противодействовать попыткам любой державы занять доминирующее место в том или ином регионе. Например, в последнем ежегодном докладе президенту и конгрессу министерства обороны США появилась одна очень важная строка, которая отсутствует в Стратегии, а именно:

> Предотвратить появление враждебных региональных коалиций или гегемонов[1].

К такого типа фундаментальным разночтениям можно добавить и такие «мелочи», как-то: Россия настаивает на «равноправных и взаимовыгодных отношениях со всеми странами», США четко оговаривают, с кем надо вести себя «равноправно», а кого надо, грубо говоря, «мочить», например страны-изгои (rogue-states).

Тут очевидно явное несовпадение в формулировках национальных интересов двух государств. Не менее существенные расхождения можно обнаружить и при сравнении фундаментальных интересов США с аналогичными интересами Индии, Китая и т.д. В таком несовпадении заложено различное понимание категории *международная безопасность*, что ведет к противоречиям, а значит и к неизбежной борьбе. Но исход этой борьбы будет зависеть уже от политики национальной безопасности.

---

1 *Annual* Report to the President and the Congress, 4.

Национальная безопасность, внешнеполитический потенциал страны и международная безопасность

Напомню: национальная безопасность — это политика, направленная на защиту и реализацию национальных интересов страны. Эта политика может принимать разнообразные формы и использовать различные средства: экономические, дипломатические, военные и т.д. Но так или иначе все государства, проводя политику национальной безопасности, защищают внешние интересы. Разница же заключается в том, какими финансовыми ресурсами обеспечивается политика национальной безопасности. Финансирование же этой политики зависит не только от внешних целей государства на международной арене, но и от финансовых возможностей государства, которые в свою очередь зависят от экономического потенциала страны. Скажем, если государство претендует на роль великой державы и при этом на внешнюю политику оно выделяет 1 млрд долл., заранее можно предсказать, что его попытки обречены на провал, а 1 млрд долл. выброшен на ветер. Завоевание подобной роли, как показывает практика великих держав, требует, как минимум, около 50–60 млрд долл. в год. Но если это же государство тратит на внешнюю политику, допустим, 50 млрд долл, а его экономический потенциал, определяемый через ВВП, составляет где-то 200–250 млрд долл., то это государство начнет разорять собственную страну, поскольку внешнеполитический потенциал в 50 млрд долл. требует, как минимум, ВВП не ниже 1 трлн долл.

Эти закономерности в свое время «блестяще» продемонстрировал Советский Союз, больше половины экономики которого работало на внешние цели, которые не только не соответствовали национальным интересам страны, но и фундаментально противоречили внутренним потребностям государства. То есть руководители СССР оказались не в состоянии соразмерять затраты на внешнюю и внутреннюю политику. Неумение считать было одним из важнейших факторов развала советской империи.

Вся эта цепочка: международная безопасность – национальные интересы – национальная безопасность – внешнеполитический потенциал – экономический потенциал взаимосвязаны, а их взаимоотношения определяются законом экономической массы, законом центра силы, законом силы и законом оптимального соотношения между затратами на внешнюю и внутреннюю политику (см. предыдущий раздел).

Внешнеполитические потенциалы современной России и США четко зафиксированы в бюджетах двух стран. (За основу взяты исполненные бюджеты двух стран за 1999 ф.г.) По статье «Международная деятельность» Россия потратила около 2,7 млрд долл. по факту, США — 22 млрд долл. Добавив к этим суммам затраты на другие основные виды деятельности, нацеленные на защиту национальных интересов, и, особенно, затраты на оборону, в результате получим для России общую сумму где-то в 10 млрд долл, для США — около 300 млрд долл.

Отсюда следует вывод:

при несовпадении фундаментальных национальных интересов двух стран выигрывает тот, кто тратит большие суммы на политику национальной безопасности или на внешнюю политику вообще.

Как справедливо говаривал Наполеон, для ведения войны нужны три вещи: во-первых, деньги, во-вторых, деньги и в-третьих, тоже деньги.

Внешнеполитический же потенциал всего Запада, признанным лидером которого являются США, по самым грубым подсчетам равен округленно 550 млрд долл. в год. *Такой потенциал позволяет Западу формировать однополюсный мир, возглавляемый Соединенными Штатами.* И всем претендентам на многополярность есть смысл для начала хотя бы подсчитать, какие экономические и финансовые ресурсы они должны иметь, чтобы сломать сложившуюся структуру международных отношений.

А теперь я вновь возвращаюсь к проблемам международной безопасности. Существует не просто связь или взаимосвязь между структурой международных отношений и содержанием системы международной безопасности. Эта взаимосвязь определяется через закономерность:

тот, кто доминирует в геостратегическом пространстве международных отношений, тот и определяет содержание международной безопасности. Последняя в конечном счете совпадает с национальной безопасностью страны-гегемона или лидера.

Этот вывод подтверждается и исторической практикой. Напомню, что после поражения Наполеона контекст безопасности в Европе определяли страны-победители — Россия и Великобритания, пока первая не потерпела поражение в Крымской войне. В годы холодной войны международная безопасность определялась биполярной структурой международных отношений, другими словами, двумя сверхдержавами: США и СССР. Поскольку сейчас воцарился однополярный мир, возглавляемый США, то и международная безопасность определяется «золотым миллиардом». Поэтому у них нет необходимости отдельно формулировать категорию международной безопасности, поскольку они ее сформулировали в своих Концепциях национальных интересов. В результате нынешняя глобальная структура международной безопасности главным образом отвечает интересам западных стран. А там, где эти интересы ущемляются, они быстро «исправляют» ситуацию, не останавливаясь перед применением и военной силы. Это можно проследить на примерах Европы, Ближнего Востока, Латинской Америки.

Я не считаю нужным давать поведению Запада какие-то моральные оценки, поскольку исхожу из того, что в мире правит не мораль и даже не международное право, а правит сила. Когда-то Маркс говорил, когда встречаются два равных права, решает сила. Я полностью в этом вопросе с ним согласен.

Эволюция структуры системы международной безопасности

Почему-то принято говорить, что раньше, в период холодной войны, в концепциях безопасности, будь то международной или национальной, на первом плане были военные аспекты, а после окончания холодной войны более важными стали другие аспекты безопасности, как-то: экономические, экологические, демографические и т.д. Это не совсем так. И раньше в категорию *безопасность* включались не только военные аспекты. Например, политика Японии в начале 80-х годов строилась на базе Доктрины комплексного обеспечения национальной безопасности, состоявшей из триады или трех блоков: оборонного, политического и экономического. А упоминавшаяся Концепция всеобъемлющей безопасности вообще имела около 10 различных аспектов безопасности, хотя военный аспект, безусловно, по своей значимости был наиболее важным.

Но проблема заключается в том, что и сейчас после окончания холодной войны военный аспект остается самым главным в деле обеспечения и национальной, и международной безопасности. Достаточно сравнить объемы финансирования всех аспектов безопасности практически любой влиятельной страны мира, чтобы обнаружить, что «оборона» поглощает наибольшие суммы, причем обычно на целый порядок, а то и больше. То есть не надо тешить себя иллюзиями, что военный фактор в мировой политике сошел на нет или его значение уменьшилось. Поутихли разговоры о возможности термоядерной войны. Это верно. Но реальная вероятность ее исчезновения вряд ли уменьшилась, скорее наоборот, увеличилась, имея в виду, что, возможно, еще несколько государств в XXI веке присоединится к клубу ядерных держав.

Тем не менее, безусловно, сейчас на слуху больше проблем, относящихся к геоэкономической ситуации в мире, т.е. проблем, имеющих отношение к интернационализации, интеграции, глобализации. Именно проблемы мировой экономики, финансов, энергетики, информатики и т.д. чаще всего будоражат мир. Но надо признать, что по крайней мере на данный исторический момент все названные сферы контролируются и управляются Западом. Поэтому в этих областях помощники по улаживанию проблем Западу особенно не нужны.

Но есть некоторые аспекты международной безопасности, где Запад заинтересован в сотрудничестве со всеми. Это — международный наркобизнес, терроризм, коррупция, экология, но особенно проблема распространения оружия массового уничтожения. Последняя тема волнует США, прежде всего, в связи с Россией. Многие эксперты в США, в частности из Фонда наследия, выражают сомнение в способности России проконтролировать собственное ядерное оружие. Поэтому администрация Буша, сократив многие виды вспомоществования России, не только сохранит финансирование программ по ликвидации ядерного оружия в России, но, не исключено, увеличит эти расходы.

Другими словами, существует довольно обширная зона международной безопасности, куда Запад с большим удовольствием готов допустить волонтеров для решения проблем.

Есть еще одна тема, где Запад (а, точнее, США) заинтересован в участии России.

Система коллективной безопасности в Азии и Китай

Для начала напомню еще раз о системе коллективной безопасности в Азии, которую СССР выдвинул в 1969 г. Она в конце концов бесславно провалилась, поскольку все ее рассматривали как политику Москвы, нацеленную на окружение или как минимум нейтрализацию Китая, который в те времена проводил активную антисоветскую политику.

Вообще-то мирные инициативы в деле формирования коллективной безопасности обычно нужны слабым государствам. Гегемонистским же державам многосторонние организации в принципе не нужны, поскольку их правила требуют бесконечных согласований между участниками в поисках единогласия. С одной стороны, это ограничивает свободу действий, с другой — уменьшает набор средств в достижении целей. Как отмечает С. Бланк, «гегемонистские державы обычно предпочитают иметь дело с потенциальными вызовами на двусторонней основе, чем предстать перед лицом организованных вызовов»[1]. Неслучайно Соединенные Штаты всегда весьма пассивно относились к подобным идеям.

Ситуация стала меняться в 90-е годы. Академические круги США из политико-академического комплекса стали проявлять повышенную активность по выдвижению различных инициатив в зоне Восточной Азии, нацеленных на создание неких структур коллективистского толка. К примеру, Дж. Най, впоследствии ставший помощником министра обороны, в 1992 г. вдруг предлагает созвать конференцию по безопасности и сотрудничеству в Северо-Восточной Азии — нечто типа организации, куда вошли бы США, Япония, Китай, Россия, две Кореи и, возможно, Канада и Монголия[2]. Некоторые даже предлагают вариант, копирующий ОБСЕ[3].

---

1 *Blank*. Helsinki in Asia?: Towards a Multilateral Asian Order // The Journal of East and West Studies, April 1994, 102.

2 *Nye*. Coping with Japan // Foreign Policy, Winter 1992/93, 101, 103.

3 See The Washington Quarterly, Winter (1994), 94.

Можно приводить немало подобного типа «инициатив». Причина их появления весьма «транспарентна», т.е. ясна как божий день: втянуть в эти организации Китай и «взнуздать» его «гегемонистские амбиции». Все эти американские инициативы почти на 100% совпадают с упоминавшейся идеей коллективной безопасности 1969 г. Дело в том, что немало американских, да и не только американских экспертов рассматривают именно Китай как потенциальную сверхдержаву, способную сломать нынешнюю однополярную систему. Они только гадают, когда это произойдет: через двадцать или пятьдесят лет. А некоторые полагают, что еще раньше. И поэтому привлечь Россию именно к американскому варианту «коллективной безопасности» означало бы убить двух зайцев: во-первых, не дать оформиться реальному стратегическому альянсу между Россией и КНР, во-вторых, обеспечить себе хорошие тылы в случае реальной конфронтации с Китаем в будущем.

Точно в таком же ключе работает и ставшая модной концепция предупредительной дипломатии, (аналог концепции политики предупредительной безопасности) — словосочетание, которое, кажется, впервые употребил предыдущий генеральный секретарь ООН Бутрос Гали. По внешнему обрамлению концепция выглядит вполне благопристойно. Ее суть — предупредить намечающиеся конфликты между или внутри государств. Появилось даже много энтузиастов создать под эту концепцию соответствующие организационные структуры, например, Совет по сотрудничеству и безопасности АТР со штабом в Сингапуре[1]. Однако, когда начинаешь вникать в цели и функции такой организации, обнаруживается, что для того, чтобы предупредительная дипломатия работала на основе политических средств, нужно, как пишет Р. Гейтс, «обладать и военной силой, которую вы готовы применить»[2]. То есть дипломатия, даже предупредительная, без опоры на пушки работать не будет. Потом обнаруживается, что поскольку среди азиатских стран нет общепризнанного лидера, то лидерство как бы поневоле должно «упасть на плечи США», т.к. «благодаря богатству, военной силе и убедительному политическому и культурному влиянию они все еще демонстрируют превосходство свой мощи» (там же). Гейтс совершенно откровенно раскрывает «реальность» в своих

---

1 See PacNet Newsletter, no.. 44 (Nov.1, 1996).

2 *Gates*. Preventive Diplomacy: Concept and reality // PacNet Newsletter, no. 39 (Sept. 27, 1996).

выводах. Сделав вежливый реверанс в отношении международных организаций, он заключает свою статью: «Несмотря на это, как со всей очевидностью продемонстрировали ОБСЕ, НАТО и ООН, ни одна международная организация — нигде — не может быть эффективной в решении серьезных потенциальных конфликтов, пока не найдется одна страна, которая возьмет на себя ответственность и бремя лидерства, а другие захотят следовать за ней. ...Консультации между государствами, как и прежде, весьма важны, но ценность предупредительной дипломатии может быть только тогда, когда ее действия дают результат, а не бесполезные дебаты» (там же). Конечно же, Гейтс прав.

Практика уже показала, что все перечисленные организации не могли и не могут остановить конфликты, т.е. обеспечить международную безопасность. Красноречивый пример бесполезности в особенности демонстрирует ОБСЕ, которая не смогла остановить конфликты ни в Югославии, ни в России.

В немалой степени это связано с тем, что все эти организации, будь то ООН, НАТО, АПЕК, МВФ, ВТО и др., служат не интересам международной безопасности, а четко интересам великолепной тройки: США, Западной Европе и Японии. Они их финансируют, они их контролируют и, конечно же, используют ради собственных целей, — точно так же, как и любые международные организации, которые могут возникнуть в будущем с участием этой тройки.

Они не возражают против таких организаций, которые хоть и финансово обременительны, но выполняют определенные идеологическо-пропагандистские функции, — функции своего рода международных парламентов для выпускания пара у недовольных. Сами же они будут опираться на двусторонние структуры безопасности, что надежнее и менее хлопотно.

Заключение

История международных отношений показывает, что наибольшее количество «мирных» инициатив обычно поступает от слабых государств. Подтекст этой активности заключается в намерениях путем мирной дипломатии на многосторонней основе «перевязать» взаимными обязательствами все субъекты определенного стратегического пространства в некую систему коллективной безопасности. Идея системы весьма проста — втянуть в нее государство, потенциально угрожающее инициатору «коллективной» безопасности, и тем самым нейтрализовать гегемонистские стремления коллективными обязательствами.

Но даже в случае удачи, т.е. создания такой системы, она недолговечна. Точнее она живет ровно столько, сколько необходимо государству — потенциальному претенденту на лидерство, — чтобы накопить экономическую массу для превращения в центр силы, способный сломать существующий статус-кво. Пример — Лига наций и Германия до Второй мировой войны. Иначе говоря, такая система взламывается в соответствии с законом силы, который я еще раз хочу повторить:

> *как только государство достигает уровня экономической мощи и военного потенциала, адекватного мощи и потенциалу ведущих государств мира, оно требует для себя нового статуса, означающего на деле передел сфер мирового влияния.*

Поскольку старые великие державы обычно противятся подобным требованиям, то приобретение сфер влияния обычно возможно только путем разрушения старой структуры взаимоотношений, включая и соответствующую ей систему международной безопасности.

Тем не менее сама идея «мирных инициатив» вкупе с коллективной безопасностью не лишена смысла для всех государств вне зависимости от их мощи на данный момент. Для слабых — раствориться в «коллективе» и стать как бы равными со всеми, в том числе и сильными. Для сильных — творить свою гегемонию со ссылкой на поддержку «коллектива», который не может не поддержать деяния гегемона, поскольку вся система коллективной безопасности практически субсидируется этим гегемоном (приблизительно так же, как ООН). Для средних держав, не претендующих на гегемонию, система дает возможность, не афишируя свои подлинные стремления, подспудно наращивать свой экономический и военный потенциал, чтобы через какое-то время освободиться от «коллектива» и начать новый передел сфер влияния.

И в связи со всем сказанным я еще раз хочу подчеркнуть: международная безопасность является отражением геостратегической структуры мира. Основной каркас этой структуры формируют наиболее мощные в экономическом и сильные в политическом отношении государства. Это позволяет им навязывать остальному миру свои национальные интересы, превращая их в международные интересы. Чтобы добиться этого, есть два варианта: или самому стать сильным государством, или присоединиться к сильным государствам.

Первая обязанность тех, кто хочет искать «путей к человеческому счастью» — не морочить самих себя, иметь смелость признать откровенно то, что есть.

В.И. Ленин

РАЗДЕЛ ВТОРОЙ

МЕСТО И РОЛЬ РОССИИ В МИРЕ В XX–XXI ВЕКАХ

Предварительные замечания

Для того чтобы выяснить место и роль России в мире, поначалу надо определиться в терминах *место* и *роль* применительно к международным отношениям. На понятийном уровне они являются производными звеньями всей цепи внешнеполитического процесса и системы международных отношений. Но поскольку в данной главе я не собираюсь освещать теорию международных отношений, поэтому ограничусь определением названных слов как терминов (а не понятий).

Определение термина *место* зависит от поля или сферы исследования объекта. Обычно таковыми являются геоэкономические, геостратегические и социальные поля.

> *В геоэкономическом пространстве «место» означает порядковый номер «веса» или сравнительной «мощи» государства, которая вычисляется как совокупный экономический потенциал той или иной страны.*

Как уже говорилось в теоретической части, если этот потенциал в соответствии с законом экономической массы достигает определенной величины, он может стать структурообразующим элементом международных отношений.

Косвенно «место» может воздействовать и на геостратегическое (силовое) поле, даже находясь в состоянии «бездействия» (т.е. отсутствия внешней политики). Например, неподвижные горы не инициируют движение воздушных потоков, однако в зависимости от их высоты и месторасположения происходят различные изменения в направлении этих потоков. Ветры ведут себя иначе в районе Эвереста, Эльбруса и Валдайской возвышенности. Государство с ВВП в 5 трлн долл. может вообще не проводить внешней политики, однако международная система так или иначе будет реагировать на сам факт существования ТАКОГО государства. Другими словами, хотя «место» и не встроено в геостратегическое пространство, оно объективно может воздействовать на структуру и систему международных отношений и на этом поле.

В социальном плане «место» государства отражает формационную суть общества (естественно, если придерживаться марксистской терминологии). Оно определяется через категории *капитализм* и *социализм*, борьба между которыми не только не закончилась, а, судя по всему, еще только начинается. Если же базироваться на внеклассовом подходе, на основе буржуазной политологии, тогда «место» будет определяться типом государства (авторитарное, либеральное, демократическое, диктаторское и т.д.) или типом экономик (аграрная, индустриальная, постиндустриальная/софтизированная/, развитая, неразвитая и т.д.) Эти аспекты международных отношений не рассматриваются в данной работе.

Роль государства —

> **это субъективная оценка участниками международной среды внешней политики того или иного государства на международной арене.**

Об этой «роли» довольно много было сказано в предыдущих разделах. Меня интересует здесь объективная сторона этой роли, т.е. *внешнеполитический потенциал* России, анализ которого проведен при сопоставлении с внешнеполитическими потенциалами других значимых стран. Это понятие, как было показано в теоретическом разделе, тесно связано с категорией *центр силы*.

В целом же в данной главе я хочу показать реальное место и роль (через экономическую массу и внешнеполитический потенциал) России в начале, середине и конце XX века и сопрячь эту объективность с оценками, представленными политиками и учеными в предыдущих главах.

ГЛАВА IV

МЕСТО РОССИИ В ГЕОЭКОНОМИЧЕСКОМ ПРОСТРАНСТВЕ

В общемировой практике экономический потенциал страны, фиксирующий ее место в мире, принято определять через ряд макроиндикаторов, среди которых наиболее распространенными являются следующие:

1. ВВП или ВНП — обобщающий экономический индикатор,
2. ВВП на душу населения — относительный показатель уровня жизни,
3. темпы роста ВВП — динамика развития экономики,
4. продолжительность жизни населения — отражает ряд показателей (уровень жизни, здравоохранение, детская смертность, качество жизни и т.д.),
5. военные расходы — степень вовлеченности в борьбу за геостратегическое господство,
6. внешняя торговля — степень вовлеченности в мировую экономику.

Индикатор военных расходов я буду включать по традиции; на самом деле этот индикатор относится к геостратегической сфере. В названные макропоказатели я решил также включить Индекс развития человеческого потенциала (ИРЧП), который стал фигурировать в анализах на социально-экономические темы после 1990 г.

Хочу оговорить, что, исходя из содержания работы, все указанные индикаторы имеют смысл только при страноведческом сравнении. Поскольку российское руководство постоянно заявляет, что Россия — великая держава, то и сравнивать я буду все макропоказатели с великими державами, каковыми «по умолчанию» считаются США, ФРГ, Англия, Франция, Япония и КНР. Из европейских государств сохраню только ФРГ, как наиболее мощную экономическую державу в Европе.

* * *

Несколько слов надо сказать о статистике. Я оставляю в стороне разговоры о том, что статистика «врет». Отмечу только, что, даже когда она «врет», она работает в политике точно так же, как и сознательно искаженные оценки целей или поведения того или иного государства на мировой арене. Это — проблема науки о восприятии, которой здесь я касаться не собираюсь. Однако многих, даже «верующих» в статистику смущают «очевидные» несуразности в оценках, например, ВВП. Действительно, нередко можно читать, что, скажем, ВВП России за 1996 г. равен 360 млрд долл., в другом месте — 990 млрд долл. Кто-то врет? На самом деле и та, и другая цифра верна. Просто в первом случае цифра определялась по обменному валютному курсу, а во втором — по паритету покупательной способности (ППС). Показатель по курсу национальных валют считается конъюнктурным (может быть сознательное завышение или занижение курса) и поэтому менее объективным. На самом деле все не так просто. Выбор того или иного индикатора зависит от темы исследования. Индикатор по ППС дает более реальную картину при сравнении уровня и состояния экономик между развитыми и развивающимися странами, т.е. он более уместен для сравнения социально-экономической ситуации. При сопоставлении же «места» и особенно «роли» более важен индикатор по обменному курсу, поскольку это — сфера международных отношений, которой нет дела до внутристрановых различий. Кстати сказать, чем больше различий между ППС и обменным курсом, тем хуже экономическая ситуация внутри страны. Но это отдельная тема. На всякий случай я, где это возможно, даю все три индикатора ВНП, ВВП по обменному курсу и по ППС. Читатель также должен иметь в виду, что иногда ВНП за один и тот же год не совпадает. Это зависит от года «привязки» к доллару. Например, можно дать тот же ВНП, например, за 1999 г. в текущих ценах, а можно в ценах 1990 г. Правда, обычно эта «привязка» оговаривается в таблицах.

Для тех, кто не особенно знаком со статистикой, я повторю определения разбираемых индикаторов, исходя из определений Всемирного банка, на чьи статматериалы чаще всего ссылаются исследователи.

ВВП (валовой внутренний продукт) — это оценка добавленной стоимости произведенной конечной продукции в сфере материального производства и услуг на основе «системы национальных счетов».

ВНП (валовой национальный продукт) — это ВВП плюс добавленная стоимость продукции, полученная от внешних источников (например, предприятий, работающих за рубежом).

ВНД (валовой внутренний доход) — (индикатор, почти адекватный ВНП) означает оценку добавленной стоимости продукции резидентов, произведенной как внутри страны, так и вне. ВНД состоит из ВВП плюс прямые доходы (за вычетом содержания работников и доходов на собственность), полученные от не резидентов. Всемирный банк начал использовать этот индикатор с 2002 г.

ППС (паритет покупательной способности) представляет собой количество единиц валюты, необходимое для покупки некоего стандартного набора товаров и услуг, который можно купить за одну денежную единицу базисной страны (обычно этой страной являются США, а денежная единица — американский доллар).

В качестве статисточников были использованы материалы российского Комстата, а в случае необходимости сопоставлений, главным образом, материалы международных организаций типа МВФ (по внешней торговле), Всемирного банка, ООН. Поскольку до сих пор существуют различные методики подсчета тех или иных макропоказателей (даже по внешней торговле), постольку какие-то результирующие оценки могут отличаться друг от друга. И все же различия не столь существенны, когда речь идет об общей картине.

В любом случае статистика дает более объективную картину места и роли России, чем оценки типа «место — громадное», а «роль — великая».

Место России в мире в начале XX века

Для последующего сравнения, полагаю, будет небесполезно выявить место России в начале XX века. В свое время мной была проделана работа на эту тему[1]. Поэтому мне остается только перенести в сжатой форме некоторые итоги предыдущего анализа на страницы данной главы. Отмечу только, что в начале века отсутствовала наука под названием Сравнительная статистика (по-ученому, компаративистика), а значит и единая сравнительная методология. Поэтому сравнению подвергалось не так много макропоказателей, причем в сводных таблицах обычно отсутствовала Россия. И дело не только в плохой статистической базе в самой России. Как утверждает современный специалист по сравнительному анализу В.А. Мельянцев, «проблемы экономического развития России столь сложны и, как это ни парадоксально, столь недостаточно разработаны в аспекте практических измерений динамики роста, что требуют ряда специальных исследований»[2].

В правоте данного суждения мне пришлось убедиться на собственном опыте после перелопачивания массы статистических материалов того периода. И все же кое-что удалось собрать из западных и советско-российских источников. Между прочим, немало данных я почерпнул из ленинских «Тетрадей по империализму», в которых собрана наиболее полная статистическая фактура по всем основным странам мира, часть которой была им использована в работе «Империализм, как высшая стадия капитализма». И хотя собранный мной статистический материал все же неполный, однако он, надеюсь, поможет ответить на интересующие многих вопросы.

Итак, исходя из вышеприведенных индикаторов, проследим их реальное наполнение в начале века. Сразу же оговариваюсь, что в те времена не пользовались индикатором ВВП, его заменял объем промышленного производства.

---

1 *Арин.* Царская Россия: мифы и реальность.

2 *Мельянцев.* Восток и Запад во втором тысячелетии: экономика, история и современность, 228.

Объем промышленного производства.

Таблица 3.IV.1 дает определенное представление о месте России среди основных государств Европы и США по главным на то время видам промышленного производства:

Таблица 3.IV.1.
*Производство основных видов продукции
(среднегодовые данные), 1910-1913 гг.*

	Германия	Англия	Франция	Италия	Австро-Венгрия	США	Россия
Население (млн), 1910 г.	64,9	45,0	39,2	34,7	52,4	97,6	132,1
Чугун (в чушках) (млн тонн)	14, 8	9,8	4,7	0,4	2,2	30,2	3,9
Сталь (млн тонн)	15,34	6,94	4, 09	0,83	2,46		4,20
Уголь, вкл. бурый (млн тонн)	251,5	292,0	39,9		50,7	450,2	30,2
Ж/дороги (1913) (в тыс. км)	63,7	37,7	51,2	17,6	46,2	410,9	62,2

Источники: Grenville. A History of the World in the Twentieth Century, 16, 24–5, 33, 53–4. Столбец по США, а также строка «Ж/дороги» — стат. источники из: *Ленин*. Тетради по империализму. ППС, *т.* 28, 462– 3, 468.

По совокупному объему промышленного производства Россия стояла на пятом месте в мире после США, Германии, Великобритании и Франции. Но это пятое место не должно обольщать, поскольку отрыв от ведущих держав был весьма значительный. В оценках Кэнвуда и Логхида, в 1913 г. на Россию приходилось 4,4% мирового промышленного производства, в то время как на США — 35,8%, Германию — 14,3, Великобританию — 14,1, Францию — 7,0%. Но в то время Россия обгоняла Японию, доля которой составляла 1,2%[1].

Продукция на душу населения. В этом пункте ситуация была значительно хуже. По оценкам Майкла Корта, доходы России на душу

---

1 *Kenwood, Lougheed*. The Growth of International Economy 1820–1990, 171.

населения по сравнению с «европейскими соперниками» уменьшались, а не увеличивались. «За 50 лет между 1860 и 1910 гг. Россия по данному жизненно важному измерению индустриального прогресса не смогла обойти даже Испанию и Италию — наименее развитые державы того времени»[1]. По его же подсчетам: «В 1900 г. продукция на душу населения в России была равна 1/8 от США и 1/6 от Германии; перед войной эти цифры соответственно были 1/10 и 1/8. В 1913 г. Россия производила 1/10 угля и почти наполовину меньше стали, чем Великобритания, страна с населением вдвое меньше, чем у России. Более половины промышленного оборудования империи все еще импортировалось»[2].

Если же прибегнуть к специальной методике У.А. Льюса (при которой промышленное производство США берется за 100 единиц), то окажется, что производство на душу населения в России в 1917 г. соответствовало 9 единицам, то есть она находилась на 22-м месте, уступая своим вассальным государствам Финляндии (27 ед.), Польше (13 ед.), а также таким странам, как Чили, Аргентина. У Японии этот индекс в то время был равен 6 единицам[3].

Военный потенциал. В данном пункте Россия занимала верхние строчки. По совокупному военному бюджету она уступала только Великобритании, а по количеству сухопутных войск занимала первое место в мире, по флоту — четвертое (после Великобритании, США и Франции).

Уровень торговли. По торговле Россия находилась на 6-м месте в мире, причем к 1913 г. ее доля в мировой торговле была равна около 4%.

Просвещение. Уровень просвещения — важнейший показатель потенциала нации. Относительно царской России на эту тему распространялось и распространяется много спекуляций в том смысле, что при царе чуть ли не каждый крестьянин умел читать и писать. На самом деле ситуация была иной, хотя следует признать определенный прогресс в этой сфере, причем после 1910 г. Между прочим,

---

1 *Kort.* The Soviet Colossus. The Rise and Fall of the USSR, 79.

2 Ibid., 80.

3 *Kenwood, Lougheed*, ibid., 128.

любопытный факт: на рубеже веков, в 1900 г., затраты на образование достигали 2,1% от всего бюджета, а в 1804 г. они были равны 2,6% .

У Брокгауза и Эфрона есть сравнительные цифры на конец века: на просвещение в 1897 г. было затрачено 26 476 тыс. рублей, что составляло 2% от всего бюджета. Это намного меньше, чем в основных европейских странах того периода, если иметь в виду затраты на «душу» (в Англии — 2 р. 84 к., во Франции — 2р. 11, Пруссии — 1р. 89, Австрии — 64 к., Венгрии — 55 к., в России — 21 копейка)[1].

В России 1896 г. было 52 высших учебных заведения (без Финляндии). В 1893-1894 гг. в них училось 25 166 человек, из них женщин 983, т.е. 4%. В 1896 г. в начальных классах училось 3 801 133 человека при населении 126 369 000 человек. «На основании этих данных, — указывается в Энциклопедии, — можно принять 3 за показатель начального образования для всей России». Для С.А. Соединенных Штатов этот показатель был равен 21[2].

Правда, в 1913 г. суммы на образование стали увеличиваться, достигнув 4,6% от бюджета. В целом же, по современным уточненным данным, к началу века около 30% взрослого населения было грамотно[3]. Опять же надо иметь в виду, что в основных государствах Европы и Америки 90% населения было грамотно.

Население и продолжительность жизни. Конечный показатель развития общества — средняя продолжительность жизни населения. На конец XIX века картина была такая.

В России в то время на 1 000 человек умирало 35 человек, в Скандинавских странах — 17, в Англии — 19, во Франции — 22, в Германии — 24 человека. До 5-летнего возраста доживало 550 человек из 1000 родившихся; в Западной Европе — более 700 человек.

От острозаразных болезней в Европейской части России в 1893–1895 гг. на 100 000 человек умирало 555, следующей идет Австрия — 350 и далее по убывающей от Бельгии — 244 до Ирландии — 102,5. Мы — на 10-м месте. На 1 млн населения у нас в эти годы

---

1 *Россия*: Энциклопедический словарь, 206.

2 Там же, 400.

3 Независимая газета. 01.04.1999.

было 155 врачей, в Норвегии и Австрии (худшие показатели после России) — 275 врачей, а в Англии — 578[1].

В целом же в 1913 г. продолжительность жизни в различных странах составляла: Великобритания — 52 года, Япония — 51, Франция — 50, США — 50, Германия — 49, Италия — 47, Китай — 30, Индия — 23 года[2]. В России — 30,5 лет[3].

Любопытный факт для раздумий. В 1896–1897 гг. средняя продолжительность жизни в России была равна 32 годам (мужчины — 31, женщины — 33)[4]. За годы капитализации России ее уровень понизился. То же самое происходит и сейчас. Нет ли в этом закономерности?

Небесполезными могут оказаться данные по эмиграции. По мере развития капитализма в России усилилась эмиграция населения. Корректной полной статистики в то время не было, однако было зафиксировано, что в 1861–1870 гг. в Северные Американские Соединенные Штаты ежегодно уезжало 3 050 человек, в 1887–1891 гг. уже по 55 524 человек, в 1892–1896 гг. — по 52 969 человек, а в 1897 г. уехало 29 981 человек. То есть в 1887–1897 гг. рост эмигрантов в 19 раз превысил период 1861–1870 гг.[5]

Итог: номинальная экономическая масса России соответствовала рангу пятой державы в мире.

---

1 *Россия*. Энциклопедический словарь, 224–5.

2 *Мельянцев*. Восток и Запад во втором тысячелетии, 145.

3 Независимая газета. 01.04.1999.

4 *Госкомстат* России. 1997.

5 *Россия*. Энциклопедический словарь, 105.

Годы советской власти: превращение в сверхдержаву

Сравнительный анализ места СССР в мире после 1917 г. и вплоть до окончания второй мировой войны чрезвычайно труден, прежде всего из-за недоверия к советской статистике тех лет. Эта проблема породила жаркие споры среди экономистов, которые, особенно после 1991 г., начали пересчитывать экономическое развитие СССР в те годы. Известный специалист по сравнениям В. Кудров отразил эту тему в обширнейшей статье, где приводит альтернативные оценки, прежде всего сделанные в недрах ЦРУ[1]. Несмотря на эти споры, никто не отрицает колоссального скачка в развитии советской экономики в довоенные годы.

В книге Кэнвуда и Логхида, которые опирались на статистику Лиги наций, приводятся такие данные. Если взять 1913 г. за 100 единиц, то средний индекс роста общемирового промышленного производства к 1936–1938 гг. вырос до 185 единиц. По отдельным странам он распределялся следующим образом: США — 167, Германия — 138, Англия — 122, Франция — 118, т.е. ниже общемирового индекса. В то же время у Японии этот индекс был равен 529 единицам, Финляндии — 289, Индии — 230, Швеции — 223, Советского Союза — 774. Другими словами, СССР развивался самыми быстрыми темпами в мире. В книге приводится также и такая таблица:

Таблица 3.IV.2.
Распределение промышленного производства в мире

Годы	США	Германия	Англия	Франция	СССР	Япония	Индия	Ост. мир	Мир
1926-29	42,2	11,6	9,4	6,6	4,3	2,5	1,2	22,2	100,0
1936-38	32,3	10,7	9,2	4,5	18,5	3,5	1,4	20,0	100,0

---

1 *Кудров.* Советский экономический рост: официальные данные и альтернативные оценки // Вопросы экономики, 1995, № 10.

Из этой таблицы видно, что в 1926–1929 гг. доля СССР в мировом промышленном производстве даже упала на 0,1% по сравнению с 1913 г., но уже за последующие 10 лет она скачкообразно возросла, в результате чего российское государство впервые за свою тысячелетнюю историю заняло статус второй промышленной державы мира.

После Второй мировой войны экономический потенциал Советского Союза еще более возрос, придав этому статусу титул одной из сверхдержав мира:

Таблица 3.IV.3.

Экономический вес России на фоне ведущих держав мира, 1985 г.

	Ед. изм.	США	ФРГ	Япония	КНР	СССР
Население	млн чел.	239	66	121	1,04	277
ВВП (в текущих ценах)	млрд долл.	3947	625	1328	266	1390
ВВП на 1 чел.	долл.	16492	10245	10993	255	5011
Детская смертность	(до 1 года)	11	10	6	51	26
Средняя продол. жизни		76	75	77	69	70
Экспорт	млрд д.	219	184	177	27	87
Импорт	млрд д.	353	159	130	42	83
Расходы на оборону	млрд д.	258	32	26	40	277
% от ВНП		6,4	3,2	1	5,1	13,1

Источники: Russett, Starr. World Politics. The Menu for Choice. (Appendix B); военные расходы: *World* Military Expenditures and Arms Transfers; внешняя торговля — *WTO.* Merchandise Trade Section, Statistics Division, July 1999.

И хотя экономический потенциал СССР почти в два раза уступал Америке, однако даже ученые США верили (на основе статистических расчетов) в неизбежность дальнейшего сокращения советского отставания. Так, известные футурологи США Г. Кан и А. Винер предсказывали, что при росте американского ВНП в 5,5%, а советского в 7,0% уже к 2000 г. отставание СССР от США существенно сократится, а к 2020 г. их ВВП почти уравняются[1]. Понятно, что этим ученым и в голову не приходила мысль, что СССР может раз-

---

1 *Kahn, Wiener.* The Year 2000. A Framework for Speculation on the next thirty-three years, 159.

валиться за очень короткое время, а его ВНП уменьшится до размера Австралии или Швеции.

Помимо роста экономической мощи следует обратить внимание на такой важный показатель: средняя продолжительность жизни в 1896–1897 гг. для мужчин была равна 31, для женщин 33 годам, в 1913 г. средняя продолжительность жизни была равна, как уже говорилось 30,5 годам, а в 1970–1971 гг. — соответственно 63 и 74 годам. То есть чуть более чем за 50 лет советской власти этот самый важный показатель более чем удвоился, — беспрецедентный случай в мировой истории.

Из таблицы 3.IV.4 видно, что начиная с 1985 г., т.е. с момента начала правления горе-реформатора Горбачева, сравнительные показатели между Советским Союзом и США стали ухудшаться, разрыв в пользу Америки начал увеличиваться. Однако в том же 1991 г. вряд ли кто ожидал, что обвал будет столь сокрушительным и Россия со второго места в мире к концу века рухнет на 19-е место.

Таблица 3.IV.4.

Соотношение экономических весов между США и СССР

	1980		1985		1991	
	США	СССР	США	СССР	США	СССР
Население (млн чел.)	226	267	239	277	252	293
ВНП (в млрд долл.)	2 600	1 500	4 054	2 118	5 695	2 531
ВНП на 1 чел.	9 810	5 730	21 140	9 475	22 550	8 639
ВНП, прирост, в %	0,2	1,5	3,2	(4,1)* 0,9	(-)0,7	(-)12,9
Продолж. жизни, м/ж	69/77	64/74	71/78	63/73	72/79	64/74
Детская смертность до года	14	27,7	10,3	20,7	8,9	17,8
Экспорт (млрд долл.)	217	76	211	87	422	51
Импорт (млрд долл.)	250	69	359	83	509	45
НИОКР, % к.ВНП	2,4	н.д.	2,8	2,2	2,6	0,6
Расходы на оборону, млрд долл.	144	198	266	277	280	260

Примечание: ВНП за 1985 г. в ценах 1982 г.

Источники: за 1980 г. — *What* about Russians and Nuclear War? 231. За 1985, 1991гг. — *Statistical* Abstracts of the United States, 1994; *International* Trade Statistics; *Direction* of Trade Statistics Yearbook, 1995; рост ВНП СССР в 1985 г. в соответствии со статистикой ЦРУ, *Советская статистика.

* * *

Итак, к середине 1980-х годов Советский Союз занимал 2-е место в мире по ВНП и промышленному производству (доля по второму индикатору составляла около 20%), по численности учащихся общеобразовательных школ — 3-е место, по численности студентов вузов — 2-е место, по численности врачей на 10 000 человек — 1-е место. За годы советской власти продолжительность жизни удвоилась. В военной сфере был достигнут «равновесный стратегический паритет» между США и СССР, НАТО и ОВД. Доля СССР в мировой внешней торговле в экспорте составляла 4,45, в импорте — 4,13% (1985 г.). Но уже к 1990 г. эта доля упала соответственно в экспорте до 1,7, в импорте — до 1,9%.

Таким образом, Советский Союз являл собой региональный «полюс» на евразийском географическом пространстве, опережая по ВНП идущую за ним ФРГ более чем в два раза. В то же время на глобальном уровне мировым «полюсом» оставались США, опережавшие идущих за ними СССР и Японию более чем в два раза.

Конец XX века: Россия на дне

О развале экономики России за годы капитализации написано так много, что здесь нет смысла повторяться. Тематика книги не предусматривает и анализа причин такого развала. В этой части просто «пройдусь» по тем же пунктам, по которым определялось место России в начале века.

Таблица 3.IV.5.

Экономический вес России на фоне ведущих держав мира, 2000 г.

	Ед. изм.	Годы оценки	США	ФРГ	Япония	Китай	Россия
Население	млн		282	82	127	1,262	146
ВНД	$ млрд		9,602	2,063	4,519	1,063	241
Место			1	3	2	7	19
ВНД на 1 чел.	$		34,100	25,120	35,620	840	1,660
Место			7	17	5	141	114
ВНД (ППС)	$ млрд		9,601	2,043	3,436	4,951	1,165
ВНД (ППС) на 1 чел.a	$		34,100	24,920	27,080	3,920	8,010
Место			3	20	12	124	79
ВВП, темпы роста	%	1980–90	3	2,2	4	10,1	1,6
		1990–99	3,4	1,5	1,4	10,7	-6,1
ИПЧР, место			6	17	9	96	60
Прод. жизни со дня рождения	годы		77.0	77.7	81.0	70.5	66.1
Детская смертность	на 1000 чел.		7	5	4	32	18
Детская смертность до 5 лет	на 1000 чел.		8	5	4	40	22
Пользователи интернета	на 1000 чел.		295.2	24.8	36.5	0.1	2.2

Расходы на НИОКР	% к ВНП	1990–2000	2.5	2.3	2.8	0.1	1.1
Экспорт	$ млрд		781,1	551,5	479,2	249,3	105,2
Место			1	2	3	7	17
Импорт	$ млрд		1257,6	502,8	379,5	225,1	45,5
Место			1	2	3	8	28
Зарубежные прямые инвестиции	$ млрд	1990	48,954	2,532	1,777	3,487	....
		1998	193,373	18,712	3,268	43,751	2,764
Внешний долг	$ млрд	1990				55.301	59.797
		1998				154.599	183.601
Военные расходы	$ млрд	2000	301,7	28,2	45,8	22,0	9,7
	% к ВВП		3.1	1.5	1.0	2.0	3.7

Источники: World Bank, World Development Indicators 2002; *WTO,* International trade statistics 2001; *Human* Development Report, 2002; *SIPRI* Military Expenditure Database, 2004.

ВВП/ВНП России в конце XX века. Из табл. IV.II. 5 видно, что Россия по ВНД в 2000 г. скатилась на 19-е место в мире, а на душу населения — на 114-е место. Показатель по ППС (на душу населения) ненамного меняет картину — 79-е место. Напомню, что в 1913 г. Россия по объему промышленного производства занимала 5-е место в мире.

Среди великих держав Россия была единственной страной, которая не развивалась, а разрушалась (за предыдущее десятилетие объем промышленного производства упал более чем наполовину). Среднегодовое падение ВНП было равно минус 6,1%. Другими словами, Россия выпала из разряда великих держав, откатившись не то что на сто, а на двести лет.

Военный потенциал. Если иметь в виду военные расходы, то, по данным СИПРИ за 2002 г., Россия уступала по этому показателю только США, превосходя западноевропейские государства и Японию[1]. Действительно, у России сохранился ядерный потенциал, образующий формальный паритет с США. На самом деле, скорее, это фикция, поскольку с военным бюджетом около 5 млрд долл. (по

1 *SIPRI* Yearbook 2002. Правда, надо иметь в виду, что в данном случае военные расходы России в виде исключения подсчитывались через ППС.

официальному бюджету России) невозможно содержать в нормальном состоянии ядерный потенциал страны. О степени боеготовности и квалификации вооруженных сил свидетельствует элементарный факт: почти за два года они оказались не в состоянии закончить войну в Чечне, т.е. уничтожить какие-то «бандформирования». В целом наличие ядерного стратегического потенциала всего лишь формально определяет статус России как великой державы.

Образование и наука. В 1917 г. образование работающего человека в России составляло 1 год обучения; в 1941 г. — 4 года; в 1960 г. — 6 лет, в 1990 г. — 10,5 лет (для сравнения в США — 14 лет). В 1990 г. в СССР было 5,2 млн студентов, в США — около 13,8 млн[1]. В Российской Федерации их количество уменьшилось до 4 млн к 1999 г., однако чуть ли не половина из них учится на вечерних и заочных отделениях, а также в частных самодеятельных «академиях» и «университетах», качество образования которых близко к нулю.

Теперь о финансовой стороне образования. В США статья бюджета по образованию в 1999 г. составляла 3,3%, т.е. 56 млрд долл. В 2000 и 2001 г. эти суммы выросли до 63 и 68 млрд долл.[2]. Но это всего лишь небольшая часть затрат на образование. Если учесть все относящиеся к образованию расходы федерального бюджета, которые проходят по другим ведомствам (например, через министерство сельского хозяйства), тогда названные суммы в 1999 г. увеличатся до 83, 1 млрд долл., в 2000 г. — до 90,1 млрд долл. Но и это не все. К названным расходам добавляются расходы штатов, региональных властей и «других» (имеется в виду поступления от частных лиц и организаций). В 1997 г. общая сумма на образование с учетом всех названных структур была равна 572, 4 млрд долл[3], а в 1999 г. она достигла 619 млрд долл. Эта как раз та сумма, которая и отражает те самые 5,4 процента от ВНП, указываемые в международных статистических справочниках[4].

Хотя эти суммы и впечатляют, надо иметь в виду, что относительные пропорции расходов на образование для стран, устремленных в будущее, т.е. развивающихся стран, еще более внушитель-

---

1 По данным зарубежных источников // Правда. 20.09.1994.

2 *A Citizen's* Guide to the Federal Budget, Fiscal Year 2001, 13.

3 *Statistical* Abstract of the United States: 2000, 153, 154.

4 *Доклад* о развитии человека за 2000 год, 194.

ные: для верхней десятки они достигают уровня 20–23% бюджета, далее до 37-го места — от 20 до 10%[1].

С Россией дело обстоит следующим образом. С 1991 г. по 1999 г. расходы на образование упали на 48%, а удельные расходы на одного ученика на 38%. Реально это означает следующее: в 1999 и 2000 гг. из бюджета федерального правительства на образование было выделено 3,6 и 3,75%, почти как в Америках. Но эти доли означают всего лишь 1,0 и 0,97 млрд долл.[2]. Российская статистика не дает подробной информации, как раскладываются эти цифры и существуют ли дополнительные каналы для финансирования образования. Поэтому названные цифры, видимо, следует рассматривать как «конечные», без каких-либо добавлений. (Хотя на самом деле это не так, но это отдельная тема).

Другая сторона этого же явления. По данным международных источников, в 1985 г. СССР выделял на развитие науки и техники около 2,2% своего ВНП, в 1999 и 2000 гг. эти затраты составили всего лишь по 0,3% ВНП России, иначе говоря по 0,5 млрд долл.

Таблица 3.IV.6.

Расходы по разделу «Фундаментальные исследования и содействие научно-техническому прогрессу» федерального бюджета за 2000 г.

	1992	1994	1995	1996	1997	1998	1999
Млрд р. (с 1998 г. млн р.):							
В фактически действовавших ценах	95,3	2366,3	4413,6	5699,6	8808,7	6239,4	11621,5
В постоянных ценах 1991 г.	5,99	3,69	2,44	2,25	3,01	1,94	2,21
В процентах:							
К расходам федерального бюджета	2,43	1,66	1,60	1,60	2,02	1,32	1,75
К валовому внутреннему продукту	0,50	0,39	0,29	0,27	0,35	0,23	0,26

По официальным данным, расходы на исследования и разработки, выраженные в текущих ценах, в России за 1989–1999 годы возросли с 10,9 млрд рублей до 47,3 млрд, а в постоянных ценах снизились

1 Asiaweek, January 24, 1997.

2 *Госкомстат* России за 1999 и 2000 г.; Независимая газета. 16.02.2000.

почти в 3,3 раза. В итоге в 1999 г., по предварительным данным, они не превышали 30% от уровня 1989 года[1].

По данным российских газет, из науки в целом ушла 1/3 исследователей, из академической науки — половина[2]. Наиболее талантливые, а это не менее 180–250 тыс. работников сферы науки, научного обслуживания и медицины, покинули Россию[3].

По другим данным вырисовывается такая картина:

— численность работающих в научно-технической сфере страны уменьшилась в 2,5 раза (с 2 млн в 1990 г. до 800 тыс. в 2000 г.);

— около 50 тыс. ученых (прежде всего, математиков, физиков, химиков, биологов) вынуждены покинуть Россию и работать в других странах;

— приток молодых специалистов снизился до критического уровня, поэтому средний возраст членов государственных академий наук — около 70 лет, докторов наук — более 60 лет, кандидатов наук приближается к 55 годам;

— материально-техническая база науки не обновляется 8—10 лет, на устарелом (морально и физически) оборудовании становится невозможным получать результаты современного мирового уровня;

— бюджетное финансирование научных учреждений сократилось более чем в 20 раз, при этом произошла резкая деформация структуры бюджетов научных учреждений: если в 1990 г. зарплата с начислениями составляла менее 50% бюджетных средств, то ныне — более 80%; резко возросла доля коммунальных платежей; фактические объемы средств, выделяемые на собственно научные исследования, обновление материально-технической базы и информационное обеспечение, сократились не менее чем в 70–100 раз[4].

Теперь сравнения. В США, например, на «науку» в 1999 ф.г.

---

1 Экономика и жизнь. 21.04.2000.

2 По данным А. Вольского, с 1991 г. исследовательские институты потеряли от 40 до 70% своих кадров, а их финансирование сократилось в 15 раз // Российская газета. 15.01.1997.

3 НГ Наука. 19.01.2000.

4 Советская Россия. 19.09.2000.

было израсходовано около 20 млрд долл. Но эта цифра никого не должна вводить в заблуждение. На самом деле через другие статьи бюджета правительство выделяет около 3–4% от бюджета, что приблизительно набирает сумму в 45,9 млрд долл. Но и к этой сумме надо добавить финансирование НИОКР частным сектором (169,3 млрд долл.) и университетами (около 11 млрд долл.). В результате получим 247 млрд долл. ежегодно[1]. У Японии эти затраты колеблются где-то от 120 до 130 млрд долл.

Демографическая обстановка. Население страны впервые после войны в 1993 г. сократилось на 300 тыс. человек, в 1994 г. еще на 920 тыс. человек, в 1995 г. — на 164,2 тыс. человек, в 1996 г. — на 475 тыс. человек. В последнем случае число умерших в 1,6 раз превысило число родившихся[2]. Самое же трагичное отражено в статистике уменьшения продолжительности жизни мужчин:

Таблица 3.IV.7.

Ожидаемая продолжительность жизни при рождении (число лет)

Годы	Мужчины	Женщины
1896	30,9	33,0
1926	39,3	44,8
1938	40,4	46,7
1958	61,9	69,2
1965	64,9	72,1
1970	63,0	73,4
1980	61,4	73,0
1987	64,9	74,3
1990	63,8	74,4
1991	63,5	74,3
1992	62,0	73,8
1993	58,9	71,9
1994	57,6	71,2

---

1 *Statistical* Abstract of the United States: 2000, 603.

2 По другим данным «ряд сокращения» населения выглядит следующим образом: в 1992 г. на 220 тыс. чел., в 1993 г. — на 750 тыс., в 1994 г. — 920 тыс., в 1995 г. — 785 тыс. человек // Правда. 10.VII.1996.

1995	58,3	71,7
1996	59,8	72,5
1997	60,8	72,9
1998	61,3	72,9
1999	59,8	72,2

Источники: Госкомстат. Здравоохранение в России. 1996, 2000; *Developments* in Russian Politics, 177.

Российский специалист по данной проблеме И. Гундарев, завлабораторией ГНИИ профилактической медицины, автор книги «Почему умирают в России, как нам выжить?», в интервью газете «Аргументы и факты» говорил: «Чтобы представить масштаб нынешнего демографического бедствия, сравним его для примера с чёрными в нашей истории тридцатыми годами: голод, коллективизация, высылки, репрессии. За счет этого страна потеряла 15 млн человек (это те, кто умер в результате названных причин и по тем же причинам не родившиеся). То есть на 100 тыс. населения ежегодно уходили из жизни дополнительно 890 человек. В России за последние 4 года этот показатель (избыточная смертность и нерождение) составил 1150 (!) человек в год на каждые 100 тысяч.»[1] Все пропорции рождаемости и смертности катастрофически ухудшились. Как писал один английский экономист, «трудно найти исторический прецедент такой смертности, когда нет войны и стихийных бедствий»[2]. «Независимая газета» делает такой вывод: «Оказалось, что по мощи ежегодного уничтожения человеческого потенциала российские реформы в два раза превышают силу сталинского режима, сопоставимы с первой мировой войной и уступают лишь интенсивности потерь в период гитлеровского нашествия»[3].

Отсюда следует, что нынешний режим демократов в десятки раз оказался тоталитарнее «тоталитарного» сталинского режима. Другими словами, в России наметилась тенденция вымирания нации. Этот тезис подтверждается рядом других цифр. По детской смертности Россия заняла 1-е место в Европе. По оценкам специалистов, сейчас больных детей рождается в 2,3 раза больше, чем 5

---

1 Аргументы и факты. № 8, февраль 1996 г.

2 Economist July 9, 1994, 50.

3 Цит. по: *Обзоры* СМИ России, 97.02.07.

лет назад. По данным Минздрава, 80% всех школьников подвержены той или иной болезни. Алкоголизм — известный бич России. К сожалению, «реформы» усугубили и эту проблему. По данным американского журнала «Ю.С. Ньюс энд Уорлд Рипорт», в 1988 г. в СССР было зарегистрировано 4,5 млн алкоголиков, к началу 1996 г. их количество увеличилось до 6 млн чел.[1]. Имеющая отношение к этой проблеме уникальность России: по сравнению с другими странами в России наибольший разрыв между продолжительностью жизни мужчин и женщин — 12,4 года (1999 г.).

Сокращение населения в немалой степени обязано экологической катастрофе в России, которая плохо осознается как в самой стране, так и на Западе. В докладе Министерства защиты окружающей среды и природных ресурсов сообщалось, что в результате беззаботности промышленности и агроиндустрии в течение десятилетий около 70% рек и озер России стали непригодными для питья. Около 80% системы водораспределений не отвечают стандартам гигиены, и 40% оборудования в этой системе совершенно устарело. До одной трети молочной продукции в Москве заражено кишечной палочкой. Сернистого газа в Москве в 2 раза больше, чем в Нью-Йорке, и в 8 раз больше, чем в Париже. 30% всех продуктов питания в Москве содержат ядохимикаты в опасном для здоровья количествах.

Предельные нормы поступления в организм радиоактивных веществ, установленные Минздравом СССР и действующие поныне, в 10 раз превышают нормы, принятые на Западе. Ежегодное «потребление» вредных веществ на «душу населения» составляет в среднем в России 400 кг.

Время от времени открываются все новые и новые факты, говорящие о том, что ситуация намного хуже, чем можно было вообразить. Перед встречей «стран восьмерки» в Москве, которая была посвящена проблеме ядерной безопасности, на одной из пресс-конференций (11 апреля 1996 г.) А.В. Яблоков, председатель межведомственной комиссии Совета безопасности РФ по экологической безопасности, сообщил о том, что самое радиационно загрязненное место на земле — это озеро Карачай (недалеко от Красноярска). Было сказано, что в этом небольшом озере содержалось до недавнего времени 120 млн кю (кюри). Чтобы дать представление, что

---

1 U.S. News & World Report, April 15, 1996.

это такое, надо представить, что весь чернобыльский выброс — это 50 млн кю. Это означает, что одно маленькое озеро обладало в два с лишним раза большей радиоактивностью, чем весь чернобыльский выброс. А вообще на территории «Маяка» (комплекс предприятий по производству оружейного плутония) содержалось радиоактивности около миллиарда кю. Из пресс-конференции четко так и не стало понятно, куда же все это делось[1].

По прогнозам ВОЗ, население России к 2015 г. должно приблизиться к отметке 130–135 млн человек. В настоящее же время, по данным той же ВОЗ, по продолжительности жизни Россия находится на 91-м месте, а через 20 лет она должна скатиться на 125-е место из 188 государств. По здравоохранению в 1999 г. Россия заняла 130-е место.

Статья специалиста по народонаселению Николаса Эберстадта, не без сарказма озаглавленная «Россия: не слишком ли больна, чтобы иметь значение», где приводятся данные о катастрофической демографической ситуации в России, завершается весьма симптоматичной фразой: «Похоже на то, что Россия собралась лечь в кровать на долгие-долгие годы»[2].

Индекс потенциала человеческого развития — ИПЧР. Как уже говорилось, с 1990 г. стали использовать ИПЧР, который агрегирует в себе:

- ожидаемую продолжительность жизни,
- уровень грамотности взрослого населения, а также совокупные показатели охвата детей школьным обучением,
- подушный доход скорректированный с учетом ППС в долларах США.

Из табл. 3.IV.5 видно, что Россия по данному индексу занимала в 2000 г. 60-е место среди 174 государств, уступая по нему не только всем развитым странам, но, между прочим, Кубе и Белоруссии, а также ряду азиатских, латиноамериканских и африканских стран.

---

1 Federal News Service (далее: FNS News): Пресс-конференция о ситуации на "Маяке" — самой радиационно-загрязненной территории России. 11 апреля 1996 г.

2 *Eberstadt*. Russia: Too sick to Matter? // Policy Review, № 95 (June&Jule 1999).

Примечательно, что в 1995 г. она занимала 57-е место. А в 1990 г. Советский Союз, в свои самые плохие годы, по этому же индикатору занимал 33-е место[1]. Таким образом, за восемь лет почти 30 государств сумели обойти пореформенную Россию.

Внешняя торговля. Напомню, что в 1913 г. доля России в мировой торговле варьировалась между 4-6%, (6-е место в мире). В 2000 г. эта доля упала до 1,2%; по экспорту — до 1,7% (17-е место), по импорту — 0,7% (28-е место)[2]. Табл. 3.IV.8 позволяет сделать некоторые важные выводы.

Таблица 3.IV.8.

Удельный вес регионов и отдельных стран в экспорте и импорте России/СССР/РФ

	1913		1980		1992		2000	
	Э	И	Э	И	Э	И	Э	И
Западная Европа	89	78	29,7	26,2	53,7	48,1	39,8	34,2
Восточная Европа			46,3	46,9	23,9	16,4	22,8	7,8
Северная Америка	1	6	0,4	5,2	2,2	11,4	7,8	8,6
Восточная Азия	2	6	5,2	5,2	13,5	15,6	7,8	5,3
Ближний Восток	6	4	2,5	1,2	2,5	1,6	2,8	0,6
Южная Азия	0	3	2,3	2,6	1,6	2,6	1,2	1,8
Африка	0	0	1,4	1,4	0,6	1,3	0,6	1,8
Лат. Америка			4,7	7,6	0	0,8	1,0	2,6
Германия	30	47	5,8	6,6	14,8	19,4	8,9	11,5
Англия	18	13	1,7	2,1	5,8	1,6	4,5	2,5
Франция	7	4	4,5	3,4	4,9	3,7	1,9	5,6
Италия	н.д.	н.д.	4,2	2,1	7,4	8,8	7,1	3,6
США	1	6	0,3	3	1,7	8,3	7,7	8,0
Япония	0	0	1,9	4	3,9	4,8	2,7	1,7
КНР	2	6	0,3	0,3	6,9	4,8	5,1	2,8

Подсчитано: за 1913 г. — *Хромов.* Экономическое развитие России в XIX–XX веках. 1800—1917. М., 1950, 490–3; *IMF.* Direction of Trade Statistics Yearbooks (DOTS), 1984, 1997, 2001.

---

1 Литературная газета. 23.VII.1996.

2 *International* trade statistics 2001.

Во-первых, динамика распределения доли регионов и стран в совокупной торговле России с 1913 по 2000 г. свидетельствует о том, что хотя значение Европы и понизилось к концу века, однако она остается, как и прежде, главным торговым партнером России. Торговая доля одной Германии перекрывает удельный вес всей Восточной Азии, включая Японию и Китай. Поэтому разговоры о том, что России активнее надо поворачиваться в сторону «АТР», которые ведутся на протяжении всего столетия, а ныне в особенности «АТР»-болтунами, не имеют под собой объективной почвы. Россия как была, так и будет устремлена на Европу.

Во-вторых, прослеживается закономерная стабильность малой значимости для российской торговли таких регионов, как Африка, Латинская Америка, Южная Азия, Ближний и Средний Восток, не говоря уж об Австралии с Океанией. Причем надо иметь в виду, что временные всплески подъема значимости этих регионов определялись или конъюнктурными факторами, или фактором продажи оружия, а не реальной целесообразностью, обычно вытекающей из объективных экономических интересов.

В-третьих, довольно резкое увеличение доли США во внешней торговле России в период капитализации страны также в значительной степени вызвано не столько экономическими интересами, сколько политическими соображениями. В последующем следует ожидать снижение этой доли из-за неизбежного ухудшения общего климата в американо-российских отношениях.

В-четвертых, табл. 3.IV.9 показывает крайне незначительную долю России во внешней торговле великих держав. Эта доля еще меньше в торговле практически всех стран мира. Другими словами, Россия в целом не оказывает влияния на состояние мировой торговли, за исключением трех позиций: нефть, газ и оружие. Это значит, что за пределами СНГ Россия не является страной, которая оказывала бы заметное влияние на мировую торгово-экономическую ситуацию.

Таблица 3.IV.9.

Удельный вес России в экспорте и импорте отдельных стран

	1993		2000	
	Э	И	Э	И
Германия	1,9	1,9	1,1	2,7
Франция	0,7	1,3	0,5	1,3
Италия	1	2,6	1,0	3,2
США	0,6	0,3	0,3	0,6
Япония	0,4	1,1	0,1	1,2
КНР	2,9	4,8	0,9	2,6

Подсчитано: IMF. Direction of Trade Statistics Yearbooks (DOTS), 1997, 2001.

В-пятых, Россия не является членом ни одной из интеграционных зон или полей, она не участвует в глобализации, а представляет собой пассивный объект интернационализации. Такое положение является отражением ее слабой экономической массы.

В-шестых, у России нет реальных возможностей ни в ближайшей, ни в среднесрочной перспективе вырваться в разряд крупных торговых держав мира. Вера в потенциальные возможности России, увязанные с действительно громадными природными ресурсами страны, абсолютно беспочвенна, поскольку не они определяют место государства в мире.

* * *

Общий вывод. За прошедшие сто лет место России и соответственно ее статус в мире скачкообразно менялись: до 1917 г. она занимала 5-е место со статусом региональной державы; с 1917 до 1985 г. — 2-е место со статусом сверхдержавы, после 1991 г. — резкое падение — 19-е место со статусом государства, значимого только на географическом пространстве СНГ.

Это означает, что Россия откатилась назад не только в сравнении с периодом существования СССР, но и по сравнению с периодом царской России начала XX века. Феномен этого явления заключается в том, что такой откат произошел не в результате войны или природных катастроф, а в мирное время из-за антисоциалистического переворота, осуществленного псевдодемократами во главе с Горбачевым, а затем усугубленного Ельциным.

Совершенно очевидно, что нынешний статус неестествен для такой страны, как Россия, — страны, которая на протяжении многих веков являлась структурообразующим элементом каркаса международных отношений. Есть ли у нее действительный потенциал вернуть себе статус великой державы, — тема другой книги.

ГЛАВА V

ВНЕШНЕПОЛИТИЧЕСКИЙ ПОТЕНЦИАЛ РОССИИ

Многие российские аналитики продолжают считать Россию великой державой, а с военной точки зрения даже центром силы, указывая при этом на стратегический ядерный потенциал государства, удовлетворяющий принцип «стратегического паритета» с США[1]. Они не понимают или не хотят понять некоторых простых вещей. В современных условиях ядерное оружие является силой сдерживания, т.е. оно статично. Его в принципе нельзя использовать. Оно не дает возможности добиваться влияния за пределами своего государства. Правда, ядерный потенциал дает определенные очки с точки зрения престижа государства, указывая на научно-технический потенциал страны. Но с международной точки зрения влияние приобретается не столько наличием ядерного потенциала, сколько наличием союзнических отношений, сетью военных баз, океаническим ВМФ, а также современными неядерными компонентами вооруженных сил, которые можно использовать за рубежом в отношении конкретных стран без нанесения ущерба всему миру. Достаточно вспомнить: несмотря на стратегический паритет с США, СССР потерпел поражение в холодной войне.

---

1 На самом деле это иллюзия, которая начинает осознаваться наиболее трезвомыслящими учеными. Например, С. Рогов пишет: «Значительно ухудшился баланс военных сил в Европе. Сегодня НАТО превосходит Россию в 3–4 раза по количеству основных видов обычных вооружений. Качественное превосходство Запада является еще более существенным и в ближайшие годы будет возрастать. ...Наметилась перспектива нарушения военно-стратегического баланса в пользу США из-за неспособности России поддерживать паритет на уровнях, предусмотренных Договорами СНВ-1 и СНВ-2» // НГ–Независимое военное обозрение. 12.01.2001.

В немалой степени это поражение было вызвано и тем, что были нарушены оптимальные пропорции в финансировании внешней и внутренней политики в рамках государственного бюджета. В СССР затраты на международную деятельность фактически разорили страну, причем на разорение работали все его составляющие, но особенно его военный аспект. И хотя в то время никто не подсчитывал внешнеполитический потенциал Советского Союза, однако многие эксперты утверждают, что на «войну» работало если не 2/3, то половина экономики, соответственно пожиравшая и львиную долю бюджета. В результате — крах по всем фронтам.

* * *

Какова же нынешняя ситуация в финансировании внешней политики России в сравнении с некоторыми другими важными государствами. Но предварительно надо сформулировать понятие *внешнеполитический потенциал*, о котором вскользь говорилось в теоретической части. Поскольку это понятие впервые вводится в теорию внешней политики и международных отношений, чуть подробнее надо сказать о его связях с другими понятиями и методами его вычисления.

Итак,

внешнеполитический потенциал (ВПП) государства есть суммарный ресурс, затрачиваемый на проведение внешней политики.

Будучи целевой совокупностью ресурсов, ВПП реализуется через аппарат внешней политики, состоящий из органов экономических отношений, военных, дипломатических, пропагандистско-идеологических, спецслужб, организаций движения людских потоков через границу государства и т.д.

ВПП является не только частью экономической мощи государства, но и его производной. В то же время его объемы определяют экономическую сторону роли государства в мире, т.е. именно от объема ВПП зависит геостратегическая структура мира в соответствии с законом центра силы.

ВПП вычисляется на основе расходной части государственных бюджетов, где фиксируется финансирование всех видов деятельности государства. Проблема заключается в том, что не все государства публикуют в полном объеме госбюджеты, стараясь скрыть от общественности те или иные статьи бюджета. Например, в федеральном бюджете России многие статьи, имеющие отношение к ВПП, или слишком общи, или просто засекречены. При страноведческом сопоставлении трудности возникают также в связи с тем, что распределение бюджетных ресурсов не совпадает по «строкам». Например, США в строку «Международная деятельность» включают содержание Госдепартамента, финансирование международных организаций и т.д. (см. часть первую, гл.V), в то время как в бюджете, скажем, Великобритании затраты на МИД (Foreign & Commonwealth Office) отделены от финансирования членства в Европейском сообществе. В Японии международная деятельность финансируется через МИД, однако большая часть расходов по «Официальной помощи развитию» проходит по другим ведомствам. В Италии международная деятельность обозначается строкой «Внешние связи», и не всегда просто разобраться, по каким строчкам финансируются другие аспекты международной деятельности.

При всем этом надо иметь в виду, что основная часть ВПП складывается из трех позиций: расходы на

1. национальную оборону,
2. международную деятельность (дипломатия),
3. внешнеэкономическую деятельность.

Обычно эти три компонента в среднем составляют 85–90% от финансирования всего ВПП. Мне же придется ограничиться первыми двумя частями ВПП, поскольку ее третья часть — внешнеэкономическое сотрудничество — четко не зафиксирована в бюджетах России за 1998–2000 ф. г. Для целей данного исследования это более чем достаточно, поскольку прежде всего «оборона» и «международная деятельность» определяют силовой сегмент геостратегического поля.

Для того чтобы табл. 3.V.10 была более понятна, надо иметь в виду, что строка «Международная деятельность» для США означает статью бюджета через Function 150 Account (ее содержание см. в части первой, гл.V), для Японии она финансируется через МИД, для Англии — также через МИД плюс Net Payments to EC institutions, для России — по строке «Международная деятельность».

Для России эта строка означает: международное сотрудничество, участие в миротворческой деятельности, реализация межгосударственных договоров в рамках СНГ, международные культурные, научные и информационные связи, экономическая и гуманитарная помощь другим государствам.

Таблица 3.V.10.

Внешнеполитический потенциал США, Японии, Англии и России (на 2000 ф. г., млрд долл.)

	США	Япония	Англия	Россия
Международная деятельность	22,6	7,0	6,1	1,8
Доля в бюджете, %	1,2	0,9	1,1	6,6
Национальная оборона	304,1	44,7	34,7	5,0
Доля в бюджете, %	16,7	5,8	6,2	16,5

Источники: Россия: О федеральном бюджете РФ на 2000 ф. г. (Госкомстат РФ); остальные страны: бюджеты на 2001-02 ф. г.

Из табл. 3.V.10 видно, что ВПП США равен приблизительно 327 млрд долл., Японии — более 50 млрд долл., Англии — около 41 млрд долл., России — около 7 млрд долл. Эти цифры красноречивее слов говорят о том, кто есть кто на мировой арене. Причем с точки зрения внешнеполитической активности важной строкой является именно строка по международной деятельности, поскольку именно она финансирует постоянные *действия* на международной арене, она является, если можно так выразиться, кинетической энергией. Строка по национальной обороне хотя тоже не «бездействует» (особенно в политике США и Англии), но в сфере международных отношений работает в исключительных случаях. Это, так сказать, потенциальная энергия. Но потенциал обороны, как уже говорилось выше, формирует часть образа государства.

Обращает на себя внимание то, что ВПП Англии и Японии значительно превосходят ВПП России. При этом две первые страны не ставят себе задачу, по крайней мере на официальном уровне, стать «великой державой». Россия же претендует на статус великой мировой державы, о чем свидетельствует «Концепция внешней политики РФ». В ней поставлена, например, такая цель:

> обеспечение надежной безопасности страны, сохранение и укрепление ее суверенитета и территориальной целостности, прочных и авторитетных позиций в мировом сообществе, которые в

наибольшей мере отвечают интересам Российской Федерации как великой державы, как одного из влиятельных центров современного мира...[1].

Эту цель Россия, видимо, собирается реализовать, опираясь на 1,8 млрд долл.

Совершенно очевидно, что с таким финансированием Россия не добьется вожделенного статуса, как бы ее руководители ни убеждали себя и других, что Россия — великая держава.

Как уже говорилось, ВПП определяет материальную базу категории *роль*, которая в системе международных отношений означает субъективную оценку внешней политики страны.

Изложу эту взаимосвязь на примере СССР.

Роль Советского Союза была действительно велика в мире, что позволяло ей занимать статус сверхдержавы. Этот статус был достигнут за счет фактического равенства ВПП США и СССР. В то же время ВПП США опирался на экономическую мощь, более чем в два раза превосходившую экономическую мощь Советского Союза. Другими словами, поддержание статуса сверхдержавы, вынуждавшее Москву тратить колоссальные ресурсы на свой ВПП, наносило ущерб всей экономике СССР через сокращение расходов на внутреннюю политику в стране. Неслучайно, когда СССР достиг равновесного стратегического паритета с США к началу 80-х годов, темпы роста его ВНП в 80-е годы сократились до 1,8 % (в 70-е годы ежегодный прирост в среднем был равен 3%)[2]. В то время как у США темпы роста ВНП постоянно повышались, особенно в 80-е годы. Иначе говоря, страна на какой-то определенный момент может нарушить определенные соотношения между затратами на внутреннюю и внешнюю политику, а в более общем плане между ВНП и ВПП, но рано или поздно она рухнет. Причем вне зависимости от того, какую роль-образ она создаст на мировой арене. Например, благодаря искусной пропаганде можно создать положительный, миролюбивый образ страны на мировой арене. Но качественная оценка роли не имеет значения, если этот образ

---

1 Концепция внешней политики Российской Федерации // Независимая газета. 11.07.2000.

2 Кудров. Советский экономический рост: официальные данные и альтернативные оценки // Вопросы экономики, 1995, № 10, 106.

не будет обеспечен реальным внешнеполитическим потенциалом, соразмерным экономической мощи государства. Многие страны воспринимают, к примеру, США как агрессивное государство. Несмотря на этот негативный образ, США добиваются своих целей, поскольку ВПП США находится в гармоничном сочетании с затратами на внутреннюю политику, а все вместе опирается на громадный экономический потенциал страны.

И в этой связи встает задача решения оптимальных пропорций между затратами на внутреннюю и внешнюю политику. В ходе холодной войны до середины 70-х годов доля ВПП США в бюджете государства составляла около 42%, у ФРГ эта доля достигала 31—32%, Франции — от 29 до 20%, Англии — от 26 до 16%, Италии — от 15 до 9%, Японии — от 10 до 8 % (из них доля на «международную деятельность» в среднем варьировалась от 1 до 3%). К началу 90-х годов доля ВПП сократилась (прежде всего за счет резкого уменьшения расходов на национальную оборону) для США — до 25%, ФРГ — до 23%, Франции — до 20%, Англии — до 15%, Италии — до 6%, Японии — до 7%[1]. В 90-е годы удельный вес ВПП у названных стран сократился еще больше.

Иная картина вырисовывается у России. У нее, хотя и не в таких масштабах, как в СССР, нарушены оптимальные пропорции между статьями расходов в бюджете на внутреннюю и внешнюю политику и, соответственно, соотношения между ВПП и ВНП. Рассмотрим эту проблему на примерах с другими странами.

США, утверждая свое лидерство в мире, ограничивает свою «Международную деятельность» 1,2% бюджета, Япония — 0,9%, Англия — 1,2% (у Германии, Франции и Италии — аналогичные пропорции). Россия же расходует на эту строку 6,6% (!).

На самом деле эта цифра значительно выше, поскольку в ней не учитываются затраты на информационно-пропагандистское обеспечение внешней политики, финансирование процесса выработки внешнеполитических решений (например, подготовка концепций и доктрин и прочих аналогичных документов), содержание различных организаций типа Центра стратегических исследований и т.д. и т.п. — на все то, что в США в деталях прописано в строке «Меж-

---

1 Государственные бюджеты ведущих капиталистических стран (бюджеты центральных органов власти).

дународная деятельность». Таким образом, если добавить расходы на эти организации (включая расходы на содержание МИД РФ) плюс расходы на информационно-пропагандистское обеспечение на за рубеж, то в целом может получится около 2-2,1 млрд долл, или 7,3-7,4% от всего бюджета.

Объединив две составляющие ВПП (международную деятельность и оборону), получим: у США он будет равен 17,9% бюджета, у Японии — 6,7, у Англии — 7,3, у России — около 24%.

Если же добавить к этой сумме затраты на другие сферы безопасности, имеющие отношение к внешним угрозам (органы госбезопасности, пограничная служба, утилизация и ликвидация вооружений), то обнаружим приблизительно такие цифры (на 2000 ф.г.): для США — 19–20%, Японии — около 7,5%, Англии — 8,0%, а у России — 33,3%.

Таблица 3.V.11.

Внешнеполитический потенциал России

	1995 трлн р.	1999 млн р.	2000 млн р.	2001 млн р.	2002 млн р.
Межд. деятельность	27,3	58080	56119	22183	42.858
Доля в бюджете, %	9,9	8,7	6,6	1,9	2,2
Национальная оборона	49,6	116127	140852	218925	300702.8
Доля в бюджете, %	18,0	17,5	16,5	18,3	15,4
Правоохранительная деятельность и обеспечение безопасности гос-ва	20,2	55446	79801	131621	173863.3
Доля в бюджете, %	7,3	8,3	9,3	11,0	8,9
В том числе:					
Органы госбезопасности	н.д.	8443	н.д.	21192	31814
Доля в бюджете, %	н.д.	1,3	н.д.	1,8	1,6
Органы погранслужбы	н.д.	5587	н.д.	11943	17558
Доля в бюджете, %	н.д.	0,8	н.д.	1,0	0,9

Примечание: 1999 г. фактически исполнено.

Источники: подсчитано по данным Госкомстата Российской Федерации за 1995 г., а также данным Минфина: О федеральном бюджете на 1997, 2001, 2002 гг. О предварительных итогах исполнения федерального бюджета Российской Федерации за 1999 год.

Получается, что центр глобальной силы — США — тратит на поддержку своей гегемонии около 20% бюджета, «просто» великая держава — Япония — менее 10%, а рвущаяся к великодержавию Россия — более 30%.

В принципе в этом нет ничего удивительного: государство, рвущееся к слому структуры международных отношений, всегда затрачивает больше, чем государство, уже завоевавшее лидерство в мире. Проблема же заключается в том, что 30% бюджета опирается на слабую неустойчивую экономику, уязвимую как внешними факторами (цена на нефть, например), так и внутренними факторами (возможность социального взрыва). Внешнеполитический потенциал России «пожирает» более важные статьи расходов в бюджете, от объема которых зависит само существование нынешнего капиталистического государства. Другими словами, погоня за фантомом статуса «великой державы», который не может быть достигнут из-за низкой экономической массы, может привести к дальнейшему развалу страну и вымиранию населения.

Нынешняя российская политика — классический образец «затратной» политики, унаследованной от руководителей «развитого социализма». Результаты всем известны. Нетрудно пропрогнозировать и результаты нынешней политики.

Главная задача любой внешней политики заключается в том, чтобы как минимум она не наносила ущерб экономической массе страны, как максимум увеличивала эту массу. В свое время президент Клинтон в докладе за 1999 г. «Национальная стратегия США в 21 веке» четко призвал: один доллар, затраченный за рубежом, должен принести стране 10 долларов. Но для этого не только необходимо ставить реальные задачи, но и рационально сопрягать их с финансовыми, а еще более правильно, экономическими возможностями страны.

Практика международной деятельности процветающих государств показывает, что региональные лидеры на международную деятельность в совокупности выделяют максимум 10% от бюджета; мировой гегемон — США — 20%; локальные державы — менее 10% при экономической массе (ВНП/ВВП) более 500 млрд долл. Эти пропорции могут нарушаться или в исключительных случаях, как с Тайванем, или Южной Кореей, или неразвитыми странами, которые втянуты в региональные конфликты докапиталистического типа (например, в Африке).

Безусловно, случай с Россией не является типичным: она всегда тратила колоссальные суммы на «оборону отечества» (см. табл. 3.V.12). И это объясняется не только историческими причинами (постоянные внешние угрозы), но и некомпетентностью правящих кругов страны, находившихся в плену ложно созданных стереотипов, например относительно национальных интересов государства. К примеру, полувековая борьба за Босфорский пролив абсолютно не соответствовала национальным интересам России по той простой причине, что торговля и в целом развитие страны не было связано со странами Средниземноморского бассейна. Отставание России в экономическом развитии в немалой степени было вызвано громадными затратами на внешнюю политику, на поддержание статуса великой державы, выгоды от которого имели именно противники России, поскольку «игры» на мировой арене разоряли как царскую Россию, так и Советский Союз эпохи брежневизма.

Таблица 3.V.12.

Финансирование внешней политики царской России (госрасходы в тыс. рублях ассигнованных до 1840 г., далее — серебряных, с 1881 г. — в тыс. рублях; в скобках — доля в % от всего бюджета)

	Всего	МИД	Военное м.	Морское м.
1804	122163	1443 (1,2)	41942 (34,3)	10742 (8,8)
1850	287187	1986 (0,7)	103045 (35,9)	17911 (6,2)
1860	438239	2196 (0,5)	106655 (24,3)	22144 (5,1)
1870	481764	2490 (0,5)	145211 (30,1)	20135 (4,2)
1880	694505	4 787 (0,7)	208576 (30,0)	29354 (4,2)
1890	877789	4811 (0,5)	228110 (26,6)	40693 (4,6)
1900	1599186	5 390 (0,3)	331541 (20,7)	88561 (5,5)
1913	3094248	11500 (0,4)	581100 (18,8)	244847 (7,9)

Источник: *Хромов*. Экономическое развитие России в XIX–XX веках. 1800–1917.

Феноменально, но этот старый русско-советский умострой сохранился до настоящего времени. Пример. Журналист из «Независимой газеты» (26.07.2000) обвиняет Минфин за то, что тот блокирует выделение 1 млн долл. на вступительные взносы в Фонд сотрудничества с АСЕАН. Он полагает, что этот миллион — ничто по сравнению с выгодами от сотрудничества со странами этого блока. Наивный человек. О каких выгодах может идти речь, если доля торговли стран АСЕАН на протяжении всего существования этой организации не превышала 1%, а в АСЕАН ныне, между прочим, входит 10 государств. Журналист уверяет, что Россия может приобрести «политические выгоды». Это означает, что он не понимает, что все политические выгоды, если они не преобразуются в экономические, не имеют никакого значения. В принципе любая политика «затратная». Но она становится рентабельной только при обращении политической деятельности в экономические выгоды. Вспомните того же Клинтона. Я уверенно заявляю: внесет Россия этот миллион или не внесет в асеановской фонд, ее торговые доли, так же как и доли асеановцев, ни на йоту не увеличатся, пока страна имеет экономическую массу ниже 500 млрд долл. То же самое относится и к участию России в разрекламированной АТЭС. Это взносы, выбрасываемые на ветер. Те же 35 млн долл. в ПАСЕ. Все они — болтологические организации, кормящие бюрократов.

Не берусь утверждать на сто процентов, но где-то вычитал: РФ входит почти в 2000 международных организаций. Соответственно платит взносы. Сколько — никто не считал. Давно необходимо сосчитать и проанализировать степень необходимости вхождения в эти организации. Российский гражданин, как налогоплательщик, не должен оплачивать дармовые поездки бюрократов в различные страны, пользу от которых имеют только сами эти бюрократы и их семьи.

Общие выводы. Во-первых, выигрывает тот, кто умеет считать. Во-вторых, Россия не является великой державой, тем более она не является центром силы. В-третьих, все претензии стать таковым обречены на провал.

ГЛАВА VI

СТРАТЕГИЧЕСКИЕ ПЕРСПЕКТИВЫ РОССИИ

Я не являюсь наивным человеком, чтобы предполагать, будто нижеизложенное окажет какое-то влияние на людей, вовлеченных в процесс формирования и реализации внешней политики России. У меня слишком длинный список предложений, который был отвергнут политическими и академическими чиновниками при власти. Начиная где-то с 1976 г., когда я начал активно участвовать в ситуационных анализах и готовить справки «наверх», я встречал полное несогласие со всеми моими оценками международной ситуации и, соответственно, полное неприятие предлагаемых мной действий. Мне не верили, когда я говорил, что японо-китайский договор 1978 г. не приведет к формированию военно-политического альянса между Японией и КНР, на чем настаивало большинство ученых и «ответственных работников» из международного отдела ЦК КПСС; со мной категорически не соглашались, особенно «ученые» из «примаковской команды», когда я утверждал в начале 1980-х годов, что Тихоокеанское сообщество не может быть организовано в принципе даже как экономическая организация. В 1988 г. на Круглом столе с участием журнала «Шпигель» мое утверждение о неизбежности объединения двух Германий вызвало смех у советских германистов и напряженность во взглядах, когда я говорил о бесперспективности предложения Горбачева создать «общий дом в Европе». Недоверие со стороны американских русологов из Стэнфордского университета вызвало и мое утверждение, сделанное во время конференции во Владивостоке в июне 1991 г., о неизбежности распада СССР и о том, что проблемы безопасности на Дальнем Востоке надо обсуждать не с горбачевской администрацией, а с ельцинской (советские участники из ИДВ восприняли мое утверждение как провокационную шутку). С аналогичной реакцией я сталкиваюсь и в капиталистической России. Например, на Круглом столе, устроенном Горбачев-Фондом, сам Горбачев и многие другие всерьез обсуждали план экономического развития, выдвинутый только что назначенным на пост премьер-министра Е. Примаковым. Мои же утверждения, что этот план невыполним в принципе, а сам Примаков просто долго не усидит на премьерском посту, вызвали недоумение у присутствующих, в том числе у зарубежных специалистов, например, Маршалла Голдмэна из Гарварда. В ответ на мой пессимизм все выражали исторический оптимизм: и в советские, и в нынешние капиталистические времена.

Но во всех случаях мои прогнозы оказывались верными, и все последующие события подтверждали мою правоту. Однако, несмотря на провал всех без исключения прогнозов и оценок оптимистов (достаточно почитать работы того же Примакова), именно эти «провалившиеся» делают погоду в политике, продолжают участвовать в тех или иных звеньях внешнеполитического процесса. Именно они — Горбачев, А.Н. Яковлев, Ельцин, Примаков и их окружение: советники и эксперты — несут ответственность за развал СССР, за провалы во внутренней и внешней политике страны, доведшей ее до 19-го места в мире по ВВП, до того, что Россия фактически исчезла с мировой арены как структурообразующий элемент международных отношений. Я не думаю, что все это делалось сознательно: они ошибались. Но это те самые ошибки, которые хуже преступления. Как это возможно?

Существует много причин для подобного феномена. Одна из них, весьма важная, — это встроенность чиновников от науки или политики в уже устоявшиеся институциональные структуры, которые диктовали и диктуют поведение и ход мыслей. Можно ли представить, чтобы министр иностранных дел выступал за сужение дипломатической деятельности, а следовательно, и сокращение штата аппарата МИДа? Представить невозможно.

Другая причина, присущая русскому умострою, — отсутствие традиции считать: сколько стоит политика? Сколько стоит та или иная акция? Насколько адекватны цель и затраты на ее реализацию?

На одной из пресс-конференций, на которой М. Горбачев представлял итоговый доклад исследовательского проекта «Самоопределение России» (он проанализирован в соответствующем разделе), я спросил его, сколько Россия тратит на внешнюю политику и сколько будет стоить реализация предложений, обозначенных в докладе. Горбачев, смутившись, передал слово Г.Х. Шахназарову. Известный политолог и международник не ответил, сославшись на то, что за «международные части» отвечал К.Н. Брутенц, который на пресс-конференции не присутствовал. Я был готов к такому незнанию. Но меня тем не менее потрясает тот факт, что люди, занимавшие столь высокие посты в государстве, не знают даже порядок затрат на внешнюю политику. Это касается и нынешних «полиси-мейкеров». Таков их уровень компетенции, определяющийся спецификой российского мышления.

Еще одна важная причина: в России (СССР) чиновники при власти никогда не критикуют свое начальство, не говоря уже о высшем руководстве страны. Можно ли представить, чтобы директор какого-нибудь академического института обрушился с критикой на президента за провальную политику? Никогда. Иначе он просто слетит со своего поста, или в лучшем случае урежут бюджет его институту. «Место» дороже «истины». Другой пример. В. Путин написал (или подписал) статью об «АТР», в которой предлагает строить с этим несуществующим «АТР» Общий дом. Более неграмотной статьи просто трудно вообразить. И ни один из российских «ученых» не подверг ее критике. И дело здесь не только в «месте» и «истине». Дело в рабской психологии бюрократии России, особенно ее высшего звена (просто противно смотреть по телевидению на их подобострастные физиономии и полусогнутые фигуры при встречах с президентом). Рабами были, рабами и остались.

Поэтому нижеизложенное, повторюсь, не рассчитано на этих чиновников (которые, кстати, вообще вряд ли что читают), а обращено к тем, кто еще не потерял способности рационально мыслить, а значит объективно оценивать реальный мир и мир реальностей.

* * *

Нынешняя Россия оказалась в стратегическом капкане, в который ее загнала попытка перестроить страну на западнокапиталистический лад. Внедрение западных моделей власти и рыночной экономики разрушило бывшую социалистическую надстройку и существенно деформировало экономический базис. Но вместо ожидаемого прорыва в экономическом развитии страна откатилась во второй десяток стран по своему экономическому потенциалу в абсолютных выражениях; в относительных — она попала в разряд развивающихся государств Третьего мира. Единственным признаком сверхдержавности остался ракетно-ядерный потенциал, стратегические возможности которого также вызывают большие сомнения.

Политическая деградация, экономический упадок, социальная напряженность внутри страны в любой момент могут вызвать новую перетасовку сил с неизбежным появлением новых политических структур в надстройке и в базисе.

В таких условиях крайне трудно формулировать концепцию внешней политики страны, которая не определилась окончательно в одном из главных фундаментальных интересов — в идеологическом интересе. Идеология обычно является душой и стержнем любых доктрин или концепций национальных интересов и национальной безопасности. Именно идеология определяет выбор союзников и в свою очередь позицию внешней среды к проводнику той или иной идеологии. И все же, несмотря на неопределенность данного фундаментального интереса-ценности, существуют другие фундаментальные интересы, хотя и «бездушные», но не менее важные. О них я уже говорил, но здесь необходимо повторить еще раз. К ним относятся: 1) территориальная целостность, 2) политическая независимость или суверенитет, 3) потребность в экономическом развитии, 4) национально-культурная самобытность. Поскольку фундаментальные интересы отражают объективные потребности государства, делающие возможным само его существование, они не подлежат никаким компромиссам и защищаются всеми имеющимися средствами, вплоть до военных. Но это общие положения, применимые к любым странам.

Исходя из этой реальности, т.е. «текущего момента», а также всех тех соображений, которые были изложены на страницах данной книги, я предлагаю свой вариант поведения России на международной арене, который сформулирован в виде *Концепции рациональной внешней политики России.*

Концепция рациональной внешней политики России

Данная Концепция прежде всего опирается на пять базовых принципов:

1. Затраты на внешнюю политику должны увеличивать ВВП государства, а не уменьшать их.

2. Внешнеполитический потенциал (ВПП) страны должен быть рационально сопряжен с затратами на внутреннюю политику и в нынешних условиях не должен превосходить 10% от всего бюджета.

3. Внешнеполитические цели должны быть сформулированы на основе реальных финансовых возможностей по их реализации, т.е. соответствовать сумме ВПП.

4. Место и роль страны должны быть оценены на основе законов геополитики и геостратегии.

5. Система и структура международных отношений должны оцениваться из объективных реальностей, а не субъективных (желательных) или идеологизированных представлений на мир.

Как было установлено в предыдущих главах, Россия не является великой державой, «полюсом» или «центром силы», а представляет собой государство со сферой влияния, ограниченной пространством СНГ. Попытки реализовать цели за пределами своего влияния обречены на провал. Признание этих фактов — первое условие рациональной внешней политики.

Вторым условием является приведение целей в соответствие с ВПП, который для нынешних условий в стране представляется завышенным почти в три раза. По строке «Международная деятельность» он должен быть уменьшен с 8,3% (в 2000 ф. г. 6,6%) до 2,0%, а по строке «Оборона» — с 17,5% (с 16,5% по бюджету 2000 ф.г.)

до 8,0%[1]. Надо заметить, что даже предложенные доли превышают аналогичные у Японии и европейской Четверки.

Для МИДа такая постановка вопроса означает сужение сферы деятельности на международной арене, имея в виду не только географическое пространство, но и вовлеченность в международные проблемы. Соответственно подлежит сокращению штат сотрудников центрального аппарата до 2000 человек, а также наполовину число сотрудников посольств и российских представительств. Сокращать необходимо «устаревшие» кадры, а также массу чиновников, вовлеченных в ИБД (иллюзия бурной деятельности). Уменьшение количества должно компенсироваться ростом производительности труда оставшихся в 5–6 раз, т.е. до объема работ, которые выполняют, например, дипломаты Японии.

Естественно, такая реформа предполагает также деструктуризацию подразделений МИДа в соответствии с новыми задачами и с отмиранием старых задач.

Успешное проведение внешней политики требует, помимо всего прочего, объективного знания окружающего мира, которое в данном случае предполагает, с одной стороны, знание оценок места и роли России ведущими акторами международных отношений, с другой — структуры международных отношений в системе геоэкономики и геостратегии. Это вроде бы очевидные вещи, но не для российских политиков. Из предыдущих глав видно, что большинство из них полагает, что геоэкономический мир — это мир глобализации или интеграции, а геостратегический мир — многополярен.

На самом деле мировая экономика состоит из трех типов экономического взаимодействия: интернационализации, интеграции (в развитой форме — только в Западной Европе) и глобализации, причем доминирующим типом экономики остается интернационализация. У России нет экономических возможностей участвовать ни в интеграционном поле (за пределами стран СНГ), ни в процессе глобализации (он управляется «золотым миллиардом»). Это означает, что единственным полем действия для России остается интернационализация. При этом следует ограничить себя и в этом

---

1 Хотя вооруженные силы находятся в процессе «реформ», но я сомневаюсь в их эффективности. Тем не менее далее эту тему я здесь затрагивать не буду, поскольку в данной главе речь в основном пойдет о концептуальных основах национальных интересов России.

пространстве, не пытаясь охватить весь мир, а сконцентрироваться на отдельных стратегических странах.

Необходимо также признать, что в геоэкономическом и геостратегическом пространствах утвердился один «полюс» и один «центр» силы, которые в обоих случаях возглавляются США. Такое состояние скорее всего продлится в течение 20–25 лет. И через короткую «многополярность» в последующем эта система сменится на устойчивую биполярность и два центра силы в результате превращения Китая в сверхдержаву.

России необходимо отказаться от концепции «многополярности» не только из-за ненужных затрат на приобретение статуса «силы» и «полюса», но и из-за того, что многополярная система представляет самый опасный вариант международных отношений (это борьба всех против всех). Вместо «игр» на геостратегическом поле России целесообразнее сконцентрироваться на решении внутренних проблем, а также проблем укрепления СНГ.

Исходя из ВПП в 10% от бюджета, реального места и роли страны в мире, а также объективной оценки международных отношений, необходимо переформулировать концепцию национальных интересов страны. Она должна быть четко иерархизирована и структурирована. Национальные интересы должны быть определены по принципу фундаментальных, важных и менее важных или вторичных интересов. В ней должны быть зафиксированы угрозы по каждому из блоков интересов, ответных действий и ожидаемых результатов.

Из концепции должны быть убраны все темы, касающиеся внутренней политики. Эти темы должны обсуждаться в других документах, например, в «Стратегии развития России» на 10 или 25 лет (у Китая она была определена Дэн Сяопином на 80 лет вперед).

Совершенно ясно, что ранжирование интересов — не простая задача, поскольку политики и эксперты по-разному оценивают значимость тех или иных интересов. С этой проблемой сталкиваются даже американцы одной политической школы, или течения, в чем можно убедиться на примере анализа во второй главе первой части данной книги. Нынешняя администрация Буша, например, довольно серьезно переформулировала все блоки интересов и способы их реализации. В этом нет ничего странного, поскольку любая доктрина — это не догма, она должна видоизменяться в соответствии или с новыми задачами-«вызовами», или в связи с изменением международной обстановки. И тем не менее существуют некоторые объективные критерии, которые позволяют ранжировать интересы по значимости, особенно в отношении *фундаментальных* интересов. Вряд ли кто станет возражать, что такая задача, — как стать великой державой, — не относится к фундаментальным интересам. Это — очевидная амбициозная цель не только не выполнимая в нынешних условиях, но весьма вредная, поскольку она требует дополнительных финансовых ресурсов, которые у России настолько ограничены, что их не хватает даже на регулярную выплату зарплаты бюджетникам. Не менее абсурдным звучит российский интерес, выделенный в «Концепции внешней политики», как «развитие региональной и субрегиональной интеграции в Европе, Азиатско-Тихоокеанском регионе, Африке и Латинской Америке». С долей в мировой торговле в один процент Россия собирается участвовать в интеграции в Африке? Россия, у которой нет ресурсов для того, чтобы сформировать интеграционное поле в рамках СНГ, почему-то проявляет интерес к Африке, Латинской Америке? — Это же курам на смех. Не говоря уже о том, что во всех регионах, кроме Европы, интеграционным процессом и не пахнет.

Конечным критерием для определения ранга «фундаментальных интересов» является отношение 1) к сохранению независимого государства и 2) безопасности его граждан.

В свое время в «Литературной газете» была рубрика: «Если бы я был директором», в которой предлагались различные варианты решения тех или иных проблем. Так вот, если бы я был «директором», я предложил бы следующие варианты национальных интересов России с учетом нынешнего состояния страны и окружающего мира.

Национальные интересы России

Фундаментальными национальными интересами являются условия, которые необходимы для сохранения российского государства, его суверенитета и обеспечения безопасности его граждан от внешних угроз.

Фундаментальными интересами России являются:

1. Обеспечение территориальной целостности страны; сохранение политического суверенитета государства.

2. Гарантия национальной безопасности, предотвращение нападения с применением ядерного, биологического, химического или иного рода оружия, недопущение пересечения границ вооруженными формированиями.

3. Предотвращение появления враждебных государств на границах России.

4. Предотвращение нанесения экономического ущерба со стороны иностранных государств, транснациональных корпораций, а также международных финансовых организаций.

5. Обеспечение национально-культурной самобытности российского народа.

Важными интересами являются условия, усиливающие возможности России реализовывать фундаментальные интересы.

Важными интересами являются:

1. Развитие конструктивных, а по возможности, и союзнических отношений с государствами, чья политика соответствует или совпадает с целями внешней политики России.

2. Предотвращение распространения оружия массового уничтожения.

3. Содействие предотвращению региональных конфликтов, в первую очередь, в районах, граничащих с Россией.

4. Участие в борьбе с международной преступностью, терроризмом и наркобизнесом.

5. Предотвращение неконтролируемой миграции через границу России.

6. Предотвращение распространения религиозного экстремизма в любой форме.

7. Участие только в тех международных организациях, деятельность которых непосредственно затрагивает национальные интересы России.

8. Содействие увеличению ВВП России за счет торгово-экономической деятельности на мировой арене.

Менее важными или вторичными национальными интересами являются условия, которые хотя напрямую не связаны с фундаментальными и важными интересами, но косвенно облегчают или смогут облегчить в будущем их реализацию.

К таким интересам могут быть отнесены следующие:

1. Постепенный перевод нынешних экономических и политических отношений со странами СНГ в русло интеграционных отношений.

2. Нейтрализация «пятой колонны», действующей в интересах иностранных государств вразрез с национальными интересами России.

3. Противодействие культурологической агрессии со стороны некоторых западных и мусульманских стран при поддержке местных «западников» и «фундаменталистов».

4. Защита русскоязычного населения от ущемления их гражданских прав в бывших республиках СССР.

Угрозы фундаментальным интересам России

К угрозам территориальной целостности относятся:

1. На севере страны: посягательство некоторых стран Балтии на ряд российских территорий, а также определенных кругов в Германии на Калининградскую область.

2. На Дальнем Востоке: территориальные претензии Японии, требующей «возвращения» Южно-Курильских островов.

3. На юге, на Северном Кавказе: борьба некоторой части чеченского населения за отделение Чечни от России.

К угрозам политическому суверенитету следует отнести:

1. Попытки вмешательства западных стран, прежде всего США, во внутренние дела страны, например, под маркой «предотвращения возврата России к авторитаризму» или отсутствия «свобод» для СМИ.

2. Формирование Японией прояпонского лобби среди политиков, ученых и бизнесменов, действующих в интересах Японии по «возвращению северных территорий».

3. Деятельность зарубежных СМИ и иных, например, «научных организаций» на территории России, а также поддержка зарубежными странами некоторых российских СМИ, действующих против интересов российского государства.

К угрозам национальной безопасности относятся:

1. Расширение НАТО на север, восток и юг; участие «миротворческих сил» на территориях стран СНГ.

2. Укрепление американо-японского военного союза на Дальнем Востоке.

К угрозам экономического характера относятся

1. Бесконтрольное внедрение западных компаний, нередко через подставные фирмы и организации, в стратегические сектора российской экономики.

2. Дискриминация российских товаров на рынках западных стран.

К угрозам национально-культурной самобытности России относится внедрение западных ценностей.

Разъяснение и адекватные ответы

Территориальная целостность. Претензии Японии на российские территории превращают эту страну в стратегического противника России. В определенной степени сама Москва провоцирует подобную позицию Токио, соглашаясь на существование «территориальных» проблем, в частности в Токийской декларации 1993 г. Если Россия действительно намерена сохранить территориальную целостность, она прямо должна заявить, что никаких территориальных споров с Японией у нее не существует. Южные Курилы принадлежат России и принадлежать ей будут. Никакие ответные санкции не могут нанести России большего ущерба, нежели передача этих территорий Японии.

В отношении стран Прибалтики и Германии должно быть сделано заявление, в котором необходимо четко выразить твердую позицию в нерушимости существующих границ и в дальнейшем прекратить обсуждение данной темы.

Иная ситуация с Чечней. Практика показала, что военным путем чеченская проблема нерешаема. Нынешнее состояние может оказаться слишком долговечным. А значит ресурсы, направляемые в Чечню, будут увеличиваться без их реальной отдачи. Эта проблема затрагивает весь Кавказ. Оттуда постоянно идет поток «угроз»: от просачивания на территорию России террористов, наркотиков, нелегальных мигрантов, т.е. угроз как фундаментальным, так и важным интересам. Такая ситуация предполагает анализ степени значимости всего региона с точки зрения национальных интересов России, а также анализ соотношения выгод и потерь от взаимодействия с этим регионом.

Сколько в год стоит Чечня России? Какие торговые и стратегические выгоды имеет Россия от взаимодействия с закавказскими государствами? Напомню, что доля ближневосточных стран в экспорте России в 2000 г. была равна 2,8% (в основном за счет оружия и военных или полувоенных технологий), в импорте — 0,6%. Совокупная доля закавказских государств (Азербайджан, Армения и Грузия) среди стран СНГ в том же году составляла в экспорте 1,5%, в импорте — 2,3%, а в общей торговле России, в экспорте — 0,2%, в импорте — 0,8%. Так из-за чего сыр-бор?

Мое предложение сводится к следующему. Необходимо дать возможность самим чеченцам провести референдум о том, хотят они остаться в рамках России или нет. В случае результатов в пользу отделения необходимо предоставить им полную независимость и установить реальную государственную границу. Аналогичную границу установить со всеми кавказскими государствами. И дать им возможность развиваться по собственному усмотрению.

Понятно, что все аналогии хромают. И тем не менее Шарль де Голль, «отпустив» Алжир (предварительно пролив немало крови), спас Францию. Великобритания, «отпустив» все свои колонии и полуколонии, только усилилась. Если Россия не пойдет на аналогичные шаги, она не только постоянно будет подвергаться опасности с Кавказа, она будет просто разорена.

При этом также очевидно, что та же самая Чечня через некоторое время вновь начнет проситься «назад». И даже в этом случае не стоит ее «брать» до тех пор, пока Россия сама не встанет на ноги. Так называемые геостратегические выгоды для национальных интересов России от Кавказа иллюзорны. Вся история российско-кавказских отношений свидетельствует о неисчислимых жертвах российского народа, принесенных в угоду ложным стереотипам или абсолютной неспособности российских верхов точно определять реальные национальные интересы страны.

Политический суверенитет, под которым я понимаю полную свободу проводить независимую внутреннюю и внешнюю политику. В прямой форме ни одна из стран не угрожает политическому суверенитету России. Однако в косвенной форме в качестве такой угрозы может быть оценена деятельность Японии по формированию прояпонского лобби среди ученых, политиков и бизнесменов, имеющих выход на процесс принятия решений и на средства массовой информации. Главная функциональная роль этого прояпонского лобби — оказать влияние на правительство и сознание населения в пользу передачи Южно-Курильских островов Японии. Ни одно государство в мире не позволяет своим СМИ пропагандировать идеи передачи собственных территорий кому бы то ни было. Свобода прессы не должна превращаться в свободу посягательства на фундаментальные интересы государства. Российская проблема заключается в том, что большая часть прессы находится в руках противников национальных интересов России.

Конечно, Япония, весьма твердо и решительно отстаивая собственные национальные интересы, имеет право на формирование своего лобби в любой стране, в том числе и в России. Россия в свою очередь имеет право такую деятельность пресекать, как антиконституционную, а значит антинациональную и антигосударственную со всеми вытекающими последствиями для лоббистов. Это, безусловно, касается лоббистов всех сортов, работающих в интересах иностранного государства.

То же самое относится к деятельности США и других западных государств. Особое внимание должно быть обращено на деятельность различных научных фондов, зарубежных СМИ, совершенно откровенно работающих против интересов России.

Экономические интересы. На данный исторический момент в наибольшей степени разрушена экономика России. В этом случае внутренние и внешние аспекты стратегии экономической безопасности совпадают. Практика последних лет показала, что механизм капиталистического рынка в России не работает, несмотря на то, что почти 80% предприятий находится в частных руках. Эти «руки» продемонстрировали изощренную ловкость в деле личного обогащения и полнейшую неспособность управлять частной собственностью по законам капитализма. Это вполне естественно, т.к. реальный капитализм строился на другой исторической базе, на иной культурно-национальной почве. Русская культура, умострой русского народа не приемлет индивидуалистического капитализма. Для русского государства с его обширными пространствами и вечными внешними угрозами характерны централизованная форма управления и коллективная форма собственности, а следовательно — социализм в его первозданном, российском варианте. В отличие от прежнего авторитарного социализма, нынешние его формы должны базироваться на всех формах собственности при концентрации в руках государства базовых отраслей промышленности (энергетика, транспорт, средства связи, почта, военная промышленность) и стратегического сырья. При всей нерентабельности этих отраслей и капиталоемкости в разработке стратегических ресурсов они задают импульс развитию всех остальных форм собственности, с одной стороны, с другой — такой контроль предотвращает их захват иностранным капиталом, который может работать только против экономических интересов России.

С точки зрения внешнеэкономической стратегии России не требуется вхождение в мировой рынок по трем причинам. Во-первых, мировая экономика стоит на грани затяжного кризиса с признаками серьезного системного коллапса. Во-вторых, мировая экономика управляется международными организациями во главе с представителями транснациональных и межнациональных компаний и банков трех центров капитализма: США, Западной Европы и Японии. Все они обладают колоссальными финансовыми возможностями. Российские экономические круги в принципе не в состоянии с ними конкурировать не только на их рынках, но и на собственном, российском рынке. В-третьих, у России нет актуальной необходимости входить в мировую экономику, потому что ее территория обладает всем необходимым для самообеспечения и процветания. Более половины мирового богатства находится на территории России. В мире нет ничего такого, что Россия не могла бы произвести сама.

В то же время, если всей России мировой рынок не нужен, то российскому Дальнему Востоку (РДВ) нужен, но не весь, а рынок Северо-Восточной Азии (СВА). Взаимодействие с ним может дать определенный экономический эффект для развития РДВ. Следовательно, в экономической стратегии должен быть сделан упор на развитие отношений с Китаем, двумя Кореями и западными территориями Японии.

При всем этом экономическая стратегия должна строиться на приоритете национальных интересов России, твердо защищая их, в том числе и от излишней разнузданности китайских бизнесменов на Дальнем Востоке. Стратегические интересы партнерства с Китаем не должны ущемлять экономические интересы российских дельцов. Примером для подражания могут быть отношения между США и Японией. Альянс альянсом, дружба дружбой, а денежки врозь.

Передача технологий и строительство предприятий за рубежом должно быть обусловлено привязкой к российским предприятиям на территории России. Как показал тот же опыт Японии, такая стратегия сторицей оправдывает себя.

У России нет экономически обоснованных интересов в Африке, Латинской Америке, Океании, включая Австралию и Новую

Зеландию, и даже в зоне АСЕАН. С точки зрения объективных экономических интересов не нужен России и Ближний и Средний Восток, о чем говорилось выше.

Как было зафиксировано в предыдущем разделе, именно Европа занимала и занимает первое место в иерархии внешнеэкономических связей России. Именно на нее и надо делать упор. Однако и здесь следует остерегаться «всеохвата». Необходимо сконцентрироваться на ключевых государствах, и особенно на Германии. Для этого есть много причин и не только экономического характера. Через лет десять-пятнадцать на первый план неизбежно выйдут геостратегические факторы, которые начнут менять конфигурацию и Европы, и мира. Пока рано о них говорить, но иметь в виду их надо.

Национально-культурная самобытность. Со стороны Восточной Азии не существует угрозы национально-культурной самобытности русских в силу крайней специфичности культур народов Восточной Азии. Такая угроза фактически исходит только от одной страны — США, которые повсеместно осуществляют культурологическую агрессию. Она уже затронула городское население страны, особенно в Москве и особенно молодежь, а также часть прозападной интеллигенции. Это проявляется в американизации русского языка, в стимулировании частнособственнической психологии, бездуховности и кретинизации «ментальности» молодежи — все то, от чего страдает и само американское общество. Стратегическая задача США — деформировать национально-культурную самобытность русского человека, превратить его в полуваню-в-полуджона и тем самым развалить российское государство. Американские стратеги хорошо осознают, что российская культура обладает цивилизационными качествами. А это делает Россию одной из главных держав в цивилизационном столкновении в XXI веке. Именно против таких культур-цивилизаций, среди них и китайская цивилизация, нацелена культурологическая агрессия США, осуществляемая путем навязывания демократии по-американски и прав человека по западным меркам. Подобная стратегия подкрепляется информационной агрессией, выполняющей множество функций, в том числе и функции культурологической агрессии. Для этого сейчас используются современные виды связи, включая компьютерные сети типа Интернет, которые облегчают манипулирование сознанием населения любой страны, у которой налажена web-система. Все это затрагивает и внешнюю и внутреннюю политику. Такая ситуация обязывает государство продумать систему защиты в сфере культурно-информационной безопасности, которая должна быть обеспечена соответствующими ресурсами и механизмами. Из всех угроз национальным интересам России это — самая опасная угроза.

Национальная безопасность. Стратегические задачи Вашингтона в отношении России сохранились теми же, каковыми они были в отношении СССР: минимизировать влияние страны в мире до возможного предела. Россия была, есть и будет стратегическим противником США хотя бы уже потому, что Россия или СССР всегда искали и навязывали равноправные отношения в мире в соответствии с русской склонностью к справедливости и равенству, особенно в отношениях с другими. Это в корне противоречит как сути американской нации, так и ее политике на мировой арене. В стратегическом плане для США не имеет значения, какой режим в России: социалистический или капиталистический. Россия для них — угроза при любом варианте.

В Восточной Азии система безопасности основывается на военном присутствии США и их союзнических отношениях с Японией, Южной Кореей, Филиппинами и Таиландом. Сфера безопасности России скукожилась до географического пространства Охотского моря. Россия больше не является де-факто субъектом международной безопасности ни в одной зоне Восточной Азии. Из-за своей непродуманной политики она выпала даже из контекста безопасности на Корейском полуострове. Все нынешние переговоры по коллективной безопасности, в том числе в рамках США – Япония – Россия, которые, в частности, ведут академические круги, в конечном счете направлены на дальнейшее умаление военно-политического значения России в данном регионе.

Восстановление роли России в качестве значимого субъекта в Восточной Азии возможно на путях укрепления стратегического партнерства с КНР, для которой США также являются стратегическим противником. Несмотря на быстрый экономический рост Китая, его военный потенциал, даже благодаря осуществляемой модернизации, останется на уровне, который не отвечает стратегическим задачам Пекина на ближайшие 10–20 лет. Только объединение экономического потенциала этой страны со стратегическим потенциалом России на Дальнем Востоке уравновесит баланс в системе безопасности в Восточной Азии. Договор о безопасности и сотрудничестве между КНР и Россией, наподобие американо-японского договора безопасности, ликвидирует американо-японскую гегемонию и, соответственно, возможности для диктата этих держав в отношении других стран Восточной Азии.

Расчеты на Японию, как потенциального партнера по проблемам безопасности, являются такой же иллюзией, как и мечты о многополярном мире. Япония в силу ее жесткой привязки к США во всех сферах: экономике, политике, военной области — не свободна в своих выборах. В принципе у нее нет выбора, кроме как оставаться в союзе с США. Поэтому отношения с Японией могут строиться только в сфере экономического, культурного и прочего гуманитарного сотрудничества.

Несколько слов в связи с непрекращающимися разговорами о «стратегическом партнерстве» между КНР, Индией и Россией. На месте американцев я выделил бы около 100 млн долл. в качестве первичного капитала для формирования такого партнерства. И как только оно будет сформировано, все три страны начнут разорять себя, поскольку на поддержание реальнодействующей трехсторонней конструкции потребует больше финансовых ресурсов, чем суммы, затрачиваемые каждой из трех стран на свой ВПП.

В реальности же на такую глупость не пойдет ни Китай, ни Индия. Не только из-за сложных отношений между собой, но, главное, из-за отсутствия смысла в таком альянсе. Формально такой треугольник может быть только антиамериканским. Но в каких геостратегических районах он может функционировать? В Восточной Азии? — Там нет стратегических интересов Индии. В Европе? — Там нет стратегических интересов ни Китая, ни Индии. В Южной Азии? — Там нет стратегических интересов России. Спрашивается: для чего он нужен? Видимо, только для того, чтобы у евразийцев была постоянная тема для разговоров.

В этой связи хочу еще раз обратить внимание на политику администрации Буша. Несмотря на ее внешнюю «шумность», она весьма рациональна. В отличие от Клинтона нынешняя администрация концентрируется на «стратегических точках», действительно имеющих отношение к национальным интересам США (естественно, в их понимании). Вашингтон «уходит» из тех мест, которые обязаны «защищать» их союзники. За них США не собираются этого делать. Тем самым происходит рентабилизация внешней политики. Я не исключаю, что через некоторое время они предложат России «более активно участвовать в проблемах международной безопасности», тем самым вовлекая ее во все «горячие точки». Дескать, хотите быть великой державой, — будьте ею: займитесь серьезнее Балканами, Ближним и Средним Востоком. В Африке для вас также найдется место. Проблема Тимора все еще не решена. А у вас такой богатый миротворческий опыт. Вперед, россияне.

И было бы большой глупостью с готовностью откликаться на такие предложения. Их конечная цель — финансовое изматывание России. Причем на участках политики, которые не имеют никакого отношения к национальным интересам страны. Все вояжи российского министра иностранных дел на Ближний Восток, на Балканы, в страны АСЕАН не решают местных проблем. Их следует рассматривать только в контексте растраты государственной казны.

В ответ же на продвижение НАТО на север, т.е. вовлечение в эту организацию стран Балтии, необходимо качественно укрепить систему защиты на базе белорусско-российского военного союза с предупреждением этих стран о самых негативных последствиях для их участия в этом военном блоке.

И всеми силами предотвратить вхождение в НАТО Украины. В свое время американцы во время Карибского кризиса дали пример, как действовать, когда угроза безопасности подступила к их непосредственным границам. Надо учиться у США твердости, когда речь идет о защите фундаментальных интересов.

Как бы то ни было, российское руководство заранее должно быть готово к ожидаемым и возможным событиям в мире. Например, уже сейчас должен быть отработан сценарий поведения Москвы в случае военного конфликта в Тайваньском проливе, который может разразиться в любой момент. Точно так же должны быть заранее подготовлены ответные действия в связи с возможным обострением событий на Корейском полуострове, в районе Южно-Китайского моря, вхождением Грузии в НАТО и т.д. Это — тот набор событий, которые американцы просчитывают в разделах «Непредсказуемой карты» (Wild Card). Я предполагаю, что такие сценарии существуют в недрах, например, Совета национальной безопасности, но их нет в официальных доктринах. У американцев же они на виду, прописаны во всех основных внешнеполитических документах и обнародованы в СМИ. Поскольку обозначение предполагаемой реакции уже является политикой, то она может предотвратить нежелательный ход событий.

* * *

Здесь высказаны только общие соображения, касающиеся проблем формулирования рациональной внешней политики. Ее общая идея — сократить международную деятельность России, сконцентрировавшись, прежде всего, на реализации фундаментальных интересов страны. Фактически, это вариант политики, которую когда-то А.М. Горчаков, мудрый министр иностранных дел царской России, обозначил емкой фразой: «Россия сосредоточивается». Это произошло после поражения России в Крымской войне. Нынешняя Россия находится в еще более худшей ситуации, чем во второй половине XIX века. Она потеряла статус великой державы. Ее место и роль перестало замечать международное сообщество. Такое в истории бывало, и не только с Россией. Что же, надо «сосредоточиться».

Надо на время уйти в себя. Залечить раны. Вычистить Россию от ее внутренних врагов. Изменить векторы развития. Восстановить экономику, убрать из политики невежество, а из науки еслибистов.

Другими словами, надо вытащить Россию из стратегического капкана. При нынешней, капиталистической системе это невозможно. Но это возможно при социалистической системе. А возможна ли она, эта социалистическая система? Пока не знаю. Но знаю одно, что без продвижения России по социалистическому пути она не только не восстановит свое былое величие, но превратится «в одну из» двухсот стран-членов ООН.

Устраивает это русский народ? Если да, тогда бог в помощь.

Меня не устраивает.

ПРИЛОЖЕНИЕ

Сравнительная модель русского и американского капитализма

Эта статья была уже опубликована в одной из моих книг. Но здесь я решил воспроизвести ее для того, чтобы читатель мог сравнить, чего добилась Россия за последние 15–16 лет от начала XXI века. Именно в сравнении с США, поскольку именно США Россия рассматривает как своего главного соперника на мировой арене.

* * *

Прежде всего надо зафиксировать важное положение, а именно: **США и Россия по своей формационной сущности — капиталистические государства, функционирующие по присущим капитализму законам.** Фундаментальным для капитализма законом является закон силы, принимающий различные названия в зависимости от сфер его функционирования. Будучи родственниками по формации, так сказать, по своему бытию, эти два государства отличаются главным образом количественными параметрами и национальными особенностями, которые и определяются тем или иным термином. Другими словами, надо обозначить специфику государственно-монополистического капитализма (ГМК) этих двух государств, исходя из соотношения сил между государством и монополиями, т.е. ее базисную структуру, плюс характер политической власти, т.е. надстройку.

Место и роль двух государств в мире

Для начала есть смысл определить *место и роль* этих двух государств на мировой арене, другими словами, их структурообразующие возможности формировать мировую систему. Для этого до-

472

статочно проанализировать ряд макроэкономических параметров, которые определяют место каждого из этих государств в геоэкономическом пространстве, а также их роль в геостратегическом пространстве[1].

Хотя существует много индикаторов для определения места страны в геоэкономическом пространстве, здесь я ограничусь двумя индикаторами: долей ВВП[2] в мире и долей внешней торговли разбираемых стран.

В 2016 г. ВВП США был равен 18,6 трлн долл., т.е. 24.4% от мирового ВВП, что соответствовало 1-му месту в мире. ВВП РФ составлял 1,3 трлн долл. с долей 1.7% мирового ВВП. Это 12 место в мире. В соответствии с *законом полюса* США образуют один из полюсов биполярного экономического мира. Другим полюсом является Китай с ВВП в 11,2 трлн долл. (доля 14.8%). С геоэкономической точки зрения мир уже стал биполярным. Россия в качестве «полюса» может фигурировать *только* на пространстве бывшего СССР, не являясь даже региональной державой на европейском пространстве. Поскольку ее ВВП фактически уступает четырем державам Европы (Германии, Англии, Франции и Италии).

Еще хуже торговые позиции РФ по сравнению с США. В 2015 г. Россия занимала по экспорту 15 место в мире с долей 2.1%, а по импорту 23 место с долей 1.2%, в то время как США занимала соответственно 2 место (после КНР) с долей 9.1% и 1 место с долей 13.8%. На мировой арене, за исключением Европы, Россия как торговое государство фактически незаметна.

В целом с точки зрения *места* государства в мире в рамках концепции полярности США и Россия несопоставимы. Разрыв на порядок.

Роль государства определятся также множественными факторами и индикаторами. Ее конечной результирующей будет влияние

---

1 О законах, а также ключевых понятиях мировых отношений см.: *Бэттлер*. Мирология. Прогресс и сила в мировых отношениях. Т.II. Борьба всех против всех.

2 Некоторые авторы экономическое место государства (ВВП) в мире оценивают через паритет покупательной способности (ППС). Это неверно по многим причинам. Одна из них: данный индикатор указывает только на покупательную способность, который определяет относительный уровень жизни населения.

страны на всю систему мировых отношений. Точнее, на способность страны менять структуру системы мировых отношений. Для этого есть объективный индикатор, который определяется суммой финансирования всей международной деятельности страны на мировой арене.

Этот индикатор называется **внешнеполитическим потенциалом государства (ВПП)**. Обычно он рассчитывается из суммы бюджета правительства, статьи которых четко нацелены на международную деятельность. В частности, это МИД, Министерство обороны, Министерство внешней торговли, спецслужбы (СВР, ФСБ, ЦРУ), Внешняя пропаганда и т.д. Здесь я ограничусь первыми четырьмя организациями, поскольку внешняя пропаганда не четко прописана в бюджетах стран[1].

Внешнеполитические потенциалы (ВПП) США и РФ в 2016 г. (в млрд долл., в % к бюджету)

	Россия		США	
	млрд долл.	% к бюджету	млрд долл..	% к бюджету
Мин-во обороны	26,7	12	595,7	15
МИД	1,5	0.7	29,8	0.8
Межд. деятельность			50,5	1.3
МВТ	4,16	1.8	10,4	0.3
Разведка	1,0	0.4	15–20	0.4–0.5
Всего	33,3	14.9	651 (706,4)	17.8–9

Прим.: МИД – Department of State, Межд. деятельность – Intern. Affairs, МВТ – МПТ и Department of Commerce, Разведка – СВР+ФСБ и CIA.

Ист.: бюджеты указанных стран за 2017 г.

---

1 За исключением специально оговоренных источником экономической информации по РФ являются: 1) О федеральном бюджете на 2017 год и на плановый период 2018 и 2019 годов, а также «*Россия* в цифрах. 2017»; по США — *Budget* of U.S. Government, FY, 2017, а также *The Historical* Tables. Перевод рублей в доллары произведены по курсу $1 — 60.66 рублей в 2016 г. в соответствии с Динамикой офиц. курсов ин. валют к рос. рублю. См.: *Россия* в цифрах. 2017.

Некоторые теоретики стали делать упор на военный потенциал, который вновь стал приобретать громадное значение. Тем более что в рамках ВПП он наиболее затратный. Посмотрим соотношение военных сил, в данном случае опираясь на статистику СИПРИ. По последним данным, в 2016 г. затраты США на оборону были равны 611,2 млрд долл., это 36.2% всех затрат на оборону в мире; РФ здесь на третьем месте (после КНР) с суммой 69,2 млрд долл., что соответствует по доле 4% в мире. Отставание от США почти на порядок.

Из вышеприведенной таблицы видно, что внешнеполитический потенциал США превосходит потенциал России на два порядка. Имея в виду, что ВПП США превосходит ВПП следующей за ней страны более чем в четыре раза, то в соответствии с законом *центра силы* в поле геостратегии следует признать США единственным мировым центром силы. ВПП России позволяет рассматривать ее в качестве «центра силы», как и в случае с «полюсом», только на пространстве бывшего СССР.

И если благодаря ВПП США их роль заметна в любой точке земного шара, то роль России ощущается только на европейском континенте и то только вследствие преувеличенной ее оценки со стороны европейских государств.

Таким образом с точки зрения всей системы мировых отношений США остается сверхдержавой, в то время как РФ является государством локального масштаба, реальное влияние которой распространяется только на пространстве СНГ и частично в районе Ближнего Востока.

Указанные параметры говорят только о весовых категориях двух стран, но еще не об их сущностях. Для этого необходимо рассмотреть некоторые статистические данные, имеющие отношение к этому вопросу.

Сущность современного капитализма США и РФ

Обычно соотношение сил между государством и монополиями рассматривается через отношение государственного бюджета (Public sector) к ВВП.

В 2016 г. доли доходной и расходной частей бюджета в ВВП США была 21.2 и 20.9%, в РФ — 32.8 и 36.43%. То есть чисто экономически значение государства в РФ значительно превосходит значение государства в США, хотя и уступает большинству государств в Западной Европе. Это означает, если использовать терминологию буржуазных политэкономов, США в большей степени встроена в русло либеральной экономики, чем РФ, хотя последняя также находится в поле либерализма по стандартам западноевропейской экономики.

Но если этот индикатор высвечивает базисную составляющую формации, то анализ бюджетов поможет выяснить ее надстроечную часть, то есть характер политической власти. Обычно ее суть определяется через такие статьи бюджета как расходы на силовые структуры государства и на поддержание собственно власти (аппарат президента и других ветвей исполнительной власти).

В РФ на так называемые силовые структуры, обеспечивающие контроль над населением, куда входят помимо МВД, Национальной гвардии, ФСБ, Служба исполнения наказания, а также всевозможные суды, по бюджету 2016 г. тратится чуть более 1,733 трлн руб. (около 39 млрд долл.), что составляет почти 13% от бюджета. (В скобках отмечу, что на Нацгвардию тратится в два раза больше, чем на деятельность МИД или на культуру.) В США на МВД и Департамент внутренней безопасности тратится 60 млрд долл., то есть около 2% от бюджета.

На содержание аппарата президента в России тратится около 107 млрд руб. (1,8 млрд долл.), т.е. 0.8% бюджета. В США, если в 2015 г. тратили 3,5 млрд долл. (0.1% бюджета), то в 2016 г. из-за резкого сокращения аппарата по инициативе президента Трампа, сумма упала до 396 млн долл., что составляет сотые доли от бюджета.

Следует отметить, что аналогичные доли в бюджетах других стран капитализма, включая Японию, значительно меньше, чем даже в США.

Исходя из этих цифр, можно однозначно утверждать, что в России по сравнению с США авторитарно-силовая система власти, которая предполагает, что три ответвления власти подчинены одной — власти президента.

Любопытно, что эта система чуть ли не дословно воспроизводит систему власти, сложившуюся на начало XX века в России, когда в 1913 г. на Министерство внутренних дел приходилось 6% бюджета (в нынешней России — 6.5%). На содержание императорского двора и высших гос. учреждений — 0.9% (ныне — 0.8%).

Наконец, доля военных расходов в бюджете и ВВП страны: у России соответственно 12% и 4.0%, у США — 15% и 3.3%. Эти цифры характеризуют факт потенциальной агрессивности двух стран. Напомню, что в бюджете царского правительства на военные расходы приходилось 26.7% бюджета. Что и давало Ленину повод характеризовать русский империализм как военно-феодальный.

Для полноты сравнения важны еще две позиции: *затраты на здравоохранение* и *социальное обеспечение населения*.

В России на здравоохранение приходится около 3, 290 млрд долл., что соответствует 1.5% бюджета, у США — 1120,497 млрд долл., что соответствует 28.2% от бюджета. На социальное обеспечение в России, которое финансируется по статье Министерство труда и социальной обеспеченности, приходится 4, 346 млрд долл., это около 2% бюджета. В США эта статья расходов (в рамках социальной безопасности, доходам по социальной безопасности и расходов на ветеранов) составляют 1 трлн 604 млрд 722 млн долл., что составляет почти 42% бюджета. В целом же в США на так называемые «человеческие ресурсы» приходится 73.24% бюджета, физические ресурсы (энергия, транспорт и т.д.) — 3.2%, оборону — 15.4%.

Эти цифры красноречиво говорят о громадном различии капитализмов в РФ и США.

Следует при этом отметить специфику бюджета РФ, некоторые статьи которого отсутствуют в бюджетах других капиталистических стран, включая и США. Только в России существует *Министерство по чрезвычайным ситуациям* с внушительным для России бюджетом (1.2%). Его существование говорит о том, что вся политико-экономическая ситуация в России постоянно находится в чрезвычайном состоянии, характерном для государств с разрушенной инфраструктурой и неспособностью населения решать чрезвычайные ситуации самостоятельно.

Другой особенностью бюджета, характерной только для России, является наличие *Федеральных служб по надзору* в той или иной сфере деятельности, например в сфере здравоохранения, или образования и науки. В бюджете обозначено семь аналогичных служб. Фактически это означает официальное признание разворовывания средств, для предотвращения чего и существуют указанные службы надзора.

Для определения типа капитализма нужны еще несколько параметров, определяющих надстроечную часть ГМК. Это: коррупция, разрыв между бедными и богатыми и фактор религии.

Коррупция[1]. По степени коррупционности США находятся на 18 месте с индексом коррупции 74; РФ — 131 месте с индексом 29 в окружении таких стран как Непал, Украина Гватемала. Эта цифра, по утверждению агентства Transparancy International, означает, что Россия оказалась самой коррумпированной страной в Европе (на самом деле таковой является Украина).

По богатству[2]. Данные за 2016 г. свидетельствуют, что благосостоянием от миллиона долларов и выше обладало в мире 32 391 000 человек, из них на долю США приходилось 13 554 000 (41% от всех), на долю РФ — 79 000 (0.2%). Из них миллиардеров в США было 582, в РФ — 96. Из этих цифр следует, что количество миллионеров и миллиардеров в США составляет 4.2% от всего населения, это люди, которые контролируют 78% национального богатства страны. Что же касается России, то доля богатейших людей, считая по населению страны, была равна 0.05%, но в их руках было сосредоточено 89% национального богатства. Это значительно выше, чем в любой другой значимой капиталистической стране в мире.

Совершенно естественно, распределение богатства соответствует распределению власти. Как когда-то сказал первый президент США Джордж Вашингтон, «Тот кто, обладает деньгами, или точнее, кто обладает приносящими доходы землей и бизнесом, имеет власть». На примере США обычно эту идею постоянно подтверждает в своих работах Вильям Домхоф[3].

С некоторых пор появился *Индекс дистанции власти*, который определяется как «степень, с какой менее властные организации

---

1 Индекс: 100 — наименьший, 0 — наибольший; из 176 стран. См.: *Corruption Perception Index 2016* // Transparency International January 2017.

2 *The Global* Wealth Report 2016.

3 Для примера см. его статью: *Domhoff*. Who Rules America: The Class-Domination Theory of Power.

или институты (типа семьи) принимают и ожидают, что власть распределена неравномерно/неодинаково». Так вот: у США это индекс равен 40, у РФ — 93 (максимальный — 100). Это означает, что капиталистическая Россия является чрезвычайно централизованной страной, в которой все богатство и власть находятся на самом верху.

Для США с индексом дистанции власти ниже среднего это означает, что хотя в послерейгановские годы роль центра и усилилась, однако не настолько, чтобы лишать самостоятельности и независимости действия компаний, тем более олигархического типа. К тому же надо учитывать, что американский ГМК сплетен значительно теснее, чем ГМК в России. Для последней больше характерно подчинение монополий государственным олигархам, в то время как в США существует именно взаимопереплетение.

Неравенство. Принципиальной разницы в классовом расслоении в США и РФ нет. Разница в пропорциях. Если использовать лексикон буржуазных социологов, то в России доля богатых составляет 1–2%, среднего класса — 15–20%, класс «ниже среднего» — 30–35%, малообеспеченные (бедные) 40–45%.

В США пропорции другие: доля богатых — 4.2%, средний класс — около 80%, бедных — 15–16%.

Россия также занимает первое место в капиталистическом мире среди развитых стран по разрыву между верхним и нижним квинтелем (10%). По официальным данным (на первое полугодие 2017 г.) разрыв составляет 1 к 14,3, а по данным независимых экспертов разница в богатстве составляет 1 к 40 (а в Москве — 1 к 60).

Эти данные хотя и не меняют классовой сущности двух государства, но свидетельствуют о степени неравенства в обществе, по которой Россия не только превосходит США, но и любую другую страну развитого капиталистического мира.

Религия. Совершенно естественно, что подобная нищета населения как в России не могла бы сохраняться только благодаря авторитарной власти президента. Необходима была идеология, которая должна удерживать население в повиновении, создавая тем самым политическую стабильность. Такой фактически государственной идеологией стала православная религия в масштабах, адекватных периоду царской России: на апрель 2016 г. доля верующих составляет 67%, из них почти 7% мусульман, неверующих — 14%. (По данным РПЦ, религиозных в РФ около 85%.)

Формально не меньше верующих и в США. По последним данным, христианами в США считают себя 70.6% населения, на другие религии приходится 5.9% (мусульман всего лишь 0.9%), неверующих 22,8%[1]. Примечательно, что процент неверующих уступает только протестантам-евангелистам, превысив количество католиков. При этом надо иметь в виду, что количество неверующих каждый год увеличивается приблизительно на один миллион человек. Но в любом случае с точки зрения идеологии религия не играет в США существенной роли. Невозможно ни по ТВ, ни в любых СМИ увидеть президента с оголенным торсом с крестом на вые, или молящегося в храме. Это означало бы оскорбление всего остального населения.

В реальности в США доминируют две идеологии, сменяющие друг друга в зависимости от того, кто контролирует власть в Вашингтоне: идеология либерального или государственно-либерального капитализма.

Все сказанное выше дает возможность определить типы капитализма в США и России. Но для начала надо разобраться в терминах, какими следует обозначить эти капитализмы. Я не уверен, что старое марксистское обозначение — ГМК, — которым я пользовался, может не совсем адекватно отразить реальность. Дело в том, что в США не прекращаются дебаты по поводу того, кто в большей степени влияет на рынок: монополии или олигополии. Чисто формально, имея в виду объемы экономики, которые контролируют эти два субъекта, преимущество на стороне олигополий (под их контролем сталелитейная, химическая, автомобильная промышленность). На плечах монополий водо- и энергоснабжение (естественные монополии), медицинско-лекарственный комплекс, Микрософт. Поэтому, скорее всего, было бы уместнее американский тип капитализма назвать государственно-олигополистическим капитализмом (ГОК), функционирующим на базе либерально-рыночной экономики. Но при этом надо учитывать, что большая часть монополий и олигополий являются транснациональными и межнациональными компаниями. И самое главное, само государство в лице Казначейства,

---

1 *Pew* Research Center. Religious and Public Life.

а также других государственно-международных организаций типа МВФ являются акторами мировых отношений. В таком случае к термину *ГОК* уместно добавить слово *международный*, в результате чего получим **Международный государственно-олигополистический капитализм** (МГОК).

Кстати, на эту мысль меня натолкнуло сочинение американского марксиста Дэвида Харви, у которого эта идея была выражена на основе анализа комплекса Уолл-стрит – Казначейство – МВФ. Комплекс «тройки»: «Wall Street – Treasure – IMF» — это краткое название акторов, пытающихся управлять всем миром. Уолл-стрит — олигархический финансовый мировой центр; Казначейство США — мировые доллары; МВФ — мировой кредитор, определяющий экономико-политическую ситуацию во множестве стран. Я бы назвал этот комплекс Великой тройкой «WTI», объединяющей в себе три уровня власти: финансовую, государственную, мировую. Одновременно эта Тройка отражает и современную структуру МГОК США как соединение трех сил: олигополии + государства + международный субъект, подчиненные первым двум акторам. На русском же языке эта «тройка» WTI как раз и обозначает международный ГОК, или МГОК. Это то, что касается США.

А теперь о России. Вышеназванные цифры подводят меня к выводу о том, что в РФ четко сложился государственно-олигархический капитализм с авторитарной системой власти[1]. На выходе его можно обозначить как **Авторитарно-государственный олигархический капитализм** (АГОК), спецификой которого является массовая коррупция, высокая степень преступности + полуфеодальная надстройка. Очевидно, что в рамках такого типа капитализма из трех ветвей власти работает только одна, сконцентрированная в руках одного человека — президента. В политической сфере — резкое отличие от американской модели, в рамках которой работают все три ветви власти, что демонстрирует и нынешняя ситуация, связанная с президентом Трампом.

---

1 Следует отметить, что некоторые буржуазные ученые, особенно в России, стараются избегать слово «капитализм», заменяя его на как бы нейтральное слово «рыночная экономика». В результате у них получается три вида экономик: либеральная, координированная и зависимая рыночные экономики.

Являются ли США и Россия империалистическими державами?

Тема империализма не является актуальной среди российских буржуазных ученых, некоторые из которых вообще считают, что подобное явление исчезло из сферы международной жизни. По крайней мере так полагают ученые ИМЭМО и МГИМО.

На Западе же эта тема продолжает оставаться актуальной и вокруг термина *империализм* ведутся ожесточенные споры не только среди буржуазных, но и среди марксистских ученых. Частично эти споры и анализ данного явления дан у меня в уже упоминавшийся работе «Мирология» (том II). Я не буду повторять сказанное в монографии, здесь только отмечу следующее. В соответствии с законами силы США не могут не вмешиваться в мировые отношения. Причем к этому их толкает не просто вовлеченность их ТНК и МНК, или ТНБ и МНБ в мировые дела, но и сама внутренняя экономическая мощь, превосходящая мощь всех других государств мира. Отсюда и Афганистан, и Ирак, и завязка на Сирии и все эти оранжевые революции и т.д. В этой связи надо всегда помнить гениальное гегелевское утверждение: слабость всегда притягивает силу для своего уничтожения.

Поэтому, говоря о нынешнем МГОК, надо иметь в виду, что явление, ранее обозначенное словом *монополистический*, изменило свою структуру, но сохранило свое содержание. И поскольку *олигополистическая* составляющая понятия МГОК ныне в значительно большей степени, чем в предыдущие времена, озабочена мировой ситуацией, то и воздействие ее на внешнюю политику государств также резко усилилось. Другими словами, нынешний МГОК не только становится более активным участником мировых отношений, но и более агрессивным. По крайней мере таковым можно считать поведение МГОК США на международной арене, которые на практике постоянно воспроизводят и подтверждают свою капиталистическую природу.

Западные марксисты по-разному называют нынешний империализм США. Наиболее удачным, как мне представляется, он назван немецким ученым Робертом Курцом в книге «Черная книга капитализма»[1]. На немецком языке оно звучит так: Sicherheitsimperialismus, который в цитате я перевел как «империализм по обеспечению безопасности». Но по своему содержанию это словосочетание можно передать и как *Полицейский*, или привычнее, *Жандармский империализм*. Другими словами, его функция — это уже не столько откровенный грабеж, как в XIX и начале XX веков, а охрана и преумножение награбленного. Но, имея в виду глобальный характер действий этого империализма, я бы назвал его как **Глобальный империалистический жандарм.** Что, к слову сказать, ничуть не расстраивает многих американских теоретиков, считающих подобные деяния США на мировой арене как установление мирового порядка и демократии в мире.

В отношении России как бы нет оснований называть ее империалистической. Поскольку у нее просто нет экономических возможностей проводить такую политику, учитывая к тому же скромный объем ВПП страны. Но тем не менее один из главных признаков империализма — монополии (олигархия), а также образование финансового капитала есть главные составляющие империализма. Но если остальные три признака как бы не соответствуют характеру русского капитализма, то два других, упомянутых Лениным: «паразитизм и загнивание» проявляют себя в полном объеме в России. Но главное в другом, одной из характеристик империализма является стремление к аннексии. Так писал Каутский. На что Ленин резонно отреагировал: «Она верна, но крайне неполна, ибо политически империализм есть вообще стремление к насилию и к реакции»[2]. Именно то, что мы и наблюдаем в нынешней России. Внешняя полномасштабная аннексия затруднительна, как я уже отметил, из-за отсутствия финансовых возможностей. Но точечная оказалась возможной. Вовлеченность в сирийские события ярко демонстрируют этот момент. И дело не в том, что Москва поддерживает Асада из большой к нему любви или ненависти к США. Сирийская вовлеченность дает возможность процветать ВПК России, а также использовать ее как полигон для испытания тех или иных видов оружия. Другими словами, нынешнюю Россию империализмом делают интересы военно-промышленного комплекса, — единственная отрасль, которая худо-бедно демонстриру-

---

1 *Kurz.* Schwarz-Buch Kapitalismus. Ein Abgesang auf die Marktwirtschaft, 761.

2 *Ленин.* ПСС, т. 27, 388.

ет рост. Отсюда, как мне представляется, ленинская формулировка царского империализма остается актуальной и поныне — **военно-феодальный империализм.**

Какой тип империализма работает эффективнее в рамках капиталистической формации?

Некоторые цифры, приведенные выше, указывают на безоговорочное преимущество американского типа. Ряд дополнительных макропоказателей подтверждают преимущества американской модели. Один из них — Индекс глобальной конкуренции, который для большей убедительности представляю на фоне еще трех государств: ФРГ, Японии и КНР. (В таблице представлена только научно-образовательная составляющая.)

Индекс глобальной конкуренции (место в мире), 2015

	США	ФРГ	Япония	КНР	Россия
Из 138 стран	3	5	8	28	43
Качество начального образования	25	20	11	47	49
Качество образов. системы	17	13	37	43	69
Способность к инновациям	2	5	21	45	78
Качество НИИ	5	11	13	40	46
Затраты компаний на НИОКР	2	5	4	25	66
Вклад университетов в НИОКР	4	8	18	30	46
Укомплектованность учеными и инженерами	2	16	3	30	58
Патенты в сфере технологий, на 1 млн чел.	10	7	1	33	43

Ист.: The Global Competitiveness Report 2016-2017. *World* Economic Forum. Geneva, 2016.

Из таблицы видно, что Россия в сфере науки и образования существенно отстает не только от США, но даже от Китая, когда-то считавшегося младшим братом СССР.

Существует еще *Индекс образа страны* (суть: страна с лучшим качеством проживания)[1]. В 2017 г. по данному индексу США находились на 7 месте, Россия — на 27.

На этот образ, естественно, оказывает влияние и уровень преступности в стране. И по этому индикатору Россия существенно опережает США. Данные за 2009 г. говорят: США — 15 241 убийство: 5 на 100 тыс. чел.; РФ — 15 954: 11,2 на 100 тыс. чел.[2] Из этой же серии: в 2015 г. РФ заняла первое место (642,5 тыс. заключенных) среди 42 стран Европы по количеству заключенных: на 100 тыс. россиян — 439 чел. [3]

Естественно, такая преступность не могла не сказаться и на рейтинге самых безопасных стран. Россия оказалась в хвосте самых безопасных стран мира[4]. При этом Россия заняла лишь 143-ю строчку из 162 стран, всего лишь на 19 позиций опередив Афганистан (последнее место). США по этому индексу — 55 место[5].

Хочу обратить внимание на такое явление, которое обычно игнорируется антисоветчиками и национал-патриотами. Это *усилившийся поток эмиграции* из России, главным образом в США. В первой части статьи я приводил цифры эмиграции в период царской России. Та же самая картина и сейчас.

По данным Росстата, число покидающих страну россиян с начала 2012 г. выросло с 36 тыс. до 350 тыс. человек. Большинство эмигрантов едут в США, Германию, Канаду и Финляндию. При этом в докладе «Эмиграция из России в конце XX – начале XXI века», представленном в октябре Комитетом гражданских иници-

---

1 Определятся на основе 65 параметров, разделенных на 9 блоков (желание посетить, гражданская ответственность, влияние культуры, предпринимательство, исторические традиции, еда, аттракционы, мобильность, открытость к бизнесу, власть, качество жизни). Определяется из 80 стран. См.: *Overall* Best Countries Ranking.

2 «*Глобальное* исследование убийств — 2011».

3 Заголовки, 15 марта 2017 г. на основе доклада Совета Европы.

4 Рейтинг был составлен экспертами Всемирного экономического форума. Эксперты учитывали сразу несколько факторов. В частности, они оценивали ситуацию с преступностью, в том числе с терроризмом, уровень доверия народа к сотрудникам правоохранительных органов и способность стражей порядка защитить население.

5 *World's* Safest Countries // SafeAround. May 22, 2017.

атив (КГИ) Алексея Кудрина, экономисты пришли к выводу, что реальные показатели эмиграции в три-четыре раза выше. Об этом говорят данные зарубежных статистических служб[1]. При этом надо иметь в виду, что и желающих уехать в действительности намного больше, но этот поток ограничен квотами названных стран.

Обобщающим показателем развитости страны являются два индикатора, *Индекс человеческого развития* (ИЧР) и *Средняя продолжительность жизни* (СПЖ) — конечный индикатор прогресса любой страны. По первому индексу из 177 стран в 2015 г. США занимали 10 место, РФ — 49[2]. Но по СПЖ в 2016 г. (оценка) США на 42 месте (79,8 лет), РФ — на 153 месте (70,8) из 224 стран[3]. Низкое место США объясняется тем, что разрыв по СПЖ между богатыми и бедными достигает почти 15 лет.

* * *

Итак, на мировой сцене США и РФ представляют два типа империализма. Первая — сверхдержава, мировой центр силы; вторая — локальное государство с ограниченными возможностями, но с громадными амбициями. В силу многих противоречий геостратегического характера они являются соперниками на мировой арене. Благодаря своей весовой категории США, безусловно, будут побеждать российский империализм, который к тому же представляет собой отсталую военно-феодальную форму. Причем побеждать, даже не прибегая к каким-то военно-силовым видам давления, что в принципе невозможно из-за военно-стратегического паритета, предполагающего взаимно-гарантированное уничтожение (ВГУ). И дело даже не в экономических санкциях или иных формах внесилового давления. Тип российского капитализма сам по себе ведет не просто к откату в Средневековье, но к самоуничтожению государства и к сокращению его населения. Единственный выход России из этой ситуации — это смена капитализма на социализм, — единственную форму власти и экономики, дающую возможность такой

---

1 См.: Независимая газета. 10.08.17; *Россия* в цифрах. 2017.

2 *Доклад* о человеческом развитии 2016.

3 *CIA* Facts. 2017.

стране как Россия восстановить свой великий статус и ограничить всевластие Глобального американского империализма. Проблема в том, способен ли народ на такую смену, или он продолжит уповать на Бога, который всегда старается быть в согласии с существующей властью. Пока надежда на Бога сильнее, чем на себя. И это очень на руку МГОК США.

26 августа 2017 г.

БИБЛИОГРАФИЯ

Примечание. Статьи, опубликованные в газетах и журналах типа «Независимая газета», «Тайм» или «Экономист», использованные в книге, не обозначены в библиографии. Их выходные данные приведены в сносках.

Статистические и информационные справочники, доклады международных организаций

«*Глобальное* исследование убийств — 2011» (Управление ООН по наркотикам и преступности) // NEWSru.com 24 окт. 2011.

Госкомстат России (ежегодники).

Государственные бюджеты ведущих капиталистических стран (бюджеты центральных органов власти). Сборник аналитических обзоров. М.: ИМЭМО, 1987.

Доклад о мировом развитии 2000/2001 года. Борьба с бедностью. Обзор. Всемирный банк, Вашингтон, округ Колумбия, 2001.

Доклад о развитии человека за 2000 год. ПР ООН, 2000.

Доклад о человеческом развитии 2016. ПР ООН, 2016.

Современные транснациональные корпорации. Экономико-статистический справочник / Отв. ред. Г.П. Солюс. М.: Мысль, 1983.

Россия в цифрах. 2003, 2017: Крат. стат. сб./Росстат — М., 2003, 2017.

Россия: Энциклопедический словарь (на базе Энциклопедического словаря Брокгауза и Ефрона (т. 54 и 55). Л.: Лениздат, 1991.

Что есть что в мировой политике. Словарь-справочник. М.: Прогресс, 1987.

The Budget-in-Brief — Fiscal Year 2001, February 7, 2000.

Budget of U.S. Government, FY, 2004, 2017.

Bundeshaushalt, 2004. BF, 2004.

A Citizen's Guide to the Federal Budget, Budget for the United States Government, Fiscal Year 2001.

Corruption Perception Index 2016 // Transparency International January 2017 // https://www.transparency.org/news/feature/corruption_perceptions_index_2016

Direction of trade statistics. Yearbooks [prepared by the General Statistics Division of the Bureau of Statistics of the International Monetary Fund]. 1984, 1997, 2001.

The Global Competitiveness Report 2016-2017. *The Global* Wealth Report 2016. Research Institute. Credit Suisse. Nov. 2016.

Entering the 21st Century. World Development Report 1999/2000. NY: Oxford University Press, 1999.

Historical Tables. Budget of the United States Government. Fiscal Year 2000.

Human Development Report 2004. Cultural liberty in today's diverse world. UN DP, 2004.

International trade statistics 2004. WTO, 2004.

Overall Best Countries Ranking // https://www.usnews.com/news/best-countries

Pew Research Center. Religious and Public Life // http://www.pewforum.org/religious-landscape-study/*SIPRI* Yearbook 2004: World Armaments and Disarmament. Oxford University Press: Oxford, 2004.

Statistical Abstracts of the United States, The, 1994, 1995.

Summary and Highlights. International Affairs (Function 150). Fiscal Year 2001 Budget Request, February 7, 2000.

UK: 2004 Spending Review. Cabinet Office, 12 July 2004.

Understanding the Japanese Budget, 2004. Budget Bureau, MOF, 2004.

World Bank, World Development Report 2000/2001. Attacking Poverty. Washington DC, 2001.

World Economic Forum. Geneva, 2016.

World Military Expenditures and Arms Transfers — 95 (WMEAT-95). Wash. D.C.: Arms Control and Disarmament Agency, April 1996.

World's Safest Countries // SafeAround. May 22, 2017 // https:// safearound.com/danger-rankings/

Нихон токэй нэнкан 2004 (Японский статистический ежегодник, 2004 г.). Токио, 2004.

Правительственные заявления, документы и материалы

Военная доктрина Российской Федерации // Независимое военное обозрение. Независимая газета. 28.IV.2000.

Концепция внешней политики Российской Федерации. Документ // Независимая газета. 11.07.2000.

Концепция национальной безопасности // Независимое военное обозрение. Независимая газета. 14.01.2000.

Материалы XXYII съезда Коммунистической партии Советского Союза. М.: Политиздат, 1986.

Annual Report to Congress on Foreign Economic Collection and Industrial Espionage, July 1995.

Annual Report for the United States Intelligence Community. May 1999. Director of Central Intelligence.

Annual Report to the President and the Congress. Cohen, William S., Secretary of Defense. 1997, 1998. 1999, 2000, 2001.

Contemporary U.S. foreign policy: documents and commentary/ [complied and edited by] Elmer Plishke. USA: Greenwood Press, 1991.

Gannon, John C. Russia in the Next Millennium. 9 December 1999. *Economic* Security Act of 1996. — S1557 IS 104th Congress, 2d Session.

Freeh, Louis J. Director. Federal bureau of investigation. Hearing on Economic Espionage-2/28/ 96. Before the Senate Select Committee on Intelligence and Senate Committee on the Judiciary. Subcommittee on Terrorism, Technology and Government Information.

Freeh, Louis J. Director. Federal bureau of investigation. Hearing on Threats to U.S. National Security. Statement for the record. Wash., D.C. January 28, 1998.

A National Security Strategy for A New Century. The White House, May 1997.

A National Security Strategy for A New Century. The White House, October 1998.

A National Security Strategy for A New Century. The White House, December 1999.

Remarks by John C. Gannon (Chairman, National Intelligence Council). The CIA in the New World Order: Intelligence Challenges Through 2015. 1 February 2000.

Report of Quadrennial Defense Review /QDR/.

Strategic Assessment 1997. Flashpoints and Force Structure. Wash., DC, NDU, 1997.

Strategic Assessment 1998. Engaging Power for Peace. Wash., DC, NDU, 1998.

Strategic Assessment 1999. Priorities for a Turbulent World. Wash., DC, NDU, 1999.

U.S. Department of State, Strategic Plan, September 1997.

United States Strategic Plan for International Affairs, First revision — February 1999.

U.S. Department of State. Strategic Plan. September 2000.

Tenet, George J. Statement by Director of Central Intelligence before the Senate Select Committee on Intelligence on the Worldwide Threat in 2000: Global Realities of Our National Security. 2 February 2000.

U.S. Congress. 105th Congress Report. House of Representatives 1st Session 105-94. Foreign Policy Reform Act. May 9, 1997.

Авторские книги и статьи

Алиев Р.Ш. [Алекс Бэттлер]. Мощь государства и глобальное соотношение сил. В Государство и общество. М.: Наука, 1985.

Алиев Р. Ш-А. [Алекс Бэттлер]. Внешняя политика Японии в 70-х — начале 80-х годов (Теория и практика). М.: Наука, 1986.

Алиев Р. Ш-А. [Алекс Бэттлер]. От внешней политики к всемирным отношениям. М.: ИОН ЦК КПСС, 1989.

Арин О. [Алекс Бэттлер]. АТР: мифы, иллюзии и реальность. Восточная Азия: экономика, политика, безопасность. М.: Флинта*Наука, 1997.

Арин, Олег. [Алекс Бэттлер]. Россия в стратегическом капкане. М.: Флинта, 1997.

Арин, Олег. [Алекс Бэттлер]. Россия на обочине мира. М.: Линор, 1999.

Арин, Олег. [Алекс Бэттлер]. Стратегические перспективы России в Восточной Азии. М.: МГИМО, 1999.

Арин, Олег. [Алекс Бэттлер]. Царская Россия: мифы и реальность. М.: Линор, 1999.

Бэттлер, Алекс. «Евразия»: иллюзии и реальность. М. ИТРК, 2018.

Бэттлер, Алекс. Мирология. Прогресс и сила в мировых отношениях. Т.II. Борьба всех против всех. М.: Изд–во ИТРК, 2014.

Бэттлер, Алекс. Мирология. Прогресс и сила в мировых отношениях. Т.II. Борьба всех против всех. М.: Изд–во ИТРК, 2015.

Внешняя политика России: возможная и желаемая. (Горбачев-Фонд). М.: «Апрель-85», 1997.

Белоус Т.Я. Международные промышленные монополии. М.: Мысль, 1972.

Гегель Г.В.Ф. Наука логики. Санкт–Петербург: Наука, 1997.

Государственно-монополистический капитализм: общие черты и особенности. М.: Политиздат, 1975.

Империи финансовых магнатов (транснациональные корпорации в экономике и политике империализма). Отв. ред. И.Д. Иванов. М.: Мысль, 1988.

Концепция национальных интересов: общие параметры и российская специфика // МЭМО, 1996, № 7-9.

Кризис мирового капиталистического хозяйства — 80-е годы / Под ред. А.Д. Бородаевского, В.П. Трепелкова, В.П. Федорова. М.: МО, 1986.

Коржов Г.В. Экономическая безопасность России. М., 1996.

Кувалдин, Виктор. Глобализация — светлое будущее человечества? // НГ Сценарии. 11.10.2000.

Кудров В. Советский экономический рост: официальные данные и альтернативные оценки // Вопросы экономики. 1995, № 10.

Ленин В.И. Полн. собр. соч. (ПСС). М.: Политиздат, 1958–1965.

Лунев С. И., Широков Г. К. Россия, Китай и Индия в современных глобальных процессах. М., 1998.

Маркс К. и Энгельс Ф. (МЭ) Собр. соч., 2-е изд. М.: Политиздат, 1955–1981.

Международные отношения, политика и личность. (Ежегодник САПН, 1975). М.: Наука, 1976.

Международный порядок: политико-правовые аспекты (под общ. ред. Г.Х. Шахназарова). М., 1986.

Мельянцев В.А. Восток и Запад во втором тысячелетии: экономика, история и современность. М.: Изд-во Московского университета, 1996.

Михеев В. Глобализация мировой экономики и азиатский регионализм — вызовы для России? // Проблемы Дальнего Востока, 1999, № 2.

Моисеев Н.Н. Судьбы цивилизации. Путь Разума. М.: Изд-во МНЭПУ, 1998.

Национальные интересы: теория и практика. Сб. статей под ред. Э.А. Позднякова. М.: ИМЭМО, 1991.

Национальные интересы и проблемы безопасности России. Доклад по итогам исследования, проведенного Центром глобальных программ Горбачев-Фонда в 1995—1997 гг. М., 1997.

Национальная политика России: концепции и реальность. М.: «Апрель-85», 1997.

Подберезкин, Алексей. Русский Путь. М., 1999.

Поздняков Э.А. Философия политики в 2-х частях. М.: Палея, 1994.

Политика силы или сила разума? // Гонка вооружений и международные отношения. М.: Политиздат, 1989.

Политические системы современности (Очерки). М.: Наука, 1978.

Проблемы военной разрядки / Отв. ред. А.Д. Никонов. М., 1981.

Проэктор Д.М. Мировые войны и судьбы человечества. Размышления. М.: Мысль, 1986.

Россия: динамика социальных составляющих. М.: «Апрель-85», 1998.

Россия на пороге политических перемен. М.: Горбачев-Фонд, в 2-х частях, 1999.

Россия в окружающем мире. Аналитический ежегодник. М.: Пресс, 1999.

Россия в Евразии. (Горбачев-Фонд). М.: «Апрель-85», 1998.

Россия и вызовы на рубеже веков: возможность маневра в условиях лимитирующих факторов (геополитический аспект) /Рук. С.Е. Благоволин/ Институт национальной безопасности и стратегических исследований (март, 1998 г.).

Самоопределение России. Доклад по итогам исследования «Россия в формирующейся глобальной системе», проведенного Центром глобальных программ Горбачев-Фонда в 1998—2000 гг. М., Горбачев-Фонд, 2000.

Сергиев А.В. Проблемы системного анализа международных социально-экономических и политических отношений (диссертация на соискание ученой степени доктора экономических наук). М.: ЦЭМИ, 1971.

Соколов Ю.В. О мифах и реалиях мировой политики // «Новый порядок на века»? М.: МНЭПУ, 2000.

Сорокин К.Э. Геополитика современности и геостратегия России. М.: РОССПЭН, 1996.

Стратегия для России: повестка для президента. М.: Вагриус, 2000.

Титаренко М. Л. Россия лицом к Азии. М.: Республика, 1998.

Хромов А.П. Экономическое развитие России в XIX — XX веках. 1800—1917. М., 1950.

Яковлев А.Г. И все же на горизонте двухполюсный мир // Проблемы Дальнего Востока. 2000, № 4.

Ahrari M. E. With James Beal. The New Great Game in Muslim Central Asia // McNair Paper 47 (January 1996).

Aliyev, Kenan. Security in the Caucasus: Caspian Crossroads Interview with US Lt. Gen. William E. Odom // Caspian Crossroads Magazine, vol. 4, Issue no. 2 (Winter 1999).

American National Security. Eds. Amos A. Jordan, William J. Taylor, Jr, and Michael J. Mazarr. Baltimore and London: The Johns Hopkins University Press, 1998.

American Public Opinion and U.S. Foreign Policy. 1999. The Chicago Council on Foreign Relations. Chicago 1999.

America's National Interests. The Commission on America's National Interests. The Nixon Center, July 2000.

Arrighi, Giovanni. «The Global Market» // Journal of World-Systems Research, vol. 5, no. 2 (Spring 1999).

Asia-Pacific Community *in the Year 2000: Challenges and Perspectives.* Ed. by Il Yung Chung. Seoul: Seijong Institute, Korea, 1992.

Asia Pacific in the new world politics. Ed. James C. Hsiung. Boulder, Colo.: L. Rienner, 1993.

Asia-Pacific in the New World Order. Ed. Anthony McGrew and Christopher Brook. NY/L: Routledge, 1998.

Asia Pacific regionalism: readings in international economic relations. Ed. Ross Garnaut and Peter Drysdale, with John Kunkel. Australia: Harper Education Publishers, 1994.

Atwood, J. Brian. «Towards A New Definition of National Security» // Vital Speeches of the Day, December 15, 1995.

Barnet J. Richard and John Cavanagh. Global Dreams. New York: The Touchstone Book, 1995.

Between Diplomacy and Deterrence. Strategies for U.S. Relations with China. Ed. by Kim R. Holmes & James J. Przystup. HF, 1997.

Binnendijk, Hans with Henrikson Alan. Back to Bipolarity? // Strategic Forum, no. 161 (May 1999).

Blank Stephen J., Helsinki in Asia?: Towards a Multilateral Asian Order // The Journal of East and West Studies, April 1994,

Borrego, John. Models of Integration, Models of Development in the Pacific // Journal of World-Systems Research, vol. 1, no. 11 (1995).

Boswell, Terry. Hegemony and Bifurcation Points in World History // Journal of World-Systems Research, vol. 1, no. 15 (1995).

Brzezinski, Zbigniew. Living with Russia // The National Interest, no. 61 (Fall 2000).

Capital, the state, and late industrialization: comparative perspectives on the Pacific Rim. Eds. John Borrego, Alejandro Alvarez Bejar, and Jomo K.S. Boulder Co.: Westview Press, 1996.

Classics of International Relations. Ed. John A. Vasquez. Prentice hall, New Jersey, 1996.

Clover, Charles. Dreams of the Eurasian Heartland. The Reemergence of Geopolitics // Foreign Affairs, vol. 2, no. 2 (March/April 1999).

Cohen, Ariel. A New Paradigm for U.S.-Russia Relations: Facing the Post-Cold War Reality // The Heritage Foundation. Backgrounder No. 1105 March 6, 1997.

Cohen, Ariel. The "Primakov Doctrine": Russia's Zero-Sum Game with the United States. The Heritage Foundation. FYI No. 167. December 15, 1997.

Cohen, Ariel. Summit Rhetoric Aside, Putin's New Cabinet Makes Russian

Reforms Less Likely // Executive Memorandum. June 1, 2000.

Complexity, Global Politics, and National Security. Eds. David S. Alberts and Thomas J. Cherwinski. Wash. D.C.: National Defense University, 1997.

Crafts, Nicholas. Globalization and Growth in The Twentieth Century. IMF Working Paper. March 2000.

Culture of National Security, The. Norms and Identity in World Politics. Ed. Peter J. Katzenstein. NY: Columbia University Press, 1996.

Desch, Michael C. Culture Clash. Assessing the Importance of Ideas in Security Studies // International Security, vol. 23, no. 1 (Summer 1998).

Developments in Russian Politics. Ed. St. White, Alex Pravda and Zvi Gitelman. L.: Macmillan Press, 1997.

Developments in Soviet and Post-Soviet Politics. Eds. White, Stephen; Pravda, Alex; Gitelman, Zvi. L.: Macmillan, 1992.

Domhoff, William. Who Rules America: The Class-Domination Theory of Power // http://www2.ucsc.edu/whorulesamerica/power/class_domination.html

Eberstadt, Nicolas. Russia: Too sick to Matter? // Policy Review, no. 95 (June&Jule 1999).

Ellsworth, Robert F. American National Security in the Early XXIst Century // U.S. National Security: Beyond the Cold War.

Exploring U.S. Missile Defense. Requirements in 2010: What are the Policy and Technology Challenges? Wash.: IFPA, April 1997.

Financing America's Leadership: Protecting American Interests and Promoting American Values. An Independent Task Force. Project Directors: Morton H. Halperin, Lawrence J. Korb, and Richard M. Moose. The Council on Foreign Relations, Inc., 1998.

Foreign spy agencies threaten Canada's economic security, warns new study // Canada News Wire CSIS/SCRS 1996.

Gates, Robert M. Preventive Diplomacy: Concept and reality // PacNet Newsletter, no. 39, (Sept. 27, 1996).

Gardner, Richard N. The One Percent Solution // Foreign Affairs (July/August 2000).

Gilpin, Robert. The Political Economy of International relations. Princeton, N. Jersey: PUP, 1987.

Gissinger, Ranveig, Nils Petter Gleditsch. Globalization and Conflict: Welfare, Distribution, and Political Unrest // Journal of World-Systems Research, vol. 5, no. 2 (Spring 1999).

Global Labor Movements (Special Issue). Guest-Edited by Bradley Nash, Jr. // Journal of World-Systems Research, vol. 4, no. 1 (Winter 1998).

Global Trends 2015: A Dialogue About the Future with Nongovernment Experts // NIC 2000-02, December 2000.

Goldfrank, W. L. Beyond cycles of hegemony: economic, social, and military factors // Journal of World-Systems Research, vol. 1, no. 8, 1995.

Grenwille J.A.S. A History of the World in the Twentieth Century. Cambridge, Mass.: The Belknap Press of Harvard Un-ty, 1994.

Grosse, Robert & Kujawa Duane. International Business: theory and managerial applications. 2nd ed. Richard D. Irwin, Inc., 1992.

Hamilton, Lee. Changes in American Foreign Policy Over the Past Thirty Years // Lecture. Institute for the Study of Diplomacy (November 18, 1998).

Hausken, Kjell, and Thomas Plümper. Hegemons, Leaders and Followers: A Game-Theoretic Approach to the Postwar Dynamics of International Political Economy // Journal of World-Systems Research, vol. 3, no. 1, 1997.

Hay, Colin & Mattthew Watson. Globalization: 'Skeptical Notes on the 1999 Reith Lectures // Political Quarterly, vol. 70 (October/ December 1999).

Hirst, Paul and Grahame Thomson. Globalization in Question. The International Economy and the Possibilities of Governance. Cambridge: Polity Press, 1999.

Holsti K.J. International Politics. A Framework for Analysis. New Jersey: Prentice Hall, 1987.

Hutchison, Kay Bailey. A Foreign Policy Vision for the Next American Century // Heritage Lectures (Heritage Foundation), № 639, July 9, 1999.

Huntington P. Samuel. The Clash of Civilizations and the Remaking of World Order. London: Touchstone Books, 1998.

Huntington P. Samuel. The Lonely Superpower // Foreign Affairs, vol.78, no. 2 (1999).

International Relations. Theory Today. Eds. Ken Booth and Steve Smith. Polity Press 1997.

Issues 2000. The Candidate's Briefing Book. Eds. Stuart M. Butler and Kim R. Holmes. Wash. D.C., The Heritage Foundation, 2000.

Issues'98. The Candidate Briefing Book. Eds. Stuart M. Butler and Kim R. Holmes. Wash.: HF, 1998.

Junne, Gerd. Global Cooperation or Rival Trade Blocs? // Journal of World-Systems Research, vol. 1, no. 9 (1995).

Kahn, Herman, Wiener, Anthony. The Year 2000. A Framework for Speculation on the next thirty-three years. NY: Macmillan Company. 1967.

Kenwood A.G., Lougheed A.L. The Growth of International Economy 1820—1990. L., NY: Routledge, 1992.

Keohane, Robert O., Nye Joseph S. Power and Interdependence. USA: Harper Collins, 1989.

Kort, Michael. The Soviet Colossus. The Rise and Fall of the USSR. NY, 1993.

Kosterlitz, Julie. Sovereignty's Struggle (globalism) // National Journal, Nov. 20, 1999.

Kozyrev, Andrei V. «NATO Is Not Our Enemy» // Newsweek, February 10 (1997).

Kurz R. Schwarz-Buch Kapitalismus. Ein Abgesang auf die Marktwirtschaft. FaM: Eichborn, 1999.

Lampton, David M., May, Gregory C. A Big Power Agenda for East Asia: America, China, and Japan. The Nixon Center, 2000.

Luard, Evan. The Globalization of Politics. The Changed Focus of Political Action in the Modern World L.: Macmillan, 1990.

Mandate for Leadership IV. Turning Ideas into Actions. Eds. Stuart M. Butler and Kim R. Holmes. Wash., D.C.: HF, 1998.

Mack, Andrew and Ravenhill, John. Pacific cooperation: building economic and security regimes in the Asia Pacific region. Boulder: Westview Press, 1995.

Maruyama, Masao. Thought and Behavior in Modern Japanese Politics. Oxford University Press, Tokyo, Oxford, NY, 1979.

Mazrui, Ali A. Globalization and Cross-Cultural Values: The Politics of Identity and Judgment // Arab Studies Quarterly (ASQ), vol. 21 (Summer 1999).

Messner, Dirk. Globalisierung, Global Governance und Enwicklungspolitik // International Politics and Society, no. 1 (1999).

Modelski, George. The evolution of global politics // Journal of World-Systems Research, vol. 1, no. 7 (1995).

Morgan, Patrick M. Theories and Approaches to International Politics. What are we to think? Second edition. Palo Alto, Ca.: Page-Ficklin Publications, 1975.

The myth of the global corporation. Paul N. Doremus, William W. Keller, Louis W. Pauly, Simon Reich // Current History, 14 July, 1997.

Nation, R. Craig and McFaul, Michael. The United States and Russia into The 21st Century. Strategic Studies Institute. October 1, 1997.

New Russian Foreign Policy, The. Ed. by Michael Mandelbaum. Council on foreign relations, NY, 1998.

Nye, Joseph Jr. Coping with Japan // Foreign Policy, Winter 1992/93.

The Origins of National Interests. Eds. Glenn Chafetz, Michael Spirtas, Benjamin Frankel. London*Portland: Frank Cass, 1999.

Pinto, Jaime Nogueira. The crisis of the sovereign state and the "privatization" of defense and foreign affairs // Heritage Lectures (HF), no. 649, November 19, 1999.

Pelkmans, Jacques. European Integration: methods and economic analysis. Longman, 1998.

Priorities for the President. Eds. Stuart M. Butler and Kim R. Holmes. Wash., DC: Heritage Foundation, 2001.

Quayle, Dan. The Duty to Lead: America's National Security Imperative // Heritage Lectures. No. 630, January 21, 1999.

Rancour-Laferriere, Daniel. The Slave Soul of Russia. Moral Masochism and the Cult of Suffering. NY and London: New York University Press, 1995.

Renwick, Nail. Multinational Corporations and the Political Economy of Power. Canberra: Australian National University, 1983.

Rielly, John E. Americans and the World: A Survey Century's End // Foreign Policy, Spring 1999.

Rice, Condoleezza. Campaign 2000: Promoting the National Interests // Foreign Affairs (January/February 2001).

Russet, Bruce M. International Regions and International System. Chicago, Rand McNally, 1967.

Russet, Bruce, Starr, Harvey. World Politics. The Menu for Choice. NY: W.H. Freeman & Compan, 1989.

Santis, Hugh De. Mutualism: An American Strategy for the Next Century // Strategic Forum, no.162 (May 1999).

SASS Papers, № 8, 2000. Shanghai Academy of Social Sciences.

Sestanovich, Stephen. Where Does Russia Belong // The National Interest, no. 62 (Winter 2000/2001).

Snare, Charles E. «Defining Others and Situations: Peace, Conflict, and Cooperation» // Peace and Conflict Studies, v.1, no 1 (December 1994).

Sklair, Leslie. Competing Conceptions of Globalization // Journal of World-System Research, vol. 5, no. 2 (Spring 1999).

Social Insurance and Economic Security, 5th ed., George E. Reida, 1994, Prentice Hall.

Sources of Conflict in the 21st Century. Regional Futures and U.S. Strategy. Ed. by Zalmay Khalilzad, Ian O. Lesser. Rand, 1998.

The State of Russian Foreign Policy and U.S. Policy Toward Russia // Heritage Lectures, no. 607, April 6, 1998.

Steel, Ronald. The New Meaning of Security // U.S. National Security: Beyond the Cold War.

Talbott, Strobe. Russia: Its Current Troubles and Its On-Going Transformation (Testimony before the Senate Foreign Relations

Committee). Washington, DC, September 23, 1999.

Tam, Henry. Communitarianism. A New Agenda for Politics and Citizenship. Macmillan Press Ltd, 1998.

The Theory and Practice of International Relations. Eds. William C. Olson, David S. McLellan, Fred A. Sondermann. Sixth Edition. Prentice-Hall, Inc., Englrwood Cliffs, New Jersey, 1983.

Thurow, Lester. The Future of Capitalism. London: Nicholas Brealey, 1996.

Transforming Defense. National Security in the 21st Century. Report of the National Defense Panel. Arlington, VA, December 1997.

U.S. National Security: Beyond the Cold War. Report: David Jablonsky, Ronald Steel, Lawrence Korb, Morton H. Halperin, Robert Ellsworth. Strategic Studies Institute, July 1997 // http: // Carlisle-www.army. milusassi/

United States Security Strategy for the East Asia-Pacific Region, The. 1998. U.S. Department of Defense, Washington, DC, November 1998.

Wagar, W. Warren. Toward a Praxis of World Integration // Journal of World-Systems Research, vol. 2, no. 2 (1996).

Wagar W. Warren. A Short History of the Future. 2nd ed. Chicago: Chicago University Press, 1992

Wallerstein, Immanuel. The Modern World-System and Evolution // Journal of World-Systems Research, vol. 1, no. 19 (1995).

Ward, Hugh. Structural Power — A Contradiction in Terms? // Political Studies, (XXXV), no. 4 (1987).

Weltpolitik. Strukturen-Akteure-Perspektiven. Hrsg. K.Kaizer u. H.-P. Schwarz. Stuttgart: Klett-Gotta, 1985.

What about Russians and Nuclear War? NY: Pocket Books, 1983.

What Is to Be Undone? A Russia Policy Agenda for the New Administration. The Nixon Center, February 2001.

Xu, Mingqi. Economic Globalization, Defects in International Monetary System and Southeast Asian Financial Crisis // SASS Papers, № 8, 2000. Shanghai Academy of Social Sciences.

Основные научные работы А. Бэттлера (Олега Арина)

- Царская Россия: крах капитализма (конец XIX – начало XX века) (2020)

- Наука о Боге (в 3-х томах, 2019)

- ОБЩЕСТВО: прогресс и сила (критерии и основные начала) (2008, 2019 на русском и английском языках)

- Диалектика силы: онтобия (2005, 2008, 2020 на русском и английском языках)

- Евразия: мифы и реальность (2019)

- Мирология: Прогресс и сила в мировых отношениях (в 2-х томах 2019)

- Двадцать первый век: мир без России. Первое издание (2001, 2002, 2004, 2005, 2011, 2020 на русском и английском языках; 2005, на китайском)

- О любви, семье и государстве (2006, 2008, 2019, 2021 на русском и английском языках)

- Стратегические контуры в Восточной Азии. Россия: ни шагу вперед (2001, 2003)

- Япония: взгляд на мир, Азию и на Россию (2001)

- Россия на обочине мира (1999)

- Россия в стратегическом капкане (1997, 2003)

- АТР: мифы, иллюзии и реальность (1997)

- Внешняя политика Японии в 70-х – начале 80-х годов (теория и практика) (1986)

Web: http://olegarin.com

Олег Арин

Двадцать первый век:
мир без России

Изготовление оригинал-макета,
Оформление обложки В. Бэттлер

SCHOLARICA®

2021